ARCHIVES HISTORIQUES

DU POITOU

VII

POITIERS
IMPRIMERIE DE H. OUDIN FRÈRES,
RUE DE L'ÉPERON, 4
1878

SOCIÉTÉ

DES

ARCHIVES HISTORIQUES

DU POITOU.

LISTE GÉNÉRALE

DES MEMBRES

DE LA SOCIÉTÉ DES ARCHIVES HISTORIQUES DU POITOU.

ANNÉE 1878.

Membres titulaires :

MM.

Arnauldet (Th.), bibliothécaire de la ville, à Niort.
Barbaud, archiviste de la Vendée, à la Roche-sur-Yon.
Barthélemy (A. de), membre du Comité des travaux historiques, à Paris.
Beauchet-Filleau, correspondant du Ministère de l'instruction publique, à Chef-Boutonne.
Beaudet (A.), licencié en droit, à Saint-Maixent.
Bricauld de Verneuil, attaché aux Archives de la Vienne, à Poitiers.
Chamard (Dom), religieux bénédictin, à Ligugé.
Chasteigner (Cte A. de), membre de plusieurs Sociétés savantes, à Ingrandes (Vienne).
Clervaux (Cte de), membre de plusieurs Sociétés savantes, à Saintes.
Delayant, bibliothécaire de la ville, à la Rochelle.
Delisle (L.), membre de l'Institut, à Paris.
Desaivre, docteur en médecine, à Niort.
Favre (L.), à Niort.

MM.

Fillon (Benjamin), à Saint-Cyr-en-Talmondais (Vendée).
Frappier (P.), secrétaire de la Société de Statistique des Deux-Sèvres, à Niort.
Gouget, archiviste de la Gironde, à Bordeaux.
Ledain, membre de l'Institut des provinces, à Poitiers.
Lelong, archiviste paléographe, à Angers.
Lièvre, pasteur, président du Consistoire, à Angoulême.
Ménard, ancien proviseur, à Poitiers.
Ménardière (de la), professeur à la Faculté de Droit, à Poitiers.
Montaiglon (A. de), professeur à l'École des Chartes, à Paris.
Orfeuille (Cte R. d'), membre de la Société des Antiquaires de l'Ouest, à Versailles.
Palustre (Léon), directeur de la Société française d'archéologie, à Tours.
Port (C.), archiviste de Maine-et-Loire, à Angers.
Rédet, ancien archiviste de la Vienne, à Poitiers.
Richard (A.), archiviste de la Vienne, à Poitiers.
Richemond (L. de), archiviste de la Charente-Inférieure, à la Rochelle.
Rochebrochard (L. de la), membre de la Société de Statistique des Deux-Sèvres, à Niort.
Tourette (L. de la), docteur en médecine, à Loudun.

Membres honoraires :

MM.

Bardonnet (A.), membre de plusieurs Sociétés savantes, à Niort.
Boutetière (Cte de la), membre de la Société des Antiquaires de l'Ouest, à Chantonnay (Vendée).
Brosse (de la), membre de la Société des Antiquaires de l'Ouest, à Poitiers.
Cars (Duc des), à la Roche-de-Bran (Vienne).
Corbière (Mis de la), à Poitiers.
Deschastelliers, curé de Notre-Dame, à Poitiers.
Desmier de Chenon (Mis), à Domezac (Charente).

MM.

DUBEUGNON, professeur à la Faculté de Droit, à Poitiers.
FERAND, ingénieur en chef du département de la Vienne, à Poitiers.
GUIGNARD, docteur en médecine, à Poitiers.
HORRIC DU FRAISNAUD DE LA MOTTE, à Goursac (Charente).
JANVRE DE BERNAY (Vte), à la Touche-Poupart (Deux-Sèvres).
LECOINTRE-DUPONT père, membre de plusieurs Sociétés savantes, à Poitiers.
MARQUE (G. DE LA), à La Baron (Vienne).
MASSOUGNE (DE) DES FONTAINES, à Poitiers.
OUDIN, avocat, à Poitiers.
ROCHEJAQUELEIN (Mis DE LA), député des Deux-Sèvres, à Clisson (Deux-Sèvres).
ROCHETHULON (Mis DE LA), ancien député de la Vienne, à Beaudiment (Vienne).
ROMANS (Bon Fernand DE), à la Planche d'Andillé (Vienne).
TRANCHANT (Charles), conseiller d'État, ancien conseiller général de la Vienne, à Paris.
TRIBERT (G.), conseiller général de la Vienne, à Marçay (Vienne).
TRIBERT (L.), sénateur, à Champdeniers.

Bureau :

MM.

RÉDET, président.
RICHARD, secrétaire.
LEDAIN, trésorier.
BARDONNET, membre du Comité.
BOUTETIÈRE (DE LA), id.
DE LA MÉNARDIÈRE, id.
LECOINTRE-DUPONT, id.

CARTULAIRE DE LA CHATILLE

1234-1339.

Un des plus importants établissements religieux du Poitou fut sans contredit la Maison-Dieu de Montmorillon. Fondée au xie siècle et affiliée à l'Ordre militaire et hospitalier des Chevaliers du Saint-Sépulcre, elle ne conserva pas longtemps son caractère primitif et devint bientôt un prieuré conventuel; à la suite des guerres de Religion et des désordres qui en furent la conséquence, celui-ci tomba en commende, et se trouvait menacé d'une ruine presque totale, lorsque Louis XIII, par lettres patentes du 6 juin 1615, le réunit à l'ordre des religieux Augustins. Néanmoins, comme souvenir de leur origine, les 37 établissements qui en dépendaient étroitement dans les diocèses de Poitiers, de Limoges, de Bourges et de Saintes, gardèrent le nom de commanderies sous lequel la plupart continuèrent à être désignés jusqu'au siècle dernier.

Le passage de la Maison-Dieu entre les mains des Augustins ne s'opéra pas sans difficultés; de grands procès s'élevèrent entre les nouveaux titulaires et les chevaliers de Notre-Dame-du-Mont-Carmel et de Saint-Jean-de-Jérusalem qui faisaient valoir des prétentions assez plausibles à la possession de ce riche bénéfice; il est probable que c'est dans le cours de ces débats, qui durèrent près d'un siècle, que se perdit le grand cartulaire de la Maison-Dieu, magnifique volume in-folio, en velin, comptant 288 pages. Une première fois il avait quitté le trésor du couvent et était passé chez les Chartreux de Vauvert, près Paris, qui le restituèrent le 1er mars 1457; il fut ensuite produit en 1683 devant le parlement de Bordeaux, et depuis cette époque il a définitivement disparu.

Nul doute que c'est vers le même temps, et dans un but trop facile à comprendre pour qui suit les phases du procès, que presque tous les titres anciens ont été détruits : aussi, lorsqu'en 1860 les papiers de la Maison-Dieu furent transportés aux archives du département de la Vienne, ne se trouva-t-il, dans les 384 liasses qui les composaient, qu'une dizaine de pièces antérieure au xive siècle [1]. En outre, il s'y est rencontré deux registres de copies de pièces au sujet desquels nous devons entrer dans quelques détails.

Le premier est un cahier de 16 feuillets in-4º à deux colonnes, écrit au xviie siècle. Il contient l'analyse de 185 pièces, transcrites d'après un autre registre dont les folios sont indiqués en marge ; jusqu'au folio 40 il semble que la copie a dû être littérale, mais à partir de ce point on s'aperçoit qu'elle a négligé plusieurs feuillets : ainsi le numéro 178 se rapportait au folio 66 du registre original, et l'on saute au folio 79 pour la pièce 179.

D'après quelques titres des archives de la Maison-Dieu, et surtout d'après l'Histoire de l'Ordre militaire des chevaliers du Saint-Sépulcre et de la Maison-Dieu de Montmorillon (magnifique manuscrit daté de 1766, que nous avons récemment acquis pour les archives départementales), on a pu reconnaître, dans l'informe document dont nous venons de parler, une copie ou à tout le moins un extrait du grand cartulaire de la Maison-Dieu ; malheureusement il est à peu près impossible d'en entreprendre la publication, d'abord à cause des trop nombreuses incorrections du copiste dans les noms de personnes et de lieux, et surtout parce que, sur les 185 pièces qu'il renferme, trois seulement, comprises entre 1107 et 1177, sont datées. Par ces raisons nous avons dû le laisser de côté.

Le second recueil de chartes est un cahier in-4º de 39 centimètres de hauteur sur 22 centimètres de largeur, composé de 15 feuillets, d'un fort papier portant pour filigrane le Taureau passant, et d'une écriture du xve siècle. Sur la couverture, on lit d'une écriture plus récente : « Anciens dons pour la Chastille, extraicts du trésor et ar-
« chives de la Maison Dieu de Montmorillon. »

---

1. Quatre de ces pièces portant les dates de 1250, 1271, 1284 et 1296, concernent la commanderie de la Châtille. Nous donnons les trois premières en appendice ; quant à la quatrième, elle est textuellement reproduite dans le Cartulaire.

Ces extraits ont été faits par un notaire qui s'est ainsi désigné comme en étant l'auteur : *Extracte a supradictis archivis sive thesauro dicte Domus Dei Montismaurilii per me, Reveroni.*

Ils contiennent l'analyse de 80 pièces comprises entre 1233 et 1339, relatives à la commanderie de la Châtille ; tout ce qui est essentiel dans les actes a été conservé ; les formules seules ont été supprimées et remplacées par des &ᵃ. Ces documents offrent peu de variété ; ce sont presque uniquement des donations de biens faites à l'établissement hospitalier, entremêlées de quelques actes d'autre nature, ventes, échanges, etc., dont ces biens ont pu être l'objet. Néanmoins, s'ils n'apportent presqu'aucun contingent à l'histoire générale, on peut y trouver d'utiles renseignements pour les noms de lieux et pour les familles d'une région à laquelle les titres anciens font presque totalement défaut : aussi, à ce point de vue, la Société des Archives a-t-elle jugé que le cartulaire de la Châtille avait droit à faire partie des documents édités par elle et nous a chargé de sa publication.

La Châtille est un domaine de la commune de Béthines, qui est encore aujourd'hui la propriété de l'hospice de Montmorillon, héritier pour une minime partie des grands biens de la Maison-Dieu.

Alfred RICHARD.

TABLE CHRONOLOGIQUE

DES PIÈCES CONTENUES DANS LE CARTULAIRE DE LA CHATILLE.

N°⁰

1233-1234, janvier. — Don fait par Hugue de la Roche, chevalier, à la Maison-Dieu de Montmorillon de six sextiers de blé, froment, seigle et baillarge, que les religieux étaient tenus de lui payer annuellement au lieu d'Imbert Rabaud, chevalier de Montmorillon, à raison de certaines redevances assises sur des domaines sis près de Villemort, de Thenet et de Beauterre. 9

1234, juin. — Sibille de Maillé et Jodoin, son fils, donnent à la Maison-Dieu les dimes par eux possédées dans la paroisse de Béthines. Cette donation est confirmée par Geoffroy de la Trémoille, frère de Sibille, qui s'engage à défendre cette dime à l'avenir contre toute entreprise, comme il le faisait par le passé. 13

1234, juillet. — Hugue de la Roche, chevalier, donne aux frères de la Maison-Dieu les produits du tiers des terrages qu'il possédait entre le Saleron, Béthines et Charpillé, avec le droit de pacage pour leurs hommes de Charpillé dans son bois de la Haye, et en outre une émine d'avoine et des poules, qui lui étaient dues sur deux ténements de Béthines. 51

1236. — Autre donation, faite par le même, de la dime que les Penoneu tenaient de lui à Béthines, à Beumont, à Charpillé, à la Combe et à Villeneuve. 43

1237, octobre. — Agnès, veuve de Guillaume Jousserand,

chevalier, Jousserand et Joscelin, ses fils, abandonnent à la Maison-Dieu la dîme qu'ils possédaient à Charpillé, et lui cèdent en outre leurs terrages du même lieu moyennant 21 livres de marchois. 53

1237. — Raoul d'Exoudun, fils du comte d'Eu, donne à la Maison-Dieu un quartier de pré dans la prairie de Thenet, à la charge d'une redevance annuelle de cinq sous marchois. Pierre Ribaud confirme cette donation, en tant que cela peut le regarder. 63

1238. — Accord, en vertu duquel Garnier de la Tour, chevalier, fait l'abandon à la Maison-Dieu d'une redevance de quatre sextiers de seigle, que lui devait la maison de la Châtille à raison d'un droit d'usage dans le bois de Saint-Pierre, et que les religieux refusaient de payer sous le prétexte que ce bien avait été totalement détruit par le feu ; il reçoit en retour six livres de marchois. 54

1240, 4 mai. — Hector et Mathieu Hector, frères, chevaliers, donnent à la Maison-Dieu deux sextiers de froment, deux sextiers de seigle et un sextier d'avoine qu'ils avaient de redevance annuelle sur les terres de Tiphalec, paroisse d'Ingrandes. 78

1240. — Jousserand du Puy, damoiseau, donne aux frères de la Maison-Dieu le quart des terrages du terroir de Jemelle, qu'il percevait sur leur terre, ainsi que le quart qu'il avait en la forêt tant dans la partie boisée que dans la partie nue; de plus, il abandonne tout droit d'usage ou autre qu'il pouvait avoir sur lesdits lieux, excepté le droit d'avenage qu'il levait sur chaque feu de leurs hommes de ladite terre. 40

1242. — Donation par Pierre Maler, chevalier, et G., son frère, damoiseau, aux frères de la Maison-Dieu des dîmes et terrages qu'ils possédaient sur les terres et les prés de la Couture de la Châtille et aux environs, et de trois prévenderées de terres aux mêmes lieux, sur lesquelles ils se réservent 4 sous de cens annuel; en retour, les frères de la Maison-Dieu leur abandonnent deux sextiers de froment qu'ils percevaient chaque année sur leur terre du Mas à Béthines. 44

	Nos
1243, juillet. — Don aux mêmes par Thomas Rogais et Bonne, sa femme, de trois prévendiers, tant de froment que de seigle, à prendre sur la dîme de Charpillé et autres lieux.	12
1244, 16 juin. — Pierre, Itier, Jean et Peyronet Archambaud et leur sœur Pétronille, abandonnent au prieur de la Maison-Dieu ce qu'ils possèdent dans la dîme de Charpillé et autres lieux de la paroisse de Béthines.	46
1244-1245, janvier. — Confirmation par Geoffroy du Dognon, homme noble, de la donation faite le 4 mai 1240, par Hector et Mathieu Hector, la terre de Thiphalec faisant partie de son fief.	23
1245. — Déclaration faite par l'archiprêtre de Montmorillon que Josselin du Puy Jousserand, valet, abandonne aux pauvres de la Maison-Dieu trois prévendiers de froment qu'il percevait sur le procureur de leur maison de Boissec.	19
1245. — Donation faite à la Maison-Dieu par Géraud de Belac de douze deniers de rente qu'il percevait sur l'éclusage de la Châtille.	66
1246, 4 décembre. — Jousserand du Puy et son frère Jocelin, valet, confirment les donations faites antérieurement par leur père Guillaume Jousserand, chevalier, et par eux-mêmes à la Maison-Dieu; et y en ajoutent de nouvelles.	11
1246. — Don aux mêmes religieux par Ramnulfe Rabbaud, de deux sextiers d'avoine de rente à prendre sur les six sextiers de blé de redevance annuelle, moyennant lesquels Ymbert Rabbaud, père dudit Ramnulfe, leur avait accensé le quart des terrages de Beauterre et la moitié des bois du Breuil.	4
1246-1247, mars. — Jean et Etienne Esppin donnent six deniers de ceux qu'ils percevaient sur des terres de la Maison-Dieu, sises à Béthines.	79
1247, 24 mai. — Jean et Robin Guionet et Pierre Broter donnent neuf deniers et une obole de cens qu'ils percevaient sur les prés d'Oroilles.	75

Nos

1247. — Donation d'un pré par Pierre de Rilec et Ymbert Aubry. 3

1247. — Autre don par Mathieu Chauvet, chevalier, d'un sextier de froment, d'un sextier de seigle et d'une émine d'avoine de rente sur les terres de la Tiffaille. 5

1248, 23 avril. — Autre don par Hugues de la Roche, chevalier, Hugues et Geoffroi, ses fils, valets, de rentes, de terrages et de dîmes à Beaumont, assis sur le domaine des frères de la Maison-Dieu. 24

1248, 23 avril. — Double de la pièce précédente, avec quelques variantes. Les donateurs concèdent en outre aux frères de la Châtille le droit de pêche dans la rivière du Saleron. 70

1248, 30 avril. — Concession faite par Jousselin Biet, valet, du droit absolu d'usage dans sa moitié du bois de Saint-Pierre au profit de la Maison de la Châtille. 52

1248. — Donation par Hélie des Barres, valet, de rentes qu'il possédait sur les terres de la Tiffaille et autres lieux. 6

1248-1249, janvier. — Autre donation de rentes au même lieu, faite par Mathieu Chauvet, chevalier. 16

1249, octobre. — Renouvellement de la donation faite par Hélie des Barres, en 1248, avec quelques modifications dans les noms de lieux. 48

1249. — Geoffroi du Dognon, chevalier, dans le but d'indemniser les frères de la Maison-Dieu des dommages que son frère Raoul leur avait causés, leur abandonne l'avoine qu'il percevait à Beauterre et autres lieux. 76

1250, 28 juillet. — Jeanne Penonnelle donne aux mêmes une émine de froment, une émine de seigle et un prévendier d'avoine que lui devait le précepteur de la Châtille sur la dîme de Charpillé. 25

1251, 24 mai. — Cession aux mêmes par Jousselin du Puy-Jousserand, valet, de six sous de cens sur les huit sous qu'ils lui payaient sur leur maison de Boissec moyennant 60 sous marchois. 57

1252, 26 mars.— Donation aux mêmes par Jousserand du Puy

et son frère Jousselin, de rentes qu'ils percevaient sur la borderie des Potineas, sur les vignes de Boissec et autres lieux. 7

1252, 17 mai. — Abandon fait aux mêmes par Geoffroy Tardi, valet, de trois sextiers de blé qu'ils lui devaient sur certains domaines que ledit Geoffroy et son père avaient autrefois possédés auprès de la Châtille. 71

1252. — Garnier de la Tour, chevalier, donne aux mêmes, diverses rentes qu'il percevait sur des borderies et des prés de la paroisse de Journet, ainsi que le droit d'usage pour la maison de la Châtille dans les bois de Saint-Pierre. 31

1253, 29 août. — Guillaume Borde, chevalier, leur donne la moitié de la haye d'Hugues de la Roche, à la charge d'une redevance annuelle de cinq sous. 77

1257-1258, mars. — Pierre Chateau leur abandonne des terrages qu'il possédait sur la borderie aux Papots et quelques autres domaines. 68

1258-1259, 11 janvier. — Geoffroy Malet renouvelle la donation faite aux pauvres de la Maison-Dieu en 1242 par lui et par son frère Pierre Malet et y ajoute, de concert avec son neveu Guillaume Mallet, une lande, une pièce de terre et des cens qu'ils percevaient à la Châtille. 67

1259, 24 décembre. — Pierre Viger de Journet leur donne deux sous de cens sur l'étang de Boissec. 37

1260, avril. — Sentence arbitrale de Geoffroy, seigneur du Dognon, qui reconnaît aux hommes de la Maison-Dieu de Montmorillon, résidant au Coudray et à Beaupuy, le droit d'usage dans les prés qui bordent la rivière de l'Anglin, entre Plaincourault et Concremier, à l'exception du pré au Maupetit, droit qui leur était contesté par les habitants d'Ingrandes. 73

1260. — Jeanne la Grosse, du consentement de Pierre, son mari, donne aux frères de la Maison-Dieu quatre deniers de cens sur une pièce de terre sise au Coudray. 72

1263, 26 avril. — Pierre Rabbaud leur donne trois deniers de cens qu'il percevait sur un pré, sis près du Saleron, et commun entre lesdits frères de la Maison-Dieu et les templiers de Roufflac.   26

1264, mai. — Bonne, veuve de Lopin de la Vau-Dieu, leur donne, du consentement de Nicolas et de Jean, ses fils, trois pièces de terres, sises à Béthines, et des cens et rentes en divers lieux.   30

1265, 22 mai. — André des Pots et sa sœur Pétronille, dite Douce, leur donnent un pré près du Saleron, à la charge de payer trois deniers de cens à Bouchard de Saint-Aignan, chevalier, dans le fief duquel se trouvait ledit pré.   17

1265. — Confirmation de cette donation par Bouchard de Saint-Aignan.   21

1266-1267, 21 mars. — Aymeri Sécheresse, valet, et sa sœur Agnès, renoncent en leur faveur à un droit de onze ras d'avoine qu'ils percevaient pour cause de vigerie sur les hommes de la Maison-Dieu demeurant à Boissec, et reconnaissent en même temps qu'ils n'ont pas le droit de lever cette avoine ou toute autre coutume sur le mas Potineau.   29

— Le même jour, les mêmes personnes leur donnent huit boisselées de terre, sises dans le territoire de Rolonier.   80

1268. — Pierre, fils de Thibaud Rabbaud, leur donne le pré Claveau, chargé envers lui de trois deniers de cens.   42

1269, 29 avril. — Reconnaissance donnée par Guillaume Jousserand, valet, après enquête, que le précepteur de la Châtille a droit d'usage pour la maison de la Châtille et les animaux qui en dépendent dans le bois de la Fay, sis paroisse de Béthines, et il renouvelle la donation qui avait été faite de ce droit par ses ancêtres aux frères de la Maison-Dieu.   55

1270, 5 avril. — Jeanne de Tersanes donne son consentement à la donation que Moes de Beumont avait faite à la Maison-Dieu, de tous ses biens meubles et immeubles.   20

— — Pétronille de Beumont, veuve de Bernard de Beumont, lui donne aussi tous ses biens et particulièrement huit quartiers de vigne et un quartier de terre, sis au Bois Communau.   32

1270, 2 mai. — Vente par Hélie de Coral, chevalier, aux frères de la Maison-Dieu, d'une moitié de pré et d'une moitié de bois que lui avait données Raoullet de Charon, damoiseau, son beau-frère. 69

1271, 29 juin. — Pierre Memynau de Villeneuve donne aux mêmes quatre quartiers de vignes et tous ses autres biens. 38

1272, 18 mai. — Rachat par Geoffroi, précepteur de la Châtille, de dix sous de rente annuelle que ladite maison devait à Agnès, femme d'Imbert Chynet, de la Roche, pour raison du mas de Graves. 60

— — Le même jour, revenant sur l'acte précédent, Agnès fait donation de ces dix sous de rente à la Maison-Dieu. 65

1272, 27 août. — Règlement fait par l'archiprêtre de Montmorillon et maître Georges Merveille, chanoine de Notre-Dame, des novales et autres droits curiaux à percevoir dans la paroisse d'Haims, contestés entre le précepteur de la Châtille et le curé d'Haims. 61

1274, 29 juin. — Accord entre le curé de Béthines et le précepteur de la Châtille en vertu duquel celui-ci prend à cens dudit curé les novales d'une partie de la paroisse et lui fait échange de quelques pièces de terre. 10

1274, août. — Permission donnée par Jean de Beaumont, chevalier, seigneur de Cors, au précepteur de la Châtille, d'établir un bief pour conduire à son moulin de Mociron l'eau de la rivière du Saleron, dont moitié appartenait audit de Beaumont. 14

— — Le même jour, Etienne du Puy, valet, et Odonin, son fils, reconnurent, en présence de Jean de Beaumont, qu'ils avaient donné au précepteur de la Châtille une certaine quantité de terre délimitée sur les bords du Saleron, entre le moulin de Mociron et celui de Saleron. 59

1274. — Donation de la terre aux Buffats faite par l'abbé de Saint-Savin à Nicolas, prieur de la Maison-Dieu. 27

1275-1276, 1ᵉʳ février. — Johannin Gogon donne à la maison de la Châtille six deniers de cens et une dîme qu'il possédait sur une vigne sise entre Doussac et le clos du Chaume. 28

1276, 26 mars. — Jean de Lage cède à la même maison tous

ses droits sur les dîmes et dîmeries de froment, seigle, avoine, baillarge et orge, sises à Beauterre et à Ribbe, paroisse de Béthines, moyennant une redevance annuelle de trois sextiers de blé amortissables pour la somme de dix livres et aussi à la charge de payer aux religieuses de Villesalem ce qui leur était dû sur l'objet de cette cession. 39

— — Indication que la pièce précédente se trouvait en double dans le cartulaire original. 41

— — Abrégé de la même pièce sans indication des charges. 50

1276. — Le même Jean de Lage complète sa donation précédente en abandonnant tout ce qu'il possédait dans les dîmes et dîmeries de vin, légumes, lin, chanvre, raves, mil, panais, laine, agneaux, pourceaux et veaux des mêmes lieux de la paroisse de Béthines. 45

1277, 24 avril. — Etienne de Brosse et son fils Garnier donnent à Geoffroi, précepteur de la Châtille, trois éminées de seigle et une éminée de froment que les enfants dudit Garnier percevaient sur le moulin du Breuil, dépendant de la maison de la Châtille, et s'engagent en retour à donner auxdits enfants la même quantité de blé à prendre sur la dîmerie du Verger, paroisse de Liglet 15

1277, 2 août. — Hélie Doucher, sa femme Marguerite et Guillaume Maynard donnent au précepteur de la Châtille six sextiers de blé qu'il recevaient annuellement de sa maison de la Châtille à raison d'une dîmerie de la paroisse de Béthines. 62

1280, 19 juin. — Etienne du Puy, valet, cède aux frères de la Maison-Dieu son pré du Saleron, sous la réserve d'un cens de six deniers. 56

1280 — Même donation, abrégée dans ses formules. 22

— Autre rédaction du même acte. 34

1282, 3 mai. — Vente par Garnier de Brosse au précepteur de la Châtille de trois sous et demi de rente qu'il possédait dans le village de Boissec. 35

1291, 19 décembre. — Giraud de Lage, du consentement de sa femme Jeanne, vend à Guillaume, précepteur de la Châtille, tout son droit sur les dîmes et dîmeries de blé, vin, agneaux, pourceaux, veaux, laine, lin, chanvre et autres objets des villages de Beauterre et de Ribbe. 49

1296, 24 avril. — Guillaume Malet, valet, reconnaît que les précepteurs de la Châtille et ses hommes possèdent en toute propriété les terres sur lesquelles ledit Malet a seulement droit de terrage et de dîme, et de plus que, dans le cas de vacuité d'une tenue par la mort sans hoirs du détenteur, ledit précepteur pourra la réunir à son domaine. Il ratifie en outre toute donation, vente, échange, aliénation ou translation de propriété faite par lui ou ses hoirs audit précepteur ou à ses hommes et spécialement du bois du Puy aux Gremanays. 33

1296. — Même pièce que la précédente, moins complète. 47

1296. — Autre copie de la même pièce avec quelques variantes dans la première moitié. 58

12.7. — Jean de La Bartholière, fils de feu Jean d'Espagne, chevalier, donne de son vivant aux frères de la Maison-Dieu une rente d'un sextier d'avoine et de six deniers qu'il percevait sur la maison de la Châtille, et une autre rente de deux sous et deux deniers que lui devait Guillaume Chauvet du Blanc. 8

1306-1307, 4 février. — Abandon fait par Barthélemi Porte, surnommé Barthelot, à Jean Doreau, précepteur de la Châtille, de certaines redevances que lui devaient ses hommes de Vachète. 1

1308, 13 juin. — Garnier de la Tour, valet, donne au même un sextier de froment de rente à prendre sur les dîmeries de Beaumont et de la Combe, et s'engage à en obtenir l'amortissement des religieux de Saint-Savin dont relève ladite dimerie. 2

1314, 5 novembre. — Vente par Aymeri de la Barde, valet, à Jean Doreau, précepteur de la Châtille, de dix sous à prendre sur les 20 sous de rente que lui devait chaque année ledit précepteur à raison du pré Gueulh. 64

— — Le même jour Aymeri de la Barde donne à la Maison-

Dieu pour les besoins de la maison de la Châtille les autres dix sous de rente que le précepteur de la Châtille restait lui devoir.   34 bis

1317, 8 septembre. — Guillaume Malet, valet, vend à Jean Doreau, précepteur de la Châtille, un hommage de soixante sous que lui devaient maître Jean Chauvet, du Blanc, et son frère Guillot, pour raison de certaines choses de la paroisse de Béthines.   74

1322, 15 juin. — Accord entre Pierre Tronel, précepteur de la Châtille, et Pétrone, fils dè Géraud Garemea, au sujet d'un cens annuel de vingt-cinq sous que réclamait ledit précepteur à raison du pré aux Veilles, et qui fut réduit à vingt sous.   36

1339, 23 juin. — Vente par Jean Auchêne de Villemort et autres à Nicolas du Mas, précepteur de Chantouan, d'une pièce de pré, sise sur la rivière du Saleron, à la réserve d'un denier de cens.   18

CHARTULARIUM
DOMUS DEI DE CHATILLA[1]

I. 1306-1307, 4 Février. 1.

Universis presentes licteras inspecturis, Johannes de Clusello . . . . . constituti, salutem in Domino. Coram nobis personaliter constituti. . . . . Bartholomeus Porta alias dictus Barthelot et Helias de Agia Boh. . . . . . Bartholomeus actendens et considerans beneficia et curia . . . . . viro fratre Johanne Dorelli, clerico, preceptore Domus Dei de Catill. . . . . eorumdem et eciam pro salute et remedio anime sue et parentum suorum. . . . . quictavit totaliter et dimisit donacione facta inter vivos. . . . . suis successoribus ad opus et sustentacionem pauperum Domus. . . . . redditus bladi sibi debiti ab hominibus mansionariis in villa. . . . . de Vachete, scilicet cum quolibet mansionario boves habente. . . . . siliginis ad mensuram Montis Maurilii et cum non habente boves. . . . . duo boessella siliginis ad dictam mensuram et omnes et singulos. . . . . census et omnia et singula jura et deveria

---

1. Le premier feuillet du Cartulaire étant fortement détérioré, les extrémités de toutes les lignes du texte ont disparu. Le titre est même tellement incomplet que nous avons dû totalement le remplacer; voici ce qu'on en lit : *Copie des lectres..... archives ou trésor....; Montmorillon par moy.*

que habebat dictus Bartholomeus Porta. . . . et tenamenta . . . . eorumdem, etc. Datum die sabbati post Purificationem Beate Virginis anno Domini millesimo CCC^{mo} sexto decimo. Johannes Marescalli.

J. Revironi notarius scripsit.

II.   1308, 13 Juin.   1.

Universis, etc. Garnerius de Turre, valetus, pro salute et remedio anime sue. . . . . plurimorum beneficiorum et serviciorum sibi a religioso viro fratre Johanne Dorelli. . . . Montis Maurilii imperpetuum dedit et concessit in puram helemosinam. . . . . inter vivos Deo, Beate Marie et beato Vincencio et dicte Domui Dei et dicto Porta et fratribus ejusdem domus ad opus pauperum ipsius domus, unum sextarium frumenti annui redditus ad mensuram Montis Maurilii situm et assignatum super decimaria bladi et vini publice appellata decima de Bemont et de Comba, sita in parrochia de Betinis inter villagium de Pratis et helemosinariam ex una parte et inter Betinas et villagium de Comba ex altera, solvendum annuatim in quolibet festo sancti Michaelis in villagio de Bemont, et promisit facere amort. . . . a religiosis Sancti Savini a quibus movet dicta decimaria, etc. Datum die martis post Penthecostem anno Domini M° CCC^{mo} decimo octavo. Johannes Marescalli.

J. Revironi notarius scripsit.

III.   1247.   1.

. . Universis, etc. Petrus de Rilec et Ymbertus Alberici donaverunt. . . . . Domus Dei Montis Maurilii quoddam pratum situm apud B. . . . . Ruflac, in presencia preceptoris monialium de Flasac. . . . . Domini M° CC° quadragesimo septimo.

IV.   1246.   1 v°.

. . . . . Pictavensis, omnibus presentes licteras inspecturis, salutem in Domino. Etc. Rampnulfus [Rabbau]di [1], miles de Paeressac, recognovit quod Ymbertus Rabbaudi, pater [ejus], accensaverat priori et fratribus Domus Dei Montis Maurilii quartam [partem] terragiorum de Bauters et quicquid juris habebat. in terragiis [et cens]ibus de Bosco communi in parrochia de Betines et medietatem nemoris [quod] appellatur Brolium, quod partitur cum Espinac de Sancto Savino, valeto, [et] contiguum est à Thanet et foreste Tremolheze., ad censum duorum sextariorum frumenti, duorum sextariorum siliginis et duorum sextariorum balhargie ad mensuram Montis Maurilii; preterea in mea presencia donavit et quictavit idem miles in puram helemosinam dictis priori et fratribus supra[dicta] duo sextaria balhargie, etc. Datum anno Domini M° CC° XL° sexto.

V.   1247.   1 v°.

Universis, etc. Archipresbiter de Oblinquo, etc. Matheus Chauveti, miles, donavit in helemosinam priori et fratribus Dei Montis Maurilii unum sextarium frumenti, unum sextarium siliginis et unam eminam avene ad mensuram de Oblinquo annui redditus super terris de Tiffailla, in parrochia de Acuguiranda, etc. Actum anno Domini M° CC° XL° septimo.

---

1. Les mots ou portions de mots entre crochets manquaient par suite de la déchirure du texte du premier feuillet et ont été complétés.

VI.   1248.   1 v°.

Universis, etc. Helias de Barris, valetus, donavit in helemosinam, etc., priori et fratribus, etc., unum sextarium frumenti, unum sextarium siliginis et unam minam avene annui redditus ad mensuram de Oblinquo, que habebat idem valetus super terris de Tiffailla, in parrochia de Acuguiranda, et tres solidos quos habebat in veteri molendino de la Chatille, et duos solidos quos habebat in domo dictorum prioris et fratrum de Boesseco, etc. Actum anno Domini M° CC° XLVIII°.

         Revironi *notarius scripsit*.

VII.   1252, 26 Mars.   1 v°.

Universis, etc. Josserandus de Podio et Josselinus, fratres, valeti, etc., donaverunt in helemosinam priori et fratribus Domus Dei Montis Maurilii et quictaverunt octo solidos quos habebant in bordaria appellata aux Potineas, sita in parrochia de Jornec juxta villam de Boessec, et duos denarios quos percipiebant in prato sito desubtus molendinum de la Chatra et tres denarios quos percipiebant in vineis de Boessec, etc. Datum die martis ante Resurrectionem Domini anno Domini M° CC° L° secundo.

VIII.   12.7.   1 v°.

Universis, etc. Johannes de la Bartholera, filius deffuncti domini Johannis de Yspania, militis, donavit, donacione facta inter vivos, priori et fratribus Domus Dei Montis Maurilii pro salute anime sue unum sextarium siliginis ad mensuram de Tremolia et sex denarios redduales, quod sextarium et quos denarios idem Johannes consueverat percipere in domo de la Chatille, et amplius duos solidos cum duobus denariis reddualibus quos debebat Guillelmus Chauveti de Oblinquo pro rebus quas idem Guillelmus habet in parrochia de Betines racione uxoris sue, etc. . . . . die jovis post octabas Nativitatis beati Johannis Baptiste, anno Domini M-CC°. . . . . septimo. Johannes de Cluzello scripsit.

IX. 1233-1234, Janvier. 2.

Philippus, Dei gracia Pictavensis episcopus, universis, etc. Noverint universi quod Hugo de la Roche, miles, donavit in perpetuam helemosinam priori et fratribus Domus Dei Montis Maurilii pro redempcione anime sue, etc., sex sextaria bladi, videlicet duo frumenti et duo sextaria siliginis et duo sextaria ballargie ad mensuram Montis Maurilii, que dicti prior et fratres tenebantur reddere eidem militi pro Ymberto Rabbaudi, milite Montis Maurilii, racione octave partis quam predicti prior et fratres habebant in Bosco communi tam in terragiis quam in censibus, quod est juxta villam Mor, et racione medietatis brolii quod est contiguum cum Taneto et cum Bausters, et racione accensamenti quarte partis terragiorum de Bausters, quam quartam partem supradicti prior et fratres habent et possident. Prior vero et fratres supradicte Domus illam octavam partem terragiorum et censuum quam recipiebant in dicto Bosco communi quietaverunt et dimiserunt dicto Hugoni, militi, imperpetuum habendam et possidendam, cum de suo feudo fuisset et moveret. Preterea condictum fuit quod dictus miles tenetur deffendere et garire dictam quartam partem terragiorum de Bausters et medietatem dicti brolii supradictis priori et fratribus in perpetuum ab omnibus hominibus, obligans se et heredes suos in posterum ad dictam deffensionem faciendam, et renunćians in perpetuum omni juri, etc. Actum anno Domini M° CC° XXX° tercio, mense januarii.

X.   1274, 29 Juin.   2.

Universis, etc. Jocosus, archipresbiter Montis Maurilii, salutem in Domino. Noveritis quod Gaufridus, cappellanus ecclesie de Betinis, confessus fuit coram nobis quod cum predecessores ipsius cappellani quondam accensassent priori et fratribus Domus Dei Montis Maurilii et precipue maxime preceptori domus sue de Catilia omnia novalia existencia et futura in terris quas dicti prior et fratres vel eorum homines excolebant vel eciam excolerent vel alii in territorio eorumdem citra aquam Saleronis ex parte dicte ecclesie de Betynis, exceptis territoriis de Faya, si que acquirerent in futurum; quineciam quartam partem novalium crescencium et existencium in decimaria de Bauters et in aliis antiquis decimariis dictorum prioris et fratrum sitis ultra aquam sive rivulum Saleronis, ad annuam firmam unius sextarii frumenti et alius sextarii siliginis ad mensuram de Sancto Savino, tribus partibus novalium predictorum ultra aquam existencium et novalibus de las Jarrilles et omnibus aliis novalibus extra decimarias dictorum prioris et fratrum existentibus similiter ultra aquam dicto capellano dicte ecclesie et eidem ecclesie penitus reservatis, exceptis omnibus novalibus de la Chenaupetere que dicto preceptori et domui de Catillia integre et perpetue remanebunt; frater Gaufridus preceptorque dicte domus de Catillia prefato cappellano et ecclesie sue predicte quamdam peciam terre sitam prope cymiterium de Betinis cum ipsius terre dimiis [1] et aliis pertinenciis in recompensacionem et emendam futurorum novalium predictorum as-

---

1. Mot barbare pour *decimis*.

signasset et eciam concessisset, retentis dicto fratri Gaufrido et domui sue de Catillia duobus denariis annui census in dicta terra ; quineciam quamdam peciam vinee que quondam fuit dicti Meminaut, sitam in closo Nemoris seu Boschi communis, moventem ut dicitur ab Hugone de Rocha, milite, ad annuum censum quatuor denariorum, dictus preceptor dicte domus de Catillia dicto cappellano de Betinis nomine et ad opus ecclesie sue predicte pro quodam quarterio vinee ipsius capellani sito in parvo closo quod quondam fuit ut dicitur Bernardi de Bumont, permutacionis titulo, tradidisset et concessisset in recompensacionem et emendam similiter predictorum : prefatus cappellanus, sciens et asserens coram nobis ecclesiam suam predictam in predictis minime fore lesam, predictas accensacionem, tradicionem et permutacionem innovans coram nobis gratas habuit penitus et acceptas, promictens jurato ad sancta Dei evangelia corporaliter prestito quod contra predicta vel aliquod predictorum non faciet per se vel per alium nec veniet in futurum, et quod super hiis premissis concedet dictis priori et fratribus litteras sigillatas sigillo capituli vel episcopi Pictavensis. In cujus rei testimonium, ad peticionem dictorum prioris et fratrum Domus Dei et predicti cappellani de Betinis, presentibus licteris sigillum nostrum duximus apponendum. Datum in festo apostolorum Petri et Pauli anno Domini M⁰ ducentesimo septuagesimo quarto.

XI. 1246, 4 Décembre. 3.

Johannes, Dei gracia Pictavensis episcopus, universis, etc. Declaramus quod in nostra presencia constituti Josserandus de Podio et Jocelinus frater ejus, valeti, recognoverunt quod quondam Willelmus Jocerandi, miles, deffunctus pater eorum, pro salute anime sue donaverat priori et fratribus Domus Dei Montis Maurilii terragia que habebat in manso

.Terrosin et in manso Barraac et quicquid juris habebat in dictis mansis et ipsam donacionem ratam et firmam habuerunt. Preterea dicti fratres donaverunt in puram helemosinam priori et fratribus supradictis tria prebendaria frumenti, tria prebendaria avene, duo sextaria siliginis et unum sextarium avene ad mensuram de Tremolia, que solebant percipere in domo de Boesset, racione stagni de Boesset et mansi Potinea, et quicquid juris habebant in stagno predicto tam aqua quam piscibus ejusdem stagni et in linea de Gemeles tam terris quam terragiis et eciam nemoribus sitis in linea memorata. Preterea dicti Josserandus et Jocelini fratres donaverunt dictis priori et fratribus quatuor solidos et quatuor denarios quos habebant in ortis, pratis et agiis de Biers redduales, recognoscentes quod in villa de Biers nec in pertinenciis non habent nec habere debent census aliquos de denariis sive blado; donaverunt eciam dictis priori et fratribus octo solidos quos eisdem reddebat preceptor domus de la Gabidere racione canalium nigrarum et racione terrarum et nemoris earumdem, juraverunt non contravenire ; preterea recognoverunt quod ipsi donaverant dictis priori et fratribus quicquid juris habebant in servientela decime et terragiorum de Boesset, que decima et terragia sunt dictorum prioris et fratrum et de dominio eorumdem ; habendum, etc. Actum die martis post festum beati Andree apostoli anno Domini millesimo CC° XL° sexto.

XII.   1243, Juillet.   3.

Universis, etc. Archipresbiter Montis Morilii, etc. Thomas Rogais et Bona, uxor sua, in nostra presencia constituti, dederunt in puram helemosinam priori et fratribus Domus Dei Montis Morilii tres prebendarios tam frumenti quam siliginis ad mensuram Sancti Savini renduales, in decima de Charpilec et de Betines et de la Comba et de Buemont, et promiserunt contra presentem donacionem non venire, etc. Actum mense julii anno Domini M° CC° XL° tercio.

XIII.   1234, Juin.   3 v°.

Philippus, Dei gracia Pictavensis episcopus, omnibus, etc., salutem, etc. Domina Sibilla de Maillec [1] et Jodoinus, filius ejus, donaverunt pro redempcione anime sue Deo et pauperibus Domus Dei Montis Maurilii in puram helemosinam totam partem suam integram decime quam habebant in parrochia de Betines, scilicet in terris de Bauters et de Ribes et in masso do Mineres et in brolio Popea et in pertinenciis dictarum terrarum, sive sit in blado, sive in vino, sive in bestiis, sive in lana, sive in lino et in canabo et rebus aliis, in perpetuum habendam, etc. Hanc autem donacionem concessit Gaufridus de Tremolia, miles, frater predicte domine, qui dictam decimam eidem domine tenebatur deffendere et eam promisit deffendere dictis pauperibus, etc. Actum anno gracie millesimo CC° XXX° quarto, mense junii.

XIV.   1274, Août.   3 v°.

Universis presentes licteras inspecturis, Johannes de Bello-Monte, miles, dominus de Cors et de Dompnomone, salutem in Domino. Noveritis quod cum frater Gaufridus, preceptor domus de Catilhia, construxisset seu construi fecisset de novo quoddam fossatum seu betz [2] ad ducendum aquam ad molendinum suum de Mocyron et nos diceremus

---

1. Sibille est restée inconnue aux généalogistes de la famille de la Trémoille; sœur de Geoffroy, elle devait être fille d'Audebert de la Trémoille.
2. Ducange ne donne que la forme *bief*.

istud in nostrum et filii nostri prejudicium redundare, cum aqua de Salerone ad nos per medium pertineret; tandem pro bono pacis et in recompensacione decem librarum turonensium quas dictus preceptor nobis tradidit in peccunia numerata, predictum ductum aque acceptavimus, ratificavimus et pro nobis et nostris dicto preceptori et suis successoribus per presentes licteras sigillo nostro sigillatas perpetuo confirmavimus, sine perturbacione et inquietacione aliqua dicto preceptori et successoribus suis super predictis amodo facienda. Datum mense augusti anno Domini M° CC° septuagesimo quarto.

XV. 1277, 24 Avril. 3 v°.

Universis, etc. Archipresbiter Montis Maurilii, etc. Constitutis coram nobis Stephano de Brucia et Garnerio, filio suo, pro se et liberis dicti Garnerii, ex parte una, et fratre Gaufrido, preceptore domus de Catilhia, pro se et pro priore et fratribus Domus Dei Montis Maurilii, ex altera, dicti Stephanus et Garnerius quictaverunt penitus nomine liberorum in potestate sua existencium, pro salute animarum suarum, dicto preceptori et successoribus suis tres eminas siliginis et eminam frumenti ad mensuram de Tremolia annui redditus, quas dicti liberi habebant ut dicitur in molendino dicti preceptoris sito subtus Brolium in aqua Beneysa vulgariter appellata, et quicquid juris habebant in eodem, etc.; et in recompensacione predictorum dicti Stephanus et Garinus tradiderunt dictis liberis tres eminas siliginis et eminam frumenti ad predictam mensuram de Tremolia in decimacione de Viridario sita in parrochia de Lilhec; promiserunt insuper quod ipsi procurabunt cum predictis liberis quod predictas remissionem et quictacionem ratas habeant et acceptas dum ad etatem venerunt, et ipsum preceptorem et successores suos facient teneri perpetuo liberos, sub pena quingentorum solidorum apposita et solvenda dicto preceptori, etc.; et ad hoc tenendum obligaverunt, etc. Datum die sabbati post festum beati Georgii martiris, anno Domini M° CC° septuagesimo septimo.

XVI.   1248-1249, Janvier.   4.

Philippus, permissione divina Bituricensis archiepiscopus, Acquitanie primatus, universis, etc. Declaramus quod in presencia nostra constitutus Matheus Chauveti, miles, donavit in puram helemosinam priori et fratribus Domus Dei Montis Maurilii unum sextarium frumenti, unum sextarium siliginis et unam minam avene, que idem miles percipiebat a dictis priore et fratribus annui redditus ad mensuram de Oblinquo de terris de Tiffala, in parrochia de Leguiranda, promictens, etc. Datum apud Oblinquum anno Domini M° CC° XL° octavo mense januarii.

XVII.   1265, 22 Mai.   4.

Universis, etc. Archipresbiter Montis Maurilii, salutem in Domino. Noverint quod Andreas de Pots et Petronilla dicta Dulcia, uxor sua, dederunt in helemosinam pro salute animarum suarum Deo, priori et fratribus Domus Dei Montis Maurilii quoddam pratum situm in riparia de Saleron inter pratum prioris de Betines et pratum a la Beguaeranda, in parrochia de Betines, et quicquid juris habebant in eodem prato, habendum, etc., cum solucione trium denariorum censualium domino Bochardo de Sancto Aniano, militi, et ipsius heredibus in festo apostolorum Petri et Pauli apud Betines a preceptore domus de la Chatilhia solvendorum annis singulis; promiserunt dicti conjuges non contravenire et promiserunt procurare cum dicto milite in cujus feodo dictum pratum consistit quod premissa concedet dictis priori et fratribus. Datum die veneris ante Pentecosten anno Domini Mº CCº sexagesimo quinto.

XVIII.   1339, 23 Juin.   4 vº.

Universis, etc. Gaufridus de Challon, custos sigilli regii apud Montem Maurilii constituti, salutem. Noveritis quod Johannes Auchene de Villamor et Margot, ejus soror, et Thomas, ejus maritus, et Perrotus Auchene confessi fuerunt vendidisse ad·perpetuitatem fratri Nicholao de Masso, preceptori domus de Chantoan, precio sexaginta et duorum solidorum bone monete, videlicet unam peciam prati sui, sitam in riparia de Saleron, juxta pratum Johannis Ogerii de Rufflac et pratum capellanie de Thaneto, moventem a priore de Betines ad unum denarium census solvendum annuatim in crastinum Omnium Sanctorum; transferentes quicquid, etc. Datum testibus presentibus domino Jordano Pichon, monacho Sancti Savini, et Johanne Brunelli de Villamor, die lune ante festum beati Johannis Baptiste anno Domini Mº CCCº trecesimo nono.

XXI.   1265.   4.

Premissam donacionem dicti prati, sic a dictis Andrea et Petronilla factam, dictus miles concessit dictis priori et fratribus, ratamque et gratam habuit penitus et acceptam et eciam confirmavit cum solucione dictorum trium denariorum, ut patet per licteras suas sub data anno Domini Mº CCº LXº quinto. [Signata per XXI sed hic ponitur propter sequelam, etc.]

XIX. 1245. 4 v°.

Universis, etc. Archipresbiter Montis Maurilii, etc. Declaramus quod Jocelinus de Podio Jocerandi, valetus, donavit in helemosinam Deo et pauperibus Domus Dei Montis Maurilii et domus de Boesset tria prebendaria frumenti que solebat percipere in territorio de Boesset a procuratore dicte domus, et promisit contra non venire, etc. Actum anno Domini M° CC° XL° quinto.

XX. 1270, 5 Avril. 4 v°.

Universis, etc. Archipresbiter Montis Maurilii, etc. Johanna de Tersanes recognovit quod dictus Maes de Buemont dederat priori et fratribus Domus Dei Montis Maurilii omnia bona sua mobilia et inmobilia ubicumque essent et quocumque nomine censerentur, etc.; quam donacionem eadem Johanna gratam et ratam habuit, etc. Datum die sabbati ante Ramos Palmarum anno Domini millesimo ducentesimo septuagesimo.

XXII. 1280. 4 v°.

Universis, etc. Archipresbiter Montis Maurilii, etc. Stephanus de Puteo, valetus, recognovit se tradidisse in perpetuum priori et fratribus Domus Dei Montis Maurilii quoddam pratum situm in riparia de Saleron, inter magnum pratum dicti valeti et pontem de Betines, quod pratum fuit dictorum Aux Eschirpeas, habendum, etc., ad annuum censum sex denariorum die dominica post Ascensionem Domini solvendorum, recognoscens se habuisse a dictis priore et fratribus nomine intragii centum et decem solidos in peccunia numerata, etc. Datum anno Domini M° CC° octuagesimo.

XXIII.	1244-1245, Janvier.	5.

Universis, etc. Gaufridus de Donione, vir nobilis, salutem in eo qui est vera salus. Ad omnium volumus venire noticiam quod Hector et Matheus Hector, fratres, milites, dederunt libere priori et fratribus Domus Dei Montis Maurilii in helemosinam quinque sextaria bladi ad mensuram de Oblinquo, scilicet duo frumenti et duo siliginis et unum avene, que ipsi habebant annui redditus in terra eorumdem que vocatur Tiphalec, et promisserunt coram nobis sacramento prestito se esse deffensores, etc. Nos in cujus dominio dicta terra consistit eisdem priori et fratribus concessimus predictam donacionem et eam ratam habuimus atque firmam, etc.; ne de cetero possemus habere recursum ad predictam terram, etc. Actum in mense januarii anno Domini M° CC° XL° quarto.

XXIV.	1248, 23 Avril.	5.

Universis, etc. Officialis Pictavensis, etc. Hugo de Rocha, miles, et filii ejus, valeti, donaverunt in puram helemosinam priori et fratribus Domus Dei Montis Maurilii unam minam avene et decimam quas percipiebant in domibus et manso Aymerici Bertrandi, presbiteri, et pertinenciis mansi et nepotum suorum de Beomont, et duas partes terragii quas percipiebant in manso de Agia do Cormener, et decimam quam habebant in eodem manso, qui mansi sunt dictorum prioris et fratrum, et quatuordecim denarios et decimam quam habebant in quadam pecia terre site subtus muros clausure dictorum Aymerici et nepotum suorum de Beomont, in parrochia de Betines, et quinque solidos quos habebant redditus in villa dictorum prioris et fratrum de Champaigne, et quicquid juris habebant in omnibus et singulis locis predictis; quictaverunt eciam et donaverunt dictis priori et fratribus omnia et quecumque dicti fratres habebant in feodis suis in parrochiis de Latus, de Betines et de Saugeto, habenda, etc. Datum die jovis in festo sancti Georgii anno Domini M° CC° XL° octavo.

XXV. 1250, 28 Juillet. 5.

Universis, etc. Archipresbiter Montis Maurilii, etc. Johanna Penovella donavit in helemosinam priori et fratribus Domus Dei Montis Maurilii unam minam frumenti, unam minam siliginis et unum prebendarium ballargie ad mensuram Sancti Savini, que eidem reddere solebat pro osclo suo preceptor de la Chatilhia in decima de Charpellec et de Villa Nova in festo beati Michaelis annuatim, etc. Actum anno Domini M° CC° quinquagesimo, die jovis post festum beate Marie Magdalenes [1].

XXVI. 1263, 26 Avril. 5 v°.

Universis, etc. Guillelmus, archipresbiter Montis Maurilii, salutem in Domino. Noveritis quod Petrus Rabbaudi, filius Theobaldi Darchet, dedit in puram helemosinam pro salute anime sue Deo et priori et fratribus Domus Dei Montis Maurilii tres denarios censuales quos idem Petrus habebat in prato appellato Clavea, communi ut dicitur inter dictos priorem et fratres et templarios de Rofflat, sito in riparia de Saleron, subtus Domum Dei de la Chatilla, in parrochia de

---

1. V. la charte originale, appendice n° I.

Betines, et inter pratum Petiti Langotz et pratum Gaufridi Tardi, et quicquid juris, etc. Datum die jovis post festum beati Marchi evangeliste anno Domini M° ducentesimo sexagesimo tercio.

XXVII.   1274.   5 v°.

Universis, etc. Archipresbiter Montis Maurilii, etc. Noveritis nos vidisse litteras abbatis Sancti Savini, quamdam clausulam cujus tenor est in hec verba : Ad universorum volumus noticiam pervenire quod nos propter utilitatem ecclesie nostre concessimus venerabili viro Nicholao, priori, et fratribus Domus Dei Montis Maurilii terram aux Buffatz, sitam juxta terram Febri de la Chatilla et lyneam de la Chatilla et mansum Chambolenc, retentis ibidem duobus solidis monete currentis censualibus in festo Omnium Sanctorum, etc. Actum anno Domini M° II° septuagesimo quarto.

XXVIII.   1275-1276, 1 Février.   5 v°.

Universis, etc. Jocosus, archipresbiter Montis Maurilii, etc. Johanninus Gogon dedit in puram helemosinam priori et fratribus Domus Dei Montis Maurilii et domui sue de Catilhia sex denarios censuales et decimam que idem habebat in quadam vinea sita inter villam de Dossat et closum do Chaume et quicquid juris habebat in eadem, possidendum, etc. Datum die sabbati ante Cineres anno Domini millesimo ducentesimo septuagesimo quinto.

XXIX.   1266-1267, 21 Mars.   6.

Universis, etc. Archipresbiter Montis Maurilii, etc. Aymericus Secheressa, valetus, filius Aymerici Secheressa, militis, et Agnes, uxor sua, dederunt priori et fratribus Domus Dei Montis Maurilii ad sustentacionem eorumdem undecim rasa avene, ad mensuram de Tremolia, que ipsi racione vigerie percipere consueverant in domibus hominum mansionariorum dictorum pauperum in villa de Boysset inter rivum manantem et fluentem a fonte Rifer, prout recte protenditur dictus rivus a dicto fonte ad stagnum de Boysset, et villam franchiam de Thenetz, et quicquid juris, etc., dicti conjuges habebant in eadem villa, habenda, etc. Preterea dicti conjuges confessi fuerunt quod in masso Potineau, sito apud Boysset, ipsi non habebant jus percipiendi dictam avenam vel aliam consuetudinem, renunciantes, etc. Datum die lune post Occuli mei anno Domini M° CC° LX° sexto.

XXX.   1264, Mai.   6.

Universis, etc. Archipresbiter Montis Maurilii, etc. Bona, relicta dicti Lopin de Valle Dei, quondam filia Petri Auvergnatz, dedit de assensu Nicholay et Johannis, filiorum suorum et dicti Lopin, in puram helemosinam priori et fratribus Domus Dei Montis Maurilii quandam peciam terre que quondam fuit aux Auvergnatz, sitam prope terram domus de la Chatille, juxta villam de Betines, et quandam aliam peciam terre site in masso de Boes prope Betines, et quandam aliam peciam terre sitam ante domum Garneron, contiguam vilario de la Chatille, et quandam aliam peciam terre sitam juxta vineas dicte domus de la Chatille, et medietatem quam eadem habet in prato Marbau communi dicte relicte et priori de Betines, et unum boessellum siliginis reddualem quem Gaufridus Malet, valetus, eidem debet de terra de Masso, sita ante domum Raemondi Parent, et duodecim denarios censuales quos moniales eidem Bone debent annis singulis in festo Penthecostes de masso quod homines de Dossat tenent prope Dossat, habenda, etc. Datum die dominica qua cantatur Misericordia Domini anno Domini M° CC° LX° quarto, mense maii.

XXXI. 1252. 6.

Universis, etc. Archipresbiter Luciaci et archipresbiter Montis Maurilii, etc. Garnerius de Turre, miles, donavit in puram helemosinam priori et fratribus Domus Dei Montis Maurilii duodecim denarios quos percipiebat in domo de la Chatilla, racione terre de Podio Grivea, in parrochia de Betines, et decem denarios quos percipiebat in domo dictorum fratrum de Boesseto, racione bordarie aux Potineas, site in villa de Boesset, et unum denarium quem Giraudus de Masbocea eidem reddebat racione prati siti super stagnum de Boesset, et duos denarios et obolum quos Johannes Rosseas et Rampnulfus de Boesseto reddebant ei de prato desuper dictum stagnum, et tres denarios quos Brocannis, filius Guidonis de Boesset, reddebat de prato desuper dictum stagnum, et unum denarium quem Jaquelins, gener Guidonis de Boesset, reddebat eidem militi de eodem loco, que borderia et prata sita sunt in parrochia de Jornet; donavit eciam dictis priori et fratribus plenum usagium ad opus domus de la Chatille et fratum in eadem domo morancium, ad opus animalium suorum, quocumque nomine censeatur, in bosco Sancti Petri sito juxta nemora de Armilhec et de Faia, prope terras monialium de Villasalem; juravit, etc. Actum anno Domini M° CC° quinquagesimo secundo.

XXXII. 1270, 5 Avril. 6 v°.

Universis, etc. Archipresbiter Montis Maurilii, etc. Petronilla de Buemont, relicta Bernardi de Buemont, dedit in puram helemosinam priori et fratribus Domus Dei Montis

Maurilii universa et singula bona sua mobilia et inmobilia et specialiter octo quarteria vinearum et unum quarterium terre sita in Bosco communi, habenda et possidenda, etc. Datum die sabbati ante Ramos Palmarum anno Domini M° CC° septuagesimo.

XXXIII.   1296, 24 Avril [1].   6 v°.

Universis [2], etc. Noveritis quod constitutis in jure religioso viro fratre Guillelmo, priore Domus Dei Montis Maurilii, ex parte una, et Guillelmo Maleti, valeto, ex parte altera, idem valetus recognovit et confessus fuit quod omnes terre quas preceptor de Castillia et predecessores ejusdem domus et eciam homines dicte domus, nomine et racione borderiarum et tenutarum suarum dicte domui de Castillia spectancium, tenuerunt et explectaverunt a tempore a quo non extat memoria, ad terragia et decimas eidem valeto et suis predecessoribus solummodo persoluta, sunt et fuerunt terre terragiales et dictis preceptoribus et predecessoribus spectaverunt, et eidem domui de Castillia et preceptoribus ejusdem domus et suis successoribus a modo pleno jure spectant et spectare debent tanquam suum proprium domanium, et quod ponere et extra ponere, vestire et saisire de dictis terris aut de aliqua aerumdem, dum fuerint alienate perpetuo quoquomodo vel abse, dicte domui de Castillia et ejusdem domus preceptoribus et predecessoribus suis pertinuerunt et eciam spectaverunt, et ex nunc eidem domui de Castillia et ejusdem domus

---

1. Il existe aux Archives de la Vienne une copie vidimée de cet acte, donnée sous le scel royal à Montmorillon tenu par Jean de Calmète, clerc, et datée du 27 septembre 1309.
2. L'acte original débutait ainsi : Universis *presentes literas inspecturis Nicolaus de Foresta, custos sigilli domini regis Francie apud Montem Maurilii constituti, salutem.* Noveritis quod *coram Johanne Merlini clerico, dilecto et fideli jurato in officio dicti sigilli* constitutis in jure, etc.

preceptoribus et successoribus pertinent et spectant et spectare et pertinere debent tanquam dominis veris fundalibus pleno jure. Item recognovit et confessus fuit dictus valetus quod si contingat mori aliquem de hominibus predictis aut colentem aliquam de terris predictis sine heredibus et quod tenuta morientis, cedentis vel recedentis absa remaneret quoquomodo, quod preceptor dicte domus de Castillia et sui successores debent habere et tenere et predecessores sui tenuerunt et habuerunt dictas terras et tenutas aut earum aliquam ad suum domanium tanquam suas et tenutas proprias ; volens dictus valetus quod preceptor de Castillia et sui successores predictas terras et tenutas ex nunc ut dictum est habeant, teneant, possideant et explectent et de ipsis faciant suam omnimodam et perpetuam voluntatem tanquam veri domini et liberi possessores. Dictus vero valetus omnium terrarum, vinearum et possessionum quarumcumque, que quondam donate, vendite, permutate aut alienate fuerint aut translate perpetue per predecessores dicte domus de Castillia, aut per homines ejusdem vel predecessores suos quoquomodo, donacionem, vendicionem, permutacionem, alienacionem et translacionem ex nunc pro se et suis heredibus et successoribus dicte domui de Castillia et ejusdem preceptori et successoribus ratificavit et approbavit et in perpetuum confirmavit, et maxime omnium terrarum terragialium aut censualium que predecessoribus dicte domus devenerint per donacionem, vendicionem, permutacionem aut translacionem aliquam factam per homines dicte domus, aut devenient preceptori de Castillia et suis successoribus eadem donacione, vendicione, permutacione aut translacione quacumque, et tenuerunt et tenebunt, possederunt et possidebunt alio quoquomodo ; et specialiter nemoris preceptoris de Castillia, de Podio aux Gremanays publice appellati, et terre terragialis contigue dicto nemori, que solebat tenere Petrus Eschinars ad annuum censum duodecim denariorum eidem valeto reddendorum, et omnium terrarum et possessionum dicti Peytavini, donacionem, vendicionem, permutacionem et translacionem quamcumque preteritam et futuram, factam vel faciendam de predictis, ut dictum est, preceptori dicte domus de Castillia et suis successoribus ratificavit, approbavit et in perpetuum confirmavit, et easdem donaciones, vendiciones, permutaciones et translaciones factas et faciendas per preceptores dicte domus de Castillia et successores suos promisit dictus valetus pro se et suis heredibus et successoribus ratificare, approbare et in perpetuum confirmare, salvis et retentis eidem valeto et suis terragiis et decimis in predictis, et vendis in terris et rebus censivis de jure et consuetudine patrie approbatis; hoc addito quod dictus vel sui possint accipere et tenere de dictis terris terragialibus ad agriculturam suam aliquam terram, exceptis de terris quas colunt et colent preceptor dicte domus de Castillia et successores ejusdem domus qui pro tempore fuerunt in eadem. Promisit eciam dictus valetus, etc., premissa tenere, etc. Datum presentibus Garino Segoyni, preceptore de Villa Marans, et Bartholomeo Berlandi, clericis, fratribus Domus Dei, et Jocoso de Betines, die lune post Quindenam Pasche anno Domini CCº nonagesimo sexto.

XXXIV. 1280. 7.

Universis, etc. Archipresbiter Montis Morilii, etc. Stephanus de Puteo, valetus, recognovit se tradidisse priori et fratribus Domus Dei Montis Maurilii quoddam pratum situm infra fines et metas jurisdictionis commandatorie de la Chastille, membrum deppendens a dicta Domo Dei Montis Morilii, tenens ex una parte prato dicti valeti situato in riparia de Saleron et ex altera ponti de Bettines, quod pratum fuit aux Estirpeas, habendum, etc., ad annuum censum sex denariorum solvendorum post Ascensionem Domini; recognoscens se habuisse a dicto priore et fratribus nomine intragii centum et decem solidos in pecunia numerata, etc. Datum anno Domini M° CC° octuagesimo.

XXXIV (bis.) 1314, 5 Novembre. 7 v°.

Universis, etc. Aymericus de Banda (sic), valetus, dedit in puram helemosinam Deo et pauperibus Domus Dei Montis Maurilii ad opus domus de Catillia et preceptoris ejusdem domus decem solidos redduales de viginti solidis reddualibus in quibus dicta domus de Catillia tenebatur dicto Aymerico super quodam prato ipsius domus de Catillia, sito prope eamdem domum in riparia de Saleron, vulgariter appellato pratum Gueulh, quod quondam fuit Pictavini de Masso, cum omni jure possessionis, proprietatis, dominii, deveriis, explectis, que habebat item in predictis decem solidis reddualibus, etc. Datum die martis post festum Omnium Sanctorum anno Domini M° CC° XIIII^{mo} [1].

XXXV. 1282, 3 Mai. 7 v°.

Universis, etc. Jocosus, archipresbiter Montis Maurilii, etc. Garnerius de Brucia vendidit preceptori Domus Dei de Castilhia precio triginta sex solidorum turonensium tres solidos et dimidium annui redditus quos idem Garnerius habebat in villa et pertinenciis de Boysseto, in parrochia de Jornet, et quicquid juris, possessionis, etc. Datum die dominica ante Ascencionem Domini anno ejusdem M° ducentesimo octogesimo secundo.

---

1. Il y a dans cette date une erreur évidente que nous avons dû rectifier : l'acte est du 5 novembre 1316 et pour s'en convaincre il n'y a qu'à recourir à la pièce portant cette dernière date, n° 64, dont celle-ci n'est que le complément.

XXXVI. 1332, 15 Juin. 7 v°.

Universis, etc. Frater Petrus Tronelli, preceptor domus de Catillia, etc. Habito debato inter ipsum et Petronnium, filium Geraldi Garemea, de villagio de Helemosina sive de Bauters, et Guillelmum, filium Vincentii Garemea, de xxv solidis per ipsos eidem preceptori debitis, ut dicebat, annui census in quolibet festo Sancti Savini super quodam prato sito in riparia de Saleron inter fontem dictam publice aux Veylhes et pratum prioris de Betines, etc.; tandem fuit contentus dictus preceptor quod dicti Petronnius et Guillelmus non solverent a cetero nisi viginti solidos solummodo, auditis eorum racionibus, etc., sine aliquo alio deverio, etc. Datum die lune post festum Trinitatis Domini anno ejusdem Domini millesimo trecentesimo trecesimo secundo. Jocosus de Magnaco.

XXXVII. 1259, 24 Décembre. 7 v°.

Universis, etc. Petrus Vigers de Jornet dedit in puram helemosinam priori et fratribus Domus Dei Montis Maurilii duos solidos quos habebat censuales in stagno de Boysset ut dicebat, promisit, etc. Datum, actum in vigilia Natalis Domini anno Domini M° CC° L° nono.

XXXVIII. 1271, 19 Juin. 7 v°.

Universis, etc. Petrus Memynaus de Villa Nova confessus fuit in puram helemosinam se dedisse priori et fratribus Domus Dei Montis Morilii duo quarteria vinearum sita in closo Mallet et alia duo quarteria sita in closo de Bosco communi et omnia bona sua mobilia et inmobilia, presencia et futura, ubicumque essent, etc. Datum die lune post festum beati Johannis Baptiste, anno Domini M° II° septuagesimo primo.

XXXIX.   1276, 26 Mars.   8.

Universis, etc. Jocosus, archipresbiter Montis Maurilii, salutem, etc. Johannes de Agia tradidit et affirmavit pro se et suis preceptori domus de Catillia et successoribus suis quicquid juris habebat in decimis et decimacionibus frumenti, siliginis, avene, balhargie et ordei, sitis apud Bauters et apud Ribes et in parrochia de Betines, ad annuum redditum trium sextariorum bladi, videlicet unius siliginis, alterius avene, unius mine frumenti et alterius balhargie, habendum, possidendum, etc. Item actum fuit inter partes quod quando dictus preceptor solvet decem libras dicto Johanni, de dictis tribus sextariis dictus preceptor remanebit totaliter liber et inmunis. Item dictus preceptor tenetur solvere monialibus de Villasalem redditum quem ipse habent in rebus predictis, etc. Datum die jovis post Annunciacionem Beate Marie anno Domini M° II° septuagesimo sexto.

XL.   1240.   8.

Universis, etc. Archipresbiter Montis Morilii, etc. Josserandus de Podio, domicellus, donavit in puram helemosinam priori et fratribus Domus Dei Montis Maurilii quartam partem terragiorum deu terreur de villa de Gemeles que percipiebat in terra dictorum pauperum, et eciam quictavit illam quartam partem quam habebat en la ligna tam in nemore quam in plano, et quictavit omne usagium et omne jus quod habebat in predictis locis et rebus, salvo avenagio quod debet habere in domiciliis hominum dictorum pauperum ejusdem ville, dumtamen in eisdem domiciliis fiat focus, etc. Actum anno Domini M° ducentesimo quadragesimo.

XLI.   1276, 26 Mars.   8.

. Universis, etc. Jocosus, archipresbiter Montis Maurilii, etc. Johannes de Agia tradidit, etc. Duplex est quare XXXIX^a, etc.

XLII.   1268,   8.

Universis, etc. Archipresbiter Montis Maurilii. Petrus, filius Theobaldi Rabbaudi, concessit priori et fratribus Domus Dei Montis Maurilii pratum vulgariter appellatum Clavea, situm in riparia de Saleron, inter pontem de la Chatilla et pontem de Betines, quod pratum fuit Aymerici Bertrand, de quo prato debentur dicto Petro tres denarios censuales solvendos in festo beati Savini annuatim, etc. Datum anno Domini M° II° L° octavo.

XLIII.   1236.   8.

Jo., Dei gracia episcopus Pictavensis, etc. Hugo de Rupe, miles, dedit Deo et pauperibus Domus Dei Montis Maurilii in puram helemosinam decimam quam li Penoneu habebant ab ipso apud Betines et apud Boumont et apud Charpillec et apud la Comba et apud Villam Novam, habenda, etc. Datum anno gracie M° CC° trecesimo sexto.

XLIV.   1242.   8 v°.

Willelmus, archipresbiter Montis Maurilii, etc. Petrus Maler, miles, et G. frater ejus, domicellus, donaverunt et quictaverunt Deo et pauperibus Domus Dei Montis Maurilii in puram helemosinam quicquid habebant tam in terragiis quam in decimis sive in quibuslibet aliis in terris et pratis culture de la Chatille et in aliis terris et pratis que inferius subscribuntur, videlicet in chabo terre que est in riberia de Betines et quicquid habebant in chantre prati contigui dicte terre, et in pecia terre que est subtus domum a la Derleta in cumba vie de Betines, et in pecia terre que fuit aux Solers subtus viam de Oblinquo, et in eminata terre que contigua est magno villari de Betines, et in tota pecia terre que est inter viam de Oblinquo et viam Tremolliacensem sicut recte tendit de Docat apud Betines et ad ascensamentum Eschinart et ad vineas que movent a priore de Betines, et in prebendariata terre que vocatur Chaneberia, que est contigua vinee Pichon; et in pecia terre que est ante domum aux Martins et ante portam de la Chatille usque ad terram Monthorum et ad mansum Chanbolenc, et in eminata terre que est inter viam Tremoliacensem et terram de qua Bartholomeus Tardis et Aubespis recipiunt terragium, et in terra que est infra muros de la Chatille, et in juxto terre quod est inter assensamentum aux Martins et vineas Gaufridi Eschinard, que movent de priore de Betines, et quicquid juris habebant in prato quod est contiguum insule Malet et prato prioris de Betines subtus agiam de la Chatille; eciam donaverunt dicti fratres dictis pauperibus tres prebendariatas terre que sunt contigue terre aux Auvergnatz et au chabot [1] aux Martins, juxta

---

1. *Clabot* ne se trouve pas dans Ducange, qui donne *clapo* avec le sens de mesure usitée pour les prés ; dans le centre du Poitou le mot *claïot* signifie trou, creux.

viam que tendit de Betines apud Docat, retentis sibi et suis quatuor solidis currentis monete per Marchiam, reddendis in festo Omnium Sanctorum, censualibus annuatim, etc. Et dicti pauperes Domus Dei quictaverunt eisdem fratribus Malet et suis heredibus in recompensacionem premissorum duo sextaria frumenti que eisdem annis singulis de terra sua deu manso que est in Betines reddere tenebantur, etc. Actum anno gracie M° II° XL secundo [1].

XLV. 1276. 8 v°.

Universis, etc. Archipresbiter Montis Maurilii, etc. Johannes de Agia dedit in puram helemosinam Deo et priori et fratribus Domus Dei Montis Maurilii et domui sue de Catillia quicquid juris habebat in decimis et decimacionibus vini, leguminis, lini, canabi, rapparum, milii, panicii, lane, agnorum, porcellorum et vitulorum apud Bauters et apud Ribes et circa in parrochia de Betines, habendum, etc. Datum anno Domini M° II° septuagesimo sexto.

XLVI. 1244, 16 Juin. 9.

Durandus, Lemovicensis episcopus, etc. Petrus, Icterius, Johannes, Peyronetus Archambaudio fratres, et Petronilla, eorum soror, quictaverunt priori et fratribus Domus Dei Montis Maurilii quicquid habebant in decima de Charpilhec et de Betines et Boemont et de Comba et de Villa Nova que sunt in parrochia de Betines, diocesis Pictavensis, etc.; pro-

---

1. Cette charte est en partie reproduite dans l'acte du 11 janvier 1258 que l'on trouve plus loin, et qui offre avec elle quelques différences orthographiques qu'il convient de signaler : *chabo, chambo; chantre, chantra; cumba, comba; assensamentum, ascensamentum.*

mictentes, etc. Datum apud Oratorium XII° Kal. Junii anno Domini M° ducentesimo quadragesimo quarto.

XLVII. 1296. 9.

Universis, etc. Nicholaus de Foresta, etc. Religioso viro fratre Garino, priore Domus Dei Montis Maurilii, ex parte una, et Guillelmo Maleti, valeto, ex parte altera, idem valetus recognovit quod omnes terre quas preceptor de Castilia et eciam homines dicte domus, nomine et racione borderiarum et tenutarum suarum dicte domui de Castilla spectancium, tenuerunt et explectaverunt a tempore a quo non extat memoria, ad terragia et decimas eidem valeto et suis solummodo persoluta, sunt et fuerunt terre terragiales et dictis preceptoribus et predecessoribus spectaverunt, et eidem domui de Castillia amodo pleno jure spectant, tanquam suum proprium domanium, et quod ponere et extra ponere, vestire et saisire de dictis terris aut de aliqua earumdem, dum fuerint alienate vel abse, dicte domui de Castillia pertinuerunt et ex nunc pertinent et spectant et pertinere debent tanquam dominis veris fundalibus pleno jure. Item quod si contingat mori aliquem de heredibus predictis aut colentem aliquam de terris predictis sine heredibus et quod tenuta morientis, cedentis vel recedentis absa remaneret quoquomodo, preceptor dicte domus et sui debent habere et tenere et predecessores sui tenuerunt dictas terras et tenutas aut earum aliquam ad suum domanium tanquam suas proprias; volens et consenciens dictus valetus quod preceptor dicte domus de Castillia predictas terras ex nunc, ut dictum est, habeat et explectet et de ipsis faciat suam omnimodam et perpetuam voluntatem tanquam veri domini et liberi possessores. Dictus vero valetus omnium terrarum, vinearum et possessionum quarumcumque, que condam donate, vendite, permutate aut alienate fuerunt vel translate per predecessores domus de Castillia aut per homines ejusdem domus, donacionem, vendicionem, permutacionem, alienacionem et translacionem ex nunc pro se et suis dicte domui de Castillia ratificavit et approbavit et in perpetuum confirmavit, et maxime omnium terrarum terragialium et censualium que predecessoribus dicte domus devenerunt per donacionem, vendicionem, permutacionem aut translacionem aliquam factam per homines dicte domus, aut devenient preceptori dicte domus de Castillia eadem donacione, vendicione, permutacione aut translacione quacumque, et tenuerunt et tenebunt, possederunt et possidebunt alio quoquomodo, et specialiter nemoris preceptoris dicte domus de Castilia, de Podio aux Germanays publice appellati, et terre terragialis contigue dicto nemori, que solebat tenere Petrus Eschinars ad annuum censum duodecim denariorum eidem valeto reddendorum, et omnium terrarum et possessionum dicti Peytavini donacionem, vendicionem, permutacionem et translacionem quamcumque preteritam et futuram, factam vel faciendam de predictis, ut dictum est, preceptori dicte domus de Castillia et suis ratificavit, approbavit et in perpetuum confirmavit, et easdem donaciones, vendiciones, permutaciones et translaciones factas et faciendas per preceptorem dicte domus de Castillia promisit dictus valetus pro se et suis heredibus ratificare, approbare et confirmare, salvis et retentis eidem valeto et suis terragiis et decimis in predictis, et vendis in terris et rebus censivis de jure et consuetudine patrie approbatis ; hoc addito quod dictus valetus seu sui possint accipere et tenere de dictis terris terragialibus ad agriculturam suam aliquam terram, exceptis de terris quas colunt et colent preceptor dicte domus de Castillia et successores ejusdem domus qui pro tempore fuerunt in eadem. Promisit, etc., tenere, servare, etc., et ratificari facere presentes litteras Beatrici, uxori sue, etc. Datum anno Domini M^{mo} CC^o nonagesimo sexto, etc.

XLVIII. 1249, Octobre. 9 v°.

Philippus, permissione divina, Bicturicensis archiepiscopus, Acquitanie primas, universis, etc. Helyas de Bariis, domicellus, dedit in puram helemosinam priori et fratribus Domus Dei Montis Maurilii unum sextarium siliginis et unam minam avene, que omnia dictus domicellus habebat ad mensuram de Oblinquo in terris dictorum prioris et fratrum de Tiffalèc, sitis in parrochia de Aguiranda, et tres solidos quos habebat in veteri molendino de la Chatille, et duos solidos quos habebat in domo dictorum fratrum de Bossers, etc. Datum et sigilli nostri munimine consignatum anno Domini millesimo ducentesimo quadragesimo nono mense octobri.

XLIX. 1291, 19 Décembre. 9 v°.

Universis, etc. Jocosus, archipresbiter Montis Maurilii, etc. Constitutis coram nobis fratre Guillelmo, preceptore Domus Dei de Castilhia, ex parte una, et Geraldo de Agia, prope Bauters, et Johanna, ejus uxore, ex parte altera, dictus Geraldus de voluntate dicte sue uxoris vendidit dicto preceptori precio decem librarum turonensium, de quibus fuit contentus, totum jus proprietatis, possessionis et dominii quod habebat in decimis et decimariis bladi, vini, agnorum, porcellorum, vitulorum, lane, lini, canabi et omnium et singularum aliarum rerum decimalium in villis et territoriis de Bauters et de Ribes et in pertinenciis eorumdem, habendum et possidendum, etc., salvo redditu debito monialibus de Villesalem ; transferentes dicti conjuges in dictum preceptorem et suos, etc. Datum testibus presentibus Johanne Fabri de Buemont et Petro Textoris de Bauters, die mercurii ante festum Nativitatis Domini anno Domini millesimo ducentesimo nonagesimo primo.

L. 1276, 26 Mars. 10.

Notum quod Johannes de Agia dedit in puram helemosinam priori et fratribus Domus Dei Montis Maurilii et domui sue de Castillia quicquid juris proprietatis et possessionis habebat in decimis et decimacionibus vini, leguminis, lini, canabi, raparum, milii, panicii, lane, agnorum, porcellorum et vitulorum apud Bauters et Ribes et circa in parrochia de Betynes, habendum, etc.

LI. 1234, Juillet. 10.

Philippus, Dei gracia Pictavensis episcopus, omnibus has licteras inspecturis, salutem. Hugo de Rupe, miles, donavit Deo, pauperibus Domus Dei Montis Maurilii redditus illius tercie partis terragiorum quam habebat inter Saleron et Bethynes et Charpillec, integre habendos imperpetuum et pacifice possidendos, et quicquid juris habebat in eisdem terragiis; et voluit idem miles quod boves et animalia dictorum pauperum et hominum eorumdem habitancium apud Charpillec habeant pasturagium in nemore ipsius, quod nemus vocatur Agia Hugonis de Rupe. Preterea donavit eisdem pauperibus unam eminam avene et gallinas quas habebat in tenutis au Popes et au Peiroz, que tenute sunt in villa de Bethynes, habendas in perpetuum, etc. Actum anno gracie M° CC° XXX° IIII° mense julii.

LII. 1248, 30 Avril. 10.

Universis, etc. Officialis Pictavensis, etc. Jocelinus Biet, valetus, donavit in helemosinam priori et fratribus Domus

Dei Montis Maurilii plenum usagium et omne explectamentum in medietate quam habebat in nemore Sancti Petri, sito ex una parte juxta boscum Rossino et ex alia juxta boscum de la Faea, et est contiguum bosco de Armalet; volens quod dictus prior et fratres habeant ibidem pasturagium ad opus animalium suorum de la Chatille quocumque nomine censeantur, et chaufagium et eciam usagium in eodem nemore ad facienda sive construenda edificia ad opus domus de la Chatille supra dicte, et quod ex eodem nemore extrahant la faugière sive radices faugerie ad opus porcorum dicte domus; promisit, etc. Actum die jovis post Quasimodo anno Domini M° ducentesimo quadragesimo octavo.

LIII.   1237, Octobre.   10 v°.

Guillelmus, archipresbiter Montis-Maurilii, etc. Domina Agnes, relicta Guillelmi Josserandi, militis, et Josserandus et Joscelinus, filii ejus, donaverunt Deo et pauperibus Domus Dei Montis Maurilii in puram helemosinam decimam quam injuste et contra statutum ecclesie possidebant in manso de Charpillec et in pertinenciis de Charpillec; terragia autem que habebant in eodem manso de Charpillec donaverunt eisdem pauperibus, facta eisdem domine et filiis suis recompensacione pro dictis terragiis usque ad summam viginti et unius librarum marchiensium; promiserunt garentire, etc. Actum anno gracie M° CC° tricesimo septimo, mense octobri.

LIV.   1228.   10 v°.

Willelmus, archipresbiter Monmorlii, universis, etc. Cum contencio suborta fuit inter priorem et fratres Domus Dei Montis Maurilii, ex una parte, et Garnerium de Turre, militem, ex altera, super eo videlicet quod dictus miles asserebat se habere IIII$_{or}$ sextaria siliginis in domo de la Chatilla, annui redditus, ea racione quod domus illa habebat usagium suum et explectamentum in bosco Sancti Petri; prior vero et fratres e contrario proponebant quod nullum explectamentum alias usagium habebat in nemore jam dicto, cum illud nemus nullum esset, sed omne combustum et radicitus extirpatum, et ita, cessante causa cessare debebat effectus; verum post multas altercaciones et dilaciones hinc modo habitas pacificatum fuit inter ipsos in hunc modum : sepedictus enim miles supradictam censam bladi priori et fratribus remisit et in perpetuum quictavit; ipsi vero donaverunt eidem militi sex libras marchiensium, resignantes quodcumque jus sive explectamentum quod dicerent se habere in dicto nemore racione ipsius militis vel parentum suorum ; promisit deffendere priorem et fratres, etc. Datum anno Domini millesimo II^c XXX° octavo.

LV.   1269, 29 Avril.   10 v°.

Universis, etc. Jocosus, archipresbiter Montis Maurilii, etc. Guillelmus Josserandi, valetus, confessus fuit quod cum contencio verteretur inter ipsum, ex una parte, et priorem et fratres Domus Dei Montis Maurilii, ex altera, super hoc quia preceptor de Castillia petebat plenarium usagium et explectamentum ad opus domus sue de Castillia et animalium suorum in nemore vulgariter appellato la Fay, in parrochia de Betines sito, contiguo nemori dicto Rossigno, quod dicti prior et fratres inquisicioni ipsius valeti super hiis se supposuerunt, et quod idem fideliter inquisierat et invenerat cum probis hominibus quod domus de Castillia habebat ab antiquo plenarium explectamentum et usagium in dicto nemore de la Fay, tam ad opus dicte domus quam animalium suorum quecumque essent et quocumque nomine censerentur : cui inquisicioni predicte cum per eamdem de jure dicte domus eidem plenissime constitisset, donacionem et concessionem ab antecessoribus suis factas pro se et suis gratam habuit et approbavit, ac eciam confirmavit, et concessit predictis priori et fratribus et preceptori de Castillia dictum explectamentum et usagium generaliter habendum et percipiendum in predicto nemore de la Fay in perpetuum libere et pacifice et quiete, promictens, etc. Datum die lune ante Ascensionem Domini anno ejusdem Domini millesimo CC° sexagesimo nono.

LVI. 1280, 19 Juin. 11.

Universis, etc. Jocosus, archipresbiter, etc. Stephanus de Puteo, valetus, recognovit se tradidisse in perpetuum priori et fratribus Domus Dei Montis Maurilii quoddam pratum quod habet in riparia de Saleron inter pratum dicti valeti et pontem de Betines, quod pratum fuit dictorum aux Eschi [1] . . . . . habendum, tenendum, possidendum ad censum sex denariorum die dominica post Ascencionem Domini annis singulis solvendorum ; recognovit insuper se habuisse et recepisse a dictis priore et fratribus nomine intragii et in recompensacionem hujusmodi tradicionis centum et decem solidos in peccunia numerata, renuncians, etc., promictens sub obligacione predicti magni prati et omnium bonorum suorum garentire, etc. Datum die mercurii ante festum Nativitatis beati Johannis Baptiste anno Domini millesimo CC° octuagesimo.

LVII. 1251, 24 Mai. 11.

Universis, etc. Archipresbiter Montis Maurilii, etc. Jocelinus de Podio Jocerant, valetus de parochia de Jornec, do-

---

1. Cette lacune existe dans l'original.

navit et quictavit priori et fratribus Domus Dei Montis Maurilii in helemosinam sex solidos censuales de illis octo solidis censualibus quos eidem Jocelino consueverant reddère de domo sua de Boissec et de quibusdam pertinenciis. dicte domus ; dicti vero prior et fratres dederunt eidem Jocelino sexaginta solidos Marchienses, de quibus idem Jocelinus se tenuit pro paccato ; juravit, etc. Datum die mercurii post Annunciacionem Domini anno Domini millesimo ducentesimo quinquagesimo primo.

LVIII. 1296. 11 v°.

Universis, etc. Nicholaus de Foresta Montis Maurilii, etc. Constitutis religioso viro fratre Guillelmo, priore Domus Dei Montis Maurilii, ex parte una, et Guillelmo Maleti, valeto, ex parte altera, idem valetus recognovit et confessus. fuit quod omnes terre quas preceptores domus de Castillia et eciam homines dicte domus, nomine et racione borderiarum et tenutarum dicte domui de Castillia spectancium, tenuerunt et explectaverunt a tempore a quo non extitit memoria, ad terragia et decimas eidem valeto et suis solummodo persoluta, sunt et fuerunt terre terragiales et dictis preceptoribus spectaverunt, et eidem domui de Castillia et preceptoribus ejusdem et suis successoribus amodo pleno jure spectant et spectare debent tanquam suum proprium domanium, et quod ponere et extraponere, vestire et saisire de dictis terris aut de aliqua earumdem, dum fuerunt alienate perpetuo quoquomodo vel abse, dicte domui de Castillia et ejusdem domus preceptoribus et predecessoribus suis pertinuerunt et eciam spectaverunt ex nuncquidem domui de Castillia et preceptoribus tanquam dominis veris fundalibus pleno jure. Item recognovit quod si contingat mori aliquem de hominibus predictis aut colentem aliquam de terris predictis sine heredibus et quod tenuta morientis, cedentis vel recedentis absa remaneret quoquomodo, quod preceptor dicte domus de Castillia et sui debent habere et tenere dictas terras et tenutas aut earum aliquam ad suum domanium tanquam tenutas et terras suas proprias ; volens quod dictus preceptor de Castillia et sui predictas terras et tenutas ex nunc ut dictum est habeant, possideant et de ipsis faciant suam omnimodam voluntatem tanquam liberi possessores. Dictus vero valetus omnium terrarum, vinearum et possessionum quarumcumque que quondam donate, vendite, permutate, etc. (alibi est superius XLVII.)

LIX.   1274, Août.   11 v°.

Universis, etc. Johannes de Bello Monte, miles, dominus de Cors et de Dompnione, salutem, etc. Constitutis coram nobis fratre Gaufrido, preceptore domus de Castillia, ex parte una, et Stephano de Puteo, valeto, et Odonino, filio suo, ex altera, dicti pater et filius recognoverunt se tradidisse in perpetuum dicto preceptori et suis rippariam, ribagium et terram dicti filii que sita sunt inter molendinum et exclusam molendini de Mociron a parte una, et molendinum de Saleron quod fuit dicti Peugnet, a parte altera, item inter aquam de Saleron ex parte una et metas ab opposito positas ex altera, habenda, possidenda, etc., pacifice et quiete ad annuum censum quatuor denariorum in Ascensione Domini dictis Stephano et filio suo et suis a dicto preceptore annis singulis solvendorum ; recognoscentes se amplius habuisse à dicto preceptore pro tradicione predictorum centum solidos in peccunia numerata ; renunciantes, etc. Datum mense augusti anno Domini M° ducentesimo septuagesimo quarto.

LX.   1272, 18 Mai.   12.

Universis, etc. Jocosus, archipresbiter Montis Maurilii, etc. Agnes, quondam filia Guillelmi Borde, militis deffuncti, uxor Hymberti Chynet de Rocha, propria et spontanea voluntate ducta, non seducta, etc.; ipsa et idem maritus suus vendiderunt in jure coram nobis fratri Gaufrido, preceptori Domus Dei de Castillia, ad opus dicte domus de Catillia, precio sextem librarum monete currentis sibi traditarum et libratarum a dicto preceptore in peccunia numerata, decem solidos annui redditus quos dictus preceptor debebat ut dicitur dicte Agneti racione massi de Graves, et quicquid juris proprietatis, possessionis et accionis eadem Agnes habebat in predicto masso quacumque causa vel titulo, habendum, etc. Datum die mercurii post Jubilate anno Domini millesimo CC° septuagesimo secundo, mense maii.

LXI. 1272, 27 Août. 12.

Universis, etc. Decanus et capitulum Pictavense, salutem, etc. Cum contencio verteretur inter cappellanum de Haento racione ecclesie sue de Haento, ex una parte, et preceptorem domus de Castillia, racione ipsius domus, super decimis novalium quarumdam terrarum sitarum apud Tusat inter Lahoh, ex una parte, et nemus prioris de Sancto Maxencio, ex altera, infra metas parrochie de Haento existencium, de novo ad agriculturam redactarum; tandem ipse cappellanus pro se et ecclesia sua predicta, et dictus preceptor, de consensu prioris sui et fratrum suorum, compromiserunt alto et basso in archipresbiterum Montis Maurilii et magistrum Georgium Merveilha, canonicum Beate Marie Montis Maurilii, sub pena decem librarum; cum arbitri de concessu partium dictum suum protulerunt in hunc modum, videlicet, quod dictus cappellanus de Haento in perpetuum percipiet medietatem decimarum omnium novalium predictorum et aliorum novalium terrarum et nemorum que de novo ad agriculturam in posterum redigentur; preceptor vero de Castillia aliam medietatem predictorum novalium de novo ad agriculturam redactorum et eciam redigendorum, cum premiciis agnorum, porcorum, vitulorum et cum omnibus aliis premiciis omnium herbergamentorum in dictis terris et nemoribus edificandorum in perpetuum percipiet et habebit; nichilominus predictus cappellanus de Haento in perpetuum percipiet et habebit in predictis herbergamentis proferencias et mestivam et omnia et singula jura parrochie, secundum usum et consuetudinem ecclesie sue de Haento supradicte, etc. Datum die sabbati post festum beati Bartholomei anno Domini millesimo ducentesimo septuagesimo secundo.

LXII. 1277, 2 Août. 12 v°.

Universis, etc. Jocosus, archipresbiter Montis Maurilii, etc. Helias Dochers et Margarita, uxor sua, et Guillelmus Maynardi, volentes participes fieri in bonis operibus, etc., que fiunt in Domo Dei Montis Maurilii, dederunt priori et fratribus Domus Dei predicte et preceptori de Catillia sex sextaria bladi ad mensuram de Oblinquo, videlicet tres eminas frumenti, tres eminas siliginis, tres eminas ballargie et tres eminas avene que ipsi percipiebant reddualiter annuatim in dicta domo de Catillia racione decimacionis de Buemont, de Charpillec, de Comba, de Villanova et de Betines, etc. Datum die lune post festum beati Petri ad vincula anno Domini M° ducentesimo septuagesimo septimo.

LXIII. 1237.. 12 v°.

Radulphus de Exolduno, comitis Augi filius, universis, etc. Ego donavi pro redempcione anime mee et parentum meorum Deo et pauperibus Domus Dei Montis Maurilii quarterium prati de Thaneto, quod est contiguum prato monachorum Sancti Maxencii, ex una parte, et prato Ponti de Paluau, ex altera parte, et fonti Ozré ex altera, habendum et possidendum ab eisdem pauperibus in futurum, retentis exinde michi et heredibus meis quinque solidis marchiensium et reddendis in festo Omnium Sanctorum michi vel preposito meo de Villanova de Thaneto ab eisdem pauperibus annuatim, quod quarterium prati promisi me deffendere et garire eisdem pauperibus ab omnibus, etc. Preterea sciendum est quod Petrus Ribaudi, si quid juris in eodem quarterio prati habebat, donavit eisdem pauperibus in perpetuum et quictavit. In cujus donacionis memoriam presentes licteras concessi eisdem pauperibus sigilli mei munimine roboratas. Actum anno gracie millesimo ducentesimo XXX° septimo.

D. REVIRONI notarius.

LXIV. 1314, 5 Novembre. 13.

Universis, etc. Johannes de Calmeta, etc. Aymericus de Bardia, valetus, recognovit et confessus fuit vendidisse pro se et suis religioso viro fratre Johanni Dorelli, clerico, preceptori domus de Catillia et ejus successoribus, precio undecim librarum monete regie nunc currentis, bone et legalis, cum decem solidis ejusdem monete, quas habuit et dictum emptorem quictavit, videlicet decem solidos annui et perpetui redditus de viginti solidis reddualibus in quibus dictus preceptor tenebatur tempore preterito super quodam prato, publice appellato pratum Gueulh, situm in riparia de Saleron prope domum predictam de Catillia, quod pratum fuit quondam dicti Peytavini de Masso; et quicquid juris possessionis, proprietatis, domanii, deverii et explecti dictus Aymericus habebat seu requirere poterat in predictis decem solidis rendualibus, venditis et concessis, et in et super dicto prato racione eorumdem decem solidorum in dictum emptorem et suos, etc., transtulit, etc., habendum, etc. Datum die martis post festum Omnium Sanctorum anno Domini millesimo CCC° quarto decimo. Johannes Marescalli.

LXV.   1272, 18 Mai.   13.

Universis, etc. Jocosus, archipresbiter Montis Maurilii, etc. Agnes, quondam filia Guillelmi Borde, militis deffuncti, uxor Hymberti Chynet de Rocha, de consensu mariti sui dedit in puram helemosinam priori et fratribus Domus Dei Montis Maurilii ad opus domus sue de Catillia decem solidos redduales quos preceptor reddualiter debebat ut dicitur dicte Agneti racione massi de Graves, et quicquid juris, etc., habebat in predicto masso quocumque titulo, etc., habenda, explectenda a dictis priore et preceptore, etc.; promiserunt deffendere, etc. Datum die mercurii post Jubilate anno Domini M° CC° septuagesimo secundo.

LXVI.   1245.   13.

Universis, etc. Willelmus, archipresbiter Montis Maurilii, etc. Geraldus de Belac, etc., donavit et quictavit in puram helemosinam Deo et pauperibus Domus Dei Montis Maurilli duodecim denarios redduales quos habebat in esclusello [1] de la Chatille et promisit quod contra hujusmodi donacionem non veniet, etc. Actum anno Domini millesimo CC° quadragesimo quinto.

---

1. Ce mot, qui n'est pas dans Ducange, se traduit, dans les textes français du Poitou, par *écluseau*.

LXVII.   1258-1259, 11 Janvier.   13 v°.

Universis, etc. Archipresbiter Montis Maurilii, etc. Gaufridus Malet dedisse cognovit in puram helemosinam Deo et pauperibus Domus Dei Montis Maurilii quicquid juris habebat, etc., tam terragiis quam decimis sive quibuslibet rebus aliis, terris et pratis culture de la Chatille que inferius subscribuntur, videlicet in chambo terre que est in riberia de Betines, et quicquid habebant in chantra prati contigui dicte terre, et in pecia terre que est subtus domum à la Derlote in comba vie de Betines, et in pecia terre que fuit aux Solers subtus viam de Oblinquo, et in eminata terre que est contigua magno villari de Betines, et in tota pecia terre que est inter viam de Oblinquo et viam Tremoliacensem, sicut recte tendit de Docat apud Betines et ad accensamentum Eschinart et ad vineas que movent a priore de Betines, et in prebendariata terre que vocatur Chaneberia, que est contigua vineis Pichon, et in pecia terre que est ante domum aux Martins et ante portam de la Chatille usque ad terram Monthorum et ad mansum Chambolenc, et in eminata terre que est inter viam Tremoliacensem et terram de qua Bartholomeus Tardiz et Aubespis recipiunt terragium, et in terra que est infra muros de la Chatille, et in juncto terre quod est inter ascensamentum aux Martins et vineas Gaufridi Eschinart, que movent a priore de Betines, et quicquid habebant in prato quod est contiguum insule Malet et prato prioris de Betines subtus agiam aux Auvergnatz et au clabot aux Martins juxta viam que tendit de Betines apud Docat. Preterea prefatus Gaufridus et Guillelmus Malet, nepos ipsius, dederunt in helemosinam, etc., unam peciam lande que fuit aux Bodyas, sitam juxta landam dictorum pauperum de la Gabidere et adheret eidem lande, et juxta landam Aymerici de Bosco Baudi, valeti, et unam peciam terre sitam subtus clausuram domus de la Chatille, et tendit ad molendinum prioris de Betines descendendo usque ad aquam et secundum quod itur per caminum quadrigarum de Oblinquo usque ad aquam de Saleron, et est sita inter dictum molendinum, clausuram, caminum, pratum et aquam ; et eciam duodecim denarios censuales quos Gaufridus. Tardit solebat reddere dictis valetis pro vinea que appellatur novella de la Chatille, et remiserunt IIII^{or} solidos censuales quos percipere solebant apud la Chatille. Et in recompensacione predicte donacionis prefati pauperes remiserunt eisdem valetis duo sextaria frumenti in quibus eisdem annuatim tenebantur pro Agneto la Buteta, et eciam octo solidos redditus quos ipsi consueverant reddere dictis pauperibus annuatim in festo Omnium Sanctorum racione terrarum au Bodyas de Portis; promiserunt, etc. Datum die sabbati post Epiphaniam Domini anno Domini M° CC^{mo} quinquagesimo octavo.

LXVIII.   1257-1258, Mars.   14.

Universis, etc. Jordanus, archipresbiter Luciaci, salutem in Domino. Petrus Chasteaus coram nobis constitutus dedit et concessit priori et fratribus Domus Dei Montis Maurilii imperpetuum quedam terragia que ipse percipiebat nomine Agnetis, uxoris sue, in bordaria aux Papoz, prope boscum Peillos, cum omni alio jure quod racione predicta ibidem habebat et percipiebat, et quicquid habebat in manso de la Garimera tam in terris quam nemoribus et rebus aliis, et quicquid habebat in bosco de la Bothola et de la Faa racione predicta, et quartam partem unius boysselli frumenti redditualis quam consueverat eidem reddere Cotarellus racione prati de rivo fontis de la Torfolera; promiserunt, etc. Datum anno Domini M° ducentesimo quinquagesimo septimo, mense marcio.

LIX. 1270, 2 Mai. 14.

Universis, etc. Raholinus de Charon, domicellus, confessus fuit se dedisse Helie Coralli, militi, sororio suo, medietatem cujusdam prati appellati vulgariter Prahal, siti inter villas de Saleron et de Concremer, et medietatem cujusdam nemoris appellati Rocignho, siti inter villas de Valle Dei et de Villasalem, cum omni jure possessionis, proprietatis et actionis, etc. Dictus vero Helias, consenciente dicto Raolino, vendidit priori et fratribus Domus Dei Montis Maurilii, precio sexaginta librarum turonensium quas confessus fuit habuisse, etc., dictam medietatem dicti prati et dictam medietatem dicti nemoris, habendas, possidendas, etc. Datum die sabbati in festo Invencionis Sancte Crucis anno Domini M° ducentesimo septuagesimo [1].

LXX. 1248, 23 Avril. 14.

Universis. etc. Officialis Pictavensis, etc. Hugo de Rocha, miles, Hugo et Gaufridus, filii ejus, valeti, donaverunt in puram helemosinam priori et fratribus Domus Dei Montis Maurilii unam minam avene et decimam quas percipiebant in domibus et manso Aymerici Bertrandi, presbiteri, et pertinenciis sui mansi et nepotum suorum de Buemont, et duas partes terragii quas percipiebant in manso de Agia deu Cormener, et decimam quam habebant in eodem manso, qui mansi sunt dictorum prioris et fratrum, et quatuordecim denarios et decimam quam habebant in quadam pecia terre site

---

[1]. L'invention de la Sainte Croix est fêtée le 3 mai, et tombe un dimanche en 1272; le samedi n'est donc que le 2 mai.

subtus muros clausure dictorum Aymerici et nepotum suorum de Buemont, in parrochia de Betines, et quinque solidos redditus quos habebant in villa dictorum prioris et fratrum de Champaigne et quicquid juris habebant in omnibus locis predictis;. donaverunt eciam dictis priori et fratribus omnia et quecumque dictus prior et fratres habebant in feodis suis in parrochiis de Lastus, de Betines et de Sauget, habenda et tenenda, etc. Voluerunt eciam quod dicti prior et fratres habeant piscari in aqua riberie de Saleron ad opus fratrum habitancium in domo de la Chatille, etc. Datum die jovis in festo Sancti Georgii anno Domini M° CC° XL^{mo} octavo.

LXXI.   1252, 17 Mai.   14 v°.

Universis, etc. Officialis Pictavensis, etc. Gaufridus Tardis, valetus, donavit in puram et perpetuam helemosinam priori et fratribus Domus Dei Montis Maurilii unum sextarium frumenti, duo sextaria siliginis ad mensuram de Sancto Savino, que tria sextaria bladi dicti prior et fratres consueverant reddere eidem Gaufrido et patri suo de hiis que dictus Gaufridus et pater suus habuerant in Condugs et in Brolio Engaut et in manso Chambolenc, et novella proxima veteri vinee de la Chatille, et in terragiis et decimis guaengnagii de la Chatille, et peciam terre que fuit au Malet in parrochia de Betines, a dictis priore et fratribus in perpetuum tenenda et possidenda, etc.; quictavit eciam dictis priori et fratribus quicquid juris ipse habebat in predictis et eos induxit in possessionem rerum predictarum corporalem, promictens, etc. Datum die veneris post octabas Penthecostes anno Domini M° CC° quinquagesimo secundo.

LXXII. 1260. 14 v°.

Universis, etc. Guillelmus, archipresbiter Montis Maurilii, etc. Johanna la Grossa, de voluntate Petri, mariti sui, dedit in helemosinam priori et fratribus Domus Dei Montis Maurilii quatuor denarios quos habebat in quadam pecia terre dicta terra de Chodereto et de non veniendo contra, etc. Actum anno Domini millesimo ducentesimo sexagesimo.

LXXIII. 1260, Avril. 14 v°.

Universis, etc. Gaufridus, de Dompnione dominus, nobilis vir, salutem in Domino. Cum homines habitantes apud Yguerande coram nobis dicerent et proponerent contra homines prioris et fratrum Domus Dei Montis Maurilii habitantes apud Chodretum et apud Bellum Podium quod ipsi non habebant usagium ad opus animalium suorum in pratis existentibus in riparia d'Engleen, sita inter villam de Concremer et territorium de Plays Corau, dictis hominibus dictorum prioris et fratrum in contrarium asserentibus, tandem nos de predictis rebus feodalis dominus, pro bono pacis inter partes predictas cupientes componere super dicto usagio cum bonis et fide dignis hominibus, rei inquisivimus veritatem. Inquisita diligentissime, nobis evidenter constitit per dictorum proborum assercionem et testimonium quod dicti homines prioris et fratrum de Chodreto et de Bello Podio habuerant a tempore a quo non extat memoria usagium et explectamentum ad opus animalium suorum post primam falcacionem in riparia et pratis superius nominatis, unde nos dictis hominibus dictorum prioris et fratrum tanquam dominus feodalis de predictis rebus usagium et explectamentum ad opus animalium suorum habendum perpetuo concessimus post primam falcacionem in pratis et riparia supradicta, excepto tamen prato au Maus Petit, quod adjacet et est in riparia supradicta ; promictentes dictis hominibus dictum usagium garentire et deffendere ab omni perturbatore vel violenciam inferente, etc. Actum mense aprilis anno Domini millesimo CC^{mo} sexagesimo.

LXXIV.   1317, 8 Septembre.   15.

Universis, etc. Johannes de Clusello, canonicus Beate Marie Montis Maurilii, etc. Guillelmus Maleti, valetus, vendidit et concessit fratri Johanni Dorelli, preceptori domus de Catillia, precio sextem librarum monete currentis quas confessus fuit habuisse dictus venditor a dicto preceptore, videlicet homagium sexaginta solidorum in mutacione domini solvendorum, quod eidem Maleti debebat magister Johannes Chauvet de Oblinquo et Guillotus, ejus frater, clerici, in quibuscumque rebus existentibus in parrochia de Betines et circa; transferens dictus venditor quicquid juris possessionis, proprietatis, domanii, dominii et explecti ipse habebat in dicto feodo in dictum preceptorem et suos, etc., habendum et tenendum, etc. Datum die jovis in festo Nativitatis Beate Marie Virginis anno Domini M^o III° C^o decimo septimo. L. de Arnaco.

LXXV.   1247, 24 Mai.   15.

Universis, etc. Jordanus, mandatus domini episcopi Pictavensis in archipresbiteratu Sancti Savini, salutem in Domino. Noveritis quod Johannes Guionet, Petrus Broter et Robinus Guionet, in nostra presencia constituti, dederunt in puram helemosinam Deo et pauperibus Montis Maurilii novem denarios et obolum annui redditus quos habebant censuales in pratis d'Oroilles, videlicet Johannes Guionet quinque denarios, Petrus Broter duos denarios et obolum, Robinus Guionet duos denarios, promictentes juramento prestito, etc. Datum die veneris post Penthecosten anno Domini M° CC° XL° septimo.

LXXVI. 1249. 15.

Universis, etc. Gaufridus de Dompnione, miles, in Domino salutem. Noveritis quod nos, in recompensacione dampnorum a Radulfo, fratre nostro, illatorum priori et fratribus Domus Dei Montis Maurilii, quictavimus et donavimus in puram helemosinam dictis priori et fratribus avenam quam habebamus in Bauters, in parvo Buemont, in Comba et in borderia heredum Mathei de Rippis et fratris sui, videlicet in quolibet foco boves habente in locis predictis, unam minam avene ad veterem mensuram de Tremolia, quam avenam P. Maenardi et uxor sua percipiebant nomine nostro annuatim in domo de la Chatille per manum fratris in dicta domo commorantis; promictentes fide data, etc. Actum anno Domini M° CC° XL° nono.

LXXVII. 1253, 29 Août. 15 v°.

Universis, etc. Guillelmus Borde, miles, dedit in puram helemosinam priori et fratribus Domus Dei Montis Maurilii medietatem agie que appellatur agia Hugonis de Ruppe, que est sita in parrochia de Betines, et est contigua bosco Ressignou et terris de Graves et bosco de Faya, et quicquid juris ipse habebat in medietate predicta, tenendum et explectandum in perpetuum, etc., ita quod dicti fratres tenentur reddere dicto militi vel heredibus suis singulis annis in festo

Nativitatis Beate Marie quinque solidos racione medietatis predicte; et ita promisit idem miles, etc., garentire, etc. Datum die veneris in festo Decollacionis beati Johannes Baptiste anno Domini M° II° quinquagesimo tercio.

LXXVIII.   1244, Mars.   15 v°.

Philippus, divina permissione Bituricensis archiepiscopus, Acquitanie primas, universis, etc. Hector et Matheus Hectoris, fratres, milites, dederunt in puram et perpetuam helemosinam priori et fratribus Domus Dei Montis Maurilii duo sextaria frumenti, duo sextaria siliginis, unum sextarium avene, que habebant annui redditus in terris et terragiis de Tiphale, in parrochia de Aguirande, ad mensuram de Oblinquo; promictentes, etc. Actum anno Domini M° CC° quadragesimo quarto, mense marcio.

LXXIX.   1246-1247, Mars.   15 v°.

Universis, etc. Archipresbiter Montis Maurilii, etc. Johannes et Stephanus Esppin, fratres, donaverunt in puram helemosinam priori et fratribus Domus Dei Montis Maurilii sex denarios censuales quos habebant in terra dictorum prioris et fratrum, que sita est juxta accensamentum Petri Hugonis, et contigua accensamento predicto et terris prioris de Betines, in eadem parrochia de Betines; juraverunt dicti fratres se contra hujusmodi donacionem non venire, etc. Actum anno Domini M° CC° XL sexto, mense marcio.

Extracte a supradictis archivis sive thesauro dicte Domus Dei Montis Maurilii per me.

REVIRONI.

LXXX.   1266-1267, 21 Mars.   15 v°.

Similiter et expost extracta fuit presens lictera, cujus tenor sequitur in hec verba :

Universis, etc. Archipresbiter Montis Maurilii, etc. Aymericus Secheressa, valetus, filius Aymerici Secheressa, militis, et Agnes, uxor sua, dederunt priori et fratribus Domus Dei Montis Maurilii ad sustentacionem eorumdem unam peciam terre sitam et situatam in territorio de Rolonier, continentem in se circa octo boessellatas terre, conferentem ex una parte aux fromentaux [1] des hoirs des Holmes, et ex alia parte à l'eschivau de Martin de Martreulh, et ex alia parte à la terre desd. hoirs, et ex alia parte tirant tout le long du terrier jusques au gué Varlet, et quicquid juris, etc.; renunciantes, etc. Datum die lune post Occuli anno Domini M° CC° LX^{mo} sexto.

Revironi.

---

1. Ce terme qui n'est pas dans Ducange s'explique assez de lui-même : il s'agit de terres plantées qui produisent du froment ; quant au mot *escheivau* qui se trouve à la ligne suivante, nous croyons qu'il est la traduction de celui d'*escheudus* auquel Ducange donne le sens de « canal servant à emmener des eaux superflues ».

APPENDICE

I.

Donation faite à la Maison-Dieu par Jeanne Penonelle, d'une rente d'une mine de froment, d'une mine de seigle et d'un prévendier de baillarge, à la mesure de Saint-Savin, que lui devait le commandeur de la Châtille, sur la dîme de Cherpillet et de Villeneuve. (Copie collat. du 4 janvier 1616, pap., archiv. de la Vienne.)

1250, 28 Juillet.

Universis presentes litteras inspecturis, Willelmus, archipresbiter Montis Maurilii, in domino salutem. Noveritis quod in presentia nostra constituta Johanna Penonella donavit in puram et perpetuam helemosinam et quietavit priori et fratribus Domus Dei Montis Morilii unam eminam frumenti, unam minam siliginis et unum prebendarium baillargie ad mensuram Sancti Savini, que eidem reddere solebat pro osclo suo preceptor domus de la Chatilla in decima de Charpellet et de Villanova in festo beati Michaelis annuatim, fide data in manu nostra quod contra hujusmodi donum per se vel per alium non veniet in futurum. In cujus rei testimonium ad petitionem dicte Johanne sigillum nostrum presentibus litteris duximus apponendum. Actum anno Domini millesimo ducentesimo quinquagesimo, die jovis post festum Beate Marie Magdalenes.

II.

Cession faite par Guillaume, seigneur de Boisbousseau, chevalier, et Rose, sa femme, à un nommé Peytavin du Mas et à Pétronille, sa femme, des trois quarts du pré Guilh, moyennant une rente de vingt sous payable à Saint-Savin le lendemain de la Pentecôte et une somme de onze livres tournois payée comptant. (Orig., parch., archiv. de la Vienne, mutilé dans le bas, au dos duquel on a écrit la date de 1284.)

1284.

Universis presentes licteras inspecturis Jocosus, archipresbiter Montis Maurilii, salutem in Domino. Noveritis quod Guillelmus, dominus de Boscobocelli, miles, et domina Rosa, uxor sua, spontanea voluntate ducta, cum assensu et auctoritate dicti militis, tradiderunt et concesserunt in jure coram nobis pro se heredibus successoribusque suis dicto Peytavin de Masso, de parrochia de Betinis, et Petronille, uxori sue, filie quondam deffuncti Berteti de Pinu, et superviventi ipsorum conjugum et ipsius superviventis heredibus et successoribus in perpetuum tres partes quas ipsi miles et dicta domina habebant, ut dicebant, jure hereditario ipsius domine in quodam prato vulgaliter appellato pratum Guylh, sito desuper lo pozeor de Ripis in dicta parrochia, et quicquid juris ipse miles et dicta uxor sua ex quacumque causa in dicto prato habebant et habere poterant in dictum Peytavin et in dictam uxorem suam, predicte tradicionis titulo, perpetuo transtulerunt, habendum, possidendum, tenendum et explectendum a dicto Peytavin et a dicta uxore sua et a superviventi ipsorum et ipsius superviventis heredibus et successoribus de cetero in perpetuum pacifice et quiete ad omnimodam voluntatem suam faciendam, ad annuum redditum viginti solidorum monete currentis in Pictavia, dictis militi et domine Rose uxori

5

sue et eorum heredibus et successoribus a dicto Peytavin et a dicta uxore sua et a superviventi ipsorum et ipsius superviventis heredibus et successoribus in crastinum festi Penthecostes apud Sanctum Savinum ad ecclesiam Beate Marie ejusdem loci infra vesperas, sine duplo et alio deverio seu auxilio racione dicti prati reddendorum; pro quibus tradicione et concessione dicti miles et domina Rosa, uxor sua, confessi fuerunt et recognoverunt in jure coram nobis se habuisse et recepisse a dictis Peytavin et ejus uxore undecim libras Turonensium in peccunia numerata. Renunciantes excepcioni non numerate et non tradite peccunie et excepcioni decepcionis, lesionis, circonvencionis, doli mali, et in factum actioni, beneficio restitucionis in integrum, omni statuto edito et edendo, omni privilegio indulto et indulgendo, omni juri scripto et non scripto, canonico et civili, et omnibus et singulis aliis excepcionibus et racionibus de jure et de facto in judicio vel extra sibi competentibus et competituris in futurum, et quod contra predicta vel aliquid predictorum vel contra tenorem presentium possent in posterum dici, obici vel opponi, et legi dicenti generalem renunciationem non debere valere, et specialiter dicta uxor, cum consensu et auctoritate dicti militis mariti sui, omni juri alienacionem rerum dotalium prohibenti et cuilibet juri pro mulieribus introducto. Promiserunt eciam dicti miles et domina Rosa, uxor sua, in jure coram nobis pro se et suis heredibus, juramentis ad sancta Dei evangelia corporaliter prestitis, et sub obligacione omnium bonorum suorum, se predictas tres partes dicti prati dicto Peytavin et dicte uxori sue et superviventi ipsorum ipsiusque superviventis heredibus et successoribus cum solucione dictorum viginti solidorum reddualium ab omnibus et adversus. . . . . deffendere et garire, et contra predicta vel aliquid predictorum per se vel per alium vel. . . . . Peytavin et Petronilla uxor sua se et dictum pratum. . . . . dictis militi et domine Rose uxori sue. . . . . dictorum viginti solidorum. . . . . .

III.

Acte par lequel Hugues de la Roche, chevalier, confirme la donation faite à la Maison-Dieu par feu Hugues de la Roche, chevalier, son père, de la vigerie et basse justice qu'il possédait à Bauters, l'Aumône, le Grand et le Petit Beumont, Ribes, la Combe et Cherpillé, et donne en outre à la même maison les droits qu'il avait sur diverses pièces de terre, et ordonne que ses hommes demeurant à Villemort aillent désormais moudre leurs grains au moulin de là Chatille, tant que lui ou ses successeurs n'auront pas leur propre moulin dans un rayon d'une lieue. (Vidimus original du 26 novembre 1279, parch., arch. de la Vienne.)

1271, 9 Octobre.

Universis presentes litteras inspecturis Jocosus, archipresbiter Montis Maurilii, salutem in Domino. Noveritis nos vidisse et de verbo ad verbum diligenter inspexisse quasdam litteras non cancellatas, non abolitas nec in aliqua parte sui viciatas, vero et integro sigillo nostro sigillatas, quarum tenor talis est :

Universis presentes litteras inspecturis Jocosus, archipresbiter Montis Maurilii, salutem in Domino. Noveritis quod Huguo de Rupe, miles, quondam filius Hugonis de Rupe, militis deffuncti, confessus fuit in jure coram nobis quod predictus Huguo pater suus olim dederat in perpetuum pro salute anime sue et parentum suorum Deo, priori et fratribus Domus Dei Montis Maurilii et pauperibus ejusdem domus totam vigeriam et bassam justiciam seu justiciariam seu faemedreyt que idem habebat vel habere poterat in hominibus commorantibus apud Bauters, apud Helemosinam, apud magnum et parvum Beumont, apud Ribes, apud La Combe et apud Charpilhet, et quicquid juris et explectamenti habebat et habere poterat tam racione vigerie, basse justicie seu justiciarie seu faemedreyt tam in predictis locis et hominibus quam rebus aliis ad predictos homines racione dictorum locorum pertinentibus, salvis tamen et retentis in predictis locis et hominibus universis et singulis alta justicia in quatuor casibus ad altam justiciam spectantibus, necnon denariis, censibus et avena et guallinis que idem miles apud Charpilhec percipere consueverat et habere. Quin eciam confessus fuit in jure coram nobis idem Huguo de Rupe, miles junior, dictum Huguonem patrem suum dedisse et in perpetuum concessisse pro salute anime sue dictis priori et fratribus licenciam, auctoritatem et plenam potestatem de cetero cobrandi et acquisita faciendi sine prejudicio alieno in feodis et retrofeodis ipsius Huguonis quibuscumque locis consistentibus, et acquisita a predictis priore et fratribus antea facta universa et singula eisdem confirmasse ; quas donaciones, concessiones et confirmaciones factas a predicto Huguone, milite deffuncto, ut dictum est, idem Huguo junior, de consensu et voluntate Aynordis uxoris sue et Guillelmi valeti, fratris ejusdem militis, coram nobis pro se et suis innovavit, approbavit, ratificavit et eciam confirmavit. Item idem Huguo junior, cum consensu et voluntate predicte uxoris sue et dicti Guillelmi valeti, tradidit et in perpetuum concessit coram nobis pro se et suis dictis priori et fratribus quicquid juris idem habebat vel habere poterat racione decime, vigerie seu basse justicie in vineis hominum de Bumont, universis et singulis, sitis inter closum Malet et stratam publicam per quam tenditur a ponte de Betines apud Vilamor; item quicquid juris habebat et habere poterat idem Huguo in vinea rectoris ecclesie de Betines et in vineis que fuerunt dicti Rampnulphi de Codreto, dicti Mahe et Petronille de Bumont, sitis prope predictam stratam in parvo closo de Bumont; item quicquid juris habebat et habere poterat in terris sitis inter predictam stratam publicam et dumum seu boessonium situm inter viam de Bosco communi et viam de agia deo cormaner predictorum prioris et fratrum ex una parte, et ex alia inter alium closum de Bosco communi ex parte de Villamor, prout metatum est a partibus et signatum ; habendum, possidendum et explectandum in perpetuum pacifice et quiete ad annuum redditum quadraginta solidorum, videlicet viginti solidorum annis singulis apud Castiliam circa Nativitatem Domini dicto militi et suis reddendorum; alios vero viginti solidos redduales assedit et assignavit coram nobis idem miles antedictis priori et fratribus Domus Dei Montis Maurilii in recompensacione et acquitacione viginti solidorum reddualium quos idem miles confessus est coram nobis predictum Huguonem patrem suum condam pauperibus dicte Domus Dei leguavisse pro anniversario suo faciendo, retenta tamen et salva dicto militi et suis alta justicia in quatuor casibus ad altam justiciam spectantibus in premissis; item salvis dicto militi et parcionariis suis terragiis terrarum in predictis locis sitarum, in quibus idem miles et parcionarii sui terragia percipere consueverunt, dum predicte terre remanebunt inplantate, seu tribus denariis censualibus cum dupplicacionibus in casibus solitis et concessis in quolibet quarterio dictarum terrarum, si dicti prior et fratres dictas terras plantarent vel plantari facerent vel aliis traderent ad plantandum. Item dedit coram nobis idem miles de consensu et voluntate dicte uxoris sue et dicti valeti dictis priori et fratribus duos denarios et quicquid juris, servitutis et commende idem miles habebat et habere poterat in dicto Meminaut et in rebus ipsius Meminau, salvis tamen et retentis dicto militi et suis parcionariis decima et censu debitis de vinea dicti Meminau sita in closo de Bosco communi, et eidem militi et suis salva alta justicia. Preterea cum Hymbertus Panoneaus vendidisset perpetuo dicto militi et suis precio decem librarum monete currentis, prout idem Hymbertus in jure confessus est coram nobis, medietatem quam dicebat se habere in nemore de Mocyron, de Rochis, de Varecac, et medictatem piscarie seu braeriou [1] dicti Hymberti sitorum in aqua de Saleron et quicquid juris habebat vel habere poterat in premissis; quin eciam, jus, licenciam et potestatem faciendi situm cujusdam molendini cum aliis pertinenciis ad dictum molendinum necessariis in predictis piscaria et braeriou, si dictus situs ad opus dicti molendini inveniri possit in premissis seu in aliis locis propinquis terre dicti Hymberti in aqua de Saleron; et juravit coram nobis idem Hymbertus Panoneaus se contra premissa de cetero non facere vel venire. Idem miles de consensu et voluntate dicte uxoris sue et dicti Guillelmi valeti et ipsius Hymberti, qui confessus fuit in jure coram nobis predicta movere a feodo dicti militis, assedit et assignavit dictis priori et fratribus et in perpetuum habenda concessit predicta empta a dicto Hymberto, secundum quod premissum est, in recompensacione et aquictacione quinque sextariorum siliginis ad mensuram Montis Maurilii reddualium, que idem miles debebat annuatim eisdem priori et fratribus, prout coram nobis confessus est, racione leguati sui patris superius nominati, cum omni jure quod idem miles habebat et habere poterat tam in predictis quam in predicta aqua de Saleron prope situm dicti molendini, tam ad piscandum quam ad alia facienda, retenta dicto militi et suis alta justicia in premissis in casibus ad altam justiciam spectantibus, et usagio venandi quocienscumque voluerunt tam per se quam per mandatum suum in predicto nemore; volens et concedens quod dicti prior et fratres in recompensacione usagii venacionis in predicto nemore de Mociron eidem militi et suis retente, ut premissum est, habeant jus, usagium et potestatem venandi tam per se quam per mandatum suum in guarena dicti militis contigua predicto nemori quocienscumque sibi placuerit et sibi viderint expedire. Item voluit et concessit idem miles coram nobis pro se et suis, de con-

---

[1]. Lieu disposé pour tendre le grand filet à poissons connu sous le nom de brai.

sensu et voluntate predicte uxoris sue et dicti Guillelmi valeti, quod homines sui commorantes apud Villemor et eorum heredes et successores de cetero tenerentur et teneantur eciam ex consuetudine molere ad molendinum seu molendina domus de Catilhia quamdiu ipse miles vel sui infra leucam a villa de Vilemor molendinum proprium non haberent vel non habeant et dictis hominibus bene et sufficienter moleretur, et quocienscumque ad alienum molendinum dicti homines molerent, in dupplici molendura tantummodo punirentur; hoc addito quod si proprium molendinum infra leucam a villa de Villemor idem miles vel sui haberent, quod dicti homines de Villemor extunc durante molendino dicti militis vel suorum a servitute molendi ad molendinum seu molendina domus de Catilhia essent liberi et immunes; necnon promisit coram nobis idem miles pro se et suis, de consensu et voluntate dicte uxoris sue et predicti Guillelmi valeti, ad premissa dictos homines de Villemor, heredes successoresque suos, compellere vel compelli facere sub obliguacione viginti solidorum reddualium sibi debitorum. Et tenetur idem miles interim molere ad molendinum seu molendina predicta donec compulerit homines suos de Villemor molere, prout conventum est inter dictos priorem et fratres Domus Dei Montis Maurilii et militem antedictum, sicut superius est expressum. Quos eciam viginti solidos idem miles pro se et suis una cum molendura predicta, de consensu et voluntate dicte uxoris seu et dicti Guillelmi valeti, coram nobis pro premissis dictis priori et fratribus successoresque suis obliguavit specialiter et expresse. Et juraverunt eciam coram nobis idem miles et dicta uxor sua tactis ab eisdem sacrosanctis evangeliis et eciam promiserunt, de consensu dicti Guillelmi, sub obliguacione omnium bonorum suorum mobilium et inmobilium presencium et futurorum, universa et singula predicta predictis priori et fratribus et eorum successoribus ab omnibus et versus omnes libere deffendere et guarire ab omni impedimento et perturbacione, et contra tenorem presencium in parte vel in toto per se vel per alium seu alios de cetero non facere vel venire tacite vel expresse. Renunciantes idem miles et dicta uxor sua super premissis universis et singulis sub religione ab eisdem prestita juramenti pro se, heredibus et successoribus suis, excepcioni decepcionis, doli mali et in factum actioni, beneficio restitucionis in integrum, omnibus privilegiis indultis et indulgendis, omnibus statutis editis et edendis, et dicta uxor excepcioni dotis et obliguacionis tacite propter nupcias, et ambo insimul omni beneficio et auxilio juris canonici, consuetudinis et civilis, et legi dicenti generalem renunciacionem non valere, et omnibus aliis et singulis excepcionibus, racionibus et deffensis sibi et suis generaliter vel specialiter competentibus vel competituris de jure vel de facto ad veniendum vel faciendum in aliquo contra premissa vel aliquid premissorum. In quorum premissorum omnium et singulorum testimonium et munimen, nos ad peticionem et supplicacionem dicti militis et aliorum superius nominatorum, et fratris Guaufridi, preceptoris domus de Catilhia, presenti cartule sigillum nostrum duximus apponendum. Datum anno Domini M° CC° LXX° primo, mense octobris, die veneris in festo beati Dyonisii.

In cujus rei testimonium presenti transcripto sigillum nostrum duximus apponendum. Datum hujusmodi transcriptum die dominica post festum beate Katerine anno Domini M° CC° LXX° nono.

ÉTAT
DU DOMAINE DU COMTE DE POITOU
A CHIZÉ (XIIIᵉ SIÈCLE).

Lorsque nous commencions, aux Archives nationales, l'étude des aveux du S.-O. du Poitou, en particulier du Marais, nos maîtres et amis de la section administrative vinrent nous demander de résoudre un petit problème quasi-géographique, par suite plus facile pour quelqu'un du pays. C'était le classement, la reconstitution de trente ou quarante bandes de parchemin, décousues, en désordre, mais semblant avoir fait partie d'un rouleau et conservées dans le carton P. 1409 [2]. L'écriture était du XIIIᵉ siècle ; et le texte, concernant la châtellenie de Chizé, se rapportait évidemment à l'ensemble des documents d'Alphonse dont la découverte complète et la remise en ordre ferait, nous l'avons dit ailleurs, un nouvel Etat du Poitou. Nos efforts du moment ne furent pas heureux. Manquant de temps comme toujours, entouré de richesses sans en avoir l'usage suffisant, nous nous hâtâmes d'abandonner une œuvre sûrement délicate, puisque nous n'étions pas le seul à être embarrassé. Plus tard, revenu en Poitou et songeant à l'intérêt local du document, encouragé d'ailleurs par l'accueil bienveillant de nos confrères, à l'égard du Grand Fief d'Aunis, nous demandâmes à Paris la transcription totale des fragments et, reprenant courage, nous entreprîmes à nouveau le travail.

Examen fait, ces parchemins comprennent deux rouleaux, que nous coterons A et B. De même temps, de même objet, incomplets tous les deux, ils seraient absolument pareils, n'étaient de nombreuses variantes (lesquelles excluent toute idée d'original et de copie) dans la reproduction des noms de personnes et de lieux. Ce sont deux transcriptions faites séparément et simultanément pour un travail commun ; et comme saint Louis et Alphonse avaient l'habitude de prendre deux agents pour chacune de leurs enquêtes, il n'est pas téméraire de croire que nous avons ici, quant à Chizé, la rédaction des clercs de chacun des deux enquêteurs.

Le plus complet de ces deux textes est celui que nous avons coté A et reproduit, ne nous servant de l'autre, indiqué B, que comme vérification ou supplément pour les parties manquantes. Toutefois nous avons recueilli avec soin et nous reproduisons les variantes de noms de lieux qui, vu leur date reculée, nous semblent présenter un intérêt géographique. Nous signalons aussi, mais plus sommairement, les différences d'orthographe que présentent le texte et les noms de personnes.

Nous donnons à ce manuscrit le titre de Censif uniquement pour abréger ; car, bien qu'il comprenne les cens dus à Chizé, les autres droits seigneuriaux s'y trouvent aussi mentionnés. Et tandis qu'au Grand Fief d'Aunis, que nous citions tout à l'heure, le suzerain n'apparaît pas et se fait adresser au loin le tant pour cent des fruits que ses agents perçoivent ou son équivalent, à Chizé, les droits établis comportent un seigneur résidant et lui constituent même un certain confortable. C'est, pour les classes supérieures, le commencement de ce bien-être dont M. Luce, dans son Histoire de Duguesclin, a savamment constaté l'existence au XIVe siècle et que la guerre de Cent Ans devait si bien anéantir.

Nous avons dit ailleurs qu'étant plus jeune, nous avions recherché à Londres un état des hommages et devoirs poitevins antérieur à Jean-sans-Terre (état chimérique peut-être, dans tous les cas non retrouvé) ; on aura la preuve dans notre document, comme dans les recueils de chartes et rôles anglais de même époque, que Richard Cœur-de-Lion, revenu de captivité, s'occupa de ses revenus, et marqua, quant à son domaine, sa reprise de possession sinon par un état complet, au moins par plusieurs chartes rédigées en confirmation de ses droits suzerains et des devoirs de ses vassaux.

A. BARDONNET.

CENSIF DE CHIZÉ

Hec sunt homagia domini Comitis per balliam et dominium de Chisico.

Recto. — Lodinus avus Petri de Fors habet frondem in bosco comitis, dono cujusdam comitis Pictavie, et debent homagium et ost. Inquirendum quale sit.

Dominus de Bernagoe habet similiter frondem et debet servicium.

Constantinus de Velote, homo ligius, et debet excercitum et equitationem, et debet servicium.

Willemus de Sancto Germano, homo. . . . . . et debet habere frondem, et reddit j. minam frumenti annuatim pro recognicione.

Petrus Paganus, homo ligius domini comitis, et debet facere exercitum et equitationem et venire ad municionem castri comitis, si opus fuerit ; et debet habere frondem in bosco, et ideo est homo ligius, et pro terra quam tenet aput Fosses ; et est liber de venda et de pedagio.

Li Challoup et li Blament sunt homines, et debent habere frondes, et faciunt excercitum et equitationem.

Willemus de Claravalle, homo. . . . ., et debet habere in bosco omnia necessaria, et debet excercitum et equitationem.

Petrus Gaufridus de Dampieria, homo ligius, et debet vij.

libras de placito et debet habere omnem maximum boscum ; et hoc garantizaverunt E. Renaut et H. de Lobeau ; et reddit j. sextarium frumenti ad veterem mensuram.

Hugo de Lobeau, homo ligius, et debet c. solidos de placito, et debet habere frondem pro ballia meteriorum.

Willelmus Mauclaveau, homo ligius, et debet vij libras de placito, et debet habere frondem et necessaria in domibus suis et cubellis, sine vendicione et sine dono.

Aimmericus de Fors, homo ligius, et debet excercitum et equitationem ad custum proprium, et debet habere de jure omnia necessaria in bosco, sine vendicione et sine dono.

Johannes de Belote, homo ligius, et debet excercitum et equitationem.

Item W. de Clarevalle, homo ligius, ex parte uxoris sue.

Sekinus de Richemont, homo ligius, et debet excercitum et equitationem, per totum comitatum Pictavensem, ad custum proprium ; et debet x. libras de placito, et debet habere frondem in bosco, sine vendicione et sine dono; et P. Tebaut est particeps jamdicti Sekini.

Engerbertus Renaut, homo ligius, et debet placitum, et debet habere frondem in bosco et omnia neccessaria, sine dono et sine vendicione ; restat de homagio et de placito qualia sint.

Willelmus de Belote.

Johannes de Fors.

Anselinus de Vironio.

Dominus de La Revestizonia.

Dominus de Péré.

Petrus de Fors, homo ligius, et debet habere frondem in foresta ; et homines sui de Charreria mortuum boscum.

Dominus Philippus de Bello-Campo, homo ligius, de feodo de Selenic, et debet c. solidos de placito, et unum servientem peditem in excercitum comitis iturum ; et homines de Selenic debent facere baucheiam unam de porta versus Almosneriam.

Domina Sibilla est femina plana comitis, et debet vij. libras de placito de feodo Savarien ; et debet habere frondrem (sic) in foresta domini comitis.

Willelmus Boinot, homo planus comitis, de feodo de Mareant, et debet x. libras de placito, et habet feodum suum in terris.

Petrus Tebaut, homo planus de eodem feodo.

Hugo de Lobeau, homo planus de eodem feodo, et debet v. solidos de placito.

Dominus Berthodus de Lucholiere, homo ligius, et debet x. libras de placito, et debet habere omnia neccessaria in foresta domini comitis, sine vendicione et sine dono.

Aimmericus Biart.

Auboinus.

Ricardus de Valle-Loberonis, homo ligius domini comitis, pro feodo quod habet in bosco domini comitis.

Verso. — [Item de libert]ate Petri Pagani in venda et in pedagio et in paskerio ; inquirendum est cum domino comite de hoc.

Inquirendum si Willelmus [de M]alli sit homo domini comitis.

Similiter inquirendum de Combaudo Vigier.

De armaturis castri de Chisico et aliis osto...[1].

Sciendum quod ibidem sunt tres tunice ad armandum, quatuor espallieres, una testiere, duo. . . . . septem galee, duo porpuncti, quedam balista de cornu ad duos pedes et

---

1. La fin des lignes est complétement illisible, dans cette page.

viij° balist. . . . . balista lignea, duo coleria, xij. targi[ce], xx. lancee cum ferris, que venerunt. . . . . cee comitis que sunt in castro ; quarrelli multi innumerati, unum braellum cum. . . . . quatuor lorice comitis, de quibus tres sunt cum coiffis et alia lorica est sine coiffa. Item duo haubergonia comitis.

Ibidem de armis militum Petri Baudran :

Quatuor lorice cum coiffis, unum haubergonium, duo paria coisserolium ferreorum ; quedam calige ferree, unum par cooperturarum ferrearum ; unum colerium ferreum ad equm.

Ibidem de aliis instauramentis coquine et machanorum :

Tres calderie, una patella, duo morteria, duo tripodes, quatuor mappe penitus dirute que nichil valent. Due arche ad ponendas armaturas, una archa ad ponendum bladum. Tres mallei ferrei, decem picines, viij° sagitte. Quedam levaria ferrea. Quedam cungneia.

Hec sunt tradita extra castrum precepto comitis :

Unum scutum traditum domino Reginaldo de Castro-Eraudi.

Unum porpunctum et una galea tradita Gaufrido Ernaudo.

Quedam calige ferree prestate domino Hugoni de Lezigniaco per Constantinum de Sancto Gelazio, que fuerant militis P. Baudran.

Quedam levaria ferrea tradita domino Aimmerico Bechet.

Hec sunt parrochie in ballia de Chisiaco in dominio [1].

Recto. — Selenicum, Villa-Folet, Vilers, Avalle, Sanctus Severinus, Augicum, Bellavilla, La Croiz, Sanctus Christofo-

---

1. Ici commence le double texte.

rus, Vergnicum, La Charriere, Francheville, Duel a Fraxino versus Chisic, Faia-Monjaut, Cormenier, Marenicum, Vilaret in bosco, Sanctus Romanus, Les Fosses, Secundinus, La vielle Cegongne [1].

Aput [2] *Vilers.* — De domo prioris de Vilers habet dominus comes, singulis annis, j. sextarium frumenti ad veterem mensuram, reddendum ad festum Sancti Michaelis, de garda, quando dominus comes mittet pro eo.

Item de eadem dono, xvij rasas avene ad eundem terminum de garda de feodo Chatuns, et j. prebendarium frumenti quod est servienti qui hoc recipitur ; et in singulis hominibus jam dicte ville habet comes talliam suam altam et bassam, et exercitum et equitationem.

Hic sunt qui debent ibidem talliam altam et bassam in parrochia de Vilers :

Johannes Bertet, Johannes Grossin, Reginaldus Boier, Petrus Bechet, Pacaidoigne, Robertus Challou, Petrus Martinus, Arnaudus Martinus, Aimmericus Anne, Willelmus Anne, Aimericus Challou, Reginaldus Eschobart, Boisson, Petrus Viel, Raffine, Garineau, Giraudus Guiborc, Galleau, Johannes Grossin, Petrus Odo, Willelmus de Senoncle, Reginaldus Cansoret, Petrus Chaboz, Petrus Bausson, Gaufridus Charsaut, Reginadus Airart, Willelmus Moton, Petrus Boisson, Simon Fouchierus, Pacadognie, Stephanus Pacadoingnie, Legarda, Ficherelle, La Chauvete, Willelmus de Veteri Villers, Regina, Petrus Marçaus, Focaudus Maupaions, Michael Ebrois [3], Petrus Rossellus, Garinus frater ejus, Erem-

---

1. *Variantes du ms. B.* Selignec, Villefolet, Avallia, Augec, Pulcra villa, La Crois, Vergniacum, La Charière, Franchevile, Dool, Faia Monachalis, Margnec, Secondignec, Vetus Ciconia. Nous ne répéterons pas deux fois les variantes de chaque nom.

2. *Var.* Apud. L'emploi du t pour le d se retrouve souvent.

3. *Var.* Boer, Paccadoine, Challoes, P. Vielis, Guiborcs, de Senocle, P. Challoes *au lieu de Chaboz*, Boisson, Motons, Foucherus, Paccadoine,

borc [1] soror eorum, Herbertus, Reginaldus Reniers, Galterus Prepositus, Giraut.

In his omnibus supranominatis et per totam parrochiam de Vilers habet comes talliam suam altam et bassam, et exercitum suum et equitacionem cuicunque sint [2] homines, sed vidue, quamdiu sint vidue, non talliabuntur.

Item per manum Petri Prepositi et fratris sui et participancium habet comes aput Vilers ij. sextaria avene, ad festum Sancti Michaelis, de garda de terra Formagieres [3], de redditu, et hoc est die dominica post festum Sancti Michaelis.

Item de feodo Hugonis Bardon, iiij. sextaria avene reddenda ad eumdem terminum de redditu, per manus Johannis de Garda ibidem et Galteri Prepositi, qui inde sunt servientes.

Apud Chisicum [4], *de corpore ville*. — Dominus comes habet ibidem vendam suam et pedagium, sed Willelmus de Claravalle habet in illis de jure vij. libras et dimidiam, et capellanus castri x. libras ad mj^{or}. terminos; et pedagium salis habent Combaudus Vigier et Willelmus de Malli et G. de Cormener et Petrus Tebaut, videlicet de singulis bestiis que tirabunt, j. obolum, et de omnibus aliis bestiis nichil de jure habebunt, nisi solummodo in illis que trahent; et propter hoc debet jam dictus Combaut facere pontem Bernardi Neigrier aput Chisicum, et dictus G. de Cormener debet fa-

---

Leggars, Ficherele, La Chouette, W. de Veteri-Vilereio, Ebroiz. — Nous ne répéterons plus les variantes de nominatifs avec ou sans un *s* (*Motons-Moton*) ni l'ablation de l'*i* (*Fouchierus-Foucherus*) si fréquente en patois poitevin.

1. *Var*. Arenborcs, Giraldus.
2. *Var*. fuerint.
3. *Var*. Fromagiere.
4. *Var*. Chisiacum, forme qui se retrouve partout, W. de Claris-Vallibus, W. de Mallec, Joulinu de Cormenerio, Nigrer, P. *et non* G. de Cormener, Marie de Lavessere.

cere pontem ante domum Marie de Laveciere, et dictus W. de Malli et sui participes debent facere pontem ante molendinos, sed mairemium de quo ponti (sic) fient, capientur (sic) in foresta comitis, per visum servientis comitis et aliter non.

Extrait du ms. B. — (Habet) idem in duobus molendinis j. minam frumenti, singulis annis, ad Nathale, pro necessariis molendinorum que capiuntur in forestis, (per) visum servientis, et aliter non. —

Item habet unum pratum in insula, et Aimmericus Prepositus et sui participes de Secundignec debent falcare illud pratum, et habebunt ad manducandum de comite quamdiu falcabunt, et dominus comes faciet adunare fenum tocius prati. Item habet unum magnum closum terrarum, que ad presens non coluntur et que prius fuerant vinee et modo sunt gaste. Et per totam villam [de Chisico] habet dominus comes talliam suam altam et bassam, et exercitum et equitationem, exceptis Gaufrido Ribemont, Arnaudo Lescuelier, Constantino Rege, Willelmo Tardiu, Villelmo Tallefer, Petro Ostenc.

In alia parte rotuli invenietis quare isti sex sunt liberi.

De oisselagio ville de Chisico. — Prior elemosinarie, ij. fenestre, iiij. den.— Petrus Tebaut, ij. fe., iiij. den.— Gaufridus Morel, j. fe., ij. den.— Engirbertus Renaut, j. fe., ij. den. — Petrus Ostent, j. fe., ij. den.— Ernaudus Puteneau, j. fe., ij. den.— Bacallon, j. fe., ij. den.

Notandum est quod unaqueque fenestra, que circa forestam fuerit, reddet annuatim per se ij. denarios de oisselagio, salvis fenestris feodatis.

Hii debent census ibidem ad festum Sancti Johannis : — De Gaufrido Lobleier[1] iiij. den. pro domo sua et herbergagio, et debet invenire duo ostollia, quociens comes erit in

---

1. *Var.* Oblaer.

villa de Chisico, tale quale venditor comitis capere volet, et si perditum esset ostollium [1] illud, nullatenus de jure aliud prestaret donec illud redderetur, sed ille qui prestavit debet ostollium suum querere a venditore domini comitis.

De Panerio j. den. census et unum ostollium simili conditione, pro domo sua.

De G. de Cormenier ij. den. census pro domo sua de Rascaut et unum ostollium simili conditione.

De Laporche ij. den. pro domo fori et unum ostollium simili conditione.

De Baubeau iij. obol. pro domo de Podio Rascaut et ostollium unum simili conditione.

De Johanne Bernart iij. obol. pro domo sua et ostollium unum simili conditione.

De Gaufrido Gormont iij. obol. pro domo sua et ostollium unum simili conditione.

De Petro Ostrer ij. den. pro domo de Pui Rascaut tantummodo.

De Constantino Bege ij. galline ad Natale, pro uno orto.

De istis hominibus supernominatis qui debent istos census, nichil habebit vigerius de jure de aliquibus suis mercimoniis, nisi vendiderint extra hospicia sua.

Item de Johanne Combaut [2] j. den. census ad eundem terminum et alia simili conditione.

Item de Johanne Baubeaus ij. den. census ad eundem terminum et alia simili conditione.

Item ibidem unum masuragium, iij. den., quod fuit Reginaldi Alaivine, Regine Judee, et P. de La Poceure habet.

Item de feodo Hugonis de Lalande, xiiij. den. et obol. ad festum Sancti Johannis et totidem ad Natale.

Engeberta et filii sui, xij. den. tantummodo.

---

1. *Var.* hospicium.
2. *Var.* Gunbot, Baubea, Alamine. L'*u* à la fin des mots manque souvent comme dans la prononciation patoise de nos jours.

Aput Villam-Folet. — De domo priorisse de Villa-Folet, vuj. sextaria avene ad mensuram de Chisico, reddenda die dominica post festum Sancti Michaelis, de garda, in dominio, et dominium Regis et placita in integrum, tantum quantum Rex habebat.

Aput Fosses. — Johannes de Deffenso, homo domini comitis levans et cubans in dominico castri, et debet iij. preb[endas] avene ad festum Sancti Michaelis, iij. panes ad Natale vel iij. denarios et iij. gallinas de consuetudine, pro duobus masuragiis, et debet decimam et terragium bladi, et decimam et paskerium [1] de ovibus suis, videlicet de singulis ovibus j. obolum ; et est decima quam jamdictus Johannes reddit, est in blado et lanis et agnellis et porcis et aliis ; et pro isto redditu est liber de exercitu et equitatione. Sed si aliquis vellet ibidem herbergare, medietatem jamdicti redditus redderet; et tres masuragii ibidem remanent frouti.

Aput Marclemne. — De Aimmerico de Bello-Campo et Willelmo de Campo, habet comes iiij. sextaria avene, reddenda die dominica post festum Sancti Michaelis, de garda, et debent unum servientem peditem in excercitu et equitatione comitis, ad custum proprium.

Aput Alneis. — De Willelmo Boinot et Willelmo Pichier et Gilliberto, j. sextarium avene reddendum ad eumdem terminum, et j. servientem peditem in excercitu et equitatione domini comitis, ad custum proprium.

Aput La Garongnières [2]. — De Willelmo Pichier et Gilliberto ij. sextaria avene de garda (sic) ad eumdem terminum,

---

1. *Var.* pasquerium.
2. *Var.* La Garognière.

et j. servientem in excercitum et equitationem domini comitis, ad custum proprium; et unus istorum duorum servientum, quem mittent in exercitum, ibit usque ad aquam de la Garongne, et alter servientum ibit ultra aquam per totum, et alter redibit de aqua.

Aput Auget. — De Willelmo Senecallo, iij. servientes pedites in exercitum et equitationem domini comitis, ad custum proprium, pro feodo suo de Augeto. Prepositus de Ciconia submonebit, quia de ballia Ciconie est.

Aput Vilers. — De Johanne Merciers et de Segrestenario [1] et de Maria La Mossole, j. minam avene de garda ad festum Sancti Michaelis reddendam, vel die dominica sequenti.

Item ibidem, de jamdicto Segrestenario, j. rasam avene ad eundem terminum de garda de feodo Grenolli.

Aput Genollicum juxta Chisiacum [2]. — Dominus comes habet aput Genollicum talliam suam altam et basam et exercitum et equitationem, et adjutorium ad bokestallos [3] domini comitis cum hominibus de Chisico.

Aput Sanctum Marcellum. — De priore Sancti Marcelli, j. sextarium frumenti ad veterem mensuram de garda, quando queritur ab eo, ad festum Sancti Michaelis, et valet j. minam ad mensuram de Chisico.

Aput Lolaium. — De priore de Lolaio, j. sextarium frumenti de garda ad eundem terminum, ad veterem mensuram, et valet ad mensuram de Chisico j. minam.

---

1. *Var.* Segrestanario.
2. *Var.* Chisic, plus bas Chisec.
3. *Var.* bosquestallium.

Verso. — Prior domus de Vilers debet de jure aput Chisiacum facere le contrecost de porta Modin versus monasterium, unam medietatem.

Item prior de Avalle aliud contrecost ejusdem porte, simili conditione, et fiet murus de petra et sablo de jure, sicut juratum est.

Item de hominibus jam dicti prioris de Avalle, apud Avalle et apud Fraisniam, habet dominus comes talliam suam altam et basam et exercitum et equitationem.

Item in terris de Maupertuis desuper habet comes terragium suum in dominico, de feodo suo pro Hugone de Loubeau.

Aput Chisicum servientes feodati. — *Recto*. — Gaufridus Ribemont [1] est serviens feodatus et debet invenire ligna in hospicio domini comitis in castro de Chisiaco, et capiet ea in Argençone ad rais [2], sed de lignis nichil potest nec debet dare nec vendere, preterquam ad cugneiam [3] suam parandam et bestiam suam ferrandam, que ea apportabit ; et debet servire coquine comitis de aqua, et militibus domini comitis ad lavandas manus. Et debet habere pro servicio de lignis ij. panes et ij. fercula coquine, et duo galones vini ; et pro aqua coquine, j. panem et j. ferculum de coquina, et j. galonem vini, et minutum feodum coquinarum, videlicet jecora et feia et testas et plumam omnium avium, et cineres tocius hospicii, et pinguedinem calderiarum ; et pro aqua ista de qua servit ad coquinam, est liber de jure de exercitu et equitatione et omni bianno, et de talliis et de venda et pedagio et aliis malis consuetudinibus per totum honorem de Chisico. Item pro aqua de qua servit militibus comitis, debet habere j. panem de hostiario comitis.

---

1. *Var*. Ribemunt, Argençonis.
2. *Var*. radices.
3. *Var*. securim.

Arnaudus Lescuelier.debet de feodo servire de jure in hospicio domini comitis, aput Chisicum, in castro et non alibi, de ciphis et scutellis et talleoribus, et debet capere mairemium in forestis comitis, ad faciendum ea, de omnibus arboribus ad suum opus necessariis; et bene potest vendere et dare scutellos et alia, quando fient de suo ministerio, illis quibus voluerit et ubicumque voluerit, et debet habere in forestis mortuum boscum ad se calefiendum, et debet habere de domino comite de jure omnes panes cum sale et salsam piperis, si remanserit, et duos panes et ij. fercula coquine; et duos galones vini; et pro tali servicio liber est, sicut alius desuper et eodem modo.

Constantinus Bege, piscator feodatus aput Chisicum, et debet piscari precepto comitis aput Chisicum, quando submonitus erit, ad opus comitis, et propter hoc debet habere de comite, die qua piscabitur, ij. panes et j. ferculum coquine et j. galonem vini, et letonnos et anguillas omnes, die qua piscabitur precepto comitis, et propter hoc liber est de exercitu tantummodo, sed debet alias consuetudines.

Willelmus Tardiu, piscator feodatus, eodem modo et eodem feodo et eadem libertate.

Willelmus Tallefer, Johannes Tallefer, fabri feodati, et debent preposito domini comitis ferrare singulos pedes trium equorum pro j. obolo, et duos pedes recornare pro obolo de jamdictis tribus equis, et iiij^{or}. ferra equorum nova cum clavibus, quando prepositus vadit in exercitum et equitationem ; et liberi [1] sunt propter hoc de tallia et de omnibus consuetudinibus, preterquam de venda et pedagio : testibus Johanne Graner, Rannulpho Compaut, Willelmo Compaut, Gaufrido Botaut, Johanne Amiget et pluribus aliis.

Petrus Ostenc, janitor feodatus de omnibus portis aput Chisicum de villa, et debet illas, quando opus ville fuerit,

---

1. *Var.* quieti.

claudere et aperire, tum tempore guerre tum tempore pacis; et si claves portarum perdite essent, pro defectu illius, ad custum proprium claves inveniret; et propter hoc habet pedagium lane aput Chisicum, et de singulis summis lignorum ij. astellas, et de singulis quadrigatariis [1] duo ligna sine mairemio; et de preda boum vel vaccarum, si transierit per villam de Chisico, habebit jamdictus Petrus unum bovem varium intra portam suam, vel alium quem retinere poterit intra portam suam ; et portas fractas, que non poterunt reparari, habebit jamdictus Petrus de jure ; et habet unam sextariam terre liberam ab omni consuetudine pertinentem ad feodum janitoris, et est liber de exercitu et de equitatione et de tallia.

Johannes Sarpaut tenetur de feodo herbergare muetas canum domini comitis in domo sua aput Chisic, et debet invenire aquam canibus et vasa ad comedendum, et lectum garcioni qui custodiet muetas, et de singulis muetis debet habere de jure unum panem ad dandum ei qui afferet aquam.

Sciendum est quod Johannes Amiget, homo leprosorum, liber est ab omni mala consuetudine, pro eo quod querit hostiatim panem Leprosorum.

Item sciendum quod Gaufridus Obleier, homo bonis hominibus de Laquarte, liber est similiter et eodem modo et pro tali servicio.

Item sciendum quod Engerbertus, homo venatorum, qui debet herbergare leporarios in domo sua aput Chisicum, similiter liber est ab omni consuetudine, et debet habere frondes in bosco comitis ad calefaciendum se, et quando venatores erunt herbergati ad domum suam, ad radices secure poterit scindere ad calefaciendos venatores.

Inquirendum de libertate fabrorum per prepositum de Begnatz, et de Aimmerico Viau fabro similiter.

Inquirendum similiter de libertate Aimmerici Sapientis.

---

1. *Var.* quadrigariis.

De ballia de Fosses.

De ballia de Fosses. — Aput Campum-Romani, in parrochia de Secundigniaco, de gardis.

De Lamberto, iij. rasas avene ad mensuram de Chisic, ad festum Sancti Michaelis, de garda pro uno masuragio, et furcam et barjam feni facere.

De Bonello, vj. rasas avene, ad eundem terminum et ad eandem mensuram, pro duobus masuragiis, et alia simili condicione.

De Arnaudet, iij. rasas avene ad eundem terminum et alia simili conditione.

De Willelmo Chieblant [1], iij. rasas avene ad eundem terminum et alia simili conditione.

De Herberto Estevenot, iij. rasas avene ad eundem terminum et alia simili conditione.

De Petro Stevenot, iij. rasas avene ad eundem terminum et alia simili conditione.

De Gaufrido Maiengotier [2], iij. rasas avene ad eundem terminum, simili conditione cum aliis.

De Galtero Boissart, j. preb[endam] frumenti ad eundem terminum et alia simili conditione, sed masuragium froutum est et vacuum.

De Johanne Botet, iij. rasas avene ad eundem terminum et alia simili conditione.

De Petro Arnaudeau, iij. rasas avene ad [eundem terminum et alia simili conditione.

De Petro de Lacouture, iij. rasas avene ad eundem terminum et alia simili conditione.

---

1. *Var*. Chiepblanc.
2. *Var*. Estevenet, Maegotier.

De masuragio Sutoris, iij. rasas avene, et alia simili conditione, immo frotum est et vacuum.

De istis hominibus supranominatis aput' Champ-Romain, habet comes talliam suam altam et basam, et excercitum et equitationem et biannum ; sed de excercitu et equitatione sunt liberi pro furcis quas debent et pro barja quam faciunt a festo Sancti Johannis usque ad festum Sancti Michaelis ; et si periret fenum prati comitis, pro defectu hominum, antequam barja fieret, deberent emendare domino comiti, et barja fiet de jure aput molendinum de Pozon et non alibi; et homines de Flacios debent trahere unum mullum feni extra pratum usque ad molendinum de Pozon, et fanerii de Coutura j. mullum ibidem, et Gaufridus Odin j. mullum ibidem et Johannes Peliçonnier [1] de Fabris et sui participes j. mullum ibidem ; et illi qui debent trahere mullos sunt liberi a festo Sancti Johannis usque ad festum Sancti Michaelis, et debent talliam altam et basam, et alia sicut alii.

Aput Marclengne in eadem parrochia. — De Andrea Pinaret, j. furcam in prato comitis, et talliam altam et basam, et excercitum et equitationem.

De Johanne Mauduit, j. furcam et alia simili conditione.

De Chieblanc, exercitus et equitationes, et talliam altam et basam, sed masuragium suum frotum est et vacuum.

De Willelmo Herberto, xij. denarios ad festum Sancti Hylarii, et xij. denarios ad Rogationes, et j. preb[endam] frumenti tempore messium, et furcam, sed frotum est masuragium ; et debebat excercitum et equitationem et talliam consimilem.

De Aimmerico Preposito, xviij. denarios ad festum Sancti Hylarii, et xij. den. ad Rogationes, et xviij. denarios et j. preb[endam] frumenti in tempore messium, et unum falca-

---

1. *Var.* Peliçonis.

torem in prato comitis, pro territorio Giraudi Johanin, quam tenet et colit, sed non debet exercitum nec equitationem neque talliam pro jamdicta terra.

Aput Possoz in eadem parrochia. — De Constantino de Possoz, ij. solidos ad [festum] sancti Hylarii et ij. solidos ad Rogationes redditus censualis, et xviij. denarios ad festum Sancte Radegundis de freceniage, et j. minam frumenti in tempore messium.

De eodem pro Toschabelet, ij. solidos die beati Michaelis, et j. falcatorem in prato.

De Briefort, illud idem per omnia sicut Constantinus, et ad eosdem terminos et pro eodem, exceptis ij. solidis de Toschabelet.

De Gaufrido Audins, iij. solidos ad [festum] Sancti Hylarii, et iij. solidos ad Rogationes, et xviij. denarios ad festum Sancte Radegundis, et j. minam frumenti in tempore messium.

De Johanne Airaut, illud idem per omnia et ad eosdem terminos et pro eodem, sicuti Gaufridus, et insuper falcatorem.

Aput Flacioz in eadem parrochia. — De Pireo et de suis participibus de Flacios in eadem parrochia, iij. solidos ad festum Sancti Hylarii, et iij. solidos ad Rogationes, et j. minam frumenti in tempore messium.

Verso. — Inquirendum de medietate molendini de Parçai pro Sekino de Richemont de feodo suo.

Hii fuerunt ad juracionem faciendam : Aimmericus Blain, prepositus de Secundegniaco.

Ribaut Prepositus.

Petrus Evrardus.

Jocelinus Qertoceaus.

Petrus Martinus.
Garonon.
Hii debent dicere de Puimerdier, de quo notandum...

Notandum quod dominus comes perdidit omnia debita et servicia sua de domo quam Aimmericus Prepositus tenet ad presens aput Chisicum, extra portam, per viij. annos, sicut dicitur.

Aput Couturas in eadem parrochia. — De Petro Faviers, iiij. solidos ad festum Sancti Hylarii, et iiij. solidos ad Rogationes et j. minam frumenti in tempore messium.

De masuragio Archileir in eadem parrochia, ix. denarios ad festum Sancti Hylarii et ix. denarios ad Rogationes tantummodo per Isnellum qui hoc reddit.

De feodo Ridel aput Rocham, j. sextarium avene tantummodo, sed frotum est et vacuum.

Aput Forges in eadem parrochia. — De Johanne Priçon et de suis participibus, vj. solidos ad Rogationes et vj. solidos ad festum Sancti Hylarii, et iiij. solidos de freceniage ad festum Sancte Radegundis, et v. preb[endas] frumenti in tempore messium.

De Constantino de Praïc, ix. denarios ad Rogationes, pro terra d'Essart in eadem parrochia.

De Petro Jordani de Mallinc.[1] in eadem parrochia, ix. denarios ad eumdem terminum pro eadem terra.

Item aput Forges in eadem parrochia. — De Johanne Airaut de Forges, ix. denarios ad Rogationes et ix. denarios ad festum Sancti Hylarii pro terra de Lomie.

Aput Begnais[2]. — De Willelmo Marecheaus, xij. denarios

---

1. *Var.* Mallic.
2. *Var.* Bennaiz, Mairescheaus, Frodimontis.

ad festum Sancti Hylarii, pro terra de Forges in eadem parrochia.

De Reginaldo Frodimier, ix. denarios ad festum Sancti Hylarii et ix. denarios ad festum Rogationum, pro terra de Begnaiz.

De Petro Priore et suis participibus de Laollière in eadem parrochia, xvııj. denarios ad Sanctum Hylarium et xvııj. denarios ad Rogationes, pro masuragio Chiedebois [1].

Aput Secundignum [2]. — Li Antier de Coupelai, j. furcam in prato comitis et talliam altam et basam et excercitum et equitationem.

Graislepeis, j. furcam in prato et alia simili conditione, in villa de Sancto Secundigno.

Stephanus Sutor, j. furcam et alia simili conditione, sed frotum est et vacuum.

Climençon, j. furcam in prato et alia simili conditione, sed frotum est et vacuum.

Pelebise, j. furcam et alia simili conditione, sed froutum est et vacuum.

Fedangne, j. furcam et alia simili conditione, sed froutum est et vacuum.

Item de molendino d'Essart, j. minam frumenti ad Natale, quando queretur, et est molendinum illud in parrochia Sancti Secundigni, et est de prioratu Isnelli, et propter hoc debent habere in molendino mairemium in foresta comitis ad necessaria molendini illius, et illud molendinum debet prandium ad ııj. servientes, et de quarto servienti est contentio, quando queretur, vidente serviente comitis.

Item de molendino de Genolliaco, j. minam frumenti ad eundem terminum, et necessaria in foresta ad molendinum faciendum, per visum servientis domini comitis.

---

1. *Var.* Chepdebois.
2. *Var.* Segonziniacum, plus loin Segunziné.

Item de molendino de Landige, j. prebendam frumenti ad eumdem terminum, simili conditione, sed froutum est et vacuum.

Item in molendino de Parçai, j. prebendam frumenti ad eundem terminum simili conditione.

Item in molendino uno aput Chisicum versus castrum, j. prebendam ad eundem terminum simili conditione.

De Willelmo Brullencheau et suis participibus de Lorigière [1], j. prebendam frumenti in tempore messium simili conditione.

De priorissa de Briellis, iij. minas frumenti in tempore messium, ad veterem mensuram, et ij. caseos ad eundem terminum, et xxiiij. ova ad Pascham, quando querentur hec omnia de jamdicta priorissa, pro suo usu et consuetudine quam habet in foresta comitis.

De feodo ad Treis-Asnons in parrochia de Bruillenc, j. sextarium avene ad festum Sancti Michaelis, per manum hominum de La Bernardière, simili conditione.

De Mauclaveau et suis participibus aput Fraisniam, ij. sextaria avene de garda, ad festum beati Michaelis.

De Petro Fortier, ij. sextaria avene ad eundem terminum pro garda.

De eodem Petro et Constantino Ruffo, ij. sextaria avene ad eundem terminum pro garda de hoc quod habent aput Faiole.

De capellano Sancti Romani, j. minam avene et iij. denarios de garda ad eundem terminum, et duos capones ad Natale pro terra ad Daniels, quam jamdictus sacerdos colit.

De li Aimont de La Broce, ij. anseres ad festum beati Michaelis in parrochia beati Romani.

De Johanne Sartons, pro broça ad Aimons in parrochia eadem, iij. prebendas avene, ad eundem terminum, de garda.

---

1. *Var.* Lorgere.

De Cotin et suis participibus, ij. sextaria avene ad eundem terminum de garda, pro feodo Moinarenc [1] in eadem parrochia.

De Hugone Bertronis de Fraisnia in eadem parrochia, vuj. denarios ad eundem terminum, de consuetudine, pro terris ibidem.

De Constantino Paien in eadem parrochia, xij. denarios ad eumdem terminum de consuetudine pro eisdem terris.

De Gauffrido Cleceier in eadem parrochia, ij. solidos iij. obolos ad eundem terminum pro terris de consuetudine.

De Bulete, iiij. denarios et obolum ad eundem terminum de consuetudine pro terris in eadem parrochia.

De Liepars et suis participibus in eadem parrochia, ix. denarios ad eundem terminum pro eodem, et ij. solidos viij. denarios similiter pro terra ad eundem terminum.

De Petro Girault et suis participibus in eadem parrochia, xxij. denarios ad eundem terminum pro eodem.

In parrochia de Fosses et in eadem ballia. — De Constantino Bolari, iij. solidos ad festum Sancti Hylarii et iij. solidos ad Rogationes, et j. sextarium frumenti in tempore messium, et talliam altam et basam, et excercitum et equitationem, de consuetudine redditum suum reddit, et ad Natale, j. panem, vel j. denarium.

De Johanne Gastineau illud idem per omnia et ad eosdem terminos et pro eodem, excepta j. mina bladi et vj. den. census de terra as Garneaus, ad Sancti Hylarii et ad Natale, j. den.

De Stephano Bolart, v. solidos ad festum Sancti Hylarii, et v. solidos ad Rogationes pro masuragio suo, et alia simili conditione ; sed de istis x. solidis ad presens non redduntur, nisi tantummodo ij. solidi ix. denarii; de Johanne Gastineau xviij.

---

1. *Var.* Monerenc.

den. et de Johanna Bonarde xv. den. et ij. boissellos frumenti ad jamdictos terminos reddendi.

De Pineaus, de masuragio Paien, ij. solidos ad festum Sancti Hylarii et ij. solidos ad Rogationes, et j. minam frumenti et alia simili conditione, et j. panem.

De Willelmo Bernin [1] et suis participibus, vnj. denarios ad Rogationes et vnj. denarios ad festum Sancti Hylarii, pro terra Boutaut, j. panem, j. denarium.

De Willelmo Chabaus [2], iiij. denarios ad Sancti Hylarii et iiij. denarios ad Rogationes pro eadem terra, et j. panem j. denarium, et alia simili condicione.

De . . . . Bertaut, iiij. denarios ad festum Sancti Hylarii, et iiij. denarios ad Rogationes pro eadem terra, et j. panem j. denarium, et alia simili condicione.

De Willelmo Charlou, xviij. denarios ad festum Sancti Hylarii et xviij. denarios ad Rogationes, pro terra Regis, j. panem, j. denarium, et alia simili condicione.

De Joscelino Escoteaus, xij. denarios ad festum Sancti Hylarii, et xij. denarios ad Rogationes, et j. boissellum frumenti in tempore messium, et ad Natale j. denarium.

De Johanne Rufaut, xij. denarios ad festum Sancti Hylarii et xij. denarios ad Rogationes, et ij. b[oissellos] frumenti in tempore messium, et j. denarium ad Natale vel panem.

De Tebaut Chaneir et suis participibus, j preb[endam] frumenti in tempore messium pro forestagio, et ad Natale j. panem de j. denario.

De Legart, vj. denarios ad festum Sancti Hylarii et vj. denarios ad Rogationes, et j. minam frumenti tempore messium, sed froutum est et vacuum.

Item de vij. hominibus aput Vilaret de singulis hospiciis, j. panem ad Natale pro brancoa bosci quam habent in foresta, vigilia Natalis.

---

1. *Var.* Blain.
2. *Var.* Challous, Botaut.

Item aput Fosses. — De Bernardo Forchaut, j. turtellum ad Natale, simili condicione pro brancha ad Natale in foresta, quando queritur ab eo.

De Johanne Porret, j. panem simili conditione [1].— Petro Martino. — Johanna Bernardine. — Stephano Bauduçone. — Willelmo Porret. — Reginaldo Amies. — Johanne Benedicto. — Willelmo Beraut. — Reginaldo Arons. — Johanne Arons. — Aelaiz Bauduçone. — Bannier [2]. — Johanne Aimmerico. — De Johanne Bonet, de quocumque j. panem simili condicione.

De feodo de Ruppe et aliis feodis in parrochia de Secundegn[iaco] de priorissa, j. minam avene, et de uno serviente, j. minam avene, (sed mortuus est), tempore messium reddendas.

De priorissa de Briolio, ij. sextaria avene de domo sua de Briolio, die dominica post festum beati Michaelis.

In ballia eadem. — De masuragio Marcheant aput Montem de Fosses, j. preb[endam] frumenti tempore messium, sed froutum est et vacuum.

De Johanne de La Garde, iij. solidos de freceniage ad festum Sancti Michaelis.

De Petro Arnol, iij. solidos de eodem, ad eundem terminum [3].

De Reginaldo de La Valée, iij. solid.

De filio Reginaldi Berot, iij. solidos.

De Mariscallo, iij. solidos.

De Reginaldo de La Couture, iij. solidos.

De Lamberto de la Bernardiere, iij. solidos.

De Johanne Poudix, iij. sol.

---

1. Ces mots sont répétés dans le ms., après chaque nom de personne, jusqu'à la fin de l'alinéa. Nous les supprimons pour abréger.
2. *Var.* Sauner.
3. Ces mots se répètent encore à chaque nom de cet alinéa.

De Galterio de Copelai, nj. sol. de quocumque, pro eodem ad eundem terminum.

In istis villis habet comes pedagium suum forinsecum, per balliam de Fosses, de illis qui venient de foris, exceptis illis qui venient aput villam de Chisico, aput Secundignum (sic), aput Labroce, aput Brulenc [1], aput Fosses.

Sciendum quod omnes qui dant mestivas per balliam de Fosses, habent feodum suum de jure in bosco comitis, videlicet mairemium ad suas carrucas et quadrigas [2], et ad domos suas, et omnes illi qui sunt cosdumerii debent facere cariagia domini comitis, ad opus domini comitis, sicut fecerunt tempore regis Ricardi, videlicet pererias et mangonellos, et alia ingenia, ubicunque boves poterunt ire et trahere, et debent adducere palum et virgam ad castrum comitis, quando submoniti erunt, et debent omnes cosdumerii talliam altam et basam, et exercitum et equitationem, et biannum et cariagium, sicut supradictum est, et hec omnia facient ad custum proprium.

Item sciendum quod nulli mediatores, per totam balliam de Fosses, debent exercitum nec equitationem, neque talliam, sed debent biannum et cariagium, sicut cosdumerii.

Item sciendum quod H. de Loubeau et G. de Cormener debent submonere cariagia domini comitis, et debent habere de jure de domino comite singuli vj. denarios, die qua submonitio fiet cariagii per eosdem.

---

1. *Var.* Bruillenc.
2. *Var.* quarriagia.

Aput Crucem Comitesse.

De terra Rosselins [1] et Bianiers, v. boissellos frumenti ad veterem mensuram, de consuetudine, quando queruntur ab eis.

De ballia de Granmauduit.

Subnotatur ad perigraphum quid homines isti debent de jure.

Aput Faiam Monjaut.

Willelmus Meschin, Petrus Viau, Willelmus Davi, Mainardus Meschin, Hugo Davi, Willelmus Bivort, Breteau, Giraudus Brunet, Hugo Fouchier, Pelodeau, Girardus, Hugo Viau, Johannes Guillons, Willelmus Viau, Reginaldus Cordret, Toschelon, Mainardus Girardus, Raimont Girardus, Petrus Floris, Raolleaus, Moneciers, Willelmus Mainers, Giraudus Tosenon, Bricius, Willelmus Dabirant, Li Paleneau, Pinçonneau, Willelmus Bergier, Reginaldus Bergiers, Johannes Bergiers, Willelmus Faber, Reginaldus Tortronis, Constantinus Ventreaus, Willelmus de Cicognia, Willelmus Bernin, Andreas Bernin, Johannes Bernin, Johannes Maruel,

---

1. *Var.* Rossellens.

Gaannepain, Petrus Chauvet, Petrus Gordet, Petrus Negrers, Boars, Johannes Doet, Helyas Limozin, Gaufridus Faber, Helyas de Charros, Aimmericus de Charros, Hugo Abriz, Willelmus Bernart, Willelmus Tortronis, Reginaldus de Niort, Hugo Meschin, Petrus de Ruppe, Bernardus Berengier, W. Focaut, Reginaldus Jakelinus, Willelmus Dibaut, Bonin, Constantinus Sutor, Gaufridus Grosbras, Andreas de Puteo, Hugo Alart, Petrus Focaut, Willelmus Focaut, Johannes Pautonnier, Giraudus Viau, Giraudus Favereau, Johannes Petit, Hugo Bernin, Willelmus Baiderrier, Gaufridus de Gorgi, Willelmus Taupin, Petrus Viau, Johannes Margarite, Giraudus Chevalier, Johannes Aubri, Willelmus de Laforge, Andreas Magnien, Paske, Petrus Archimbaut, Johanna La Faveresse, Petrus Periere, Li Garneret, Peronnelle Garniere, Andreas Boin, Willelmus Boin, Willelmus Possemoignen [1], La Pethavine, Johannes Moiserons, Willelmus de Aspero Monte, Odoinus Frougerat, Willelmus gener Eroarde, Stephanus Maruel, Giraudus Maruelli, Giraudus Heudelinus [2], Reginaldus Maruel, Willelmus Boier, Trapier, Maukins, Willelmus Toonai, Willelmus Maruelli, Petrus Bochart, Willelmus Bessegai, Petrus Pallier, Petrus Lezignen, Willelmus Godet, Constantinus Anseis, Petrus Anseis, Hugo Chaponeaus, Helyas Chaboneaus, Gaufridus Chaboneaus, Stephanus Sebireaus, Aimmericus Osmont, Les Melleis, Johannes Gaufridi, Johannes Botin, Hugo Boistelli, Jocelinus Martin, Willelmus Imbert, Willelmus Amant, Petrus Mainardus, Willelmus Clicier, Reginaldus Gauvain, Les Garineaus, Constantinus Meschin, Constantinus Meschin alius, Guillot Tortronis, Willelmus

---

1. *Var.* Doars, Lemozin, Tortron, Jaquelins, Corgi, Topin, Vitalis, La Forgère, Pasche, Archumbot, Faverelle, Goin, Pollemague.
2. *Var.* Hoidelin, Mauquiner, Tonai, Bersegai, Chaboneas (variante que nous ne répéterons plus), Lemelles, Maurel, Mosquaut, Eble, Braquegnea, Lebaroner, Airoart, Somiot, Solital.

Maruel, Johannes Mosket, Frasin, Andreas Heduelinus, Garinus, Johannes Serret, Johannes Lezignen, Johannes Heible, Johannes Papius, Johannes Boier, Giraudus Magnien, Reginaldus Magnien, Moricet, Willelmus Magnien, Johannes Magnien, Aimmericus Brakegneau, Reginaldus Avenu, Li Moisserones, Brocart, Johannes Jollens, Willelmus Perriere, Willelmus Viau, Willelmus Renaut, Johannes Viau, Gibertus Marcheant, Reginaldus Marcheant, Simon Marcheant, Lebaron, Johannes Bordin, Chaboneau, Gaufridus Negrier, Hylairet, Petrus Eroart, Simon Eroart, Petrus Semiot, Helygas Magnien, Aimmericus Solicel, Gibertus Grosseau, Willelmus Grosseau, Willelmus Aleart.

Aput Limollac in eadem parrochia. — Johannes Grenier, Johannes Vellet, Aimmericus Giraut, Petrus Durant, Aimmericus Gaufridi, Johannes Raol [1], Stephanus Porcheras, Johannes Arnaut, Johannes Manerit, Johannes Pepins, Andreas Raimont, Jocelinus Raimont, Johannes Raimont, Petrus Raimont, Constantinus de Mausico, Petrus Tebaut, Alardus Bocart, Giraudus Paien, Johannes Renaut, Johannes Tebaut, Constantinus Tebaut, Johannes Tebaut, Willelmus Makignon, Stephanus Makignon, Johannes Chaboceaus, Aimmericus Chaboceaus, Bertrangnus Chaboceaus, Petrus Chaboceaus, Petrus Charles, Giraudus Charles, Constantinus Makignon [2], Petrus Charles alius, Aimmericus Bertrangnus.

Aput Cormener. — Johannes Chobregau, Petrus Forestarius, Aimmerius Forestarius, Galterus de Mota, Andreas Garnache [3], Petrus Viau, Willelmus Bernart, Petrus Fretier, Willelmus Provereau, Willelmus Ascelinus, Andreas Boier,

---

1. *Var.* Rader, Racmunt.
2. *Var.* Maquignon, Bertramdus.
3. *Var.* Ganache, Bernardus, Froter, Prevero, Li Tasselins, Enjobot, Rex, Messor, Chebrenol.

Boeron, Li Tesselin, Aimmericus Mestivers, Monneret, Johannes Malet, Petrus Engebaut, Willelmus Viau, Petrus Viau, Li Reis, Willelmus Sutor, Petrus Gaannache, Gaufridus Ruffus, Arnaudus Mestiver, Willelmus Gallon, Petrus Medicus, Chebronnel, Willelmus Boier, Boneau, Li Gaschet, Constantinus Mestiver.

Aput Fenestreaus [1] *in eadem parrochia*. — Johannes Toschellonis [2], Willelmus Toschellonis, Johannes Bartholomeus, Aimmericus Bartholomeus, Constantinus Bartholomeus, Reginaldus Bartholomeus, Johannes Meschin, Petrus Limozinus, Johannes Costans, Johannes Charpentier, Willelmus Hericies, Johannes Focaut, Andreas Focaut, Petrus Groleau, Johannes Renaut, Petrus Bardon, Andreas Pascondier, Petrus Audeberti, Aimmericus Groleau, Johannes Favereaus.

De illis omnibus supranominatis, aput villam Faie et aput Faiolam et aput Limolleau et aput Cormener et aput Fenestraus, habet dominus comes talliam suam altam et basam et excercitum et equitationem et biannum, et prandium suum in domo prioris de Faia, et illud capit jamdictus prior de suis hominibus, sicut juratum est a militibus et servientibus patrie.

Sciendum est autem quod, si de priore de Faia conquestus fuerit dominus comes, jam dictus prior veniet stare juri aput Chisic coram domino comite, pro se et pro hominibus suis; et si prepositus domini comitis conquestus fuerit in propria persona jam dicto priori, prior habebit coram se homines suos de Faia et de toto honore, et illos stare juri faciet coram se aput Faiam, nisi ceperit homines suos in presenti malefacto; et si jamdictus prior differret jura hominum suorum, si eidem conquesti fuissent, de' jure pote-

---

1. *Var*. Fenestraus.
2. *Var*. Tecellons, Tochellons, Lemozin, Ericet.

runt et debebunt conqueri se precepto domini comitis et coram eo de illis fiet justicia.

Notandum quod canes et venatores comitis Peitavie visi fuerunt hospitari in domo jamdicti prioris, ad custum ville de Faia ; sed nescitur si sit justum aut non, sicut juratum est a multis ; et similiter visum fuit prandium senescalli habere in domo jam dicti prioris ad custum ville.

Apud Cormener. — *Verso.* — Johannes de Verines, W. Costet debent omnia de consuetudine, sicut alii de Cormener et de Faia, preter talliam.

Apud La Revetizon, in parrochia de Cormener.

Ibidem in manu domini comitis unum quarterium prati pro Johanne de Cormener et ij. sol. vi denar. census, de vineis ad Natale, per manus Stephani Girardi, et illud pratum reddit priorisse de Aegdane iiii den. et [1] obol. census, ad festum Sancti Michaelis.

Aput Fors. — *Recto.* — De priore de Fors, iij. minas frumenti ad veterem mensuram, que valent j. sextariam et ij. boissellos ad mensuram de Chisic, ad festum Sancti Michaelis reddendas, quando queritur ab eo, et singulis prepositis de Chisic, quando mutantur, v. solidi et ij. mine sunt reddite pro ballia de la Cecongne [1], et tercia mina est reddita pro ballia de Granmauduit. Et in domo jamdicti prioris aput Fors, visi fuerunt venatores et canes comitis Peitavie hospitari, tempore Regis Ricardi, sed nescitur si sit jus aut non. Et debet jamdictus prior de jure dare singulis pauperibus in die martis Lardinarum panem et carnem ad valorem duorum denariorum, et si caro deficeret, daret unum denarium pro carne singulis pauperibus qui eadem die venient ad domum suam, pro anima domini de Chisic et antecesso-

---

1. *Var.* Ciconia, Granmodoit,

rum suorum ; et propter hoc debet habere frondes in foresta de Argençonio ad calefaciendum se et furnum suum, sine visione servientis, et necessaria domus sue in jamdicta foresta per liberationem servientis ad rais.

De feodo Martin et herbergarie, de gardis aput Faiam Monjaut, et est de feodo de Chisico.

Petrus Davi[1] tenet de feodo jam dicto v. quarteria vinearum, de quibus reddit v. denarios de garda, et complanctum, videlicet quintam summam, et vij. jornalia terre ad sextam garbam pro terragiis, et sunt duo quarteria frouta de vineis illis in manu sua.

Willelmus Buort, vij. quarteria vinearum, de quibus reddit vij. denarios de garda, et j. froutum, et complanctum similiter, et vj. jornalia terrarum, de quibus reddit sextam garbam pro terragiis.

Willelmus Foucaut[2], j. quarterium froutum vinearum in feodo illo, ad idem forum simili conditione.

Hugo Davi, vij. quarteria vinearum pro vii. denariis, et iij. jornalia terrarum simili conditione, et complanctum vinearum ad idem forum.

Willelmus de La Cegongne, j. quarterium et dimidium vinearum pro iij. obolis, et pro complancto simili conditione ad idem forum.

Johannes Papin, j. quarterium et dimidium vinearum ad idem forum et simili conditione, et j. quarterium nove plante, et dimidium froute, et j. jornalium terre froute.

---

1. *Var.* David, tenet etc., quintam somam, iiii jornalia, jerbam, frota.
2. *Var.* Focaut.

Gaannepain [1], xij. quarteria vinearum ad idem forum et simili conditione, et iij. quarteria nove plante, et viij. jornalia terre ad idem forum.

Petrus Viau, xij. quarteria vinearum simili conditione ad idem forum, et ij. jornalia terre ad idem forum.

Rochefort, iij. quarteria vinearum simili conditione, et j. jornalium terre ad idem forum.

Petrus Comes, ij. quarteria vinearum ad idem forum simili conditione [2]. — Willelmus Aleart [3], ij. quarteria vinearum. — Johannes Davi, iij. quarteria vinearum. — Johannes Ogier, j. quarterium vinee. — Willelmus Davi, j. quarterium et dimidium vinearum ad idem, et iij. jornalia terre. — Johannes Guillons, ij. quarteria vinearum et ij. jornalia terrarum. — Hugo Fochier, ij. quarteria vinearum et terciam partem unius quarterii, et j. quarterium plante nove. — Willelmus Papin, ij. quarteria vinearum. — Osanne Clicier, j. quarterium vinee et dimidium.

Hilairet, j. jornalium et dimidium terrarum, ad idem forum simile conditione, sed froutum est et vacuum.

La Berjotele, dimidium quarterii vinee.

Willelmus Mandré de Panes, iij. quarteria et dimidium vinearum ad idem forum et ij. jornalia terrarum frouta et vacua.

Reginaldus Bergier, vj. quarteria vinearum ad idem forum et iij. frouta et dimidium jornalium terre ad idem forum.

Pascaut de Luisseles, ij. quarteria vinearum ad idem forum et ij. frouta.

Andreas Colleris, j. quarterium vinearum.

Johannes Lombart, ij. quarteria vinearum.

---

1. *Var.* Gaagnepan.
2. Cette phrase se répète à chaque nom, jusqu'à la fin du paragraphe; nous n'en donnons que les variantes.
3. *Var.* Alaart, Otger, Clicère.

Giraudus Tortron, iij. quarteria vinearum, ad idem forum ; et j. jornalium terre simili conditione.

Aimonet Pinçon, j. quarterium vinearum et ij. jornalia terre ad idem forum simili conditione.

Petrus Botin, j. quarterium vinearum ad idem forum et dimidium quarterii plante nove.

Johannes Broteau, j. quarterium vinearum ad idem forum simili conditione.

Maria de Charros, j. quarterium nove plante ad idem forum et j. jornalium terrarum simili conditione.

Mainers, dimidium quarterii vinearum et ij. jornalia terre. — Andreas Brelin, j. quarterium et dimidium vinearum. — La Brenine, j. quarterium et dimidium vinearum. — Willelmus Maiseran, ij. quarteria et dimidium vinearum et iij. jornalia terrarum. — Archimbaut, dimidium quarterii vinearum et dimidium jornalii terre. — Petrus Mainart, j. quarterium vinearum et ij. jornalia. — Helyas, j. quarterium et dimidium vinearum et iij. jornalia et dimidium terrarum. — Giraudus de Blaneaus, j. quarterium vinearum et ij. jornalia terrarum. — Reginaldus de Blaneaus, j. quarterium et dimidium vinearum et ij. jornalia terrarum. — Mainardus Meschin, iij. quarteria vinearum et ij. jornalia terrarum ad idem forum simili conditione.

Willelmus Bernins, dimidium quarterii vinearum ad idem forum simili conditione, et j. quarterium nove plante.

Giraudus Brunet, iij. quarteria vinearum ad idem forum simili conditione, et j. quarterium et dimidium nove plante.

Petrus Breteaus, iij. quarteria vinearum et ij. jornalia terre. — Johannes Berthiers [1], j. quarterium vinearum. — La Reniere, j. quarterium vinearum. — Petrus Garinus, xij. quarteria vinearum, ad idem forum, et xv jornalia terre. — Willelmus Meschin, x. quarteria vinearum et

---

1. *Var.* Portiers.

iiij. jornalia terre. — Constantinus Meschin et fratres sui, viij. quarteria vinearum et j. jornalium terre. — Constantinus Meschin, v. quarteria vinearum et iiij. jornalia terre. — Andreas Godart, vi. quarteria vinearum et j. jornalium terre.

Bricius, iij. quarteria vinearum et iiij. jornalia terrarum ad idem forum simili conditione, et j. quarterium nove plante.

Petrus Gordet, iii quarteria et dimidium vinearum et viij. jornalia terrarum. — Reginaldus Tortronis [1], j. quarterium et dimidium vinearum et dimidium jornalii terrarum. — Laurencius Clericus, iij. quarteria et dimidium vinearum et iij. jornalia terre.

Willelmus Girardus, j. quarterium vinearum ad idem forum simili conditione, et j. quarterium et dimidum terre froute et iij. jornalia terre ad idem forum.

Willelmus de La Gaubretiere, j. dimidium quarterii et ij. jornalia terre. — Willelmus Grosseau de Usseau, j. quarterium vinearum. — Petrus Mainardus, v. quarteria vinnolium et iiij. jornalia terre, et j. quarterium vinee. — Arsent Fochiere, iij. quarteria vinearum et j. jornalium terre. — Petrus Chauvet, ix. quarteria vinearum. — Willelmus Clicier, j. quarterium vinearum. — Reginaldus Gordet, iij. quarteria vinearum et j. jornalium terrarum. — Mainardus Girardus, ij. quarteria vinearum et ij. jornalia terrarum. — P. Moneers, j. quarterium vinearum et j. jornalium terre. — Willelmus Faber, vj quarteria vinearum et iij. quarteria plante nove. — Aimericus Faber, dimidium quarterii vinearum.

La Guillote, dimidium quarterii vinearum ad idem forum simili conditione, et dimidium quarterium froutum et vacuum.

Willelmus Tortron, j. jornalium terre. — Augart Pinçone,

---

1. *Var.* Brictius, Torteron.

iij. quarteria et dimidium.—Petrus Viau, dimidium quarterii vinearum.— Hugo Meschin, dimidium quarterii vinearum. — Briçon Lambert, j. quarterium et dimidium. —Giraudus Aimer, dimidium quarterii. —Johannes Girardus, ij. quarteria et dimidium vinearum et ij. jornalia terrarum.

Constantinus Ventreau, j. quarterium et dimidium vinearum ad idem forum simili conditione, et dimidium quarterii vinolii.

Willelmus Aimer, j. quarterium et dimidium vinearum.— RaimontGirardus,iij. quarteria vinearum et ij. jornalia terre. — Willelmus Babin, j. jornalium terre. —Johannes Lezignen, quartam partem unius quarterii vinearum et ij. jornalia terre.

Petrus Bernin sacerdos, iij. quarteria vinearum ad idem forum simili conditione, et terciam partem unius quarterii plante nove.

Constantinus Clericus de Granzay, j. quarterium et dimidium vinearum ad idem forum.

Hugo Bernin, duas partes unius quarterii vinearum ad idem forum simili conditione et x sexllons terrarum.

Guillemin Renier, j. quarterium vinearum et dimidium quarterii vinolii et ij. jornalia terre.

Constantia Sabolee, ij. jornalia terrarum ad idem forum.

Johannes de Metulo [1], ij. jornalia terrarum ad idem forum.

Petrus Buort, iij. quarteria vinearum ad idem forum et iij. jornalia terrarum simili conditione.

Aimmericus Dabilant, vj. quarteria vinearum et xij jornalia terrarum simili conditione.

Johannes de Charros, dimidium quarterii vinee et j. jornalium terre ad idem forum simili conditione et quartam partem unius quarterii vinolii.

Johannes Bergier, iij. quarteria vinearum.

---

1. *Var.* Metlero.

Gaufridus Pinçon, iij. quarteria vinearum ad idem forum simili conditione, et iij. jornalia nove plante et dimidium jornalii vinolii frouti.

Johannes Dabirant, vij. quarteria vinearum ad idem forum simili conditione, et viij. jornalia terrarum.

Maria Moricelle, j. jornalium terre.—Petrus Roiers, j. quarterium vinearum. — Gaufridus Raol, ij. quarteria vinearum. — Willelmus Paleneau, j. quarterium vinearum.—Johannes Bernin, quintam partem de duobus quarteriis. — Willelmus Bordet, j. quarterium vinearum.

Constantinus Truaut, dimidium quarterii vinearum. — Giraudus Berchier [1], dimidium quarterii vinearum. —Johanna Sabolée, dimidium quarterii plante nove.—Maria Landrée, j. quarterium vinearum.

Li Bernin, j. jornalium terre froute. — Claudius Bernin, dimidium quarterii vinearum. — Willelmus Eble, j. quarterium vinearum. — Giraudus Huidelonis [2], ij. jornalia terrarum ad idem forum simili conditione.

Willelmus Viau, iiij. quarteria vinearum ad idem forum, et j. quarterium terre simili conditione.

Hugo Viau, iiij. quarteria vinearum et ij. quarteria plante nove et viij. jornalia terre. – Giraudus Berchier, dimidium quarterii vinearum. — B. Berengiers, ij. jornalia terre et ij. quarteria vinearum et ij. quarteria vinnolium. — Constantinus Buors, viij. jornalia terre et dimidium quarterii vinearum.

Aput Cormener. — *Verso.* — Johannes de Verrines, Willelmus Costel debent omnia de consuetudine, sicut alii de Cormener et de Faia, preter talliam.

Aput Sanctum Christoforum. — In feria Sancti Christofori

---

1. *Var.* Bergeir, Giraudus Bernin.
2. *Var.* Hudelin, Bergier, Boers.

habet comes latronem et sanguinem et totam justiciam; et medietatem unius prandii feodati in jamdicta feria ad ix. servientes, sed bene potest redimi pro precio denariorum.

Item sciendum quod si blada nec denarii per totam balliam de Ciconia remanerent quin redderentur ad terminum ad quem deberent reddi, videlicet de terris cosdumeriis, et serviens comitis solus hoc inveniret, dominus comes haberet per se LX. solidos de vadio sine participe; et si prepositus de Ciconia fuerit cum serviente comitis, prepositus habebit medietatem vadii per manum prepositi comitis, et coram domino comite vel coram precepto suo terminabitur placitum [1] et fiet justicia; et hoc erit ita factum et eodem modo, si prepositus fuerit per se aut cum alio.

In ballia de Granmauduit [2].

Sciendum quod ex quo mercator intraverit keminum Frontenenc [3], non potest exire de jamdicto kemino, nisi suum pedagium reddiderit aput Marenicum, et si non redderet et sciri posset, daret LX. solidos in misericordia de jure.

Sciendum quod extra villam Sancti Severini et circa, est justicia et dominium domino comiti in integrum de aliquibus mercatoribus vel advenis per keminum, et de omnibus keminis fractis est justicia et dominium domino comiti per totam balliam et per totum dominium de Chisico; sed de hominibus abbatis Sancti Severini nullam habet justiciam dominus comes; et similiter de illis qui pejorarent vias vel

---

1. *Var.* criminabitur placitis.
2. *Var.* Grantmoduit. plus loin Grandmodoit.
3. *Var.* Caminum Fronteneti, Margnec.

keminos haberet dominus comes jus suum intra villam et extra villam.

Item sciendum quod si dominus comes vel prepositus suus caperet aliquem de hominibus abbatis Sancti Severini, eciam in presenti malefacto, nullum jus exiberetur, nisi coram jamdicto abbate, et ei ostenderent ut faceret emendare, et de jure sic facerent.

Item sciendum quod omnes bestie mortue in foresta, quas abbas vel serviens aliquis de hospicio suo inveniret, de jure debet abbas illas habere sine contradictione; et debent omnes bestie et canes sui ire per totum boscum extra forestam de Sarneron, et boves sui intra forestam illam bene absque contradictione debent ire.

Sciendum quod si contentio esset inter prepositos de Chisico et de Onaio [1], placitarent aput Esteras inter Chisicum et Onaium.

Sciendum quod si contentio esset inter prepositos de Metulo et de Chisico, placitarent aput Crucem Gontaut.

Sciendum quod si contentio esset inter prepositos de Chisico et de Metulo, placitarent aput Pontix [2] subter ulmos extra villam.

Sciendum quod si contentio esset inter prepositos de Chisico et de Surgeriis, placitarent sub fraxino de Duellio.

Sciendum quod keminum et dominium de Chisico vadit usque ad pontem d'Angles versus Surgieres.

Sciendum quod dominium chemini comitis vadit usque ad Nugret et usque ad divisiones Bosci comitis et villam Maingoteri ultra furcam, et Bardonneria, si esset edificata, daret de jure domino comiti excercitum et equitationem, quia est de dominio et feodo domini comitis.

---

1. *Var.* Onainc, Crucem-Gontet.
2. *Var.* Pontios, Bardoneria.

Item sciendum quod dominium kemini comitis vadit usque ad Combam [1] parvam sub cimiterium Sancti Marcelli.

Item sciendum quod in terris extra Coivers et circa, extra villam de Coivers, est tota justicia et dominium domini comitis per keminum.

In ballia de Granmauduit. — Item sciendum quod aput Luisselieres [2] ab aqua e sursum versus Chisicum, et aput Usseau a Calceia usque versus Chisicum, habet comes vigeriam suam et suum sacramentagium, videlicet de singulis sacramentis qui pacificantur j. obolum, et ille qui faceret pacem de sacramento, ponat unum obolum in quodam foramine ecclesie de Usseau, videntibus aliquibus nisi serviens comitis esset presens, et ille qui subtraheret obolum illud de foramine dabit vadium de LX. solidis, si sciri posset, et obolum redderet, et similiter ille qui non poneret obolum, et sciri posset, daret consimile vadium.

Verso. — Sciendum quod in ballia de Granmauduit est consagium [3] in foresta, videlicet de houx (.....) et hedere.

Sciendum quod in jamdicta ballia est fossagium et debet bernarius comitis habere illud fossagium et per totam forestam similiter

Sciendum quod forestagium per singulas villas ad mortuum boscum, est totum domino comiti de forestis ad quoslibet terminos, de ballia de Granmauduit et de ballia de Fosses et de ballia de Chisico.

De misericordiis foreste et de legibus et statutis.
Pro cervo capto, LX. solidos et unum taurum.

---

1. *Var.* Vallem..., Sancti Martialis.
2. *Var.* Lussoleres, Uissea.
3. *Var.* cossagium, brenarius.

Pro bissa capta [1], LX. solidos et unam juvencam.
Pro apro capto, LX. sol. et unum verrum.
Pro leha capta, LX. sol. et unam truiam.
Pro capreolo capto, xv. sol. et unum boccum.
Pro capra capta, xv. sol. et unam capram.

Sciendum quod si quis captus fuerit cum aliqua jamdictarum bestiarum, bestia capta remanebit de jure captori, pro misericordia.

Sciendum quod in foresta de Sarneron [2] sunt LX. solidi de vadio de jure cognito et apparenti, et habet seqquenciam usque ad aquam Wulturni per unum annum et diem unum, exceptis clausturis abbatie Sancti Severini ad viridem et ad siccum.

Sciendum quod in bosco plano sunt vij. solidi de jure cognito pro vadio, de militibus et clericis et servientibus et aliis omnibus hominibus, exceptis medietariis et hominibus de Bellavilla, qui dant v. solidos de vadio, et de Bellavilla nullatenus recedent pro jure faciendo de bosco plano.

Sciendum quod omnes medietarii habent de jure necessaria ad carrucas suas sine liberatione, et si capti fuerint in foreste ad mairremium carrucarum, per fidem suam quitabitur, et mairemium ad quadrigas suas habebunt per liberationem et gardam servientis; et frondem similiter ad ardendum et omne mortuum boscum ad ortos claudendos, exceptis quercu et fraxino et haistro [3], et boves qui tirant et alie bestie omnes debent ire in foresta. Et falcare debent medietarii planos et non alii, et si vacce tirarent [4], debent ire similiter in foresta cum vitulis lactantibus.

Sciendum quod sequela tocius bosci de Argençonio vadit usque ad Barbeçonium versus Niortum.

---

1. bicha, lea, troiam, bedum.
2. *Var.* Essarneron.
3. *Var.* carruas, fago.
4. *Var.* traberent.

Item sciendum quod nulli medietarii feodati disgatgiabuntur de arboribus universis quas ceciderint cum falce in foresta de Sarneron vel in bosco plano, nec de illis arboribus quos quadriga suffocabit vel frangerit.

De armis aput Faiam Monjaut.

Recto. — Hii sunt qui debent habere loricas et capella ferrea et enses et lanceas, vel arcus cum sagittis :

Gaaignepan, Willelmus Meschin, Petrus Viaus, Hugo Viaus, Petrus Gordet. — Summa cum loricis, v.

Hii sunt qui debent habere loriculas cum aliis armis supradictis :

Reginaldus Berchiers [1].
Willelmus de Ciconia.
P. Legers.
P. Chouet.
Li Dabirant.
Andreas Bernins.
R. Gordet.
Hugo David.
Geraudus David.
Willelmus Buort.
Willelmus Bernart de Cormenerio.
Willelmus Viaus de Cormenerio.
Constantinus Meschins.
Constantinus Meschins vetus.

Johannes Garins.
Li Leisignien.
Andreas Boins.
Willelmus Focaut.
Hugo Meschins.
Johannes Costanz de Fenestrallis.
Johannes Tebaut.
C. Thebaut.
P. Chaboceau.
P. Charlles.
Johannes Jobergeaus.
Johannes de Veirines.

Summa cum loriculis : xxvj.

---

1. *Var*. Beriers, Lezignen, Costeras de Fenestrallibus, Tebaudus.

Hii sunt qui debent habere porpunctos cum aliis armis :

Bartholemeus Garins.	Simon Mercator.	Johannes Renaut.
Willelmus Faber.	Johannes Eboloneaus[2].	Johannes Bertolomeius.
Hugo Bernins.	Johannes Mercator.	W. Ericet.
Johannes Guiluns [1].	Girauz Favreaus.	Andreas Fetoz.
P. Focauz.	Johannes Papins.	Johannes Fochet.
Costantinus Betins.	Willelmus Bernins.	Johannes Favreau.
Willelmus Moisserun.	Willelmus Imbert.	Johannes Tochelons.
Raemuns Moisserun.	Johannes Charpenters.	G. Raimont.
Willelmus Aimers.	Andreas Oedelins.	G. de Mauset.
Willelmus Clicers.	Willelmus Alaart.	Johannes Tebaut.
Geraudus Brunez.	Gauffridus Chambaneaus.	G. Charles.
Hugo Fochier.	Stephanus Maroilz.	Aleart Bochart.
Stephanus li Sebireau.	Gauffridus Grobraz.	Giraut Paen.
Girarz Moduers.	Hugo Boeteaus.	Johannes Renaut.
P. Fochiers.	G. Melles.	Stephanus Maquigan.
P. Aeroart.	Raoleau.	Aimmericus Chaboceas.
Andreas Magniens.	P. Engobaut.	Johannes Chaboceaus.
R. Maroil.	Willelmus Galles.	Giraudus Charles.
Don Bricius.	Arnaudus Messor.	C. Maquigan.
Willelmus de Gramont.	P. Messor.	Aimmericus Gauffridus.
Gauffridus Pinchun.	Helyas Glaschet.	Johannes Raol.
Cerret.	Willelmus Lesuor.	Willelmus Porcherat.
G. Oedelins.	P. Viaus.	Johannes Pepins.
Willelmus Arnauz.	Willelmus Gagner.	Joscelinus Remuns.
Willelmus Bersejai.	Johannes Malet.	Mainardus Meschins.
P. Paler.	Willelmus Monerat.	Willelmus Cotet.
Willelmus Iainers.	P. Tosselins.	

Summa cum porpunctis : iiij.$^{xx.}$

---

1. *Var.* Guillons, Moisscron, Aunins, Febreas, Moners, Airoart, Germunt, Pinçon, Arnaudus.
2. *Var.* Eblone as, Carpenters, Oidelins, Grot-Braz, Enjobot, Gaschet, Sutor, Moneraz, Tozelins, Regis, Bertolomeus, Sochet, Raemundus, Mausec, Bochardus, Radulphus, Porcheraz, Costet.

Aput Granmauduit.

In villa de Granmauduit sunt iiij. jornalia terre, de quibus domina Atarisia[1] tenet unam partem et Rogerus tenet aliam partem, et dominus comes habet de illis iiij. jornaliis decimam et terragium.

Census de fenestris foreste.

Johannes Robin et suus nepos, ij. fenestras, et reddunt singuli ij. denarios ad Natale, et pro singulis fenestris redduntur ij. denarii.

Johannes Andreas, j. fenestram, simili condicione eodem termino pro ij. denariis.

Giraudus Limozin, ij. fenestras. — Petrus Berruier, ij. fenestras. — Andreas Faidi[2], j. fenestram. — Johannes Prepositus, j. fenestram. — Filius Petri Ruffi, j. fenestram. — Galterus Medicus, j. fenestram. — Willelmus Ernaut, ij. fenestras. — Johannes de Verines, j. fenestram. — Li Bauduçones, ij. fenestras. — Reginaldus Avalent, j. fenestram, ad idem forum simili conditione[3].

Aput La Charriere. — La Brocarde, ij. fenestras ad idem forum simili conditione.

La Trapiere, ij. fenestras. — Petrus Bertrand[4], j. fenestram. — Fulco Prepositus, iij. fenestras. — Duo capellani,

---

1. *Var.* Atharisia.
2. *Var.* Faiduius, Arnaut, Li Bauduçon.
3. Phrase répétée à chaque nom.
4. *Var.* Bertram.

iiij. fenestras. — Petrus Peletier, j. fenestram. — Lagreu, j. fenestram.— Petrus Gautier, j. fenestram. — Johannes de Aunis, j. fenestram. — Li Garineaus[1], j. fenestram. — Aimmericus de Rochefort, ij. fenestras. — Petrus Babirant, j. fenestram, ad idem forum et eumdem terminum.

Hugo Chapeau, ij. fenestras ad idem forum simili conditione.

De gardis cere per balliam de Grantmauduit, et avene et denariorum ad tempus ; et quando volent exire de garda pacabunt totam gardam.

Constantinus Buort, iij. libras cere ad festum sancti Michaelis.

Petrus Grosseau j. libram. — Aimmericus Obleier [2], j. libram. — Magister Lambertus, i. libram. — Hugo Ranol, j. libram. — Petrus de Grip, j. libram. — Bartholomeus de Grip, j. libram. — Tebaut Combaut, j. libram. — Andreas Rex, j. libram. — Stephanus Tessier, j. libram. — Galterus medicus, j. libram. — Li Chaboceau de Limollac, ij. solidos de garda. — Petrus Boin de Granzai, j. minam avene. — Frater Gaufridus Obleier de Duellio, j. libram. — Johannes Eraut, j. libram. — Johannes de Prato, j. libram. — Filius Chopin, j. libram. — Reginaldus Columbel, j. libram cere, ad eumdem terminum.

Petrus Augenet, j. libram.

Sarasdenus de Salles, j. libram.

Aput Duellium

Ibidem de aqua versus Chisicum, de feodo de Chisic, habet comes exercitum suum et equitationem per submonicionem

---

1. Alnis, Li Greaus.
2. *Var.* Oblaer et plus bas Oblaier, Bollac, Pareine au lieu d'Eraut.

prepositi de Ciconia, et si non venirent ad submonicionem comitis per prepositum, essent in misericordia ; et illud idem habet aput Ciconiam et eodem modo et simili conditione, et aput Boisseroles similiter et eodem modo et simili conditione, exceptis feodatis de Ciconia.

Hec sunt masuragia[1] de Nova Villa et numerus illorum qui pacaverunt censum.

Recto. — Girbertus de Bella Villa et Petrus Chouet tenent j. masuragium, et reddunt ad Natale ii. solidos vi. denarios, et ad festum sancti Johannis ij. solidos vi. denarios, et iiij. capones ad festum omnium sanctorum. et terragium, et debent singuli habere vi. sextaria terre.

Aimmericus Casil, Constantinus Archimbot tenent j. masurallium et reddunt illud idem per omnia et ad eosdem terminos.

Willelmus Tosselin. — Willelmus Froger, Gaufridus de Germoont et fratres. — Stephanus Boine, Constantinus Botin. — Willelmus Dessaugeis et fratres sui. — Petrus de Cicongnia et Hugo. — Petrus de Maraant, tenent (quicumque) masurallium et reddunt illud idem per omnia et ad eosdem terminos[2].

Gumbot Barrillons et filius Aimerici de Deolio tenent j. masurallium simili conditione.

Petrus Cornutus. — Johannes Prepositus et Hugo frater ejus. — Droart de Deolio. — Johannes Vineron et Petrus

---

1. *Var.* masurallia, Tosselin, Frogier, Germont, Sauquiis, Ciconia, Combot, Areordus.

2. Ces mots sont répétés après chaque mention dans tout ce paragraphe.

Casil. — Hugo Aenart et frater ejus. — Petrus Robet et frater suus.— Willelmus Blanchien et frater suus.— Constantinus de Gorze et frater ejus.— Johannes Garin et Willelmus Garin. — Johannes Laidet de Cruce. — Johannes Quatros et Willelmus de Germont. — Johannes Bolenat et Johannes Natalis. — Willelmus Irlot, Petrus Focaut. — Petrus Fromentin. — Willelmus Barbe. — Petrus Pelokin. — Torchebuef. — Laurencius Bramant. — Aimericus de Deolio et Arnaudus filius ejus. — Arnaudus Forz. — Willelmus Tosselin. — Aimericus Johan et Galterus de Lolaio. — Clemens Mocler. — Giraudus Mocler. — Jusquil de Lolaio. — Gerardus. — Petrus Cossel et W. de Toarz.— Petrus Porchier, de Deolio. — Aimericus Erembert et Arnaudus Juvenis. — Simon Mainart et filius ejus. — W. Macon et Petrus filius ejus.— Reginaldus Sanet et socius ejus. — Laurencius Mercier et duo socii.— Petrus Aienart de Lolaio.— Reginaldus Chener.— Bochierus de Lolaio. — Beraut et socius suus. — Loripes et socius suus.— Willelmus Chenuel et socius suus. — Mainet et socius suus. — Bochaut et Airaudus de Lolaio. — Renoldus Gendrons et filius ejus. — Galterus, Petrus Pinel. — Pairençais et socius suus. — Bernardus, Petrus Brices.— Arnaudus, Petrus Groleau. — Theobaldus de Rainebors. — Johannes Moduer. — Willelmus Bonins et W. Fornier. — Girbertus Godefridus. — Constantinus Paronneau et Willelmus Paronneau. — [He]lyas de Brolio, Stephanus Vitalis.— Willelmus Ogier.— Helemosinarius de Capella. — Willelmus Anglicus. — Petrus Daumangne [1]. — Aimericus Colunbeau et frater suus. — Petrus helemosinarius de Pinu. — Johannes Papinot de Rainesbors. — Aimericus de Capella, Petrus de Ortis. — Maximirel. — Renoldus Vegier et socius suus.— Willelmus Godefrei.— Theobaldus

---

[1]. *Var.* Daumaigne, Raineborc, Godeffrei, Engobert, Bernarz, Benassis, frater H. au lieu de Petrus.

Grens et soror sua. — Stephanus Brice, Willelmus Lambert.
— Petrus Girbert de Lolaio et frater suus. — Li Guilloneau
de Faiole. — Theobaldus Focher de Cruce. — Stephanus
Enjobert de Cruce. — Stephanus Bernart de Riparia et fratres sui.— Willelmus Granier de Cruce. — Radulfus de Belins et filii sui. — Willelmus Benasis et frater suus. — Stephanus Bertran.— Arnaudus Gonin et Petrus. — Willelmus
Benasis et Andreas.— Galterus et Petrus Arnaudus de Ortis.
— Johannes Laurencius et filius ejus. — Petrus Drocier [1] de
Lolaio.— Aimmericus Vachon. — Aimericus Cadort. — Andreas Helions et Radulphus Sutor, habent (quicumque)
unum masurallium simili conditione. — Petrus Pictavensis,
se tercio, j. masurallium simili conditione. — Giraldus de
Faiole. — Benedictus Laidet et Piscisculus. — Girardus
Roquert et socius suus. — Ranoldus Gascons et filii sui. —
Hugo Raembot et Reginaldus. — Willelmus Raembot et fratres sui.— Bogerius et Grallins.— Stephanus Boer et frater
suus.— Willelmus Rex et Hugo de Prato.— Gaufridus Gendrons et Choveas.— Galterus Faet et sororius suus. — Willelmus Mainart et fratres sui. — Hugo Barbe et filii sui. —
Willelmus Rannol et frater suus. — Willelmus de Metulo. —
Willelmus Barrot [2] et fratres sui. — Johannes Mainart de
Cruce.— Petrus Botins, Petrus de Ruppe.— Arnaut Laidet,
Aimericus Laidet. — Willelmus Mollesac. — Arnaudus Paronneau, Helyas Doins. — Aimmericus Gautier et frater
suus. — Willelmus Seovagns (sic). — Willelmus Foreneaus,
Hugo Rabeaus.— Patarinus et filius suus habent quicumque
j. masurallium simili conditione. — Peletier de Deolio tenet
dimidium masuragium simili conditione et reddit medietatem tocius redditus in denariis, et medietatem caponum et

---

1. *Var.* Brotier, Peitier, Raembaut et Raimbaut, Boscherius et Graelins, Chauveaus.
2. *Var.* Barraut, Mellesac, Seuvaigus, Monte-Morellon, Geraudus Seons, Buney, Tampeaus.

terragii, et habet terram secundum quantitatem dimidii masurallii. — Petrus Almosnier de Capella. — Nicholaus de Monte Morelionis. — Giraudus Jeoners. — Malenutritus. — Petrus Brunet. — Giraudus Messor. — Prepositus de Bella Villa, P. Audebers.— Matheus Daiguins.— Andreas Tepeaus. — Johannes Jolens.— Johannes Bertrangnus [1].— Willelmus Stephanus. — Andreas Brocart. — Petrus Achart et socius suus.— Rex de Ciconia et socius tuus, tenent (quicumque) dimidium masurallii, ad idem forum. — Johannes Bonet, Andreas Chapeaus, iij. partes unius masurallii ad idem forum. — Nicholaus de Lolaio, dimidium masurallii ad idem forum. — Johannes Prior, dimidium masurallii ad idem forum.

Hii sunt qui nondum pacaverunt censum. — Willelmus Priornatus. — Petrus Audemer. — Paleneaus et fratres sui. — Quidam homo de Torgnic [2]. — Johannes Guillons. — Aimmericus [3] Benavent (habentes quicumque) dimidium masurallii ad idem forum.

Willelmus Aimeriot et socius suus. — Petrus Focher et pater suus.— Helyas de Cruce et Hugo Boine. — P. Chebrer et Barbator.— Elemosinarius de Pinu.— Willelmus Rebores, Johannes Goot. — Villelmus Mellesac, Johannes Faber. — Reginaldus Bochart. — Constant et W. Assace. — Jocelinus Seguin et fratres sui. — Prior W. de Lajarrie [4]. — Corjons et frater suus.— Walterus de Lamadnie prepositus de Lajarrie. — Rogerus Bastart. — Johannes Michael de Cruce. — Girardus Marcer de Buissei. — Helias de Mastat. — W. de Leunia et filiaster ejus. — Petrus Pictavensis. — Ernaudus Garillo, (habentes quicumque) j. masurallium ad idem

---

1. *Var.* Bertranz, Siconia.
2. *Var.* Torgenec.
3. *Var.* Aumerot, Elem, de Spinu, Rebores et Philippus Goet, Costans.
4. *Var.* P. et W. de la Garrie, Corjoris, Gautier de Alemania, Renaldus Bastarz, Martin de Boceau, Helyas de Mastaz, Allemnia, Rascouz.

forum. — Rascaut, dimidium masurallii ad idem forum. — Johannes Doet et filii ejus, dimidium masurallii ad idem forum. — Willelmus Letruir, j. quarterium unius masurallii ad idem forum.

Summa in denariis de censibus jam dicte ville : xxxvij. libr. xv. solidi.

Summa in caponibus : vi.^{c.} viij. capones.

Verso. — Sciendum est quod nova villa domini comitis in Argentonio edificata est secundum consuetudines libertatum de Bellavilla, et dominus comes habet ibidem minagium suum et furnum suum et forum suum in jamdicta villa et terragia.

Ballivus debet in exitu cujuslibet revelare auditoribus computi si in aliquibus creverit balliam suam, vel in redditibus vel in gardis vel in aliis, et auditores computi crementa debent committere scripto, et si aliqua jura inventa fuerint oblita, que sunt extra rotulum juracionum jurium, debent similiter committi rotulo ad memoriale.

Prepositus de ballia assignabit diem et locum hominibus qui prope forestam manent, scilicet omnibus villagiis, ut qui volent capere boscum ad censum veniant coram ipso et coram forestariis itinerantibus per forestam, et facient nomina eorum notari in scripto qui boscum ceperint, et nullus recipiatur ad boscum in absencia prepositi, et habeant forestarii itinerantes unum scriptum de nominibus hominum, sicut et prepositus, et de denariis et de termino.

Nichil finiatur neque placitetur in abscondito.

Hec sunt ville per balliam de Chisico, in quibus datur paskerium ovium.

Verso du ms. A. — Fraisneia [1], Sanctus Romanus, La Broce, Les Bruelles, La Garerongniere, Viron (extra domos Aucherii de Virone), Biarros, Jucor, Poivendre, Marenicum, Grantmanduit, La Balotiere, Acdane, La Revestizon, dimidium Rainbaus, Agrip, Granzaium, Les Tosches, Avalan, Usseau, Lussolieres, Toreni, Deolium de sicut aqua discedit, Lacharriere, Boceau, Dondemarchia, Bellavilla, Sanctus Stephanus ad furnos, Vergnicum, Sanctus Christoforus, Sanctus Marcellus, Villa Dei, Coviers, a la Fosse, dextra a Wulturno usque ad domum Johannis Audebert, Chisiacum.

Sciendum est quod dominus comes habet tale dominium in paskerio, quod de obolo quod remaneret de paskerio, nisi pacaretur primo, et ab illis qui debent illud celaretur, et prepositus domini comitis vel serviens suus posset hoc scire et inquirere, daretur vadium de LX. solidis pro singulis obolis remanentibus ad pacandum.

Sciendum est quod dominus comes habet terragium suum de priore elemosinarie de Chisico de terras quas colit prope Chisiacum, videlicet de terra quam colit ante La Tebaudiere [2], et de j. quarterio terre quod est in via de Briolio, et de ij. jornaliis terre que sunt juxta territoria Hugonis Burneau, et de terris Giret de una parte, videlicet de li Arceau [3].

---

1. *Var.* Frasnca, La Garagnonere, Biarroe, Juchecorp, Margnec, Rainbof, Granzai, Torgnec, Vergnec, Sanctus Marcialis, Coivers, Vulturno.
2. *Var.* Tebauderia.
3. *Var.* Arcello.

Notandum quod jamdictus prior habet pasnagium suum in forestis, sicut dicit, et in foresta de Sarneron et alibi, exceptis deffensis domini comitis, testibus Engilberto Renaut, Isnello, Humberto preposito de Begnais, G. de Cormener, A. de Virone, tunc preposito de Chisico, et pluribus aliis, et inde habet cartam de qua transcriptum tale est :

« R. filius regis Anglie, dux Aquitanie comesque Pic-
« tavie, prepositis, ballivis justiciariisque suis, salutem.
« Notum vobis facio me dedisse pro redemptione anime
« mee domui elemosinarie Sancti Jacobi de Chisico suum
« necessarium in nemore meo quod vocatur Argençonium.
« Precipimus igitur vobis ut nullam molestiam ministris
« prefate domus inferatis, sed liberos et immunes afferre
« ligna de nemore concedatis. Testibus Milone elemosinario
« et Joscelino Moisnet, aput Chisicum. »

Sciendum est quod nova villa domini comitis in Argençonio edificata est secundum constitutiones libertatum de Bellavilla, et dominus comes habet ibidem minagium suum et furnum suum, et forum suum in jam dicta villa.

Hec sunt teneamenta non de dominico, pro Sekino[1] de Richemont quodam milite.

Aput Vilers et Lisle de ballia Legai.
Legai et Galterus Gavain nepos ejus debent homagium ligium et sunt servientes feodati, et debent xv. solidos de placito, et ij. solidos vi. denarios pro carne ad Natale, et iiij. solidos j. denarium nutrici domine comitisse, quando

---

1. *Var*. Seguino.

pepererit aput Chisicum, tantummodo quando de illis reddendis erunt citati, et aliter non; et debent L. ova ad Pascham [1], et debent recolligere census aput Vilers et caseos de singulis qui erunt homines domini comitis et Petri Tebaut, scilicet qui fuerint in villa qui habeant oves.

Item quidam istorum duorum debet ire ad submonitionem comitis, ad custum comitis, et dominus comes inveniet ei equum et arma.

Item isti duo sunt servientes de uno prato, de quo comes habet medietatem ibidem, et de illo prato habent illi duo clientelam suam, et recolligunt decimam comitis, que est in blado et vino et lanis et aliis aput Vilers, et terragia de villa de Lisle, de quibus comes habet quartam partem per manus illorum.

De censibus de Vilers est summa xxxvij. solidi iuj. denarii, de quibus dominus comes habet, pro jamdicto Sekino et pro Petro Forti et Matheo de Lavergne, xiii. solidos ij denarios reddendos ad Natale et ad festum sancti Johannis, pro domibus et ortis et pratis, de eadem villa. Pro eisdem duobus sunt iij. solidi de redditu j. denarium minus, de quibus comes habet pro parte sua xvij denarios et obolum reddendos ad eosdem terminos, pro domibus et pratis et ortis.

Aput Lisle, pro eodem de jamdicta ballia de censibus ejusdem ville, est summa x. solidi v. denarii, de quibus comes habet v. solidos ij. denarios et obolum ad Natale et ad festum sancti Johannis, pro domibus, pratis et ortis reddendos. Et in aqua jam dicte ville habet quartam partem pro eodem.

Hii sunt qui debent aput Chisicum pro eodem census.
De Johanne Amiget, iij. solidos census ad Pascha flori-

---

1. *Var.* 1. ovum die dominica Paschalis.

dum [1] pro domo sua, et furcam in pratis comitis per unum diem, quando submonitus erit, et debet auxilia justa, videlicet ad filiam nuptiis tradendam [2], vel ad filium suum militem faciendum, vel ad corpus suum liberandum semel de prinsonnia [3], in censibus duplicandis et placitum de mortua manu similiter.

De Renoldo Compout [4], iij. solidos census ad eundem terminum, et furcam et alia simili conditione, et vj. denarios ad festum sancti Johannis et ad Natale.

De Arnaudo Gaion, iij. solidos census ad eundem terminum et alia simili conditione cum furca.

De Constantino Segnoret, vj. denarios ad eundem terminum et alia simili conditione sine furca.

De Tallefer, xij. denarios ad eundem terminum, et dimidiam furcam et alia simili conditione.

De Osanna Tardive, xij. denarios ad eundem terminum et furcam et alia simili conditione.

De Hasardo, xij denarios ad eundem terminum et furcam et alia simili conditione.

De Hilario Lebrotier [5], xviij. denarios ad eundem terminum et alia simili conditione et sine furca.

De Aimerico Preposito, xij. denarios ad Natale et xij. denarios ad sancti Johannis et alia simili conditione et sine furca.

De Petronella Teissiere, xviii. denarios ad eosdem terminos et alia simili conditione et sine furca.

De Johanne de Mastac, ad festum sancti Johannis, j. denarium de censu pro prato.

---

1. *Var.* ij sol. ad Paschas floridas.
2. *Var.* traendam.
3. *Var.* prisonia.
4. *Var.* Compot, Gaien.
5. *Var.* Lo Broter.

De Willelmo Bertin, ij. denarios de censu ad eundem terminum pro prato de Parçai.

De la Bernadole, j. andeg[avensem] census ad eundem terminum.

Item pro eodem (*Bertino*), a ponte Bernardi Neigrier per totum castrum, habet comes vigeriam venditionis vini, videlicet singulis cubillis iij. galones de vino quod exivisset de vineis de Chisic, exceptis militibus et clericis et presbiteris et servientibus feodatis.

Aput Vilaret in bosco pro eodem : de Johanne Broteonis iij. sol. ad Natale pro domo sua et herbergagio de censu, et auxilia justa simili conditione.

De Clemente de Vilaret, xviij. denarios census ad Natale pro suo herbergagio et auxilia justa simili conditione.

Isti duo debent terragia de terris quas colunt, et debent ea adducere aput Chisicum, et habebunt ad comedendum de jure, quando adducent terragia de domino comite; et multum sunt ibidem vinee que gaste sunt, et quoddam herbergagium vacuum quod Clemens tenet, et de illo habet comes vi. denarios census ad Natale per manum Willelmi Blain, qui est inde serviens et prepositus, et debet v. solidos de placito pro ballia de Vilaret.

Item apud Chisicum pro eodem.

Item habet aput Chisicum pro eodem unam exclusam aput Villam Boiric [1], sed necessaria excluse debent de jure capi in foresta comitis, et habet ibidem pescheriam, que tota est comitis in integrum.

Item in molendino de Chisic versus Oonaium habet comes quartam partem farine et multure, sed dominus comes debet invenire quartam partem custi in molendino et molendinario.

---

1. *Var.* Villam Boric, pechariam.

Item ibidem in molendino Petri Tebaudi habet comes octavam partem de blado sicco, et debet adjuvare ad molendinum faciendum et regendum in octava parte.

Item in una parte ville de Briout et aput Pontix et aput Villam Folet [1].et aput Mallicum et aput Conzai et aput Lisle et aput Vilers et aput Chisic usque ad pontem Bernardi Neigrier, habet dominus comes quartam partem paskerii pro jam dicto Sekingnio, videlicet de singulis ovibus tantummodo j. obolum, et in terra prioris de Avalle aput Avalle et aput Fraisniam habet similiter quartam partem in paskeriis, excepto domo prioris, que libera est.

Item aput Chisic et aput Chambernart et aput Lisle sunt nj. sextarie terrarum; due traduntur ad quintum et alia ad quartum ; et sunt ibidem pro eodem terre inculte ad nj. boves vacue et froute.

Item in pratis Bertrangni [2] et aput toscham de Villa Boiric et subter alnos super ripariam, et aput Conzaium , et in Fenestralibus de Insulis, sunt quarteria pratorum, que omnia dominus comes debet facere falcare ad custum proprium.

Item aput Vilers pro eodem feodo pro Balduino de Sales.

De Aimmerico Challou [3], ij. casei vel vnj. denarii ad Adventum Domini, et j. anserem ad festum beati Michaelis, et terragia et complanctum vinearum, de quibus ipse Aimmericus est serviens.

Johannes Guido et Willelmus Bozer debent placitum de mortua manu pro orto, quem tenent liberum et quitum.

Aput Fors. — De terra jam dicti Seguini et Willelmi de Lespaut.

---

1. *Var.* Villebont, Malescum, Cunzai, Frasinam.
2. *Var.* Bertraguini, Villaborc, Cunzaicum.
3. *Var.* Challau, Bozes, Lespau.

Hii sunt redditus et census. — Willelmus Peletiers debet xij. denarios ad festum sancti Michaelis et ad Natale j. prebendam avene de censu pro masuragio suo.

La Roiete, iij. solidos ad festum beati Michaelis de censu et j. prebendam avene pro quodam orto.

Johannes Boiers, xviij. denarios ad festum beati Michaelis, et ad Natale xviij. denarios.

Aimmericus Naaus et fratres sui, ij. solidos ad Natale, et j. minam avene pro quodam orto.

Stephanus, iij. solidos ad festum beati Michaelis.

Giraudus Aluchet, xij. denarios ad Natale, et xij. denarios ad festum beati Michaelis.

Johannes Calleas, ij. solidos ad festum sancti Michaelis, et ij. solidos ad Natale.

Petrus de Ortis, xij. denarios ad festum beati Michaelis, et j. prebendam avene ad Natale pro orto uno.

Josiene, xij. denarios de censu ad festum beati Michaelis pro domo sua.

La Garatele [1], xij. denarios ad festum beati Michaelis, et j. prebendam avene, et j. gallinam ad Natale.

Petrus Bruneas, xij. denarios ad festum beati Michaelis, et j. prebendam avene.

La Gastinele, xij. denarios ad festum beati Michaelis, et j. prebendam avene ad Natale.

Roers, xij. denarios ad festum beati Michaelis et j. prebendam avene ad Natale pro orto, sed est froutum.

In orto Andree Callea sunt viij. solidi de tallia assisa ad medium Augusti per totum, sed est froutum, et j. mina avene et j. gallina et j. denarium ad festum sancti Johannis.

Johannes Simart, iiij. solidos de tallia, et j. minam avene et j. gallinam ad eundem terminum pro domo sua, et j. denarium ad festum sancti Johannis.

---

1. *Var.* La Guarartele, La Guastinele, Raers.

La Girarde, ij. solidos vi. denarios de tallia, et j. minam avene, et j. gallinam ad eundem terminum, et j. denarium ad festum beati Johannis. Tallia nonquam mutatur.

Aimmericus Gafart[1], ij. solidos ad medium Augusti de tallia, et j. gallinam ad Natale, et j. denarium ad festum beati Johannis, et vj. boissellos avene tempore messium ad veterem mensuram.

Gautart, j. prebendam avene de censu ad Natale pro orto.

La Daniele, j. prebendam avene ad eundem terminum, pro eodem, census.

Aimmericus Calleas, j. prebendam avene ad eundem terminum pro eodem.

Cognos et P. de Louer, j. prebendam avene pro eodem ad eundem terminum.

Johannes Naaus et nepos suus, j. prebendam avene pro eodem ad eundum terminum.

La Fortete, j. prebendam avene ad eundem terminum pro eodem.

Johannes Simart et sui participes, j. prebendam avene ad eundem terminum pro eodem.

Bernardus Besognos, j. prebendam avene ad eundem terminum pro eodem.

Johannes Calleas, j. prebendam avene ad eundem terminum pro eodem.

Petrus Brunet et sui participes, j. prebendam avene ad eundem terminum pro eodem.

Willelmus Peletiers et La Roiete, j. prebendam avene ad eundem terminum pro eodem.

Hii sunt qui tenent terras in feodo jamdictorum :

Li Challeau tres sextarias terrarum, quas colunt, et reddunt terragium et decimam.

---

1. *Var.* Cafart.

Johannes Simart, j. minetam ad decimam et terragium reddenda.

Petrus de Ortis, j. prebendariam simili conditione ad idem forum.

Stephanus, ij. sextarias terre simili conditione ad idem forum.

A. Naaus, j. sextariam simili conditione ad idem forum.

J. Baudons, j. prebendariam simili conditione ad idem forum.

Stephanus de Praic, j. sextariam simili conditione ad idem forum.

..... Perron, j. minetam simili conditione ad idem forum.

La Girarde, j. minetam simili conditione ad idem forum.

Archinbaut et li Foscher, j. prebendariam simili conditione ad idem forum.

T. Beraut et Perochins, j. minetam simili conditione ad idem forum.

Ersendis La Michele, j. prebendariam terre ad idem forum simili conditione.

Familia Willelmi Papin, j. prebendariam terre ad idem forum simili conditione.

Guaraiteas, j. minetam ad idem forum simili conditione.

Willelmus Peletiers et La Roiete, j. prebendariam ad idem forum simili conditione.

Palepres, ij. bosselées ad idem forum simili conditione.

P. Bruneas et sui participes, j. minetam ad idem forum simili conditione.

La Daniele, ij. bosselées ad idem forum simili conditione.

Aenors, j. prebendariam ad idem forum simili conditione.

Petrus Naaus, j. prebendariam ad idem forum simili conditione.

B. Rossignos, j. minetam ad idem forum simili conditione.

Giraudus Aluchet et la Gastinelle, j. minetam ad idem forum simili conditione.

De istis colligendis et recipiendis in feodo jam dicti Sekingni et Willelmi de Lespaut [1] est prepositus Hugo de Bernagoe, et est serviens feodatus, et habet pro clientela sua in censibus xij denarios, die qua redduntur census, et ij. solidos in tallia, quando redditur, et terciam partem de omnibus terragiis terrarum, et de tribus sextariis terrarum quas colit in jamdicto feodo, liber est a terragio et a decima, et hoc totum habet pro clientela sua.

Giraudus Daniel debet facere ferrare palefridum domini, quando veniet aput Fors, si necesse fuerit, et propter hoc liber est et quietus a censu domus sue.

De istis omnibus supradictis habet comes terciam partem pro jamdicto Sekigno et duas partes pro Willelmo de Lespaut supradicto, et de omnibus est serviens feodatus et prepositus Hugo de Bernagou.

Aput Chisicum, de feodo Ville Dessast pro domino Porteclia.

De Priore de almosneria de Chisic, j. prebendam avene ad Natale et dimidium terragium pro terra juxta Ulmum.

De Johanne Baussan [2], j. rasam avene ad eundem terminum pro terra quam colit aput prata Ville Dessast et dimidium terragium.

De Petro de Auvers et de suis participibus, j. prebendam avene ad eundem terminum pro borderia et terragium totum.

De eodem cum suis participibus, vj. denarios census ad festum beati Johannis.

De Gaufrido de Villa Dessast, xij. denarios census pro

---

1. *Var.* Lespau, Bernegoe.
2. *Var.* Boissuin, Viledesast, P. de Auvercio.

borderia, et j. denarium pro prato ad eundem terminum.

De Petro Bernart, xij. denarios census pro borderia ad eundem terminum.

De Parrau [1], vj. denarios census ad eundem terminum pro masuragio Formagier.

De Johanne Combaut capellano, ij. denarios et obolum census ad eundem terminum pro suis pratis.

De Chabocele, j. denarium census pro prato suo ibidem ad eundem terminum.

De Gaufrido Chais, j. denarium census pro prato suo ibidem ad eundem terminum.

De Robino Regratier, j. obolum census ad eundem terminum pro mota sua inter aquas.

De Willelmo de Mailli, iij. rasas avene pro terris feodi de Villa Dessast, et dimidium terragium.

De G. de Cormener, iij. rasas avene ad Natale pro terra ejusdem feodi Ville Dessast et dimidium terragium.

De eodem, j. rasam avene pro terra quam habet aput Villam Boiri et dimidium terragium.

Sciendum quod in jamdicto feodo Ville Dessast sunt vij. quarteria pratorum, que dominus comes debet facere falcare ad custum suum [pro] jamdicto Porteclia; et Petrus Bernart est serviens de illis et habet in illis clientelam suam.

Item terra ad iij. boves in jamdicto feodo et x. quarteria vinearum vastarum.

Item aput Chisic xxiuj. quarteria vinearum, que jamdictus G. de Cormener tenet et colit pro jamdicto Porteclia, et de illis reddit domino comiti sextam summam vindemie de singulis quarteriis, et debet dictus G. de Cormener portare partem comitis quam habet in vineis illis usque ad Villam Dessast vel usque ad toscham Boiri et non ultra; et do-

---

1. *Var*. Parsoiz, Regratario. Mallé, Jocelinus de Cormenerio.

minus comes debet facere vineas illas servari, et dictus G. de Cormener debet dare custodi vinearum ıj. solidos et j. panem.

Verso. — Notandum quod Jocelinus de Cormener servare debet bursam in qua denarii paskerii colliguntur pro domino Sekingno de Richemont, et debet denarios afferre usque ad pontem Bernardi Negrier, et jamdictus Sekinus habet eum per villas recolligere.

De feodo Hugonis de Lalande aput Chisicum.

De Boiric, ıj. denarios census ad Natale et ad festum beati Johannis pro duobus parvis ortis.

De la Gauvagne, vj. denarios census ad eosdem terminos pro eodem.

De Willelmo Bobeau, vj. denarios census ad eosdem terminos pro eodem.

De Arnaudo Puteneau[1], ıx. denarios census ad eosdem terminos pro eodem.

De uxore Joscelini Bernardoe, ıj. denarios census ad eosdem terminos pro eodem.

In illo feodo pro eodem Hugone habet comes ııj. quarteria de trella.

Summa : xxııj. (sic) denarii et ııj. quarteria de trella.

---

1. *Var.* Tonato Pictanea, Bernardi.

APUT CHISIACUM[1].

Hii sunt census de feodo Savariensi.

De Baudoino Lo Maçon, vj. denarios census ad festum sancti Michaelis, et vj ad Nathale, pro orto.

De Gaufrido Ribemunt, vj. denarios ad festum sancti Joannis, et vj. ad Nathale, pro orto.

De priore helemosinarie domus, ij. denarios ad eosdem terminos, pro orto.

De Johanne de Hyspanis, xv. denarios ad festum sancti Johannis, et ad Nathale xv. denarios, pro domo et orto.

De Willelmo Textore, vj. denarios ad festum sancti Michaelis, et vj. denarios ad Nathale, pro herbergagio suo.

De Willelmo Boiric, x. denarios ad festum [sancti] Johannis et ad Nathale xj. denarios, pro herbergagio suo.

De Hylario Oblaer, vj. denarios ad festum sancti Johannis, et vj. denarios ad Nathale, pro herbergagio.

De Babaut, iiij. denarios ad sancti Johannis pro herbergagio quod tenet.

De la Gauvagne, xij. denarios ad sancti Michaelis, et xij. denarios ad Nathale, pro domo et orto.

De Petronilla Baudoini, vj. denarios ad sancti Michaelis, pro domo et orto.

De Johanne Bernardi, xvj. denarios ad sancti Johannis, pro domo et orto.

De Aimerico Vitali, xij. denarios ad sancti Michaelis, et xij. denarios ad Nathale, pro domo et orto.

---

1. Ici plus de double ms.

De orto Boier, j. denarium ad sancti Johannis, et j. denarium ad Nathale, pro orto.

De P. Sapienti, xviij. denarios ad sancti Michaelis, et xviij. denarios ad Natale, pro orto.

De Raphin, vj. denarios ad sancti Michaelis, et vj. denarios ad Nathale, pro domo sua.

De Johanne Amiget, j. denarium ad sancti Johannis, pro uno prato.

De priore de Avallia, vij. denarios ad festum sancti Johannis.

De G. de Cormenerio, xiiij. denarios ad Nathale, et xiij. denarios et obolum ad sancti Johannis, pro domibus et ortis.

De Caio de Insula, iij. denarios ad sancti Michaelis, et iij. denarios ad Nathale.

De Galteroto Brotier, vj. denarios ad sancti Michaelis, et vj. denarios ad Nathale.

De Anch[erio] de Vir[ollet] vj. denarios ad sancti Johannis, pro domo Tosserete.

De Helya de Vir..., vj. denarios ad Natale, pro hoc quod habet in Rocha.

De Aimerico Sapienti, vj. denarios ad sancti Johannis, pro domo et orto.

De Johanne Baucan, vj. denarios ad Natale, et vj. denarios ad sancti Michaelis, pro herbergagio suo.

De Galtero Carnifice, xij. denarios ad sancti Michaelis, et xij. denarios ad Natale, pro herbergagio suo.

De Willelmo de Mallec, vj. denarios ad Nathale, pro herbergagio suo.

De la Charpentiere, vj. denarios ad sancti Michaelis, et vj. denarios ad Nathale, pro domo sua.

Item in jamdicto feodo sunt viij. quarteria pratorum, de quibus comes habet quartam partem pro P. Forti, et in alio quarterio medietatem pro jamdicto Savariensi.

Item in jamdicto feodo sunt xxvj. quarteria vinearum, de

quibus xiij. quarteriis traduntur ad quintum, et xiij. ad sextum ad colendum, et in illis habet comes quartam partem pro jamdicto P. Forti de conplanto; et in alio quarto (sic) medietatem pro jamdicto Savariensi.

Item in jamdicto feodo sunt v. quarteria vinearum frota.

De terris cultis ejusdem feodi.

Gaufridus Arnaudus tenet iiij. sextarias ad sextum.
Aimericus Segnorier, j. minetam simili condicione.
La Bacallole, j. jornalium simili condicione.
G. Homas mercator, j. jornalium simili condicione.
Infirmi, j. minetam simili condicione.
Galterus Carnifex, ij. jornalia simili condicione.

In istis terris que coluntur ad sextum, habet comes tantam partem quantam in prato habet et in vineis pro eisdem hominibus.

Item in jamdicto feodo sunt iiij. sextarias terrarum frotas, in quibus, si essent culte, haberet comes tantam partem quantam in aliis terris.

Pro domino Petro Bertin.

De feodo ejusdem apud Vilers et apud Avalle et apud Ansignec, quod est in terris et vineis et in molendino apud Avalle, xxx. solidos ad Natale, et ad Pascham xxx. solidos, per manum Templariorum, qui habent totum feodum jamdicti Petri adcensatum.

De ballia de Cyconia apud Sanctum Severinum in saisina non de dominica.

Recto. — Hii sunt redditus avene in jamdicta ballia ad festum sancti Michaelis :

De P. Climent, iij. minas avene et j. denarium pro feodo de Vereres.

De feodo domini R. Iderea, iij. prebendas avene et ij. solidos et xvj. denarios.

De Hugone Aimer, iij. solidos pro feodo P. Chabot.

De feodo de La Roche, j. minam avene et v. denarios.

De oscha Sacerdotis, iiij. denarios.

De J. Chauvea, iiij. denarios.

De feodo P. Tebaud, ij. solidos et j. boissellum avene et xxij. denarios.

De feodo P. Gaufridi, v. rasas avene.

De feodo Bastardi, j. sextarium avene, et xviij. denarios et obolum.

De feodo Hugonis Benedicti, xv. rasas avene, et j. sextarium frumenti et xviij. denarios.

De feodo de La Vergna, xv. rasas avene.

De censibus de Vellevotonne ejusdem ballie.

De Peraus, xviij. denarios.

De Johanne Guaschet, j. sextarium avene et ij. solidos et ij. denarios et obolum.

De feodo P. Andree, iij. sextaria avene.

De P. Rainer, j. minam avene.

De Itero de La Vergne, j. minam avene pro feodo jamdicti Iteri.

De P. Guaschet, j. sextarium avene.

De Gaufrido de Ches, j. sextarium avene.

Apud Chisiacum de eadem ballia redditus.

De J. de Garda, iiij. sextaria avene pro feodo Bardonenc de redditu.

De priore de Vilers, xvij. rasas avene et j. prebendam frumenti.

De Willelmo Preposito, iiij. denarios.

De J. Bertet, vj. rasas avene pro feodo de Port de Grenolle.

De feodo de Villefolet, viij. sextaria avene.

De Aimerico Challoc, ij. sextaria avene pro feodo Fromag[erie].

De Costantino Robert, iij. minas avene pro terra Barmaudenche.

De Willelmo Aleart, j. sextarium avene, et xviij. denarios pro feodo de Pautrot.

De Vergnon, iij. minas avene.

De domino J. Dolebea, xviij. denarios pro guarda de Mallec.

De eodem J., xviij. de terra de duabus viis.

De Gunbaut, j. sextarium avene.

De Willelmo, j. sextarium avene de garimento pro territorio aus Gangnées.

De feodo P. de Malavalle, v. rasas avene.

De feodo Willelmi de Clarisbaut et Simonis, ij. sextaria avene.

De feodo Hugonis Benedicti, iiij. sextaria avene.

De Valle Secreta, j. prebendam avene.

De quartolagiis ad Rogationes et ad festum sancti Johannis, de eadem ballia :

Costantinus Girardus, viij. denarios.

P. Arveius, iiij. denarios.

Giraldus Guardeas et frater suus, viij. denarios.

Hugo Claveas, viij. denarios.

P. Fromunt et sui participes, xij. denarios.

P. Boer et si (sic) iiij. denarios.

Jordanus Aleard, x. denarios et obolum.

Costantinus Piscis, xij. denarios et obolum.

Arveius Laided, vij. denarios.

Johanna Tebauda, vj. denarios et obolum.

Johannes de Lusserolles, vj. denarios.

Gautier de Boisserolle, ij. denarios.

Willelmus Moranz, iiij. denarios.

P. Faussabrer, iij. denarios.

Andreas Tuebo, viij. denarios.

J. Papinot, xj. denarios.

Rex, iiij. denarios.

P. Tebaut, iij. denarios.

C. Bonet, xij. solidos, iij. denarios ad Rogationes, et viij. ad festum sancti Johannis.

P. Arveius et sui participes pro libertate, ad festum sancti Johannis, xij. denarios.

Item de eodem pro terra in feodo Crucis, vij. denarios de feodo Willelmi Senescalli.

Florence Bernarde, xij. denarios ad festum sancti Johannis pro libertate.

Item de eadem, j. denarium pro terra de Deolio.

Willelmus Marbos et sui participes, xij. denarios.

Johannes Barroget et participes sui, xij. denarios.

Stephanus Jolen pro guarda prati de Planc, viij. denarios ad festum sancti Johannis, si querantur.

Chopin pro terra de Cyconia, xij. denarios, si querantur, post festum sancti Johannis.

T. Alaard, iiij. denarios.

Johannes Alaard et Andreas, iiij. denarios.

Willelmus de Bornin, iiij. denarios.

Stephanus David, iiij. denarios.

W. de Cyconia, ij. denarios.

Marbotine, ij. denarios et obolum.

De redditibus et censibus et consuetudinibus in denariis, in bladis, in panibus, in gallinis de eadem ballia :

P. de Cyconia et participes sui debent domino de Cyconia annuatim unum prandium apud Cyconiam, et debent habere necessaria in bosco plano, ad radicem, ad domos, ad cubas, ad circulos et ramum ad ardendum, et sunt liberi de exercitu et equitacione.

Item dominus de Cyconia habet apud Cyconiam quartum panem furni in redditu, et unum prandium tribus hominibus.

Item habet apud Sanctum Christoforum infra feriam dimidium prandium.

Item habet apud Coiverz unum prandium ad ix. homines.

Item habet de P. dau Cosdre ad Rogationes et ad festum sancti Johannis xij. denarios pro masurale patris, et pro uno frustro terre iij. denarios, si querantur.

Hii sunt census de meditariis pro terris quas colunt circa Cyconiam hereditario :

Hugo Claveas et participes sui, ad festum omnium Sanctorum, xxxij. solidos et vj. denarios, et ad Nathale idem.

Reginaldus Johannes ad festum omnium Sanctorum, xxv. solidos et x. denarios, et ad Natale idem, et insuper j. sextarium avene.

P. Giraudus ad festum omnium Sanctorum, xxvj. solidos et ad Natale idem, et insuper j. sextarium avene.

De eodem P. ad festum omnium, iij. solidos census pro domo sua et pro uno frustro terre.

W. Rochers, qui erat medietarius apud Cyconiam, reddebat domino de Cyconia xv. solidos et viij. denarios, sed dominus de Cyconia tenet feodum illud in manu sua sazitum.

W. xij. denarios de libertate pro se et pro participibus suis, ad festum omnium Sanctorum.

Benedicta Cussole, ix. denarios pro terra de Cruce ad Natale.

Sciendum est quod omnes isti medietarii capiunt mairemium et ad domos et ad cubas et ad circulos et ad quadrigas per visum forestarii, et ad arastra sua sine visu forestarii, et debent placitare apud Cyconiam coram domino de Cyconia, et sunt liberi de pasquerio ovium et porcorum.

Apud Daolium[1].

De priore de Deolio, vj. denarios ad Natale, et vj. denarios in Cena Domini pro campo Richardi.

De Costantino Ostenc, xij. denarios ad Rogationes.

De Costantino Amel, vj. denarios ad Natale pro orto, et j. prebendam bladi ad veterem mensuram, quando queritur.

De P. Monier, vj. denarios ad eumdem terminum pro orto.

De W. Richardo, vj. denarios pro terra Richardi ad eumdem terminum.

De J. Barraut, vj. denarios pro libertate ad festum sancti Christofori, et ad Natale ij. denarios.

De Costancia Papaile, ij. denarios ad Natale, et ad Cenam Domini, ij. denarios.

De Stephano Pagano, xij. denarios pro libertate ad festum sancti Michaelis.

De Brice Pagano, vj. denarios pro libertate.

De Angevine, vj. denarios ad Natale.

De P. Bertin et de suis participibus, j. prebendam avene ad veterem mensuram, quando queritur.

Apud Cyconiam.

Giraudus Guardeas[2], vij. boissellos frumenti ad Natale ad veterem mensuram.

Johanna Tebauda, j. minam frumenti ad eundem terminum et eamdem mensuram.

---

1. Ici recommence un fragment du 2e ms., mais tellement différent du 1er qu'il ne forme pas double et doit se reproduire presque en entier.
2. *Var.* Gardel, Tebaudus.

Costantinus Girardus, j. prebendam frumenti ad eumdem terminum et eamdem mensuram.

Hugo Clavel et participes, j. prebendam frumenti ad eumdem terminum et mensuram.

Petrus Arveius, j. prebendam frumenti ad eumdem terminum et mensuram.

Willelmus Faber, j. prebendam frumenti ad eumdem terminum et mensuram.

Galterus de Boisserolles, v. boissellos frumenti ad eumdem terminum et mensuram.

Benedicta Fromunde et participes, nj. boissellos frumenti ad eumdem terminum et mensuram.

Petrus Boers, j. prebendam frumenti ad eumdem terminum et mensuram.

Willelmus Botin, nj. boissellos frumenti ad eumdem terminum et mensuram.

Aimericus Erembert [1], nj. boissellos frumenti ad eumdem terminum et mensuram.

Arveius Laidet et participes, j. prebendam frumenti ad eumdem terminum et mensuram.

Jordane et participes, j. minam frumenti ad eumdem terminum et mensuram.

De oisselagio jamdicte ballie :
Aimericus Erembert, vj. denarios ad Quadragesimam.
W. Marbot, ij. denarios pro eodem ad Natale.
Rex, ij. denarios pro eodem ad eumdem terminum.
Tebaud Alaard, ij. (sic) pro eodem ad eumdem terminum.
Stephanus Jolen, ij. denarios pro eodem ad eumdem terminum.
P. Arveius et participes, iiij. denarios pro eodem ad eumdem terminum.

---

1. *Var.* Erembert decem boissellos.

De panibus et guallinis ejusdem ballie ad Natale reddendis :

Tebaudus Aleard, ij. panes et ij. gallinas.
Andreas Guarineas, j. panem et j. gallinam.
W. Moriant, j. panem et j. guallinam.
W. Bonet, ij. panes et j. guallinam.
Augart, j. panem et j. gallinam.
Jordanus, ij. panes et ij. guallinas.
Borneis, j. panem et j. gallinam.
Arnaudin, j. panem et j. gallinam.
Claveas, j. panem et j. gallinam.
P. Boers, j. panem et j. gallinam.
Li Guardel, ij. panes et ij. gallinas.
La Papinote, ij. panes et ij. gallinas.
Tuebo, j. panem et j. gallinam.
J. Barraget, j. panem et j. gallinam.
W. Faber, j. panem et j. gallinam.
Hugo Piscis, ij. panes et ij. gallinas.
Botini, j. panem et j. gallinam.
Girbertel, j. panem et j. gallinam.
Li Laidet, j. panem et j. gallinam.
La Reinodere, j. panem et j. gallinam.
Surelli, j. panem et j. gallinam.
Johannes Tebaudi et participes, iij. panes et iij. gallinas.
Costantinus Girardus, j. panem et j. gallinam.
Bernardus Rex, ij. panes et ij. gallinas.
P. Giraudet, j. panem et j. gallinam.
La Richardere, j. panem et j. gallinam.
Aimericus Arenbert, uno anno, iij. panes et ij. gallinas.
Item de eodem in alio anno, ij. panes et iij. gallinas.

Item apud Cyconiam :
Sciendum est quod helemosinaria de Sancto Stephano habet in puram et perpetuam helemosinam possidendam in do-

minio Cyconie omne mortuum nemus, quod dicitur feodum forestarii.

Item apud Cyconiam de feodo domini comitis :

Sciendum est quod dominus comes habet ibidem exercitum et equitacionem et xx. (sic) avene portata apud Chisiacum.

Sciendum quod C. de Balace est homo ligius domini de Chisic, et debet duo placita que valent x. libras, et camerario xx. solidos, et capit frondes in Argenzon comburendum.

Enjobertus Renart est homo ligius et debet placitum de c. solidis, et capit frondes comburendum.

P. de Fors. . . capit frondes ad calefaciendum forn[um], sed nescit servicium.

Hugo Raiole est homo ligius et debet duo placita, et capit frondes comburendum.

Willelmus de Clarisvallibus est homo ligius et debet placitum, et capit ad radicem omnia necessaria sua in foresta de Argenzon, sine vendere et dare.

Dominus Berchoud de Luzolere homo planus, et habet frondes comburendum.

Dominus de Revestison capit frondes annuatim forno calefaciendo pro j. mina frumenti ad festum sancti Michaelis.

Alexander debet homagium planum domini comitis, et debet venire ad suum castellum defendendum, si mandatus fuerit.

Odo de Aleri fuit homo comitis pro terra que est apud Viler et apud Availle, et quicunque. . . . .

P. de C. . . hic habet unam mansuram de comite et ij. verjatas (?) terre, sed. . . . .

Prior de Fors habet frondes et debet annuatim iii. minas frumenti et veterem mensuram.

(Le reste du texte est rongé.)

Aput Crucem, de oisselagio jam dicte ballie :

Helyas Fochier tenet j. fe[nestram] pro ij. denariis.

Item sciendum quod omnes bestie de Ciconia debent ire de jure ad pascua in bosco plano, tantum infra quantum sagittarius potest sagittare unum pulsum, propter decimam, quam reddent de eisdem bestiis domino comiti.

De oisselagio jamdicte baillie :

. . . . [1].

Stephanus Burnet, j. fenestram, ij. denar.
Abbas beati Severini, iiij. fenestras, viij. den.
Willelmus faber beati Severini, j. fenestram, ij. den.
Giraudus Poz, j. fenestram, ij. den.
Arnaudus Robelin de Auvers, j. fenestram, ij. den.
Furnerius domine de Auvers, j. fenestram, ij. den.
Rosseau de ante ecclesiam de Auvers, j. fenestram, ij. den.
Prior de Auvers, j. fenestram, ij. den.

De panibus et gallinis eidem ballie ad Natale reddendis :
. . . . . Alaart, ij. panes et ij. gallinas.
. . . eas Garinel, j. panem et j. gallinam.
Willelmus Morant, j. panem et j. gallinam.
Petrus Tebaut, j. panem et j. gallinam.
Willelmus Bonot, ij. panes et ij. gallinas.
Augart, j. panem et j. gallinam.
. . . . [2].
Botini, j. panem et j. gallinam.
Girbertel, j. panem et j. gallinam.
Li Laidet, j. panem et j. gallinam.
La Reinaldere, j. panem et j. gallinam.
Surelli, j. panem et j. gallinam.

---

1. Un côté du parchemin rongé. Sept ou huit noms manquent.
2. Id. Manquent 5 noms.

Johannes Tebaudus et participes, iij. panes et iij. gallinas.
Constantinus Girart, j. panem et j. gallinam.
Berardus Rex, ij. panes et ij. gallinas.
Petrus Giraudet, j. panem et j. gallinam.
La Vardere, j. panem et j. gallinam.
Aimmericus Erembert, uno anno, iij. panes et ij. gallinas.
Item de eodem in alio anno, ij. panes et iij. gallinas.

. . . . . [1] jamdicta ballia tam de redditibus quam de censibus et de consuetudinibus et de medie. . . . .
. , . . . lagio et omnibus in denariis per totum : xj. libre iij. solidi, xj. denarii et obolum cum oisselagio.
. . . . totum : v. sextaria, iij. boisselli.
. . . . totum : xlviij. sextaria et j. boisellus.

Apud Ciconiam, de feodo domini comitis.

Verso. — Sciendum est quod dominus comes habet ibidem exercitum suum et equitationem, et xx. sextaria avene portata aput Chisicum.

Item sciendum quod elemosinaria de Sancto Stephano habet in puram et perpetuam elemosinam possidendam omne mortuum nemus quod dicitur feodum forestarii in dominio Ciconie.

Item sciendum est quod dominus comes habet, apud Sanctum Stephanum de Ciconia, xvj. ferra equorum nova cum clavibus, super feodum quod habent dominus Aimericus de Sancto Getagio (sic) et alii domini Sancti Stephani, in festo sancti Johannis Baptiste annuatim redditura, quando

---

1. Le commencement des lignes est rongé.

quesita fuerint a preposito de Ciconia.— Inquirendum est si debeant.

Item sciendum quod P. d'Aunis et P. de Ciconia et sui participes de jure tenentur placitare coram domino comiti vel domino Ciconie, apud aulam ejusdem ville, de omni forisfacto quod satisfacient domino comiti vel domino Ciconie, preterquam de forisfacto nemoris, de quo dominus comes vel dominus Ciconie placitabit coram eis eodem loco.

Die sabbati post festum beati Bartholomei traditi fuerunt Constantino Seg[uini] et Henrico Clerico aput Chisic rotuli exituum terre comitis in anno Incarnationis $M^o CC^o xvj^o$, qui vol. . . . . quendam clericum discretum totaliter non particulariter, qui sciat et velit diligentem curam adhibere. . . . . (mot rongé) domini sui.

Sciendum quod. . . . . . vindemie faciunt unum modium vini. . . . . Ballivus in exitu cujuslibet computi debet revelare. . . . . redditibus vel in aliis, et auditores crementa debent. . . . .
. . . rotulum jurationum, jurium debent committ[ere]. . .
. . . . . . [1].

---

1. La fin des lignes manque, le parchemin étant à moitié corrodé en cet endroit.

ENQUÊTES

FAITES EN AUNIS

PAR ORDRE D'ALPHONSE, COMTE DE POITOU

VERS 1260.

Ce manuscrit[1] se compose du premier cahier complet (*primus quaternus*) et d'une partie du second cahier d'un registre d'enquêtes d'Alphonse, formant ensemble douze feuillets sur parchemin, petit in-4°, vél. blanc (*anc. reliure*); 19 pages sont seulement écrites.

Les dépositions reçues par les commissaires enquêteurs offrent beaucoup d'intérêt pour l'histoire du Poitou au xiiie siècle. — On y trouve cités : Louis VIII, roi de France; Louis IX; Richard Cœur de Lyon; des sénéchaux du Poitou, de 1145 à 1252 : Guillaume de Mauzé, Pierre Bertin, Théobald de Blazon, Hardouin de Maillé, Adam le Pannetier et Guillaume le Tyès; Guy de Thouars, seigneur d'Oiron; Savary de Mauléon; Hugues, comte de la Marche; les seigneurs de Mauzé (Guillaume, Porteclias, Geoffroy et Guillaume II); Meingot de Melle; Guy de Rochefort; Hugues de Beauvoir, châtelain de Niort, etc.

---

1. Nous devons la communication de ce précieux document à M. Apollin Briquet, propriétaire du manuscrit original, qui a bien voulu en faire la transcription pour nos Archives et l'annoter.

NOTES SOMMAIRES

SUR LES SEPT ENQUÊTES CONTENUES DANS LE MANUSCRIT.

1. Enquête faite à Aytré (Aunis). — Pierre d'Allemagne expose que le sénéchal du Poitou, Guillaume le Tyès, aussitôt qu'il eut appris la mort de Pierre Bertin, chevalier, tué à la bataille de la Manxore (*Mansourah*), fit saisir la terre d'Andilly. Il refusa de la rendre audit Pierre d'Allemagne, neveu et héritier dudit Pierre Bertin, jusqu'à ce qu'il eût payé 550 livres de rachat, quoique cette terre eût toujours été exempte de ce droit et libre de toute servitude. Il réclame la restitution de ces 550 livres indûment perçues. — Suivent la copie d'une charte de donation de la terre d'Andilly à Pierre Bertin, par Guy de Thouars (sans date), et la copie des lettres de Richard, roi d'Angleterre et duc d'Aquitaine, du 21 février 1190, confirmant cette donation.

2. Autre enquête faite à Aytré. — Pierre et Hugues d'Allemagne, frères, réclament la restitution de la maison forte (*clausa*) d'Andilly, retenue injustement par le comte de la Marche, et possédée par le comte de Poitou, depuis la dernière guerre (1242).

Les dépositions des témoins fournissent des détails curieux sur la famille des Bertin. — Pierre Bertin, bisaïeul (*proavus*) des complaignants, avait été attaché à la maison (*de familia*) du roi d'Angleterre, Henri II (1154-1189) et du roi Richard, qui lui fit don, en 1190, de la terre d'Andilly et du franc-fief (*libertatem*) du Breuil-Bertin, situé au-dessous et près d'Andilly. Il devint sénéchal du Poitou, la même année. « Petrus, proavus actorum, dit un des témoins, erat serviens et seneschallus. » (Voyez aussi *D. Fonteneau*, t. V, p. 601.) Il eut pour fils Pierre Bertin, sénéchal du Poitou en 1199 (*D. Font.*, t. II, p. 177).

Le sénéchal de 1199 ne peut pas être le même que celui de 1190. En effet, Pierre Bertin, qui avait servi les rois Henri II et Richard, et de plus Gui de Thouars, seigneur d'Oiron, croisé en 1147, ne pouvait avoir laissé, après 1199, deux enfants en bas âge. Or, le sénéchal de 1199 eut un fils, Pierre Bertin, chevalier, qui resta sous la tutelle de Hugues d'Allemagne pendant cinq ans, puis sous la tutelle du comte de la Marche pendant plus de dix ans, et enfin sous la tutelle de Gui de Rochefort, qui lui avait fiancé sa fille. Ce troisième Pierre Bertin mourut, sans enfants, à la bataille de la Manxore; sa sœur, mariée à N.... d'Allemagne, eut deux fils, Pierre et Hugues, qui provoquèrent cette enquête.

3. Enquêtes faites à Benaon (Benon). — Étienne, prieur de Saint-Gérard de la Laigne, réclame le droit de prendre du bois mort dans la forêt d'Argencon (Benon) pour son chauffage et pour la clôture de son jardin, usage qui lui avait été enlevé par Hardouin de Maillé, sénéchal du Poitou, peu de temps avant la dernière guerre.

4. Hemeric (de Polians), chapelain de la Laigne, réclame le même droit, dont il avait été dépouillé, lorsque Floritus de Sulic était châtelain du château de Benaon.

Ces enquêtes font connaître les noms des prieurs et des curés de la Laigne depuis environ l'an 1220.

5. Enquête faite à Saint-Xandre (Aunis). — Hugues d'Allemagne, chevalier, réclame la restitution des terres situées près de Paulion (Poléon), de la forêt d'Argencon et d'une maison appartenant aux religieuses de Saint-Bibien, qui avaient été saisies par Savary de Mauléon, seigneur de Benaon, pour défaut de paiement du cens annuel, sur Jocelin Ciquart, chevalier, beau-père dudit Hugues d'Allemagne.

Un témoin dit que, lorsque Savary de Mauléon fit le voyage d'outre-mer, Hémery de Saint-Georges (du Bois) refusa de l'accompagner à Rome, et s'embarqua sans attendre son seigneur; que, pendant l'absence de Savary, Jocelin Ciquart et Guillaume Meingot fortifièrent la Motte de Wircon (Virson), et ravagèrent sa terre. Mais, à son retour en France, Savary saisit les terres réclamées par Hugues d'Allemagne, et enleva à Hémery de Saint-Georges, Paulion qu'il lui avait donné précédemment.

6. Jocelin Ciquart (beau-frère de Hugues d'Allemagne) expose qu'il possède une rente de 130 livres 5 sols sur le grand fief d'Aunis,

et qu'il doit payer pour droit de rachat et hommage 25 livres et une once d'or. Comme, par erreur, il a payé 50 livres au sénéchal du Poitou, il demande la restitution de la somme indûment perçue.

L'once d'or valait à cette époque à peu près quatre livres.

7. **Enquête faite à Benaon (Benon).** — Porteclias ou Portecliec, seigneur de Mauzé, avait fondé, par lettres de l'an 1217, un hôpital dans les haies (*bois taillis*) de Poulias, près de la forêt d'Argencon, au temps que Savary de Mauléon, seigneur de Benon, était en Angleterre ou au delà de la mer. A son retour, Savary voulut faire démolir cet hôpital comme étant construit sur les terres de son domaine. Il fut détourné de ce projet par les prières de l'évêque de Saintes. Il y eut enquête et grande contestation. Vers 1229, Savary, accompagné d'environ mille hommes, se rendit à Poulias ; il y rencontra Théobald (de Blazon), sénéchal de Poitou et beau-père du seigneur de Mauzé. C'est alors qu'il prononça ces fières paroles : « Si Théobald ou le roi de France m'enlevait la propriété de ces haies et qu'il saisît encore toute ma terre, il ne pourrait au moins m'enlever la mer ».

Une copie des lettres de 1217 précède cette enquête, longue et curieuse, dans laquelle on discute les droits prétendus par le seigneur de Mauzé dans les haies de Poulias. On y trouve des détails intéressants sur les usages forestiers.

Les dépositions des témoins nous apprennent que Savary de Mauléon faisait pendre les imprudents qui tendaient des lacs dans ses forêts, et que lorsqu'il usait de clémence, il se contentait de leur faire arracher les dents.

AP. BRIQUET.

INQUESTÆ COMITIS ALPHONSI

I [1].

APUD AYTREIUM.

Dicit Petrus de Alemania quod quando terra de Andilliaco [2] devenit ad ipsum ex successione Petri Bertini militis defuncti ultra mare apud la Manxore [3], quod solvit Guillelmo le Tyes [4] tunc seneschallo Pictaviensi quingentas et quinquaginta libras racione racheti, quia dictus seneschallus, audita morte dicti Petri Bertini, cepit dictam terram de Andilliaco nec ipsam reddere voluit dicto Petro de Alemania quousque ei solvit vel solvi fecit dictas quingentas et quinquaginta libras. Item dicit quod antecessores sui nunquam solverunt rachetum de dicta terra, et quod dicta terra nullum debet rachetum; sed omnino libera est ab omni servicio, excepto exercitu, per donum Richardi regis Anglie, et idcirco petit dictas quingentas et quinquaginta libras sibi reddi.

---

1. *On lit en marge :* Super hac inquesta habeatur consilium cum militibus qui melius sciunt significationem vocabulorum carte.
2. Andilly-les-Marais, près de Marans.
3. La bataille de la Manxore (*Mansourah*) eut lieu au mois de février 1250.
4. Guillaume le Tyès était sénéchal du Poitou en 1252. — Guillaume, dit le Tyais, chevalier, Jean et Robert le Tyais, ses fils, sont cités dans une charte du 19 juin 1257.

Transcriptum carte de dicta libertate :

« Richardus, Dei gracia, rex Anglie, dux Normannie, Aqui-
« tanie, comes Andegaviensis, archiepiscopis, episcopis,
« abbatibus, comitibus, baronibus, seneschallis, justiciariis,
« vicecomitibus et omnibus ministris et fidelibus suis totius
« terre sue, salutem. Ad veram et omnium presencium ac
« futurorum notitiam volumus pervenire, nos dedisse di-
« lecto et fideli nostro Petro Bertini et heredibus ejus villam
« de Andilleio cum omnibus hominibus, rebus, redditibus,
« bailliis et pertinenciis ejus, libere, quiete et integre possi-
« dendam sine omni exactione et servicio aut redditu nobis
« vel heredibus nostris faciendo, excepto, quod ipse nos
« sequetur in expedicionibus et exercitibus nostris cum a
« nobis requisitus aut submonitus fuerit. Prenominatam qui-
« dem villam cum omnibus ejus pertinentibus et pertinenciis
« jam dicto Petro et heredibus ejus ita plene, libere et in-
« tegre in perpetuum possidendam donavimus, quod
« homines de villa et ad dominium vel baillias ville perti-
« nentes, cujuscumque officii sint, de consuetudinibus et
« serviciis que nobis reddere solebant, nemini de cetero red-
« dere vel respondere teneantur nisi tantum predicto Petro et
« heredibus ejus. Hanc eciam villam cum omnibus ejus per-
« tinenciis prius dederat dicto Petro et heredibus ejus de
« voluntate et assensu nostro dilectus noster Guido de
« Toarcio, cui nos predictam villam et eciam totum honorem
« de Benaun antea dederamus. Innotescat eciam omnibus
« presentibus et futuris nos prefato Petro et heredibus
« suis necnon et omnibus fratribus ipsius talem dedisse
« libertatem quod omnes adquisitiones quascumque fece-
« runt vel facturi sunt, omnesque possessiones, res et
« terras suas tam de adquisicione quam de jure heredita-
« rio ad nos spectantes, liberas et immunes ab omni exac-
« tione, consuetudine et servicio ipsi et heredes eorum in
« perpetuum possideant. Dedimus insuper et concessimus
« eidem Petro et heredibus ipsius omnes illas consuetudines

« et illud servicium quod avunculi ejus reddere solebant de
« omnibus rebus et tenementis suis ita libere, plenarie et
« pacifice possidendum ut avunculi ejus de illis consuetu-
« dinibus et serviciis nemini de cetero teneantur respondere,
« nisi tantum prenominato Petro et heredibus ejus. Has au-
« tem donaciones eidem Petro et heredibus ejus fecimus dum
« nos tantum comitatum Pictaviensem et ducatum Aqui-
« tanie haberemus ; postmodum vero per Dei graciam regiam
« dignitatem habentes, omnia dona sicut in hac carta
« nostra scripta sunt et distincta sepedicto Petro Bertini et
« heredibus et fratribus ipsius confirmavimus, et ad majorem
« securitatem in posterum presentem cartam sigilli nostri
« auctoritate munivimus. Teste me ipso, apud Londi-
« nium xxi die februarii, regni nostri anno primo. Datum
« per manum Johannis de Alenconio, Lexoviensis archidia-
« coni, vicecancellarii nostri. »

Johannes Johannis, homo ligius domini comitis, vocatus pro comite, juratus dicit quod presens fuit quando Petrus de Alemania solvit dictas quingentas et quinquaginta libras dicto domino Guillelmo le Tyes tunc seneschallo, et quod dictus Petrus finavit et pacificavit propria voluntate, amicis et consiliariis ipsius intervenientibus, ad sexcentas libras de quibus dictus seneschallus quittavit ei L^{as} libras.

Transcriptum alterius quarte Petri de Alemania :
« Notum sit tam presentibus quam futuris quod dominus
« Guido Toarcii dedit Petro Bertini propter servicium quod
« predicto Guidoni dedit, omne hoc quod pertinet ad bal-
« liam de Andillie, scilicet vinetam et metearias et omnia
« jura que habebat, et de hoc recepit dominus Guido
« Toarcii predictum Petrum Bertini in suum hominem et
« omnia servicia que homines de ballia de Andillie debent
« domino Guidoni Toarcii dedit Petro Bertini. Hujus rei testes
« sunt abbas de Gracia Dei, Johannes Solemondi, Johannes
« Bertini et plures alii. »

II.

INQUESTA PETRI DE ALEMANIA ET EJUS FRATRIS PRO CLAUSA.

Dicunt Petrus de Alemania et Hugo frater ejus, jurati, quod defunctus Petrus dictus Bertini, miles, avus ipsorum, tenebat, possidebat et expletabat tempore quo vivebat clausam cum pertinenciis suis, scilicet terris, vineis, pratis et nemore cum duobus ostisiis et riparia aque ibidem labentis, ex dono facto patri dicti Petri Bertini a Richardo rege Anglie, prout in carta dicti regis continetur, ut dicunt. Quam clausam cum pertinenciis suis tenuit et possedit pater dicti Petri dum vixit et post eum idem Petrus ut dictum est; quo Petro avo ipsorum defuncto, Petrus Bertini filius ejusdem Petri successit eidem in dictis rebus minor annis, et ideo comes Marchie tam ipsum quam dictam terram tenuit in ballo suo, et postea fuit in ballo domini Guidonis de Rochefort militis; sed nesciunt causam quare fuit in ballo ipsius cum rebus suis; et post fuit in ballo Hugonis de Alemania militis, sed nesciunt racionem quare de ballo dicti Guidonis transiit ad ballum dicti Hugonis. — Item dicunt quod transiit, ut credunt, ad ballum dicti comitis, et tunc contraxit cum domina Guienor filia dicti Guidonis domini de Rochefort. — Item dicunt quod tempore contracti matrimonii non tenuit dictus Petrus dictam clausam quia a dicto comite non fuit eidem in matrimonium liberata. — Item dicunt quod illustris rex Francie per guerram adquisivit dictam clausam et obtinuit super comitem Marchie; unde cum dictus Petrus avunculus ipsorum spoliatus fuit de dicta clausa ut dictum est, et ipsi sint proximiores heredes seu successores dicti Petri in rebus supradictis, petunt dictam clausam sibi restitui.

Magister Guillelmus de Sancto Xandrio, juratus, dicit

quod dictus Petrus proavus dictorum hominum fuit de familia Henrici quondam regis Anglie et post ipsum de familia Richardi regis Anglie et quod per multa tempora servivit eidem in guerris cum multis sibi traditis servientibus ex parte dicti Richardi, quas tunc sustinebat contra dominum regem Francie et alios adversarios suos, et propter dictum servicium dictus Richardus dedit ei villam de Andilliaco et libertatem de Brolio Bertini, quia domus quam ibi habebat sua erat, et eciam dictam clausam cum suis pertinenciis, quam tenuit et possedit quiete et pacifice toto tempore vite sue ; et post mortem suam successit ei Petrus Bertini miles, avus dictorum actorum. — Item dicit quod comes de Marchia, qui tenebat se ex parte regis Francie, tempore quo dictus Petrus miles tenebat dictam clausam, attendens quod posset sibi nocere in guerra, dictam clausam fecit demoliri et ex tunc tenuit eam in manu sua usque ad ultimam guerram, et remansit possessio pertinenciarum ad dictam clausam in manu dicti Petri, excepto loco in quo solebat esse municio dicte clause seu fortitudo. — Item dicit quod dictus Petrus miles habuit quemdam filium Petrum Bertini nomine militem et eciam quamdam filiam, de qua filia exierunt dicti actores. Dictus Petrus avunculus dictorum actorum decessit sine herede de proprio corpore. — Item dicit quod Johannes Johannis burgensis de Ruppella tenet dictam clausam cum aliquibus ibidem adjacentibus de mandato domini comitis, secundum quod vidit et intellexit iste qui loquitur.

Gaufridus Bartholomei, L[us] vel circa, homo feodalis dicti Petri de Alemania, juratus dicit quod nunquam vidit Petrum proavum actorum, sed audivit dici quod erat serviens et seneschallus. — Item dicit quod vidit dictum Petrum filium dicti Petri tenentem, possidentem et expletantem dictam clausam cum pertinenciis suis, quæ clausa devenerat ad ipsum ex patrimonio patris sui, nesciens tamen unde devenerat ad dictum patrem suum, ex quo exivit quidam Petrus miles qui transfretavit et quedam filia mater dictorum actorum, qui Petrus post decessum patris sui, minor annis fuit in ballo comitis Marchie et postea in ballo domini Hugonis de Alemania, et iterum assumpsit ipsum comes Marchie in ballo suo, nescit tamen racionem mutationis balli. — Item dicit quod dictus comes tenuit ipsum donec affidavit filiam Guidonis de Rochefort, et tunc ipse Guido assumpsit ipsum cum omnibus rebus suis de voluntate comitis Marchie, excepta clausa quam dictus comes penes se retinuit et firmavit cum adjacentibus dicte clause. — Item dicit quod Johannes Johannis tenet ad presens dictam clausam sibi traditam et liberatam a domino comite (Pictaviensi), ad duodecim libras annuas, ut audivit dici qui loquitur. — Item dicit quod nullus predicta sibi dixit alias quam dictum est.

Dominus Hemericus de Saizai, L^{us}, juratus dicit quod vidit Petrum Bertini avum dictorum actorum, sed nunquam vidit ipsum expletantem dictam clausam ; dicit tamen quod audivit dici quod dictus Petrus dictam clausam expletabat tanquam suam. Cui successerunt Petrus Bertini et quedam ejus filia mater dictorum actorum, et post mortem dicti Petri militis dictus Petrus ejus filius qui minor erat remansit in ballo domini Hugonis de Alemania. — Item dicit quod dictus comes Marchie accepit dictam clausam in manu sua et eam firmavit. — Item dicit quod dictus Petrus decessit nullo herede de suo proprio corpore relicto et dicta soror sua habuit filios dictos actores.

Hugo Theobaldi, homo ligius domini comitis Pictaviensis, armiger, xxx^{us} et plus, juratus dicit quod audivit dictum Petrum qui transfretavit, avunculum actorum, dicentem patri istius qui loquitur, tunc castellano seu custodi dicte clause de mandato comitis Marchie, quod pro Deo rogaret dictum comitem ut redderet dicto Petro dictam clausam, cum ad ipsum deberet pertinere. — Item dicit quod audivit dici a patre suo quod dictus comes accepit dictam clausam per vim suam et eam fecit claudi palliis et postea muris, et dicit quod dicti actores petunt dictam clausam quia ipsi erant nepotes dicti Petri qui decessit ultra mare, ut audivit dici a militibus qui cum eo transfretaverant, sine herede de proprio corpore et filii sororis sue.

Johannes Bonneti, LX^{us} et plus ut dicit, mansionarius dicti Petri, juratus dicit quod vidit dictum Petrum avum dictorum actorum tenentem et expletantem dictam clausam tanquam suam toto tempore vite sue, qui habuit filiam et filium qui successerunt eidem, et erat filius minor annis quem dominus Savaricus cepit in ballo suo cum omnibus suis rebus, quas dimisit matri custodiendas usque ad mortem dicti Savarici; et tunc cepit comes Marchie terram in manu sua, et dicit quod dictus comes reddidit et liberavit dicto Petro, quando contraxit matrimonium cum uxore sua, totam suam terram, excepta dicta clausa quam ipso nolente penes se retinuit, quia ipse qui loquitur vidit dictum Petrum petentem a dicto comite aliquociens dictam clausam ut eam sibi restitueret. — Item dicit quod dictus Petrus decessit ultra mare nullo herede de proprio corpore relicto, et remanserunt dicti actores, filii sororis sue, successores sui.

Petrus Natalis, L^{us}, juratus dicit quod vidit dictum Petrum avum actorum tenentem et expletantem dictam clausam tanquam suam, et ipsemet qui loquitur aliquociens fuit in cultura dictarum terrarum de mandato dicti Petri, qui habuit filium et filiam matrem dictorum actorum ; qui filius videlicet Petrus Bertini transfretavit, sed mortuo patre erat juvenis et remansit in ballo domini Hugonis de Alemania militis per quinque annos, et hoc scit quia vidit. Et postea comes Marchie accepit ipsum Petrum et totam terram suam et tenuit bene per decem annos et amplius ut credit, et postea fuit in ballo domini Guidonis de Rochefort quia dederat sibi filiam suam in uxorem, et tunc dictus comes Marchie reddidit ei totam suam terram, excepta dicta clausa quam penes se retinuit, ut dicit qui loquitur. — Item dicit quod idem Petrus decessit ultra mare nullo herede de proprio corpore relicto et ei successerunt tanquam propinquiores heredes dicti actores nati ex sorore dicti Petri.

Dominus Hugo de Bello Videre, miles, castellanus de Niorto, vocatus pro comite, juratus dicit quod audivit dici a bonis quod dicta clausa fuit data dicto Petro a dicto rege Anglie et quod dictus Petrus Bertini filius primi Petri fuit in ballo comitis Marchie, qui comes, quando exivit dictus Petrus a ballo suo, omnem terram suam excepta dicta clausa restituit eidem, quam penes se retinuit. — Item dicit quod intellexit quod capta fuit in manu dicti comitis dicta clausa ; et credit dictam clausam ad dictum Petrum per ea que audivit ad dictum Petrum jure dominii pertinere.

Dicit rogatus dominus Guido de Ruppeforti senior, miles, quod tenuit et expletavit racione ballii dictam clausam propter sponsalia que contracta erant cum Petro Bertini ex una parte, qui erat verus heres clause, et filiam ejusdem Guidonis ex altera. — Item dixit quod comes Marchie injuste tenuit et expletavit dictam clausam que pertinebat ad dictum Petrum ex successione patris sui, et quod dictus Petrus de Alemania et fratres sui sunt heredes et successores predictorum Petri filii et Petri patris.

Dominus Meingotus de Metulo, miles, rogatus, dicit quod dicta clausa jure hereditario pertinebat ad dictum Petrum Bertin et quod Petrus de Alemania et fratres sui sunt successores et veri heredes ipsius.

§ Licet omnino non sit probatum quod ad restitucionem clause teneatur, tamen tuti est quod restituat illud quod habet seu percipit [1].

---

[1]. Décision des commissaires enquêteurs : « Item reddidimus Petro de « Alemania clausam sub hac forma, videlicet, omne jus quod habet do- « minus comes in dicta clausa seu percipit, scilicet duodecim libras annui « redditus cum homagio et deberio sicut Johannes Gigantis affirmavit « eam a domino comiti sibi et heredibus suis in perpetuum possidendam, « ita quod dominus comes retinet homagium quandiu vixerit dictus Jo- « hannes vel reddet ei si voluerit, et post mortem dicti Johannis dictum « homagium fiet dicto Petro. Die Lune in octabis Assumpcionis beate « Marie Virginis (1261). » (*Hist. d'Alphonse*, par M. B. Ledain, p. 131.) — Au lieu de *Gigantis*, lisez *Johannis*. — J'indiquerai, à cette occasion,

III.

INQUESTA PRIORIS DE LANIA.

Frater Stephanus prior sancti Gerardi de Lania, juratus dicit quod prioratus suus fuit in possessione expletandi mortuum nemus in foresta de Argencon a tempore a quo non extat memoria, ad calfagium et ad claudendum ortum dicti prioratus, de quo expletamento dictum prioratum spoliavit dominus Hardoinus de Mailliaco, tunc seneschallus Pictaviensis, parum ante guerram ultimam, quare petit nomine dicti prioratus possessionem dicti expletamenti dicto prioratui restitui. — Item dicit rogatus quod nescit utrum dono vel quo alio modo fuerit in possessione dicti expletamenti dictus prioratus, nec habet cartam aliquam ad fundandam intencionem suam. — Item dicit rogatus quod dictus prioratus nullum speciale servicium vel censum vel redibicionem facit domino de Benaon nec solet facere racione expletamenti dicti nemoris quod sciat. — Rogatus de causa spoliacionis, dicit se nescire aliquam causam; dicit tamen quod similiter spoliavit priorem de Ersolio et dominum Hugonem de Lania militem et alios, ut credit, de quibus non recolit.— Item dicit quod predicti prosecuti fuerunt negocium suum sequentes dominum comitem ut recuperarent expletamentum dicti

---

quelques erreurs qui se sont glissées dans la copie des pièces justificatives publiées à la suite de l'*Histoire d'Alphonse, frère de saint Louis*, par M. B. Ledain.
   P. 126, Jocelini *Tiquart* : lisez *Ciquart*.
   P. 128, 129 et 131. *Lavia* : lisez *Lania* (la Laigne).
   P. 131. *Quarnee* : lisez *Quonne*.

nemoris, et per inquestam factam per castellanum Sancti Johannis recuperaverunt dictus prior de Ersonio (*sic*) et dictus Hugo dictum expletamentum. — Item dicit quod prior qui tunc temporis erat non fuit prosecutus jus suum racione dicti expletamenti, quia in hoc fuit negligens et remissus, et ideo non fuit ei redditum dictum expletamentum sicut et aliis.

Clemens de Foresta, LXXX^{us} vel circa ut credit, juratus dixit quod bene sunt XL^a anni elapsi quod primo novit fratrem Petrum priorem tunc temporis dicti prioratus, et dicit quod ipse fuit prior, postquam novit eum, per decem annos et quod infra dictos decem annos expletabat dictum mortuum nemus et faciebat adduci ad dictum prioratum, aliquociens in quadriga, aliquociens cum asina et aliquociens cum homine defferente mortuum nemus. — Item dicit quod frater Symon Dafoullous fuit prior dicti prioratus post dictum fratrem Petrum per sex annos, et vidit, et aliquociens presens fuit ipse qui loquitur, dictum fratrem Symonem priorem expletare dictum mortuum nemus ut predecessor suus. — Item dicit quod de dicto nemore calefaciebant se et in quoquina sua ardebant et claudebant ortos suos dicto prioratui adjacentes. — Item dicit rogatus quod frater Hemardus fuit prior post dictum Symonem, sed nescit per quot annos, et vidit ipsum priorem utentem predicto expletamento, sed dicit quod ipse prior fuit spoliatus dicto expletamento a servientibus domini comitis, ut audivit dici.

Hemericus Choinart, L^{us} vel circa ut credit, juratus dixit quod tempore dicti fratris Petri prioris dicti prioratus adduxit ipse qui loquitur ad dictum prioratum multociens nemus mortuum predictum et vidit ipsum priorem illud expletantem et vidit ipsum priorem per septem annos. — Item dicit quod post dictum Petrum vidit fratrem Heliam de Foulliaus priorem dicti prioratus bene per septem annos et post ipsum quemdam fratrem Hemardum per septem annos, et vidit ipsos ambos expletantes dictum nemus mortuum, ut predictum est de tempore dicti fratris Petri. — Item dicit quod dominus Hardoinus tunc seneschallus Pictaviensis inhibuit dicto fratri Hemardo ne uteretur expletamento dicti nemoris, sed nescit causam.

Petrus Poupart, juratus, dixit quod tempore domini Savarici, bene sunt triginta quinque anni vel circa, vidit priorem de Lania expletantem pacifice dictum mortuum nemus nomine dicti prioratus. — Item vidit quod dictus prior, tempore quo dominus rex Francie tenebat terram, expletabat dictum mortuum nemus. — Item dicit quod ipse fuit forestarius in dicta foresta bene per triginta annos et vidit quod dictus prioratus expletavit dictum nemus mortuum pacifice ad calfagium domus dicti prioratus et ad claudendum ortos dicte domui adjacentes, usque ad tempus domini comitis Pictaviensis, sed nescit quis dictum priorem spoliavit de dicto usagio, nec si faciebat aliquod servicium pro dicto usagio.

Hugo Deodatus, LX^{us} ut credit, juratus dicit quod tempore domini Savarici, bene sunt XL^a anni et plus, quod vidit fratrem Petrum priorem de Lania expletantem dictum nemus mortuum ad calfagium pro domo dicti prioratus pacifice quamdiu fuit prior dicti loci, et fratrem Heliam et fratrem Hemardum priores post dictum Petrum successive similiter expletantes pacifice usque ad tempus domini Hardoini seneschalli Pictaviensis, qui dictum prioratum spoliavit de dicto usagio, ut audivit dici iste qui loquitur. — Rogatus de causa spoliacionis et de servicio pro usagio dicit se nichil scire. — Rogatus quis dedit dictum usagium dicto prioratui, dicit quod comes Pictaviensis qui fundavit dictum prioratum, ut audivit dici.

IV.

SUPER USAGIO PETITO A CAPELLANO DE LANIA.

Dominus Hemericus cappellanus de Lania, juratus dicit quod tam ipse quam predecessores sui habuerunt et fuerunt in possessione percipiendi mortuum nemus in foresta de Benaon ad calfagium suum, et quod tempore quo Floritus de Sulic erat castellanus seu custos castelli de Benaon, spoliatus fuit per quemdam servientem qui Roncterius vocatur dicto usagio, capiens et spolians dictum presbiterum de securi, rete et falce ad scindendum nemus, jam tresdecim annis elapsis, unde petit restitui ad dictum calfagium nomine sue ecclesie. — Item dicit quod quindecim annis elapsis habuit parrochiam de Lania et quod expletavit dictum calfagium per unum annum. — Item dicit rogatus quod Hemericus predecessor ejus qui adhuc vivit usus fuit dicto calfagio dum tenebat dictam parrochiam bene per vj annos vel circa, et hoc scit quia multociens presens fuit et vidit Hemericum clericum dicti predecessoris sui amputantem dictum mortuum nemus, et faciebat deferri illud idem cum restia sua. — Item dicit quod ipse fuit clericus defuncti Johannis Radulphi qui fuit curatus dicte parrochie ante dictum Hemericum predecessorem istius qui loquitur, et tam ipse qui loquitur quam Hemericus et Guillelmus Radulphi, prepositus, fratres dicti Johannis, ibant tunc tempus ad forestam et amputabant dictum mortuum nemus et cum quadriga ad hospicium dicti Johannis adducebant.

Hugo Deodatus de Lania, L^{us} ut credit, juratus dicit quod vidit dominum Gilebertum presbiterum de Lania et post ipsum dominum Guillelmum Gordelins et post ipsum Johannem Radulphi et post ipsum Hemericum Boinoz et post eundem Hemericum, qui nunc est curatus de Lania. — Item dicit quod dictus Gilebertus erat presbiter dicte parrochie tempore quo dominus Ludovicus, quondam rex Francie, cepit Ruppellam, et credit triginta quinque annos esse elapsos, et vidit multociens familiam dicti Gileberti amputantem mortuum nemus et defferentem vel defferri facientem ad domum ejusdem. Vidit tamen alioquociens quod servientes domini de Benaon capiebant securim et alia instrumenta cum quibus amputabant dictum nemus mortuum et eadem defferebant, quia dicti servientes nesciebant ipsum habere usagium suum in dicto mortuo nemore. — Item dicit quod dictus Gilebertus postea faciebat et procurabat erga dominum de Benaone vel mandatum ejus, quare habebat gagia sua. — Item dicit quod fuit famulus domini Guillelmi Gordelins per tres annos et quod de mandato dicti Guillelmi amputavit et adduxit ad hospicium dicti presbiteri multociens de nemore mortuo racione calfagii. — Item dicit quod Johannes Radulphi utebatur dicto calfagio eodem modo quo predecessores sui et eqdem modo dicit de Hemerico Boinoz. — Item dicit quod vidit predictum Hemericum qui nunc est presbiter de Lania utentem dicto calfagio quousque captus fuit a servientibus domini comitis, et ceperunt ab eo nanta sua, non dicta nanta quod sciat postmodo recuperavit. — Item dicit quod idem sacerdos parvipendens dictum usagium dixit quod ipse satis haberet de vivo nemore pro duobus denariis, et quod hoc non peteret nisi sue ecclesie teneretur proprio sacramento.

Guillelmus Pozins, L^{us} vel circa, juratus dicit quod vidit Guillelmum Gordelins presbiterum de Lania, primum quem vidit in dicta parrochia, et post ipsum Johannem Radulphi et post ipsum Hemericum Boiniaz et Hemericum de Polian nunc curatum dicte parrochie. — Item dicit quod vidit predictos presbiteros utentes et expletantes dictum mortuum nemus, et ipsemet aliquociens adduxit aliquas quadrigatas de dicto nemore ad domum presbiteri de Lania, excepto quod non vidit dictum Hemericum nunc presbiterum de Lania utentem nec expletantem dictum mortuum nemus quod sciat, credens quod per negligenciam suam dimisit dictum calfagium.

Guillelmus Carpentarius, xl^{us} et plus, juratus dicit quod vidit dominum Guillelmum Gordelins curatum de Lania, sed non vidit ipsum utentem dicto mortuo nemore quia juvenis erat octo annorum vel circa ut credit, et post dictum Guillelmum vidit dominum Johannem Radulphi curatum dicte parrochie, et dicit quod nunquam vidit ipsum utentem dicto mortuo nemore, dicit tamen quod audivit hac die presenti a duobus hominibus quod quatuor cappellani dicte parochie usi fuerint de dicto mortuo nemore. — Item dicit quod post dictum Johannem Radulphi vidit Hemericum dictum Boinoz curatum ejusdem parrochie, et dicit quod vidit ipsum utentem dicto mortuo nemore ad calfagium suum et ad claudendum domum suam, et quod aliquociens ipsemet adduxit dictum mortuum nemus ad domum dicti cappellani. — Item dicit quod Petrus Poupart et quidam alii qui defuncti sunt, ut dicit. — Item dicit quod post dictum Hemericum Boinoz vidit curatum dicte parrochie Hemericum qui nunc est curatus ejusdem, nec unquam vidit ipsum utentem dicto calfagio seu nemore mortuo.

Guillelmus Radulphi prepositus (pro comite), juratus dicit quod vidit primo Guillelmum dictum Gordelins curatum dicte ecclesie, et vidit ipsum utentem et expletantem dictum mortuum nemus ad calfagium suum et ad clausuras ortorum suorum, et quod adducebatur dictum mortuum nemus in quadriga dicti presbiteri cum bobus suis. — Item dicit quod post dictum Guillelmum vidit Johannem Radulphi, fratrem istius qui loquitur, curatum dicte parrochie, et dicit quod utebatur dicto mortuo nemore sicut et dictus Guillelmus predecessor suus. — Item dicit quod post ipsum Johannem Radulphi vidit Hemericum dictum Boinot utentem et expletantem dictum mortuum nemus sicut et dictus Johannes Radulphi. — Item dicit quod post dictum Hemericum vidit

Hemericum qui nunc est capellanus dicte parrochie, sed non vidit ipsum expletantem seu utentem dicto mortuo nemore, dicens tamen quod nescit causam quare non est usus dicto nemore mortuo, sive per negligenciam suam, sive propter aliam causam. — Item dicit quod tempore quo frater suus tenebat dictam parrochiam, quod Petrus Poupart et Henricus de Courdauz erant forestarii dicte foreste et aliqui alii jam defuncti.

— Item idem pro causa prioris Sancti Gerardi de Lania, seu usagio, juratus dicit quod primus prior quem novit in dicto prioratu vocabatur Helias de Foullious, et dicit quod vidit ipsum utentem dicto mortuo nemore et illud expletantem, quia videbat exhonerari quadrigas a dicto nemore venientes, sed non fuit presens in lignorum amputatione. — Item dicit quod post dictum Heliam vidit Hemardum priorem de Lania, et vidit ipsum utentem et expletantem dictum nemus sicut et precedentem priorem; adjiciens quod vidit aliquociens dicta ligna amputari, et utebatur dicto nemore mortuo ad calfagium suum et ad clausuram ortorum suorum. — Item dicit quod post dictum Hemardum vidit fratrem Stephanum qui nunc est prior de Lania, sed nunquam vidit ipsum utentem dicto mortuo nemore sicut alii; dicens quod nescit qua de causa, nisi propter quod inhibitum ei fuerat, ut dixit dictus prior isti qui loquitur.

Guillelmus de Sulic juratus dicit quod vidit Hemericum dictum Boinot cappellanum de Lania ante dictum Hemericum qui nunc est, et dicit quod tunc custos foreste erat iste qui loquitur, et vidit ipsum expletantem et utentem dicto mortuo nemore quamdiu fuit curatus dicte parrochie. — Item dicit quod nunquam vidit curatum qui nunc est utentem dicto calfagio, sed credit quod inhibitum fuit ei ne hoc uteretur. Nescit tamen a quo fuit ei inhibitum.

— Item idem pro causa predicti prioris dicit quod vidit quemdam de cujus nomine non recolit, ante priorem modernum de Lania, nec unquam vidit nec presentem nec predecessorem suum utentem dicto calfagio nec dicto mortuo nemore.

Dominus Hugo de Bello Videre, miles, castellanus de Niorto, vocatus pro comite, juratus, rogatus super utraque inquesta prioris et cappellani de Lania, dicit quod alias facta fuit inquesta super dicto calfagio et quod credebat quod ipsis restitutum esset dictum calfagium per dictam inquestam, quia secundum easdem credit ipsos in dicto calfagio jus habere [1].

V.

APUD SANCTUM XANDRIUM.

Dicit dominus Hugo de Alemania, miles, juratus, quod defunctus Jocelinus miles, quondam pater uxoris istius qui loquitur, habebat et possidebat jure hereditario terras arabiles et terragia in territorio quod vocatur Quonne juxta Paulion, et quod quando contraxit matrimonium cum filia dicti Jocelini, idem Jocelinus dedit et concessit dicta terras et terragia in maritagium dicte filie sue. — Item dicit quod dictus Jocelinus propter hoc quod non solvebat censum dictorum terrarum et terragiorum, ut credit, amisit possessionem eorumdem et devenit possessio ad dominum comitem vel ejus mandatum. — Item dicit rogatus quod septem anni sunt elapsi quod ipse contraxit matrimonium cum dicta uxore sua, unde cum paratus sit arreragia censualia domini

---

[1]. « Le samedi avant la fête de saint Laurent (1261), des commissaires du comte Alphonse restituèrent au prieur et au curé de la Laigne le droit de prendre du bois mort dans la forêt d'Argencon. » *(Hist. d'Alphonse*, par M. B. Ledain, p. 128.)

comitis solvere et satisfacere de emenda pro domino suo si in emenda aliqua teneatur, petit racione predicta ad possessionem dictorum terrarum et terragiorum admitti et eadem sibi reddi. — Credit tamen quod redditus dictorum terrarum et terragiorum valent per annum sexaginta solidos pictavienses.

Galterus de la Mirmande, juratus, dicit quod defunctus Jocelinus Ciquart miles tenebat et possidebat tanquam ex hereditate propria terras vel terragia sitas apud Quonne juxta Paulium ex una parte et quandam domum quarumdam monialum Sancti Bibiani que vocatur Musca Jenicia, ex altera, tempore quo vivebat. — Item dicit quod ipse amisit possessionem dictarum terrarum vel terragiorum propter hoc quod non solvebat annuum censum domino regi Francie vel mandato ejus, qui tunc temporis habebat dominium in partibus illis, scilicet xij denarios vel xiiij, nec bene recolit utrum eorum. — Item dicit quod ipse qui loquitur erat prepositus de Benaone tunc temporis et sesivit dictas terras vel terragia propter defectum solutionis dicti census et expletabat dictas terras vel terragia nomine dicti regis. — Item dicit quod dominus Hardoinus tunc ballivus tradidit dictas terras vel terragia cuidam Petro Maillou nomine, servienti domini Guillelmi dicti Meingou, ad censum predictum, quem censum solvit eidem qui loquitur quamdiu fuit prepositus.

Michael dictus Pinart, juratus dicit quod vidit et novit dictum Jocelinum tenentem et possidentem terras arabiles et terragia, quas ipse tradebat ad quartam vel quintam vel sextam partem, prout melius poterat, et quod dicta terras et terragia tenebat in feodo. — Item dicit quod dominus Savaricus de Malo Leone propter defectum solutionis annue pensionis in qua tenebatur eidem dictus miles, cepit in manu sua vel capi fecit possessionem dominii dictarum rerum et fecit deferri blada et terragia dictarum terrarum ad granchiam quamdam de Paulion, ipso presente et vidente qui loquitur. — Item dicit quod ipsemet tenet dictas terras ad sextam partem et dedit domino comiti vel ejus mandato xx solidos pro dictis terris habendis et possidendis sibi et heredibus suis. — Item dicit quod bene novit dictum dominum Hugonem, sed non cognoscit ejus uxorem nec scit cujus filia fuerit. — Item dicit rogatus quod valet bene xl solidos facta collatione unius anni ad alium.

Guillelmus Heraudi, lx^{us} ut credit, juratus, dicit quod fuit serviens defuncti domini Jocelini Ciquart jam viginti annis fere elapsis et fuit nutritus in domo matris sue cum eodem quasi ab infancia. — Item dicit quod mater dicti Jocelini vocabatur domina Constancia. — Item dicit quod dicta domina, tempore quo vivebat, habebat et possidebat quasdam terras arabiles sitas in territorio Quonne juxta forestam de Argencon, et dabat hujusmodi terras cultoribus ad terciam vel quartam vel quintam partem prout melius poterat. — Item dicit quod ipsa Constancia defuncta bene triginta annis elapsis, dictus Jocelinus successit eidem in dictis terris, et dicit quod dictus Jocelinus bene tenuit dictas terras per xx annos post mortem dicte Constancie. — Item dicit quod servientes domini comitis ceperunt dictas terras in manu domini comitis, et tunc ipse cessavit in solucione duodecim denariorum annui census in quo tenebatur propter dictas terras dicto comiti vel ejus mandato, et propter hoc dictus dominus Jocelinus propter negligentiam suam postea dictas terras non rehabuit quia eas postea non petiit, ut dicit iste qui loquitur. — Item dicit quod habuit quamdam filiam cui dedit dictas terras in matrimonium cum contraxit matrimonium cum domino Hugone de Alemania milite, seu jus quod in dictis terris sibi competere poterat, et presens fuit iste qui loquitur quando contraxit matrimonium dictus Hugo cum filia dicti Jocelini. — Item dicit quod anno in quo dicte terre erant bladate pars dicti militis valebat centum solidos; in sequenti anno post debladationem xl. solidos; in tercio nichil, quia vacue erant dicte terre. — Item dicit quod dicti xij denarii censuales debebant solvi quolibet anno in vigilia Nativitatis Domini. — Item dicit rogatus quod nescit causam seu racionem quare servientes domini comitis ceperunt dictas terras aliam quam supradixit.

Renondus Monciau, LXXX^{us} vel circa, juratus dicit quod bene XXX^a anni sunt elapsi quod ipse primo cognovit dominum Jocelinum, et tenebat idem Jocelinus quasdam terras arabiles et quedam terragia sitas et sita in territorio quod vocatur Quonne in feodo juxta Paulium ex una parte et aliquantulum juxta forestam de Argencon ex altera vel circa. — Item dicit quod dictas terras arabiles ad dictum Jocelinum pertinentes tradebat agricolis ad terciam vel quartam partem vel alias prout melius poterat. — Item dicit quod dicte terre et dicta terragia bene valebant XL solidos et plus quolibet anno dicto militi. — Item dicit quod diu tenuit et possedit dictas terras, et pro eisdem reddebat vel reddi faciebat domino de Benaon XII denarios censuales, et quod iste qui loquitur solvebat aliquociens Galtero de la Mirmande tunc preposito de Benaon dictum censum pro dicto milite, nec scit causam sesine dicte terre vel quare amisit dictam terram. — Item dicit quod dominus Jocelinus habuit quamdam filiam quam dictus pater dedit domino Hugoni de Alemania in matrimonium, et racione matrimonii dedit ei jus quod habebat vel habere poterat in dictis terris. — Rogatus quomodo scit, dicit quod non fuit presens in donacione dicti juris dictarum terrarum quando contractum fuit matrimonium inter dictum Hugonem et filiam dicti Jocelini, sed hoc audivit dici a dicto Hugone et a quodam milite de cujus nomine non recolit, et propter hoc credit verum esse.

Petrus de la Brande, XL^{us} ut credit, juratus dicit quod viginti anni et plus sunt elapsi postquam primo cognovit dominum Jocelinum, et tunc temporis tenebat et possidebat quasdam terras et terragia in territorio quod vocatur Quonne juxta Paulium. — Item dicit quod pater istius qui loquitur erat prepositus dicti Jocelini et excolebat dictas terras seu excoli faciebat, et reddebat fructibus collectis dicto Jocelino terciam partem fructuum vel quartam secundum quod credit, nescit tamen utram, et terragia ipsius seu campi partes accipiebat que vel quas in dicto territorio possidebat. — Item dicit quod post mortem patris sui tradite fuerunt dicte terre aliis agricolis ad terciam vel quartam partem ut credit. — Item dicit quod tenebat dictas terras ad censum, sed nescit quantum nec cui solvebatur, credit tamen quod tunc solvebatur domino Savarico de Malo Leone. — Item dicit quod habuit filium et filiam, que filia maritata fuit cum domino Hugone de Alemania milite, sed nescit, ut dicit, utrum dictus Jocelinus dederit dictas terras dicte filie sue in maritagium. — Item dicit quod pars fructuum dictarum terrarum contingens ipsum Jocelinum cum terragiis valebat xl solidos annui redditus per annum ut credit. — Item dicit quod audivit dici quod amisit dictam terram propter defectum solucionis annui census : aliter nescit.

Jocelinus Ciquart, filius quondam dicti defuncti Jocelini et frater uxoris dicti Hugonis, juratus dicit quod audivit dici a patre suo quod dederat filie sue quicquid jus habebat in territorio de Quonne.

Gaufridus le Tournaeur, LX[us] et plus, dicit quod novit dominum Jocelinum dictum Siquart militem tempore quo vivebat, et vidit ipsum tenentem et possidentem terras arabiles sitas in territorio quod vocatur Quonne juxta Paulium, et dicit quod expletabat dictas terras tanquam proprias et tradebat aliis nomine ipsius excolendas, de quorum nominibus non recolit. — Item dicit quod tenebat dictas terras de domino Savarico in feodum, pro quibus cum quibusdam aliis rebus, ut credit, erat homo ligius, ut credit, dicti Savarici. — Item dicit quod dictus Jocelinus fuit cum domino Guillelmo Meingot ad firmandum Motam de Wircon et ad coercendum terram dicti Savarici contra dominum Savaricum tempore quo dictus Savaricus erat ultra mare, et propter hoc dictus Savaricus abstulit dicto Jocelino, quando rediit de ultra mare, terram de Quonnes petitam. — Item dicit quod quando dictus Savaricus fuit ultra mare, Hemericus de Sancto Georgio miles noluit dicto Savarico obedire ut domino, in hoc videlicet quod dictus Hemericus noluit ire Romam cum domino Savarico, sed illo dimisso transiit dictus Hemericus ultra mare antequam dictus Savaricus ; et propter hoc postquam dictus Savaricus rediit de ultra mare et dictus Hemericus, dictus Savaricus abstulit dicto Hemerico villam que dicitur Paulion, quam eidem prius dederat dictus Savaricus. — De maritagio et de donacione facta de dictis terris nichil scit.

Dominus Hugo de Bello Videre, castellanus de Niorto, vocatus pro comite, juratus dicit de dicta inquesta se nichil scire [1].

VI.

Jocelinus dictus Ciquart, juratus dicit quod ipse habet sexcies viginti et decem libras et quinque solidos in magno feodo de Alnisio sine augmento, de quo deberet habere ut dicit porcionem suam. — Item dicit quod quando heres legitime etatis recipit dictum dominium de dictis sexcies viginti et decem libris et quinque solidis, sive ipse sive predecessores sui, quod tenentur facere homagium domino comiti et satisfacere eidem comiti racione dicti redditus et homagii de xxv libris et una uncia auri. — Item dicit quod pluries predecessores sui solverunt dictas xxv libras et unam unciam auri, et quod ipse simplicitate, ignorantia et errore ductus,

---

[1]. « Les commissaires enquêteurs restituent à Hugues d'Allemagne les terres qu'il réclamait, à condition de payer les redevances arriérées, de fournir un dénombrement desdites terres, puis de payer cent sols pour le défaut de cens. — Lundi de l'octave de l'Assomption (1261). » (*Hist. d'Alphonse*, par M. Ledain, p. 131.)

quando juravit se facturum homagium domino comiti, satisfecit de L^a libris racione racheti dicti redditus sine uncia auri, indebite solvens viginti quinque libras excepto valore dicte uncie auri, quare petit dictum indebitum sibi reddi. — Item rogatus dicit quod defunctus Jocelinus dictus Ciquart, quondam pater ejus, tenuit dictum redditum et quod dictus pater ejus, quando venit ad dictum redditum, solvit domino de Mausiaco xxv libras cum una uncia auri tantum, et de cujus domini de Mausiaco feodo debebat tenere dictum redditum; sed postmodum, quia dominus de Mausiaco non faciebat erga dominum comitem de Marchia quod debebat racione feodi sui, dictus comes sesivit feodum dicti domini de Mausiaco, et tunc dictus Jocelinus pater istius qui loquitur adivit dictum comitem de Marchia et petiit admitti ad homagium suum racione dicti redditus, qui comes admisit ipsum. — Item dicit quod propter dictum rachetum eidem comiti vel ejus mandato de xxv libris et una uncia auri tantummodo satisfecit.

Guillelmus Heraudi, LX^{us} ut credit, juratus dicit quod pater dicti Jocelini habebat sexcies viginti et decem libras et quinque solidos in magno feodo de Alnisio, et racione successionis hereditarie devenit dictus redditus ad dictum Jocelinum actorem filium suum, quia ejus filius et heres. — Item dicit quod dictus redditus, ut dictum est, movebat de domino de Mausiaco, et ipse dominus de Mausiaco erat dominus feodalis, ut credit. — Item dicit quod ipse erat de familia dicti patris et quod vidit et presens fuit quando dictus Jocelinus defunctus fecit homagium racione dicti redditus domino de Mausiaco et de xxv libris et una auri uncia tantum modo eidem satisfecit, racione racheti redditus antedicti. — Item dicit quod dominus de Mausiaco non potuit eidem garantizare dictum redditum propter comitem Marchie, qui comes capiebat sine jure, sine justitia dictum feodum de Alnisio. Fuit etiam presens quando dictus de Mausiaco dixit dicto Jocelino quod faceret quod posset quia dominus de

Mausiaco non poterat ei garantizare dictum redditum, et tunc adiit comitem de Marchia et fecit ei homagium racione racheti dicti redditus, et comes eundem recepit ad homagium, et satisfecit Hernaudo de Seinctes servienti comitis de Marchia nomine ejusdem comitis de viginti quinque libris et una uncia auri tantum racione racheti redditus antedicti. — Item dicit quod post mortem dicti Jocelini successit eidem dictus Jocelinus filius suus predictus in dicto redditu et juravit homagium se facturum domino comiti coram seneschallo, et fuit presens iste qui loquitur quando Jocelinus juvenis satisfecit de xxv libris residuis de L^a libris prenominato seneschallo, et bene dixit dicto Jocelino quod solvebat amplius quod debebat : ad quod respondit dictus seneschallus quod quantum ipse sibi gagiaverat tantum habere volebat, et dicit quod indebite solvit, ut credit, per predictas viginti quinque libras excepto valore auri uncie supradicte.

Dominus Hugo de Bello Videre miles, castellanus de Niorto, vocatus pro comite, juratus dicit de dicta inquesta se nichil scire [1].

VII.

TRANSCRIPTUM CARTE DONACIONIS DOMUS DE POULIANS.

« Ne labatur rerum memoria cum lapsu temporis, litte-
« rarum solet indiciis eternari. Sciant ergo presentes ac
« posteri quod Portheclias dominus Mauseaci et Maraanti
« dedit in puram elemosinam pro anima sua et parentum
« suorum Deo et pauperibus domus elemosinarie de Mau-
« siaco, ad edificandum quoddam hospitale, quoddam suum

---

1. *En marge* : Imperfecta est.

« nemus quod nuncupatur les Aes, a quodam loco qui
« vocatur Polians usque ad alium locum qui vocatur li
« Poygaz, liberum et quitum ab omni servicio et exac-
« tione; et ad victum sacerdotis qui dictum hospitale pos-
« sidebit et clerici ipsius, pauperum et pedissece que dictis
« pauperibus serviet, dedit in area sua de Maraant novem
« sextaria bladi redditura de priori blado quod in area fuerit,
« quinque sextaria frumenti et quatuor mixture. Dedit
« iterum dicto sacerdoti triginta sex somas vindemie an-
« nuatim reddituras de priori complanto de Maraanto,
« exceptis decem et octo somis quas possessores domus
« Sancte Crucis de Charons annuatim debent accipere primi.
« Dedit etiam ad victum predicti sacerdotis triginta et sex
« jornaus de terra que est ante ipsum hospitale, liberos et
« quitos quantum ad suum dominium pertinet. Dedit iterum
« possessoribus dicti hospitalis de terragio lini et canabe
« quam (quod) habet in toto dominio de Cren tertiam partem,
« quam serviens domini Portheclie tradet eis. Donavit insuper
« ad ecclesiam illuminandam integre suam partem apium
« que inveniuntur in nemore quod vocatur les Aes et les
« Jarries. Preterea dedit jam dicto sacerdoti decem solidos
« in Natale Domini de suo censu de Cren singulis annis red-
« dituros pro anniversario Oliverii de Chaon annuatim
« faciendo. Dedit etiam licentiam possessoribus dicti hospi-
« talis quod ipsi dent sex mansiones sex hominibus qui non
« sint de terra domini Portheclie, et illi sex homines erunt
« liberi ab omni tallia et exactione, excepto subito edicto
« ad exeundum cum armis contra inimicos, et pro illis homi-
« nibus possessores ejusdem hospitalis duos cereos minis-
« trabunt, qui diebus singulis ad missas celebrandas arde-
« bunt. Dedit preter hoc jam dicto sacerdoti centum solidos
« pictavienses annuatim reddituros in vineta de Mausiaco,
« et statutum est quod vineta in domo elemosinaria de
« Mause per manum servientis domini Portheclie de cetero
« recipiatur et de prioribus denariis c solidi possessoribus

« domus de Polians persolventur. Super hec autem omnia
« possessoribus predicti loci decimam omnium bestiarum
« que sui sunt vel heredum suorum sive dominarum de
« Mausec et de Maraant fuerint, exceptis equis et equabus, pos-
« sidendam in perpetuum erogavit. Statutum est eciam quod,
« defuncto priore de Polians, dominus Portheclias vel heredes
« sui eligent quemcunque voluerint de fratribus domus ele-
« mosinarie de Mause excepto priore, et ipsum sublimabunt
« in priorem de Polians. Hoc autem factum est anno ab In-
« carnacione Domini M°. CC°. XVIJ°.; et ne factum istud
« perturbari possit a posteris, presentem cartulam fecit mu-
« nimine sigilli sui roborari. »

Apud Benaon.

[1] Item dicit quod Gaufridus de Mausiaco fuit filius et heres dicti Portecliec, sed nonquam vidit nec dici audivit quod haberet aliud jus in dictis haiis quam pater suus.—Item dicit quod post mortem dicti Gaufridi dominus Guillelmus de Mausiaco, frater quondam dicti Gaufridi, successit eidem Gaufrido in hereditate paterna, sed nonquam vidit dictum Guillelmum expletantem dictas haias nec audivit dici quod dictas haias expletaret. — Item dicit quod dominus de Mausiaco habet chacciam in magna foresta cum duobus leporariis et uno brecheto, ut audivit dici.—Item dicit quod ipse vidit dictum Portecliec, dominum de Mausiaco, facientem adduci ligna de foresta de Argenchon ad claudendum domum suam de Cren et ad faciendum pontes, sed nonquam vidit quod

---

1. Le premier feuillet de cette enquête manque dans le manuscrit.
Guillaume de Mauzé, sénéchal de Poitou en 1145, eut pour fils Guillaume, dit Porteclias ou Portecliec, père de Geoffroy et de Guillaume, qui devinrent successivement seigneurs de Mauzé et de Marans. — Le dernier Guillaume ne laissa que deux sœurs, Agnès et Letis. — En 1261, Briant de Varèse était seigneur de Mauzé, à cause de sa femme, Agnès. — Letis avait épousé Regnault de Précigny.

haberet aliquem usum in dicta foresta pro domo sua de Millecuto; et dicit quod illa domus de Millecuto non est de dominio de Benaon, sed de dominio vicecomitis Castri Heraudi.

Johannes Morini, quinquagenarius vel circa, mansionarius domini comitis, juratus, dixit quod vidit defunctum Johannem Morini patrem suum vendentem sine contradictione, quod sciat, dictas haias de mandato domini Savarici de Malo Leone, triginta annis elapsis vel circa. — Item dicit quod cum dicto patre in dicta venda fuerunt per aliquantulum temporis Rolandus Constancii et Petrus dictus Burgensis. — De aliis rogatus dicit se nichil certum scire, excepto quod dicit quod vidit pontem de domo de Millecuto et de domo de Cren refici de lignis foreste de Benaon, sed nescit utrum ex dono, vel vendicione, vel usagio.

Guillelmus Radulphi de la Lagne, homo domini comitis, prepositus de Benaon, xl^{us} vel circa ut credit, juratus dixit quod vidit quoddam bouquetau [1] in dictis haiis quod fieri fecerat dictus Portecliec, quod postea combustum fuit de mandato domini Savarici domini de Benaon. — Item dicit rogatus quod dominus de Mausiaco habebat segrearios [2] suos, quorum nomina non recolit, in dictis haiis et foresta, sed quando capiebant aliquos ibidem in forefacto, adducebant eos ad judicandum coram domino de Benaon vel ejus mandato, et hoc vidit aliquando iste qui loquitur. — Item, rogatus utrum dominus de Benaon sustinuit quod dominus de Mausiaco fundaret hospitale de Poulians in dictis haiis, dicit quod bene fuit magna contencio inter dominum de Mausiaco et dominum de Benaone propter dictum hospitale, ut audivit dici. — Item dicit quod dominus de Mausiaco dedit redditus dicto hospitali, et credit iste qui loquitur et ita dicebatur quod dominus Savaricus dominus de Benaone sic

---

1. *Bouquetau, Bouquestau*, parc fermé de haies.
2. *Segrearii*, forestiers.

permisit dictum hospitale, ne dicta elemosina per dictum dominum de Mausiaco facta ad nichil redigeretur.— Item dicit iste qui loquitur, quod dominus Savaricus dominus de Benaon erat ultra mare quando inceptum fuit dictum hospitale, ut credit. — Item dicit quod audivit dici quod dominus de Mausiaco habebat quatuor bestias de sayson in dicta foresta, quas adducebat aliquando ad dictum bouquestau dictarum haiarum. — Item audivit dici quod habebat chaciam in dictis haiis, sed nonquam vidit ipsum venantem nec in haiis nec in foresta. — Item dicit quod census dictarum fenestrarum ab antiquo solvitur domino de Benaone vel ejus mandato. — Item dicit quod audivit dici a Giradello et a Bertholomeo de la Chaume, quod ipsi scindebant in magna foresta de Benaon nomine domini de Mausiaco ad claudendum domum dicti domini de Cren, et propter hoc gentes domini de Benaon de mandato domini sui ceperunt eos et duxerunt captos apud Frontigniacum, ubi fuerunt detenti, et tandem dominus Savaricus fecit eis extrai dentes de ore et cum difficultate eos liberavit.

Hylarius dictus Gaillous, LXX^{us} vel circa ut credit, mansionarius domini comitis, juratus, dixit quod post mortem domini Savarici vidit et presens fuit quadam die de qua non recolit, quod propter discordiam dictarum haiarum inter comitem de Marchia, qui post mortem dicti Savarici aliquantulum tenuit terram de Benaon, et dominum de Mausiaco, congregati fuerunt multi homines in loco qui dicitur Poulians, ut ab eisdem veritas super dictis haiis inquireretur, et inter alia quesivit quidam miles comitis Marchie, Hemericus de Boscho nomine, ad quem pertineret census fenestrarum in dictis haiis existentium, et responsum fuit eidem ab illis qui fenestras [1] ibidem habebant qui erant presentes, quod

---

1. *Fenestræ*, ouvertures pratiquées dans les forêts pour laisser passer les bêtes fauves, qui tombaient alors dans les filets qu'on avait tendus. (Usage du pays d'Aunis.)

census earumdem fenestrarum de jure pertinebat et pertinere debebat ad dominum de Benaon, et tunc respondit idem miles : quid querimus, totum est expeditum, quia ad quem pertinent census et proprietas dominii cum justicia; et tunc majores qui pro eo erant congregati secesserunt in partem et locuti fuerunt ad invicem, sed verba eorum iste qui loquitur non audivit, sed audivit quod illi qui erant pro utraque parte, sive unus pro ipsis, dixerunt hominibus qui propter hoc erant mandati ut inquireretur ab eis veritas, recederent, et sine facto alio recesserunt. — Item dicit quod nonquam vidit dominum de Mausiaco expletantem dictas haias, sive in parte sive in toto. — Dixit tantum quod audivit dici quod dominus de Mausiaco habebat chaciam suam in dictis haiis. — Item audivit dici quod habebat tres bestias de sayson in foresta de Argencon et quod aliquando venabatur ibidem. — Item dicit quod ipse vidit ligna scindi et adduci apud Mausiacum ad claudendum castrum de Mausiaco tempore domini Savarici. De domo sua de Cren et de Millecuto dicit se nichil scire.

Clemens de la Lagne, LX[us] ut credit et plus, juratus dixit quod bene vidit dominum Guillelmum patrem dicti Porteclie, bene sunt L[a] anni elapsi, et quod tempore dicti Guillelmi vidit mandatum domini Savarici domini de Benaon levantem census de fenestris dictarum haiarum; et a tempore Portecliec filii dicti Guillelmi, iste qui loquitur levavit et recepit census de dictis fenestris usque nunc. — Rogatus quot fenestre sunt in dictis haiis, dicit quod viginti. — Item dicit rogatus quod quelibet fenestra debet unum denarium censualem annuatim solvendum in crastino Nativitatis dominice et debet queri iste census in hospitiis eorum qui tenent dictas fenestras. — Item dicit quod in loco qui dicitur Poulians, ubi nunc est hospitale, fuit antiquitus nemus et erant ibi quatuor vel tres fenestre, sed potius credit de tribus, et dicit quod census erat domini de Benaon et quod ipsemet quil oquitur nomine dicti domini de Benaon recepit censum dictarum trium vel quatuor fenestrarum. — Item rogatus dicit quod nunquam vidit, nec scivit, nec audivit quod dominus de Mausiaco vel mandatum ejus unquam habuerit vel receperit seu recipi fecerit censum de quacumque fenestra dictarum haiarum. — Item dicit rogatus quod de dictis haiis nullus debetur census nisi de dictis fenestris. — Item dicit rogatus quod tempore fundacionis dicti hospitalis dictus Savaricus non erat presens in partibus illis, ut credit, quia si presens fuisset, non credit quod fundari dictum hospitale a domino de Mausiaco aliquatenus permisisset. — Item dicit quod propter fundacionem dicti hospitalis fuit discordia inter dictum Savaricum et dominum de Mausiaco, et conveniebant ad dictum hospitale ut de dicta discordia ibidem tractaretur, et ad ultimum pacificatum fuit inter ipsos ita quod dominus Savaricus sustinuit fundacionem dicti hospitalis, quia plura bona annui redditus dominus de Mausiaco assignaverat et dederat dicto hospitali, ut communiter audivit dici iste qui loquitur ab illis qui predicte pacificationi interfuerant. — Item dicit quod vidit vendam in dictis haiis quam faciebant Johannes Morin et Rolandus Constancii nomine domini de Benaone. — Item dicit quod nunquam vidit, nec scivit, nec audivit dici quod dominus de Mausiaco faceret vendam in dictis haiis vel fieri scutellas, vel aliquid expletaret in dictis haiis, vel alius de mandato ejus, nisi quod dominus Guillelmus de Mausiaco filius Portecliec fecit fieri plexiaca seu bouquestau in dictis haiis ad venandum, quas fecit comburi Savaricus dominus de Benaone; et hoc scit iste qui loquitur quia hoc audivit ab illis qui combuxerunt eas, et fuit postea presens in loco et vidit eas combustas. — Item dicit quod tempore dicti Savarici et tempore quo dominus rex Francie tenuit terram de Benaon, vidit iste qui loquitur ligna scindi in foresta de Argencon et adduci ad claudendum castrum de Mausiaco et ad reficiendum pontes, et similiter ad claudendum domum de Cren et ad reficiendum pontes. — Rogatus utrum dominus de Mausiaco debeat habere aliquas bestias de sayson in dicta foresta de Argencon, dicit quod non sciat, sed credit quod in dictis haiis debeat habere tres bestias de sayson, et de usagio pro domo de Millescuto dicit se nichil scire. — Item dicit quod dictus Savaricus fecit capi Giradellum quia faciebat laqueos ad capiendum feras et goletas in dictis haiis, et captum fecit duci apud Benaon et de Benaon apud Frontigniacum.

Petrus Gaignart mansionarius domini comitis, LXX^{us} vel circa ut credit, juratus, dixit rogatus quod bene vidit dominum Guillelmum de Mausiaco quondam patrem Portecliec et dictum Portecliec et dominos Guillelmum et Gaufridum filios dicti Portecliec, sed nunquam vidit nec scivit nec audivit dici, quod recolat, quod aliquis dictorum dominorum aliquid expletaret in dictis haiis, seu aliquis nomine eorum nisi chaciam tantummodo, nec haberet ibidem censum vel fenestram. — Item dicit rogatus quod ex quo scivit intelligere, semper vidit censum percipi per Clementem, precedentem testem, nomine domini de Benaon. — Item dicit rogatus quod ipse credit quod dictus Savaricus tempore fundacionis dicti hospitalis erat ultra mare vel in Anglia, et quod si fuisset presens quando fuit fundatum dictum hospitale, fundari non permisisset, ut credit; et hoc credit quia postea voluit dictum hospitale facere dirui, quia fundatum erat in dictis haiis que ad se pertinebant, ut dicebat; et propter dictum hospitale fuit orta contencio inter dictum Savaricum et dominum de Mausiaco, et ad sedandam dictam contencionem convenerunt multi barones et alii nobiles et antiqui homines de terra adducti in quadrigis, et credit quod sedata fuit contencio et remansit dictum hospitale in statu suo propter elemosinas a domino de Mausiaco eidem hospitali collatas, vel propter preces dictorum nobilium qui ibidem convenerant. — Item dicit quod audivit dici a pluribus de partibus illis quod dictus dominus de Mausiaco habebat tres bestias de sayson in foresta de Argencon.— Item dicit quod ipse aliquando vidit quod dominus de Mausiaco faciebat scindi arbores in dicta foresta et deferri apud Cren, ad claudendum et reparandum domum suam de Cren et pontem et castrum similiter de Mausiaco.

Johannes Groissant, LX^{us} vel circa ut credit, homo domini comitis, juratus, dixit rogatus quod nunquam vidit, nec scivit, nec audivit dici, quod recolat, quod dominus de Mausiaco scinderet, vel venderet, vel daret de dictis haiis, vel alius nomine ejus, nec aliquo modo aliquid ibi expletaret, excepto quod quidam serviens domini de Mausiaco nomine Giradellus fecit plexiatas in dictis haiis de mandato domini de Mausiaco, et propter hoc fecit eum capi dominus de Benaon et precepit quod suspenderetur : qui tamen non fuit suspensus, sed tantum dictus dominus de Benaon fecit ei extrahi dentes de ore. — Item dicit rogatus quod dominus de Benaone fecit vendam in dictis haiis et vendebant ibi de mandato suo Johannes Morini et Rolandus Constancii, et hoc scit iste qui loquitur quia ipsemet in dicta venda scidit plures arbores. — Item dicit quod vidit ibi fieri scutellas de mandato domini de Benaone. De fundacione hospitalis dicit se nichil scire nisi de auditu. — Item dicit rogatus quod census fenestrarum dictarum haiarum pertinet ad dominum de Benaone, et hoc scit quia vidit per plures annos quod pater suus recipiebat census dictarum fenestrarum nomine domini de Benaone. — Rogatus si dominus de Mausiaco habet aliquas bestias de sayson in foresta de Argencon, dicit se nescire. — Item dicit rogatus quod dominus de Mausiaco aliquando fecit refici pontem de domo sua de Millescuto de lignis foreste de Argencon, tempore quo dominus Hardoinus erat senescallus Pictaviensis. Similiter dicit quod vidit dominum de Mausiaco facientem claudere et reficere domum suam de Cren de lignis dicte foreste.

Bertholomeus de la Chaume, LX^{us} ut credit et plus, juratus, dixit quod vidit quoddam bouquestau in dictis haiis a tempore quo habuit memoriam usque ad combustionem dicti bouquestau quod combustum fuit de mandato domini de Benaone, ut credit, dicens quod nescit qui fecit fieri dictum bouquestau. — Item dicit quod dominus de Mausiaco faciebat dictum bouquestau reparari quolibet anno seu quando reparatione indigebat. Rogatus quare hoc faciebat, dicit propter feras capiendas. — Item dicit rogatus quod census fenestrarum dictarum haiarum est et pertinet ad dominum de Benaone, ut audivit dici ab illis qui habebant ibi fenestras et debebant domino de Benaon dictum censum. — Item dicit rogatus quod dominus Savaricus fecit vendi dictas haias per Johannem Morini et Petrum dictum Burgensis, ut ipse qui loquitur vidit aliquociens ipso presente. — Item dicit quod vidit in dictis haiis cinerarios facientes magnos acervos cineris de mandato speciali domini Savarici, ut ipse qui loquitur presens aliquociens vidit. — Item dicit quod dominus Portecliec fundavit hospitale predictum, de qua fundacione concessit eisdem litteras suas patentes presente ipso qui loquitur. — Item dicit rogatus quod postea fuit inter dictum Savaricum et dictum Portecliec super fundacione dicti hospitalis, sed interveniente episcopo de Sanctis sedata fuit discordia inter ipsos, eo quod dominus Savaricus nolebat elemosinas factas a dicto Portecliec nullas esse, ut ipse qui loquitur audivit dici. — Item dicit quod ipse vidit multociens et cum quadriga sua fecit pluries adduci ligna de foresta de Argencon ad reficiendum tam domum et pontem quam castrum domini de Mausiaco. — Item rogatus utrum haberet usagium ratione domus sue de Millescuto et domus sue de Cren, dicit se nichil scire. — Item dicit rogatus quod audivit dici a quodam nomine Giradello et pluribus aliis quod idem Giradellus captus fuit de mandato domini de Benaon pro eo quod reparabat dictum bouquestau et clausuram de domo de Cren de mandato domini de Mausiaco, ut dicebat, speciali.

Johannes Morini mansionarius domini comitis, LX^{us} vel circa ut credit, juratus dicit quod defunctus Johannes Morini, avunculus istius qui loquitur, vendidit dictas haias de mandato domini Savarici, et cum ipso Johanne Rolandus Constancii. — Item dicit quod quadam die fere cum mille hominibus, ut credit, ivit dominus Savaricus apud Poulians, et fuit ibi dominus Theobaldus miles, tunc senescallus domini regis Francie, cujus filiam habebat in uxorem dominus de Mausiaco ; cui Theobaldo dixit dominus Savaricus, isto presente qui loquitur et pluribus aliis, quod si idem Theobaldus vel rex Francie auferret dictas haias de proprietate ejusdem Savarici, quod auferret sibi totam terram suam, et si totam terram, tamen mare sibi non auferret; et post locutus fuit dictus Savaricus cum quibusdam secum astantibus : quo facto colloquio, precepit domino Galtero de Alemania militi ut super facto isto adiret dominum regem et significaret eidem regi ex parte ipsius Savarici vim et injusticiam quam intendebat eidem facere predictus senescallus, qui fovebat partem dicti domini de Mausiaco generi sui. — Item dicit quod super dictis haiis facta fuit inquesta ab Adam Panetario ex parte domini regis, qua facta inquesta remanserunt dicte haie in dominio et potestate domini regis, nec postea audivit iste qui loquitur quod contentio esset super dictis haiis nisi nunc. — Item dicit rogatus quod dictus dominus de Mausiaco debet habere tres bestias de sayson in dictis haiis, ut audivit dici, quia nunquam vidit ipsum venari in dictis haiis. — Item dicit quod dominus de Mausiaco fecit fundari dictum hospitale de Poulians, et propter dictam fundacionem orta fuit dicta contentio inter dictum dominum de Mausiaco et dictum Savaricum, que ad preces episcopi Xectonensis terminata fuit, et credit quod nisi esset dictus episcopus, dictus Savaricus dictum hospitale fecisset penitus demoliri. — Item dicit rogatus quod quamplurime sunt fenestre in dictis haiis, quarum census pertinet ad dominum de Benaone. — Item dicit rogatus quod dominus de Mausiaco nullum habet expletamentum in dictis haiis nec unquam audivit dici quod aliquod haberet. — Item dicit rogatus quod nescit utrum habeat chaciam in foresta de Argencon, nec scit utrum

habeat calfagium vel usum aliquem racione domus sue de Cren vel racione domus sue de Millecuto. Dicit tantum quod de lignis de foresta fecit fieri clausuram sui castri de Mausiaco.
— Item dicit quod dominus de Mausiaco dedit quandam plateam ad censum cuidam homini seu ad alium redditum juxta hospitale de Poulians, ubi dictus hospes elevavit et edificavit domum, quam dominus Savaricus fecit dilaniari et ligna apud Benaon adduci, et fuit presens iste qui loquitur.

Hemericus dictus Paon de Cren, LX^{us} ut credit, juratus dicit quod prepositus domini Savarici tradidit ei quandam fenestram in dictis haiis ad unum denarium censualem, quem censum solvit mandato domini Savarici quamdiu tenuit terram de Benaon et ex tunc continue singulis annis mandato domini de Benaone. — Rogatus dicit quod in dictis haiis nescit aliquam fenestram pro qua solvatur alii census quam domino de Benaon. — Item dicit quod Petrus de Courzain habet in dictis haiis unam fenestram; item Clopinus de Poulians aliam; Johannes Fradous aliam; Johannes Gaidis de Lania aliam; Michiel Fanceie aliam; Gaufridus Olivicus seu Robertus frater ejus aliam; Martinus Bricon aliam; Gaufridus Michaelis aliam; Petrus Fradous aliam; cappellanus de Cren aliam; Gaufridus Ramaus aliam; Gaufridus Laoul aliam; cappellanus de Lania seu Bourmauz frater ejus aliam; Petrus Machec aliam; cappellanus de Sancta Gemma aliam; Petrus Paquetiaus aliam.

Dominus Hemericus curatus presbiter de Lania, juratus, dixit quod pater suus, Guillelmus nomine, habuit unam fenestram in dictis haiis, quam tenuit per decem annos dum vixit, pro qua singulis annis reddidit unum denarium censualem domino de Benaon vel mandato ejus. — Item dicit quod post mortem dicti patris tenuit ipse qui loquitur vel Ysembardus Bourmaudi frater suus dictam fenestram per xxx annos, pro qua solverunt annuatim censum domino de Benaon vel ejus mandato. — Rogatus si scit aliquam fenestram in dictis haiis pro qua debeatur census alii domino quam domino de Benaon, dicit quod in loco qui dicitur Brunessart, quem dedit dominus de Mausiaco racione dicti hospitalis, ante dictam donationem erant due fenestre vel tres, pro quibus solvebatur census domino de Mausiaco, ut audivit dici iste qui loquitur. De omnibus aliis fenestris solvebatur census domino de Benaon et adhuc solvitur.

Frater Nicholaus prior Sancti Petri de Mausiaco et frater Petrus procurator de Sancta Gemma, jurati dixerunt quod habebant duas fenestras in dictis haiis, de quibus ipsi et eorum predecessores solverunt censum domino de Benaon vel ejus mandato et adhuc solvunt, et credunt dictum censum ad dictum dominum de Benaon pertinere.

Henricus de Courdauz, juratus dicit quod habet unam fenestram in haiis, cujus censum solvit annuatim mandato domini comitis.

Item dominus Petrus canonicus Sancti Petri de Mausiaco, juratus dicit quod quandiu tenuit quandam fenestram in haiis racione cappellanie de Cren, censum ipsius solvit mandato domini de Benaon.

Guillelmus Jocelinus, juratus dixit idem.

Petrus canonicus Sancti Severini juxta Chesiacum, juratus, de quadam fenestra quam tam prior suus quam ipse tenent, dicit idem.

Giletus Gombaudi, juratus, dicit idem quamdiu tenuit fenestram in haiis.

Gaufridus Laoul, juratus idem dicit.

Johannes Bretins, juratus idem dicit.

Hersendis Bendine dicit quod tenet quamdam fenestram a fratribus.

Gaufridus Tournaeur de Paulion, Lx^{us} et plus, juratus dicit quod fere xxx anni sunt elapsi quod vidit vendam in haiis de mandato domini de Benaon et quod vidit Johannem dictum Morini vendentem dictas haias nomine dicti domini de Benaon, et quod ipsemet emit a dicto Johanne fraxinos ad faciendum scutellas, et fecit ipse qui loquitur scutellas apud Poulians de dictis fraxinis. — Item dicit rogatus quod nunquam solvit aliquid pro dictis fraxinis domino de Mausiaco. — Item dicit quod erant ibi cinerarii qui faciebant cinerem de nemore empto a dicto Johanne Morini, qui nomine dicti domini de Benaon vendebat dictum nemus, ut dictum est, et duravit dicta venda per spacium unius anni et amplius. — Item dicit quod defunctus rex Francie Ludovicus tenuit terram de Mausiaco, quia non erat heres qui adhuc attingeret etatem legitimam, et instituit in terra Mausiaci Johannem de Montoire, qui venit ad ipsum qui loquitur et inhibuit ipsi ne aliquid in dictis haiis operaretur, et tunc cessavit dicta venda. — Item dicit quod Gaufridus filius domini Portecliec, dominus tunc temporis de Mausiaco, misit istum qui loquitur in dictis haiis ad hoc quod ipse faceret ibi scutellas, quarum medietatem haberet dictus Gaufridus et dictus dominus aliam, et Giradellus duxit eum ad dictas haias ut ubi operaretur nomine dicti domini de Mausiaco. — Item dicit quod dominus Savaricus venabatur in dictis haiis et audivit ipsum amputantem quandam fraxinum et cadentem ad terram : propter quod venit versus locum illum, et tam ipse qui loquitur quam dictus Giradellus fugerunt, ita quod dominus Savaricus nec ipsos vidit nec potuit capere eosdem. — Item dicit quod nunquam vidit dominum de Mausiaco utentem dictis haiis alio modo quam predixit, nec easdem expletantem. — Item dicit quod audivit dici quod debebat habere tres bestias de sayson in dictis haiis. — Item dicit quod contencio fuit inter dictum Savaricum et dominum Portecliec propter fundacionem hospitalis de Poulians et quod pluries iverunt tam dictus Savaricus quam dominus de Mausiaco cum multis aliis propter dictam discordiam. — Item dicit quod vidit dominum de Mausiaco expletantem in magna foresta ad omnia necessaria pro domo de Cren et pro castello de Mausiaco, sed nunquam scivit quod racione domus de Millecuto aliquid expletaret ibi. — Item dicit quod census fenestrarum de haiis solvebatur domino de Benaon et vidit aliquociens solvi [1].

---

[1]. *Décision des commissaires.* « Apud Nogentum Heremberti, anno dni 1261, in quindena omnium Sanctorum. — Dominus Briandus, racionis uxoris sue, de consilio et voluntate domini comitis, ipso presente apud Nogentum Heremberti, habebit prout inquisitoribus videbitur expedire usque ad c. arpenta de haiis, vel infra, sicut melius poterunt tractare cum dicto Briando »

« Reddidimus ea dicta arpenta per composicionem et chaciam in totis haiis predictis, et usagium suum in foresta de Benaon ad domum suam de Milescuto, ad omnia (opera) domus, terrarum et poncium, et tres bestias de sayson in eadem foresta. » (*Hist. d'Alphonse*, par M. B. Ledain, p. 132)

REGISTRE

DE

L'AMIRAUTÉ DE GUYENNE

AU SIÉGE DE LA ROCHELLE

(1569-1570.)

Lorsque le cardinal de Richelieu entra dans La Rochelle, en 1628, il prit le soin de confisquer et faire porter à Paris les papiers de l'échevinage et de la cause protestante enfermés dans la ville. Ces dossiers, déposés, dit-on, à la Cour des comptes, ne se retrouvent plus ; on les croit disparus dans le grand incendie du dernier siècle, fors les pièces, peut-être, que le premier ministre de Louis XIII avait pu réserver ; et ce problème a suscité bien des recherches infructueuses. Les registres judiciaires heureusement n'ont pas subi le même sort et sont encore en partie dans la ville; non pas centralisés (à cause des termites), mais conservés dans deux dépôts publics : la bibliothèque municipale pour la justice intérieure, et le greffe du tribunal civil pour l'amirauté. De ce dernier centre d'archives, grâce à la bienveillance extrême de tous les ayant-droit, est sorti le volume (in-4º de 99 feuillets, pap.) que nous allons analyser, lequel contient les actes de la cour de l'amirauté séant à la Rochelle, du 14 septembre 1569 au 13 juin 1570, pendant la troisième guerre civile.

On entend par le mot de course, dit M. de Mas-Latrie fils (*Du droit de marque ou représailles au moyen âge*, Paris, Baur, 1875), ce droit qu'un souverain concède à ses sujets, en temps de guerre, d'armer à leurs frais des navires et de poursuivre les bâtiments de la puissance belligérante opposée. La lettre de marque est le titre justificatif de ce droit; et le tribunal de l'amirauté, juridiction chargée de juger les conflits de la marine et du commerce, a pour but spécial de constater la régularité de la capture, en cas de course, de prise et de butin. Ce tribunal, comme le dit Cauchy (*Droit maritime international, Paris, Guillaumin,* 1862), siége moins comme cour de justice que comme un des conseils du prince, responsable et chef de la guerre; et la compétence en est basée, non sur l'axiome de droit civil : *actor sequitur forum rei,* mais sur le droit de guerre qui contraint le vaincu à subir la juridiction du vainqueur. On conçoit que, dans la pratique et vu la nature des causes, le pouvoir souverain se délègue par l'amiral, lui-même chef de guerre, qui constitue dans chaque port ce siége spécial, nomme le lieutenant d'amirauté ou président, les juges, le greffier; ce dernier percevant en retour, pour ledit amiral et les frais de juridiction, le dixième des prises.— Conformément à ces principes généraux, l'amiral de Guyenne, Henri de Navarre, porte encore son titre à La Rochelle et nomme ses subordonnés, en 1569, au nom du roi de France, par délégation de ses pouvoirs. =Mais la similitude finit là. Et en effet, la guerre étant civile, le roi de France étant dans le camp opposé, il était impossible de capturer en son nom ses vaisseaux et de combattre ses marins : aussi la reine de Navarre intervient-elle comme un des chefs du parti réformé, apportant à la cause son titre et ses droits présumés souverains. Et ainsi se subroge à la suzeraineté française le droit usurpé de Navarre, et au parlement, en tant que cour d'appel, le conseil du parti, lequel, quant à l'amirauté, autorise les mises en accusation, éclaircit les questions délicates et, coopérant aux sentences, les résout en dernier ressort. De sorte qu'au premier abord, il semblerait exact d'ôter pour un moment à Pau le siége de cette royauté et de la transporter à La Rochelle. Un plus mûr examen modifie ces idées; Jeanne d'Albret, dans tous ses actes, ne fait que prêter ses pouvoirs à un être moral que l'on appelle la Cause protestante et que représente, autant qu'elle, l'ensemble du conseil dont elle est entourée et dont elle-même est partie. Conseil de la reine de Navarre, c'est-à-dire comité dirigeant des huguenots français, à cette époque, siégeant en permanence à La Rochelle, donnant aide à Coligny pour la conduite des hostilités et se chargeant aussi bien des ravitaillements et de la gestion des finances, que de la politique générale et des relations extérieures des réformés. La troisième guerre civile en France a pour caractère spécial et nouveau, l'intervention des étrangers ; et la diplomatie, dont le cardinal de Châtillon est le centre en Angleterre, repose entièrement sur l'alliance et l'entente commune des peuples qu'une même conviction religieuse avait unis Le comité de La Rochelle ou Jeanne en son nom, si l'on veut, applique les mêmes principes. Elle donne des lettres de marque aux Anglais ou Flamands aussi bien qu'aux Français; elle les donne aussi bien contre les Espagnols, Flamands, Portugais catholiques, que contre les régnicoles de même religion ; enfin dans le cours du registre, à propos de deux prises, elle déclare formellement la guerre, en tant que catholiques, aux Italiens et Vénitiens. Alliances ou hostilités de religion qui n'ont pas besoin d'être discutées, mais qui n'en fournissent pas moins au tribunal des prises, des bases de jurisprudence toutes nouvelles et dignes de constatation. La preuve que Jeanne d'Albret n'agit pas pour elle en personne, c'est la perception par le greffe de l'amirauté d'un second dixième des prises, créé évidemment par le parti et affecté à la cause protestante nominativement ; la preuve aussi que le conseil de La Rochelle fait plus que lever des corsaires, mais ne redoute pas la guerre maritime, c'est l'obligation imposée aux capitaines de navire (ceux de plus fort tonnage évidemment), de se rallier à de Sores, lieutenant de l'amiral en mer, et de combattre sous ses ordres, en escadre pour ainsi dire, à son premier signal.

Le registre des ordonnances du conseil de la reine de Navarre à La Rochelle est conservé aux archives nationales dans les cartons K. 100, et M. de Gaulle en a donné, au *Bulletin du protestantisme français de* 1854, une analyse suffisante. Le manuscrit, qui va du 1er juin 1569 au 3 août 1570, est loin d'être complet; il s'interrompt pendant des mois entiers et dans d'autres parties mentionnant les jours des séances et les noms des présents, il laisse en blanc les délibérations. En outre, les ordonnances relatives à l'amirauté et transcrites plus loin n'y sont pas reproduites : aussi le mentionnons-nous simplement pour y renvoyer les personnes qui peuvent désirer sur ce sujet quelques détails.

On doit comprendre que les considérations précédentes, bien que sommaires et peu approfondies, définissent, en réalité, une situation

générale des peuples maritimes protestants. Les grandes découvertes et l'or de l'Amérique ayant ému toute l'Europe, et l'extrême désir des richesses espagnoles s'étant encore décuplé par les haines religieuses, la course prend à cette époque sur nos mers Atlantiques une importance égale à celle qu'elle avait, au xive siècle, dans la Méditerranée. Les efforts convergeant sur un même ennemi, à savoir la maison d'Autriche et tous les catholiques, subsidiairement, peuvent varier quant aux détails, mais forment une même histoire; de sorte que les faits cités à l'occasion de La Rochelle sont analogues à ceux des autres ports. La priorité néanmoins, s'il faut en croire l'historien de la Révolution des Pays-Bas au xvie siècle, appartiendrait à cette ville, pour la réglementation de la course et la perception d'un dixième au profit de la cause. Nous ne pouvons mieux faire que de citer à ce sujet M. Motley : « Les Gueux de mer, comme
« ces corsaires se qualifiaient eux-mêmes, acquirent bientôt une
« réputation aussi effrayante que les Gueux des bois; mais le prince,
« *après s'être plusieurs fois entretenu avec l'amiral Coligny des avan-*
« *tages considérables que pouvait procurer ce système de guerre,*
« s'était consciencieusement employé, *après son retour de France,*
« à en réformer les abus. Le seigneur de Dolhain, qui, comme
« beaucoup de nobles fugitifs, s'était grandement distingué dans
« cette vie errante de corsaire, avait pendant un certain temps agi,
« comme amiral, au nom du Prince. Mais il avait nettement refusé
« de rendre le moindre compte de ses diverses expéditions : ce qui
« fit qu'on le priva de son commandement. Gillain de Fiennes,
« seigneur de Lumbres, fut nommé en son lieu et place. En même
« temps, d'Orange défendit toute hostilité contre l'Empereur ou
« aucun des Princes de l'Empire, contre la Suède, le Danemarck,
« l'Angleterre, en général contre aucun des souverains protecteurs
« de la vraie religion chrétienne. Le duc d'Albe et ses adhérents
« furent désignés comme les seuls adversaires légitimes. Le Prince
« donna en outre des instructions minutieuses sur la discipline à
« observer dans la flotte, le partage des prises et leur répartition
« suivant des règles fixées, etc. Telle fut l'organisation rudimen-
« taire de cette marine naissante à laquelle les flottes marchandes
« avaient déjà ouvert la route, et qui devait accomplir tant d'ex-
« ploits. »

Le voyage en Poitou du Taciturne et de ses frères, avec l'armée du duc de Deux-Ponts, eut lieu dans les trois mois qui précédèrent Moncontour, pendant le siége de Poitiers. A cette époque, le tribunal des prises était organisé depuis longtemps, et percevait à La Rochelle les droits dont nous avons parlé, organisés, il semble, par Coligny lui-même ou le conseil cité plus haut. Il paraît donc indiscutable que le Prince d'Orange ait imité l'organisation rochelaise pour l'appliquer aux Pays-Bas.

Ce qui semble avoir le plus frappé M. Motley dans les passages par nous cités de son histoire, ce sont les avantages pécuniaires du système de guerre imaginé par Coligny. Il est certain que le dixième affecté à la cause était d'un grand produit ; et nous en trouverions, par les détails, la preuve dans notre registre, si nous n'avions une autre source d'autorité, supérieure au point de vue d'ensemble, que nous préférons consulter. C'est la série d'informations que recueillait en Angleterre et transmettait à Charles IX, dans ses dépêches, l'ambassadeur de France, La Mothe-Fénelon. Tout occupé qu'il fût de la reine d'Écosse, Marie Stuart, et des projets d'Élizabeth, le diplomate n'oubliait pas l'intérêt qu'avaient son souverain et la reine sa mère, à connaître les agissements des réformés de La Rochelle. Nous suivons pas à pas, dans ses lettres, les actes des corsaires et leur marche toujours croissante. Dès la sixième dépêche du recueil de Teulet (15 décembre 1568), nous voyons partir, de Plymouth, le premier lieutenant nommé de l'amiral, Prévost du Chastelier Portault, gentilhomme poitevin, plus tard mort à Jarnac. Il commande six petits vaisseaux équipés en guerre, sur lesquels sont montés mille ou onze cents hommes, parmi lesquels quatre ou cinq cents soldats tant français que flamands. La Mothe-Fénelon ne comprend pas encore leur entreprise ; il croirait presque à une intention de débarquement, mais s'en étonne, « n'ayant pas assez d'Anglois pour « mectre en terre ny mesmes suffizant nombre pour la garde et « conduicte des vaisseaux ». Au 26 août 1569, presque au moment où notre analyse commence (les registres antérieurs n'étant pas retrouvés), de Sores est revenu vers cette mer étroite avec vingt ou vingt-cinq navires bien armés. A cette époque où, nous le répétons exprès, le Taciturne est en Poitou, tous les ordres transmis aux vaisseaux réformés hollandais partent de La Rochelle ; et dans la correspondance de l'ambassadeur catholique, on sent croître et s'organiser une ligue de mer entre corsaires protestants, jusqu'au moment où la capture des deux galères vénitiennes, que nous analysons plus loin, amène le *summum* de la puissance des marins huguenots, et le point capital de notre manuscrit.

A la date du 4 janvier 1570, La Mothe-Fénelon écrit à Catherine de Médicis : « Ceux du conseil de la reine d'Angleterre et mesme-
« ment le comte de Lestre, m'ont fait pryer d'octroyer mon passe-
« port au s^r Barnabé qu'ilz dépeschent, avec commission de ceste
« Royne, pour aller recouvrer une grande nef vénicienne chargée
« de plus de cent cinquante mil escus de merchandize, qu'on en-
« voyoit dans ceste ville (de Londres), laquelle le capitaine Sores
« a prinze despuis ung mois ; affin que si le dict Barnabé est ren-
« contré par les gallères ou navyres françoys, ilz ne luy facent point
« de mal. Je ne sçay s'il yra poursuyvre le dict Sores jusques à La
« Rochelle ».

Le même s'adressant au roi, le 15 janvier 1570, s'exprime ainsi :
« Cependant le capitaine Sores a prins une seconde nef vénicienne,
« plus riche que la première, et faict on compte que la charge des
« deux vault plus de trois cens mil escuz, oultre quatre vingtz
« pièces de bonne artillerye qu'il y a dedans, et oultre les deulx
« vaysseaulx qui sont les deux meilleurs de la mer ; de quoy toutz
« les merchans, tant naturelz que estrangers de ce royaulme, de-
« meurent fort scandalisez contre M^r le cardinal de Chatillon et
« requièrent ceste Royne d'y pourvoir ; mais ou soit qu'elle et les
« siens n'ayent moyen de le fère, ou bien que pour s'exempter de
« prester de l'argent à ceulx de La Rochelle, ilz leur veuillent per-
« mettre de se prevaloir de ceste riche et grande prinse, ilz dissi-
« mulent et prolongent les remèdes ; et est à craindre que le dict
« Sores, avec tant de bons et grandz vaysseaulx et bien artillez
« qu'il a à ceste heure, et le s^r de Olain et le bastard de Briderode,
« qui en ont ung aultre bon nombre, ne tiennent doresnavant bien
« fort subjecte ceste estroicte mer et mesmes qu'ilz ne dressent quel-
« que entreprinse sur vos gallères ; bien qu'on m'a dict, Sire, que le
« dict de Olain est allé jusques en Allemagne porter soixante mil
« escuz au Prince d'Orange du butin de ses prinses de mer ».

La capture hardie, presque dans les eaux d'Angleterre, de deux navires d'une nation avec qui l'on était en paix, ne pouvait pas rester sans protestation. Nous devons à la bienveillance de notre ami M. Crosby, des Archives du royaume d'Angleterre, et nous donnons en pièces justificatives, les lettres qu'Élizabeth et Jeanne échangèrent à ce sujet. Les Vénitiens de leur côté ne restèrent pas oisifs. « Les seigneurs Magnifiques de la Seigneurie de Venize, qui « sont icy », écrit l'ambassadeur en date du 28 janvier 1570, « ont « obtenu lettres de ceste Royne fort expresses à la Royne de Na- « varre pour le recouvrement de leurs vaysseaulx et marchandises « et m'ont prié de bailler mon passeport à l'ung d'entre eulx qui « les est allé présenter afin..... qu'il puisse tesmoigner de la juste « occasion de son voyage au dict lieu de La Rochelle. » Que la mission ait été inutile, cela n'étonnera personne. Le même jour, 28 janvier 1570, la reine de Navarre avait mis par écrit sa déclaration de guerre aux Vénitiens. Et l'idée venait d'outre-mer. Le grand ami de Châtillon, le secrétaire d'État Cecyle, répondait aux solliciteurs (15 janvier 1570) : « que ceux de La Rochelle avoient guerre « contre les Vénitiens..... et mesme aulcuns à ce propos m'ont in- « terrogé (reprend La Mothe-Fénelon, parlant à Catherine), si la « Royne de Navarre n'estoit pas en actuelle possession de quelque « partie de son royaume, ayant esté proposé en conseil, si, comme « Princesse souveraine, elle ne pouvoit pas déclarer une guerre, « après l'avoir jugée juste et légitime. Sur quoy, me doutant bien « pourquoy l'on me fesoit cette demande, j'ay respondu que la dicte « Dame n'a rien qui ne soit ou mouvant de la couronne de France, « ou tenu soubz la protection d'icelle; et ainsy n'ont rien gaigné « sur moy en cest endroit ».

On comprend facilement qu'Élizabeth, à part ses préférences réformées, n'ait pu donner aux Vénitiens qu'une protection douteuse et très-spéculative, elle qui ne pouvait se décider à remettre au duc d'Albe les 800,000 écus par elle confisqués sur les navires espagnols, à l'ancre dans ses ports, par crainte des corsaires du prince de Condé. Une lettre autographe datée d'Oatlands, le 29 juin 1570, et trouvée aux Archives de Venise par M. Rawdon Brown, pourrait bien être la conclusion de cette affaire et la seule satisfaction que le doge ait pu obtenir. Il est probable que Monsieur Cechetti retrouverait dans les *Frairi* le rapport du consul Pesaro sur cette affaire, comme il m'a été affirmé qu'à La Haye, aux archives particulières de la maison de Nassau, existeraient des éclaircissements de premier ordre sur les rapports de La Rochelle avec les Pays-Bas. L'avenir de l'histoire, grâce aux communications plus faciles, est un peu, selon nous, dans ces rapprochements de documents internationaux.

La paix de 1570, si désirée par Coligny et les seigneurs du parti réformé, ne fut pas aussi agréable aux Rochelais, tant aux équipages de corsaires qui ne l'acceptèrent pas complétement et que nous retrouvons, avec de Sores, en expédition vers Madère, en octobre 1570, qu'aux marchands de la ville, lesquels faisaient d'autant plus de profit, par l'achat et la vente des objets capturés, que les ports d'Angleterre étaient ouverts à leur commerce. Nous avons également joint aux pièces justificatives un rapport de police, de 1571, dans lequel cet esprit plus local nous parait indiqué. On n'est pas encore rendu à dire ce que l'on écrivait à la reine d'Angleterre après la Saint-Barthélemy, dans la colère du massacre, qu'elle devait ne pas laisser exterminer son peuple de Guyenne, lequel de toute éternité lui appartient (*La Ferrière Percy, Arch. des Missions*, 3º série, t. III, p. 678). On a seulement la pensée de devenir port franc et ville libre comme la ligue hanséatique et les villes du Nord. Hâtons-nous d'ajouter avec tous les historiens locaux que, grâce au prince de Condé, ces tendances n'eurent pas de portée. Nous terminerons cette note que nous avons crue nécessaire à l'intelligence du texte, en remerciant pour l'avenir et le passé les personnes de La Rochelle dont la bienveillante sympathie nous a fourni et nous fournit encore les documents que nous nous efforçons de lire et d'expliquer.

A. BARDONNET.

REGISTRE

DE

L'ADMIRAUTÉ DE GUIENNE [1]

1569, 14 7bre, le mercredi. Juge : Mr des Mortiers [2]. — Appel à bref délai après défaut, en restitution de poisson, de Jehan Regnault et sa femme, par Pierre Danyeau, Nicolas Sevret, Jacques Bobin et autres ; procureur : Lescatte.

— 17 7bre, samedi. Dernier délai pour production de témoins dans une contestation (non éclaircie), entre Jacques de Sore, escr, sgr de Flocques, comparant par Auxonne, et le capitaine Bourset, comparant par de Lhernoire et me Joseph Guillaudeau, avocat. Le demandeur est en retard pour ses témoins qui étaient ès pays estranges, en voyages lointains. Le défendeur dit que les délais d'enquête sont expirés et que le jugement serait rendu, sans le voyage du juge devers les princes de Navarre.....

— ..... Défaut et délai pour y répondre, vu comparution tardive, pour contestation non expliquée, entre Pierre Da-

---

1. Les transcriptions des pièces originales sont reproduites in extenso : on s'est contenté d'analyser les délibérations d'une façon aussi complète que possible, mais abrégée, la répétition des formules étant par trop fastidieuse.

2. Pierre du Bouchet, sieur des Mortiers, le même qui fut commis avec Jean Coras, chancelier de la reine de Navarre, à la vente des biens ecclésiastiques. Comme il siège ordinairement, nous nommerons uniquement ses remplaçants.

nyeau, Nicolas Senet et Jacques Boyvin, d'une part, et de l'autre, de Sores et le capitaine Trumauld.

Le xix septembre mil v^c lxix.

« Messieurs les officiers de l'admiraulté, ayant entendu la prinse qui a esté faicte, depuis quelques jours, sur l'ennemy, nous envoyons ce présent porteur, nostre argentier, affin d'en recouvrer nostre droit, à cause de nostre dicte admiraulté ; et par ce nous vous prions qu'en la plus grande dilligence que faire se pourra, vous en faciés faire la vente, ainsi que vous avez acoustumé ; et faire en sorte que ce dict nostre porteur ne s'en retourne sans apporter nostre dict droict. Et nous asseurant que n'y vouldrés faire faulte, nous prierons Dieu, Messieurs les officiers, vous avoir en sa garde. De Saint Maixant, ce xvie septembre mil v^e soixante neuf. Ainsi signé : le bien vostre, Henry [1]. »

A Messeigneurs les princes de Navarre et de Condé.

« Supplie très humblement Bertrand de La Fourcade, natif de Bourdeaux, disant que, suivant la commission et ordonnance de voz grandeurs, il auroit faict radouber, galfacter, munir et équipper en guerre le gallion de Candalle, lequel il auroit auparavant prins sur ses ennemis en la rivière de Gironde, et icelluy équippé de soldatz et mariniers nécessaires pour faire la guerre et courir sus ès ennemis de Dieu et de la relligion réformée. Et ledit navire estant ainsy équippé, ledit suppliant cappitayne en icelluy l'auroit mené et conduit à deux lieux près de la coste d'Espaigne, où il

---

1. Tous les textes entre guillemets sont transcrits littéralement.

auroit rencontré trois barques chargées de fardeaux de toilles et merceries meslées qui venoient de Nantes et alloient à Bilbault en Espaigne. Lesquelles barques ledit suppliant auroit abordées, de manière que, après avoir longuement combattu, il auroit icelles prinses et amenées en la ville de La Rochelle, où il en auroyt heu sentence d'adjudication et délivrance, comme bonnes prinses et robbe d'ennemis. Tellement que en présence des recepveur et contrerolleur de la marine, voz partz et portions, tant de l'admiraulté que de la cause, préallablement prinses et levées, ledit suppliant auroit semblablement heu son droict, partz et portions à luy apartenant et à son équippage, et icelluy mis entre les mains d'un bourgeois de ladicte ville, qu'il (sic) luy auroyt advancé quelque somme de deniers pour bailler à sesdits soldatz et mariniers. Et d'aultant que ledit suppliant requéroyt estre payé de la somme de six mil huit cens livres tournoiz, du don par vous à luy octroyé, en récompense de pareilles et plus grandes sommes à luy deuhes et confisquées par les ennemis du roy et de la relligion refformée ; et aussi de la somme de sept cens livres tournoiz qui luy auroyt esté taxée par les sieurs de Fors et Sores, commissaires depputez par la majesté de la Royne de Navarre à voir certains articles touchans les frais et mises faictz par ledit suppliant, pour équipper tant le susdit navire que autres navyres pour la garde de la rivière de Gironde, comme il appert d'icelluy don et sentence d'adjudication desdictes prinses ; ensemble desdits articles et rapport desdits seigneurs de Fors et Sores, le tout cy attaché. Ce néantmoings monseigneur du Vigean, gouverneur pour vos exellences (sic) en ladicte Rochelle, auroit faict saisir lesdictes marchandises, toilles et merceries, tant voz partz et portions que celles dudit suppliant et son dit équippage ; lequel suppliant, pour savoir la cause dudit arrest et pour en avoir main levée, auroyt présenté requeste audit seigneur gouverneur et à son conseil, laquelle ilz n'auroyent respondue, ainsi qu'il appert dudit arrest et requeste aussi y attachez. Ce considéré et le service que ledit suppliant vous a faict, nommément au siége et prinse de Luzignan, où il print prisonnier le greffier dudit lieu, homme très riche et oppullant, lequel s'estoyt saulvé et sorti hors du fort dudit Luzignan, et icelluy baillé et mis entre les mains de monseigneur l'admiral, combien qu'il eust promis audit suppliant une bonne ranson ; ayant plustost esgard au profit de la cause comune que au sien particullier, il vous plaira, de voz bénignes graces, ordonner que la saisie faicte par ledit seigneur du Vigen (sic) soit tollue et ostée, que main-levée en soit faicte audit suppliant, et pareillement que icelluy suppliant soyt payé sur les partz et portions qui vous apartiennent, tant des drois de l'admiraulté que de la cause, de ladicte somme de six mil huit cens livres tournoiz, suivant ledit don et rapport desdits sieurs de Fors et Sores, à ce que ledit suppliant, ses soldatz et mariniers ne se consument en frais et despens. Et priera Dieu pour voz bonnes prospérités et santés. »

Les princes de Navarre et de Condé.

« Nous, après avoir oy au conseil le rapport fait en icelluy du contenu en la présente requeste, et veu la concession cy devant par nous faicte au suppliant, ensemble l'advis donné par les S^{grs} de Fors et Sores sur les avances faictes par ledit suppliant pour le gallion de Candalle, montans à la somme de sept cens livres, avons, distraction faicte au préallable du dixiesme denier pour le droit de l'admiraulté et d'ung autre dixiesme pour le droict de la cause, fait et faisons main-levée et délivrance audit suppliant des vaisseaux et marchandises saisies ; et néantgmoins ordonné et ordonnons que, des deniers provenant dudit dixiesme denier pour le droit de la cause, sera baillé et délivré audit de La Forcade, suppliant, par le trézorier général des deniers de la cause ou son commis auquel mandé ce sera, la somme de deux mil cinq cens livres tournoiz, comme sur et tantmoingz desdictes avaries que de la concession par nous à luy faicte, en baillant toutesfois par luy audit trezorier et receveur général bonne et suffisante caution de la somme de dix huit cens livres seullement ; en rapportant par ledit trezorier et receveur général ou son commis la présente signée de noz mains, ladicte somme de deux mil cinq centz livres tournoiz entièrement, montrant quictance dudit de La Fourcade suffisante sur ladicte somme, icelle luy sera passée en la despence commise en ses comptes sans aucune difficulté. Laquelle somme de dix huit cens livres tournoiz sera, par ledit trezorier et receveur général ou son dict commis, lorsque icelluy de La Fourcade la recepvra desdictes mains, endossée au dos de ladicte concession ainsy par nous à luy faicte; et auquel de La Fourcade néantmoyns nous enjoignons de vériffier les pertes par luy alléguées par la requeste sur laquelle la dicte concession luy a par nous esté faicte, et ce dedans deux moys, pour toutes préfixions et delays, pour, ladicte vérification faicte, estre pourveu audit de La Fourcade sur le surplus de la somme qu'il vériffiera avoir perdue ainsi qu'il apartiendra. Sy mandons à tous gouverneurs, cappitaines, justiciers et officiers qu'il apartiendra, que de voz présentes délivrance et main levée, et effect et contenu cy dessus, ilz facent, souffrent et laissent jouyr et user pleinement et paisiblement ledit de La Fourcade, sans que luy soit faict ou donné aucun empeschement. Donné à St Maixent, le seziesme jour de septembre l'an mil v^c soixante neuf. Signé : HENRY, HENRY DE BOURBON, et seellé de cere rouge en placart et au dessoubz : par messeigneurs les princes : Langlois. »

Le dernier jour de septembre l'an mil v⁰ LXIX.

« Nous Jacques Sores, escuyer, lieutenant général de monseigneur le prince de Navarre en son admiralité, à tous ceulx qui ces présentes verront, salut. Savoir faisons avoir donné congé et permission à Françoys Trumault du Croisic, cappitayne du navire nomé La bonne espérance d'Aulonne, estant à présent en la ville de La Rochelle, d'aller avecq son équippage faire la guerre, courir sus et endommager les ennemys et adversaires de la relligion refformée et cause généralle, sur tous vaisseaux et sur toutes nations indifféremment ; à la charge par ledit Trumault d'admener et envoyer les prinses qu'il fera sur lesditz ennemys fidellement en ladicte ville de La Rochelle, s'il n'estoyt forcé et contrainct, par impétuosité et contrariété de temps ou chasse d'ennemys, aller ailleurs ; et de payer les droictz et debvoirs apartenant à l'admiraulté et la cause, ainsi qu'il sera trouvé subjet. Par quoy, en ce faisant, priant tous chefz, cappitaynes, maistres des portz et havres, de le laisser passer en toutte seuretté avecq sondit navire, équippage et prinses qu'il aura faictes, et en tout luy prester faveur, ayde et confort, si mestier est. Fait et donné audit lieu de La Rochelle, ce XVIII⁰ jour de septembre mil v⁰ soixante-neuf. Ainsi signé : SORES. »

1569, 28 7ᵇʳᵉ. Lettres en mêmes termes, données par Sores à Mathurin Trumault du Croisic, capitaine de la Desirée, de présent à la R.

— ..... Premier défaut en faveur du procureur du Roy contre Pierre de Cazalis, serviteur d'André Gibouin et Gilbert Hédelin.

— ..... La confession de Loys Heu, François Dormant, François Boutard et Robert Henry sera jointe aux charges par le sʳ greffier, à la requête du procʳ du Roy, etc.

1569, 4 8bre. Second défaut contre Cazalis et Hédelin, appelés 3 fois et non comparaissant.

« Entre Jacques Sore, escuyer, S^{gr} de Flocques, colonel de l'armée marine de messeigneurs les princes, demandeur en déclaration de bonne prinse et dellivrance du navire nommé la Marguerite du Morbihan, du port de quatre vingtz thonneaux, auquel estoyt maistre, Yvon Le Bouguyer; contre le procureur du roy en l'admiraulté et ledit Bouguyer.

« Veu par nous le rapport faict par ledit de Sore parlant... et par Brethin ayant charge d'icelluy, les auditions dudit Bouguyer, maistre susdit, et de Yvon Poyau et Ollivier Riault, mariniers oudit navire de prinse, le réquisitoire dudit procureur estant au pied desdictes auditions, et ce qui a esté mis par devers nous, tout bien veu et considéré, le nom de Dieu premier appellé et heu sur ce l'advis du conseil, avons déclairé et déclairons lesdicts navires et marchandises estans en icelluy, estre de bonne prinse, comme biens de papistes et ennemys; et le tout adjugé et adjugeons audit de Sores, le dixiesme préallablement prins pour le droit de monseigneur le prince de Navarre, admiral en Guyenne, et les droitz de la cause; et sur le tout les fraiz premièrement prins, qui seront par nous taxez comme de raison. »

1569, 8 8bre. 3e défaut et remise des pièces au procureur du roy contre Cazalis et Hédelin.

— 21 8bre, vendredi. Ordre d'arrestation d'Arnault Desaix, serviteur d'André Gibouyn, et d'incarcération ès prisons du chateau ou de l'échevinage, ou d'appel par assignation ou cri public, s'il n'est pas chez son maître, dans l'affaire Cazalis et Hédelin.

— 22 8bre. Juge : M. Guillaudeau. — Jehan de Picassary, bourgeois de la R., fourni comme caution par Pierre Michenault dit Confoullant.

— . . . . . Pierre Michenault susdit et Jehan Richier, capitaines de navires, requièrent l'arrestation de Jehan de

Beart, capitaine de chaloupe, comme responsable de marchandises pour lesquelles ils ont été emprisonnés et condamnés à 500 fr. d'amende; demandant, comme il est étranger, de ne le relâcher qu'avec caution suffisante.....

« Jehanne, par la grâce de Dieu, royne de Navarre, dame souveraine de Béarn, duchesse de Vendosmois et de Beaumont et d'Albret, contesse de Fois, d'Armaignac et de Bigorre, vicontesse de Lymoges et dame de Villemur, à tous ceulx qui ces présentes verront salut. Savoir faisons que, pour le bon rapport qui faict nous a esté de la personne de nostre bien aymé Jehan Douteau, ensemble de ses suffisances, capacité, expériance, prudhomye et bonne dilligence : à icelluy, pour ces causes et autres bonnes considérations, avons, en l'absence de nostre tres chier et très amé filz, le prince de Navarre, gouverneur admiral et lieutenant général pour le roy, mon seigneur, en ses pays et duché de Guyenne, donné et octroyé, donnons et octroyons par ces présentes, l'estat et office de sergent en l'admiraulté de nostre dit filz au siége de La Rochelle, à présent vacant par le décès de feu Estienne Pineau, dernier et paisible possesseur d'icelluy; pour ledit estat et office avoir, tenir et doresnavant exercer aux honneurs, auctorités, prérogatives, préhémynences, franchise, libertés, droitz, gages, proffitz, revenuz et esmollumens acoustumés et qui y appartiennent, tant que nous plaira (le) dit don ; en mandant à nostre cher et bien amé le juge de l'admirauté audit siége de La Rochelle que, prins et receu le serment dudit Douteau en tel cas requis et acoustumé, icelluy mecte et institue de par nous en possession et saisine dudit estat et office de sergent, et d'icelluy, ensemble de ses honneurs, auctorités, prérogatives, préheminances, franchises, libertés, gaiges, droitz, prouffitz, revenuz et esmollumens susditz, le face, souffre et laisse jouyr et user plainement et paisiblement, et à luy obeyr et entendre de tous ceulx qu'il apartiendra, et choses touchans et concernans ledit estat et office de sergent, sans luy donner ne souffrir luy estre mis ou donné aucun trouble ne empeschement au contraire. En tesmoing de quoy nous avons ces dictes présentes signées de nostre main, faict mettre et apposer nostre seel. Donné à La Rochelle, le xx° jour d'octobre l'an mil v° soixante neuf. Ainsi signé : JEHANNE, et au dessoubz du reply, par la royne de Navarre : Pelletier ; et scellé en queuhe de cère verte, du grand seel des armes de ladicte dame. »

Le xxIIII octobre mil v^cLXIX.

« Jehanne, par la grâce de Dieu, Royne de Navarre, dame souveraine de Béarn, duchesse de Vendosmois, de Beaumont, d'Albret, Nemours, Gandie, Monblanc et Pennefiel, contesse du Forez, d'Armaignac, de Rodetz, Couversan, Marle, Bigorre et Pierregort, vicontesse de Lymoges, de Lautrec, de Villelmur, Marsan, Tursan, Gaverdan, Nebousan, Tartas, Alhas, et de Marennes, à tous cappitaines, chefz et conducteurs de guerre estans sur mer ou sur terre, leurs lieutenans, enseignes, maistres, contremaistres, pillotes et soldatz, gouverneurs des villes, ysles, places, chasteaux et forteresses, gardes de portz, pontz, péages, passages, jurisdictions et destroiz, et tous autres ausquelz ces présentes seront monstrées, salut et dilection. Nous, pour l'entière et parfaicte confiance que nous avons de la personne de Guillaume Aguyn, de Plemuc, et de la bonne et sincère affection et résolution qu'il a de s'employer, de tout son pouvoir et moyen, à l'advencement de la vraye relligion et deffence de la cause générale contre les ennemis et adversaires d'icelle, soubz l'adveu et auctorité de noz trez chiers et très amés filz et nepveu, les princes de Navarre et de Condé, en l'obeissance du roy mon seigneur, à icelluy pour ces causes et autres bonnes et justes considéracions à ce nous mouvans, avons donné et donnons congé, licence et permission de prendre et mettre sur mer huit navires qu'il a équippés et miz en guerre, pour en iceux faire la guerre contre les ennemis de ladicte relligion et cause génералle, soyent Espagnolz, Portugais, Flamans et regnicolles, et autres qui n'auroyent congé et sauf-conduit de nous ou de nosditz filz et nepveu, ou autres ayant puissance et auctorité de nous ou d'eulx ; à la charge toutesfoys que ledit Aguin sera tenu de faire venir et apporter en ce lieu, ainsi que le temps luy permettra, toutes les prinses qu'il fera sur lesditz ennemys : desquelles il sera tenu de bailler et faire livrer sur chacunes d'icelles ung dixiesme, dheu à nostre dit filz pour son droit d'admiraulté, et ung autre dixiesme pour estre employé au proffit de la cause. Lequel à ces fins a faict serment en noz mains qu'il ne fera n'y n'entreprendra chose qui puisse préjudicier en aulcune fason (sic) ceulx de ladicte relligion ni le service de la cause ; mais que pour seuretté de ce que dessus il fera enrégistrer ces présentes au greffe de l'admiraulté au siége de La Rochelle. Pourquoy nous vous prions et requérons, et néantmoings, en tant que faire pouvons, enjoignons si comme à ung chacun de vous apartiendra, que vous ayez à laisser passer et retourner en toute seureté et liberté ledit Haguin avecq lesditz navires, soldatz, munitions de guerre et équippage, en touttes les routtes de la mer ou autres lieux où besoing sera, sans permettre ne souffrir qu'il luy soyt faict, mis ou donné aucun arrest, trouble ne empeschement quelconque ; ains pour l'amour de nous, l'assister et prester toute main forte et ayde à l'encontre de ceulx qui le vouldront troubler et molester et faire chose contrevenable au contenu de ces présentes. Lesquelles, en tesmoing de ce, nous avons signées de nostre main et fait mettre nostre séel. Donné à La Rochelle, ce xxiiie jour d'octobre l'an mil v^c soixante neuf. »

1569, 26 8bre. Caution de Jehan Substaine, chirurgien, donnée par Jehan Evrard, prisonnier; et ordonnance à Pierre Michenault dit Confoullant, contradicteur, de fournir ses charges dans le jour, pour décider ou non l'élargissement du prisonnier.

— 31 8bre. — Défaut contre Arnault de Sus, jadis serviteur de sire André Gibouyn.

— 30 8bre. Enregistrement de lettres de marque accordées par Jeanne d'Albret au capitaine Jehan Martel, pour le navire la Rondelle du Havre. Mêmes termes que la précédente, mais avec l'obligation de se ranger sous les ordres du capitaine Sore, lieut de son fils sur mer, toutes les fois qu'il en sera requis. Donné à La Rochelle, signé : JEHANNE, Pelletier, et scellé.

— Même date. Enregistrement d'autres lettres accordées par la même à Guillaume Crispe et Samuel Scathe, pour deux navires non nommés, en même termes, sans conditions. Donné à La Rochelle, signé : Jehanne, etc.

— 20 avril (sic). Autres semblables accordées à Guillaume Alenne pour le navire l'Adventure de La Rochelle, en mêmes termes, avec obligation d'obéir à qui sera nommé, par les fils de Jehanne, amiral de l'armée française sur mer.

— 2 9bre. Paiement par Jehan Tirebouc, marchand de l'île de Ré, de 135 l. pour prix d'une barque, prise par Guillaume Lange et à lui adjugée; plus 5 l. pour un fût vide; et reçu de 28 l. pour les dixièmes de l'amirauté et de la cause.

— 3 9bre. Second défaut contre Arnaud de Sus et ordonnance de saisie de ses biens.

— . . . . . Élargissement de Jehan Évrard, à la requête de son frère Jehan Évrard, moyennant caution de Jehan Sustayne dit Jarnac, cautionné lui-même par Pierre Texier, marchand et maître de navire de La R.

— Ordonnance de vente, après saisie, d'une pièce de toile de celles de la prinse faite par La Fourcade. Sept de ces pièces de toile ont été volées; la saisie avait été faite chez Gilebert Hédelin et le dépôt chez Jehan de la Salle, aulneur juré. La Fourcade, accusé d'être d'accord avec les voleurs, s'en défend et consent à la vente. Le tout, pour conserver les droits de dixième de l'amirauté et de la cause.

1569, 7 9bre. 3e défaut contre Arnaut de Sus et communication du dossier au procureur du roi, pour ordonner ce que de droit.

Le xiije jour de novembre mil vc LXIX.

« Nous Jehanne, par la grâce de Dieu royne de Navarre, dame souveraine de Béarn, après que nous avons faict veoir en nostre conseil la requeste que nous a présentée Bertrand de La Forcade, cappitaine de la marine, nous remonstrant que pour aucunement le récompenser de plusieurs grandes pertes par luy souffertes, en hayne et à cause de la relligion, noz très cherz et tres amés filz et nepveu, les princes de Navarre et de Condé, luy auroyent cy devant permis, en faisant la guerre par mer aux ennemys, de prendre, des raisons et marchandises qui seroient par luy prinses, jusques à la valleur et concurrence desdictes pertes, desquelles il informeroit chez les officiers de l'admirauté, et cependant bailleroit caution ; et depuis, par autre ordonnance, nosditz filz et nepveu, les princes de Navarre et de Condé, luy auroyent faict dellivrer la somme de dix huit cens livres des deniers de la cause, provenant de certaines prinses faictes par ledict de La Fourcade, sur et en déduction du surplus de la satisfaction desdictes pertes, moyennant bonnes et suffisantes cautions, qu'il auroyt pour ce baillées, de André Gybouin, marchant, pair et bourgeois de ceste ville de La Rochelle, et François Blanchard, orfebvre et bourgeois de ladicte ville, certifficateur, jusques à ce qu'il eust fait ses preuves, lesquelles despuis il disoit avoir faictes, et vériffiées ses dictes pertes, montant la somme de huit mil livres et plus : nous requeroit à ces causes ses dictes cautions estre deschargées et qu'il soit ordonné que, sur lesdictes raisons, marchandises et biens, par luy ou ses gens seroient prins cy après sur les ennemys et adversaires de la cause ; et sur les droitz d'icelle, il peut prendre et lever, outre ladicte somme de dix huit cens livres, la somme de six mil cinq cens livres tournoiz. Veues les ordonnances de nos ditz fils et neveu les princes de Navarre et de Condé, l'une donnée à Saintes, signée : Henry et Henry de Bourbon, et au bas : par le commandement de mes ditz seigneurs les princes, les seigneurs du conseil présents, Sponde ; l'autre donnée à Saint Maixent, le xvie jour de septembre mil v^c soixante neuf, signée comme dessus, et au bas : par commandement de mesditz seigneurs. les princes, Langlois, et seellées de cire rouge en placart ; l'acte de présentation desdictes cautions, certifficateur et establissement d'icelles signé : de la Rivière, notaire royal, en dacte du premier jour d'octobre dernier, et les preuves faictes par ledit suppliant La Forcade, tant par devant le juge de l'admiraulté de Guyenne au siége de La Rochelle, que par François Legrault, huissier de la court de parlement de Bourdeault, par commission dudit juge, et oy le rapport d'icelluy ; nous, par l'advis et délibération du conseil, avons deschargé et deschargeons lesdictes cautions et certifficateur par ledit La Fourcade baillées, et ordonné que, sur les droitz qui cy après pourront apartenir à la cause, des prinses que ledit de La Fourcade a cy devant faictes et cy après il fera sur les ennemys d'icelle, le dixiesme de l'admiraulté prins et levé, il prendra et levera jusques à la somme de six mil livres tournoiz, sur laquelle luy sera et luy est dès à présent desduicte ladicte somme de dix huit cens livres tournoiz ; et les quatre mil deulx cens livres restant à lever pour le suppliant, luy seront delivrez et payez par le recepveur général de la cause ou son commis, des deniers des ventes des biens prins et ransons adjugées par les officiers de l'admiraulté et autres ayans puissance de ce faire, et de la part apartenant à la cause ; et raportant par ledit receveur la quictance ou quictance (sic) dudit La Fourcade, luy sera ladicte partie allouée avecq le vydimus de ces présentes que nous avons pour ce signées de nostre main, deuhement collationnées à l'original. Donné au conseil tenu à La Rochelle, le xii[e] jour de novembre l'an mil v[c] soixante neuf. Ainsi signé : JEHANNE, et au dessoubz : Marbault, et scellé. »

1569, 26 9bre. Déclaration de bonne prise, en faveur de Mathurin Trumault, capitaine du galion dit le Gallion de La R., porteur d'un congé signé Sore, du 28 7bre dernier, de la barque l'Élizabet de l'Isle-Dieu, chargée de blés; capitaine Thomas David. Le congé de ce dernier, signé de Du Bristain, capitaine et gouvern[r] de Noirmoutiers, l'autorise à aller vendre ledit blé à l'île d'Aix, Bayonne ou Saint-Jean-de-Luz, et à en rapporter des armes et munitions de guerre.

— 29 9bre. Déclaration de bonne prise, en faveur de Anne du Hallot, esc[r], s[r] du Puys, gouverneur de l'île de Ré, du navire La Javette de Nantes, patron Roullin Becquet. Le poisson, l'huile et marchandises dont il est chargé, sont confisqués comme biens de papistes; un tiers affecté à du Hallot, un dixième à l'amirauté et le reste à la cause.

— 30 9bre. Poursuite par dame Catherine Joubert, femme de m[re] Claude d'Angliers, chevalier, président de cette ville, s[gr] de Beauregard et Challevette en Arvert, et François La Louhe son fermier, comparant par procureurs, contre Jehan Richier, capitaine de navire, en revendication de blé-froment, meubles et plomb provenant des tours du château dudit Beauregard et par ce dernier pris dans un navire qu'il a, dit-il, conquis sur les ennemis. Richier prétend qu'il n'y avait pas de meubles dans le navire quand il l'a repris, à moins qu'ils ne fussent et soient sous le blé; qu'il y a bien 25 à 30 livres de plomb, pour faire des boulets, mais que le tout est de bonne prise sur les dits ennemis. Le procureur du roi fait renvoyer l'affaire, pour prendre connaissance de la déclaration de bonne prise et de l'audition des témoins. Le président ordonne la vente du blé, la mise du prix de vente ès mains d'un notable bourgeois et marchand de la ville, et le séquestre des meubles, après inventaire, s'il s'en trouve sous le dit blé.

1569, 3 X^bre. Les mêmes demandeurs, comparant personnellement, déposent que, quand Richier a pris le navire, il était abandonné, seul, sans personne, depuis plus de 24 heures, dans le chenal de Chaillevette, et que Lalloue ayant envoyé des hommes y chercher le blé et les meubles qui lui appartiennent, Richier s'était hâté de s'emparer du dit navire ; plus il alla avec son équipage au village de Chatressac, en s^grie de Beauregard, prendre du blé que le dit Lalloue, pour plus de sûreté, y avait déposé ; que pour les meubles qui ne se retrouvent pas, ils en ont disposé, mais ils les ont bien pris ; et ils concluent à dépens, dommages, etc.

— 6 X^bre, au greffe. Appel par Roullin Becquet et Jehan Comprou, bourgeois et advitailleur par moitié du navire la Javette de Nantes, de la sentence du 30 novembre rendue contre eux pour le procureur de la cour et Anne du Hallot.

— 7 X^bre. Réponse de Richier aux dires de dame Joubert et de Lalloue : quand il a pris la barque, le 26 9bre, elle était, avec le pays d'Arvert et depuis le 14, au pouvoir des ennemis qui y tuaient, rançonnaient, pillaient et saccageaient, sans résistance des habitants, et qui amenaient au chenal, dans la barque ou dans les maisons à côté, le blé et les meubles des dits habitants ; ledit Richier averti s'y transporta, les ennemis s'enfuirent à Mornac ou ailleurs et ses soldats prirent, outre le blé de la barque et quelque vaisselle d'estaing et linge, 4 ou 5 sacs de froment dans la maison où les ennemis les avaient portés. Ils en auraient pu prendre 4 ou 5 tonneaux au village, aucun ne les en empêchant. Quand la barque fut à flot, ils la tirèrent hors du chenal avec une ancre et deux câbles. Pendant ce temps survint un galion ou chaluppe, monté par les ennemis, que le navire de guerre eut à repousser à coups de berches et artillerie. A la marée le dit Richier amena ce navire à Dayre et le mardi suivant à La R. Il nie que personne n'ait réclamé le blé, étant resté le jour suivant à Chaillevette, il demande à ses contradicteurs d'avouer ou nier qu'Arvert ait été pris et pillé par les ennemis pendant 12 ou 15 jours et réclame des dommages et intérêts.

Les demandeurs répliquent. Les ennemis étaient partis d'Arvert et n'y sont pas revenus; la barque était abandonnée depuis plus de 24 h. Les ennemis ne l'ont jamais prise et n'avaient ni apparaux ni équipage pour l'emmener. Lalloue, allant la réclamer, a été repoussé par Richier, Labourage, son lieutenant et l'équipage, au village de Chatressac; on lui a pris linge, vaisselle, chandelier, plomb, beaucoup de blé et 5 barriques de vin, par force; la barque a été ensuite emmenée en Seudre et de là en bas. On ne nie pas que les papistes ne soient venus et n'aient rassemblé du blé et des meubles dans l'espoir de les emmener à Bordeaux; mais ils étaient partis depuis plus de 24 heures, et sans Richier chacun eût repris le sien. L'aveu de prise de la vaisselle et du froment est contradictoire avec les premiers dires de Richier; qu'on en fasse inventaire et que l'argent de vente du blé leur soit remis provisoirement, sauf à fournir caution.

Richier revendique l'argent et dit que des meubles, portés à bord à son insçu par l'équipage, dans la maison de René Nicolas, ont été pris par les demandeurs, que par suite il n'en peut faire l'inventaire qu'après restitution.

La dame Joubert dit qu'elle a eu beaucoup plus de blé pris, 10 à 15 tonneaux environ; qu'elle a reconnu ses affaires chez ledit Nicolas, que le capitaine répond des fautes de ses soldats..... Renvoyé à 3 jours pour juger.

1569, 8 X^{bre}. Nomination de Lescatte, curateur, à l'hérédité vacante de Olivier Byeuil, dont les héritiers ne sont de ce royaume.

— 9 X^{bre}. François Lescatte, curateur à l'hérédité d'Ollivier Byeuil, marchand anglois, capitaine de l'Élizabet de Plemuce, consent, après information sommaire, ordonnée par le juge, à payer les sommes réclamées par Pierre Moreau, bourgeois de la barque la Marie de Marennes.

— ..... Jacques Laurens et Gabriel Lequere, maîtres de 2 petites barques de Pemarc, réclament l'assistance du procureur du roi contre le capitaine Gallin, qui leur retient de force 3 hommes d'équipage et leurs barques qu'ils amenaient charger du vin au Plomb, comme ils l'ont fait souvent depuis les troubles.

1569, 13 X^{bre}. Appel à son de trompe et par affiches aux poteaux de la ville, de l'héritier prétendu du capitaine Bieuil.

— Relaxation et mise en liberté des petites barques de Pemarcq en Bretagne et de leur équipage, contre Evrard de Grosset, s^r de Gallin en Provence, capitaine de marine, et en faveur de Jacques Laurens et Gabriel Lequeray, marchands bretons, sur production de diverses pièces : un acte signé Bertrand, notaire en l'île de Ré, une charte partie, signée Baulouet, notaire à La R. le 22 9bre dernier, entre Jacques Symon, marchand de ladite R. et Jehan Verret, maître de navire, la Marie de Bonne, pour mener du vin du Plomb à Grenezé.

— 20 X^{bre.} 1er défaut au profit de Lescatte et des requérans de la vente des apparaux et marchandises de l'hérédité Lebieuil, contre l'héritier prétendu.

— 22 X^{bre.} 2° défaut sur le même objet et ordonnance de vente de marchandises qui se détériorent. Moreau réclame 100 l.

— 29 X^{bre.} Saisie, au nom du procureur du roi, de 8 casses de sucre avouées par Nicollas Bobineau l'esné, marchand, pair et bourgeois de La R., et contre-avouées par Jehan de Flottes, marchand de Quimper-Corentin en Bretagne. De Flottes dit avoir acheté le sucre à Brest, du prix de 24 tonneaux de vin qu'il y avait mené vendre. Il l'a fait débarquer, avec permission de Raymond, fermier des épiceries et drogueries, et en a payé les droits ; mais depuis, ayant voulu le vendre à l'un des facteurs dudit Bobineau, et ne s'étant pas entendus sur le prix, celui-ci a suscité le procureur du roi pour saisir le sucre qu'il réclame, bien qu'il lui appartienne, à lui de Flottes. Bobineau ne comparaissant pas, malgré la présence de Guyot, son facteur, de Martin du Halde, sa caution, et de Pierre de Harandel, avouant, l'affaire est renvoyée. Les sucres sont dans les maisons de Jehan de La Place et Pierre du Pin.

1570 5 janvier. Discussion entre le procureur du roi et de Flottes pour savoir si la saisie doit être maintenue ou les sucres remis au possesseur, sauf caution dans l'autre procès ; et comparution de Bobineau, qui explique qu'au mois d'octobre 1568, Baltazar Gonsalve Cabesse, négociateur de Bobineau dans l'île de Madère, chargea pour lui 14 casses de sucre du lieu de Fonschal dont une de confitures et trois casses appartenant à Pierre d'Arandel, pesant le tout 300 arrables. Ces marchandises furent prises dans un navire par le travers du cap S¹ Vincent, comme il en a été averti ; et ces sept casses en font partie, bien que les marques en aient été raturées et trassées ; il les a reconnues et en requiert délivrance. — De Flottes répond qu'il a acheté ses marchandises de bonne foi à Brest en Bretagne, en échange du vin qu'il a vendu ; qu'il a mené ledit vin avec permission de la reine de Navarre ; que si les marchandises ont été prises pendant la guerre, ce peut être par les papistes sur ceux de la religion, et avec déclaration postérieure de bonne prise, etc.

— 7 janvier. Ordonnance d'enquête et d'énoncé des faits par écrit dans la cause précédente, avec notification de huitaine en huitaine et intervention du procureur du roi. Les casses de sucre seront rendues à de Flottes, moyennant caution, mais mises en main tierce après avoir été visitées et preuves faites, s'il y a lieu.

Taxation à Mʳᵉ Jehan David, sʳ de La Place, trésorier de la cause, des frais de vente de la barque la Jeannette de Nantes dont était mᵉ Roullin Becquet, et des huiles et poissons y renfermés. Frais : 102 l. 18 s. ; prix de vente : 1039 l. 15 s., dont un dixième prélevé pour l'amirauté, moitié va à la cause et moitié au sʳ du Pin, gouverneur de l'île de Ré.

— 11 janvier. Notification à de Sores, comparant par S¹ Ouen, son procureur, d'avoir à répondre à la requête de Jehan Preter et Daniel Glairier, marchands de Danzic en Allemagne, représentés par Antoine Lequien, marchand et bourgeois de La R., et ceci par renvoi de la reine de Navarre.

1570, 12 janvier. De Sores demande que Preter et Glairier fassent informer avant tout des lettres de cargaison. Ces derniers disent qu'elles ont été mises ès mains de Sores ; et Evrard Bon, en sa personne, maître du navire le Senson de Brayme, en Allemagne, dit qu'elles consistaient en trois pièces : une en parchemin, partie latin, partie flamand, scellée partie en cire jaune partie en cire verte; et les deux autres ensemble, une en parchemin, une en latin, scellée de cire rouge, l'autre en papier non scellée, et avec ces pièces une lettre missive qu'il a aussi remise ès mains de de Sores. Quant à l'autre navire, le Rouge-Lyon dont est maître Henry Costel, on répondra le lendemain, à 8 h. du matin, quand les interprètes viendront traduire les pièces.

— ..... Matias Radicquer, maître du navire l'Aigle Vollant de Stetin, en Allemagne, plaidant contre le proc^r du roy et de Sores, par renvoi de la reine de Navarre, dit avoir freté son navire, il y a six mois, mais consentir, pour le bien public à vendre le blé qu'il contient. Le procureur requiert communication des chartes parties, qui sont deux pièces scellées en cire verte, écrites en flamand, une en latin scellée aussi en cire verte des sceaux de la ville d'Amstredam, une autre non scellée, signée : Cremery, notaire public. Radicquér y joindra une lettre qu'il a chez lui. L'affaire est remise pour nomination d'interprètes entendant le flamand, et bien qu'il soit procédé à l'acquisition du blé, la justice ou l'injustice de la prise seront décidées plus tard.

— ..... Déclaration de bonne prise, en faveur de François Trumault, capitaine du navire de guerre l'Espérance de La Rochelle, de deux barques prises sur les Bretons, l'une : la Jannette d'Abrelduc, maître Hervé Carroux, chargée de 16 barriques de sardines blanches, 4 pipes d'avoine et un cheval, pour mener à Bordeaux ; l'autre le Daulphin de Venne, maître Ollivier Jehan, chargée de 70 tonneaux de vin de Gascogne, 6 balles de laine et 3 barriques de lard ; le tout pris à Bordeaux, pour mener au Havre de Grâce : la charte partie passée à Bordeaux le 23 décembre dernier, Caizemajour, notaire.

« Ledict jour. . . . . Henry, prince de Navarre, duc de
Vendosmois et de Beaumont, premier pair de France, gouverneur, lieutenant général et admiral pour le roy monseigneur en ses payz et duché de Guyenne et Poictou, à nostre
bien amé le s^r de Flocques, Jacques Sore, cappitayne ordinaire de la marine de France, salut. Comme pour empescher
le cours des pilleries, volleries et briganderies qui, à raison
et soubz coulleur des divisions et partiallités qui regnent en
ce royaulme, s'exerceoient et commettoient journellement à
l'endroit des marchans et autres trafficquans et negotians
voiageans sur la mer de nostre gouvernement et admiraulté,
tant par les subjetz du roy mon seigneur faisant profession de
la relligion romaine, que par l'Espagnol, ceulx des Pays Bas
ennemys cappitaux et conjurés de la cause que nous sous-
tenons, et plusieurs autres pirates et escumeurs de mer, et
pour l'advenir, pendant et durant ces troubles et émotions,
y establir ung bon, seur et libre trafficq, commerce et négo-
tiation entre les subjetz du roy mondit seigneur qui font profession de la relligion refformée, et les voisins, amis et
confédérés de la couronne de France et autres bienveillans
et favorisans ceste cause, nous eussions cy devant commis et
estably le feu sieur de la Tour, nostre lieutenant général en
nostre admiraulté : en laquelle charge il s'est sy vertueuse-
ment employé que nous avons une très juste occasion d'une
grande satisfaction et contentement du devoir qu'il en a fait
et presté, ayant rendu la mer paisible et libre de son trafficq,
commerce et négociation, au grand soulagement desditz
subjectz de la relligion refformée et au bien des affaires de
cette cause ; ce que désirans estre mis et estymans que pour
cest effect, nous n'eussions sceu faire choix ny élection d'ung
plus digne personnage et d'une plus grande expériance en
ceste charge, estat et dignité que vous estes : à plain confians
de voz sens, prudence, vaillance, preudhomye, et longue
expérience et grande vigilance, vous avons, suivant le pouvoir qu'en avons de sa majesté, commis, ordonné et depputé

commettons, ordonnons et depputons par ces présentes nostre lieutenant général en mer, par tous les lieux et endroitz de nostre gouvernement et admiraulté. Et vous avons donné et donnons plain pouvoir, puissance et auctorité de faire radoubber les corps des vaisseaux qui seront à nous apartenans et de ceulx aussi que vous aurez prins sur l'ennemy, les faire fournir d'agrès et appareilz requis et nécessaires, ordonner de les faire garnir d'artillerie, vivres, munitions et toutes autres sortes d'ustencilles propres et convenables pour l'advitaillement de ses vaisseaux; et affin que la justice soit bien et deuement exercée et administrée et la police bien et exactement entretenue, nous vous avons aussi donné et donnons pouvoir d'instituer, poser et establir, destituer, depposer et démettre les cappitaines et toutes autres sortes d'estat, charges et offices que bon vous semblera, dépendans de la conduitte des vaisseaux qui sont et appartiennent à ceste cause; ordonnant et commendant très expressement ausdictz cappitaines et officiers que, à la première déclaration et sommation qui leur en sera par vous faite, ilz ayent aussitôt à remettre entre voz mains lesditz vaisseaux et à se départir desdictes charges et estatz; aultrement et où ilz refluseront ou délayeront de ce faire, vous permettans d'y user de la rigueur de justice qui y est requise, de sorte que la force nous en demeure; et généralement d'ordonner, faire et disposer de toutes choses deppendans d'icelle, sellon et ainsi que ferions et faire pourrions, si présent nous y estions. Et pour ce qu'il seroit à craindre qu'il arrivast quelque désordre et confusion, si les officiers que vous aurés commis, en poursuyvant leur charge et commission venoient à rencontrer ceulx que nous avons cy devant commis en nostre admyraulté, ou bien ceulx de nostre très cher et amé cousin le sieur de Chastillon, conte de Colligny, admiral de France, ès lieux de son admiraulté, désirans y remédier, nous déclarons que nous ne voullons et n'entendons que lesdits officiers et de nostre dicte admiraulté, ny ceulx de nostre dit cousin empeschent ny dyvertissent aulcunement vos ditz officiers de la poursuite et exécution de leur dicte charge et commission ; ains qu'ilz ayent à leur prester tout secours, faveur et assistence dont pour cest effect ilz seroient par eulx requis. Et affin de vous donner d'aultant plus grande occasion de vous employer fidellement en ladicte charge, estat et dignité, nous vous avons accordé et accordons pour voz estatz, entretenement et appointement les droitz et proffitz portés et contenuz ès articles et conditions qui en seront avec nous résoluz et accordez. Sy donnons en mandement à tous noz gouverneurs, lieutenants généraulx, cappitaines, chefz et conducteurs des gens de guerre tant de cheval que de pied de ceste armée, baillifz, sénéchaulx, prévostz, leurs lieutenants, maires, eschevyns, consulz, manans et habitans des villes, bourgades, villages, et tous autres tenans et favorisans les partiez de la relligion, qu'en toutes les choses qui concerneront vostre présente charge, estat et dignité, ilz ayent à vous obeyr et entendre dilligemment, vous prestent et donnent conseil, confort, secours et assistence, sy mestier est et requis en sont ; car ainsi désirons et entendons estre faict. Donné à Confollant, le neufiesme jour de juillet l'an mil v^e soixante neuf, et au dessoubz signé : Henry ; et plus bas, pour monseigneur le prince, gouverneur, lieutenant général et admiral susdit, signé : M. Dertoet, ung seing ou paraphe, et scellé de cire armoyriée. »

1570, Vendredi 12 janvier. Comparution de Henry Costel, maître du navire le Rouge Lyon, pour reconnaître les pièces qu'il avait confiées à de Sores. Comparution et prestation de serment de Georges Allot, interprète pour le flamand. Défaut contre de Sores absent s'il n'a constitué domicile à 1 h. après midi.

— . . . . . Délai accordé à Preter et Glayrier de Danzic, jusqu'au lundi suivant, pour trouver un interprète qui ne soit pas suspect. Constitution de domicille en la maison de Guillaume Pyneau, où il demeure, par de Sores, et désignation de Lescatte comme son procureur.

1570, ... Matias Radicquer, maître du navire l'Aigle Vollant de Stettin, fait comparaître avec lui Georges Allot, qu'il prend pour interprète, et demande au juge, à défaut de de Sores absent, de désigner l'autre interprète de flamand en français ; plus il demande défaut contre de Sores, qui n'a ni élu domicile ni choisi procureur. A la cause se joint Philippes Gat, Allemand, serviteur et facteur de Jehan de Brocq, marchand de Danzic, facteur de sire Nicollas Vendrenne, aussi marchand Allemand, lequel parlant par la bouche d'Allot, revendique, comme appartenant à de Brocq dans le navire, cinquante lés de seigle et vingt-sept lés de froment, pour mener à Lisbonne en Portugal.

— ..... De Sores, comparant par St Ouen, demande délai pour trouver un interprète, vu qu'ils sont suspects, constitue son domicile chez Guillaume Pyneau, et nomme son procureur Pierre Lescatte. Délai accordé jusqu'au lundi 1 h. pour l'interprète à joindre à Allot.

— ..... Jehan de Flottes demande un délai de 2 mois pour faire ses preuves et enquêtes en Bretagne et ramasser les pièces à produire. Bobineau demande un an comme ayant à faire informer à Lisbonne, Vienne, Madère, Bretagne, etc. Discussion sur les marques des sept casses de sucre, Bobyneau disant que les siennes ont été effacées et d'autres substituées à la place ; de Flottes répondant que les marques n'ont été raturées que par Bobyneau et Harandel, ayant intelligence ensemble, que lesdites marques sont celles du marchand de Brest qui les a vendues. Bobineau demande son nom, de Flottes refuse de le dire.

— 18 janvier. Sentence accordant 6 mois de délai aux parties susdites pour prouver leurs allégations, et 3 mois pour faire oyr les témoins étrangers aux juges de leurs pays et fournir la preuve écrite, etc.

— 10 janvier. De Flottes fournit comme caution Jehan de La Place, marchand et bourgeois de cette ville, certifié lui-même par Jehan Chaurroy, et pour le surplus de l'exécution de la sentence, de Flotte nomme Charles Chalmot, et Bobineau et Harandel, Jehan Baulo, marchand et bourgeois de ladite ville.

1569 3 X^bre. Enregistrement de lettres de marque accordées par Jeanne d'Albret à Jehan Morgans pour deux navires équipés en guerre, non nommés.

1570 20 janvier. Déclaration de bonne prise de la Catherine de Reville en Normandie, maître Cardin Reville, et de la Marie d'Audierne, maître Nouel Le Bloue, chargée de 33 tonneaux de vin de Gascogne, en faveur de Jehan Yon, gentilhomme anglais, cappitaine du navire de guerre le Souypstorq, commissionné par Sore, le 25 x^bre dernier ; relaxation des deux barques bretonnes chargées de sardines sorettes, capturées par le même. Edouard Regnier, Estienne Gourgougnon et Pierre Gourdineau, marchands, bourgeois de La R., appelés par le juge pour éclaircissements. Signé : P. Bouchet, Blanc et de Bourdes.

— 26 janvier. Demande par Richier d'entériner sa requête avec les additions contre Catherine Joubert et Lalouhe. Ces additions sont de déclarer ladite Catherine non recevable si elle ne justifie de l'autorisation de d'Angliers, son mari, et d'envoyer les parties pour l'enquête devant le sénéchal de Xaintonge et autres officiers du présidial de Saintes. — Les défendeurs répliquent que, le sénéchal d'Arvert fût-il prisonnier, il reste l'assesseur et autres personnages suffisants pour faire l'enquête ; l'ordonnance donnée, dont les délais courent encore, indique, hors ressort, les juges de chaque lieu, et non ceux distants de 8 ou 10 lieues, comme Saintes, etc... Ladite Joubert, bien qu'ayant tous droits, vu la longue absence d'Angliers, qui est de présent à Angoulême, produit une procuration de lui générale et spéciale, passée devant Guérineau, notaire royal, le 28 x^bre 1568. Richier répond que l'enquête ne vise pas les patronnans d'Arvert, mais les juges ordinaires du lieu ; l'assesseur et les patronnans, ayant été pillés aussi, sont suspects, pouvant croire que leurs grains personnels ont été chargés dans la barque, étant amis aussi du président et certains, alliés de Lalouhe ; qu'il ne veut pas retarder l'enquête et accepte tout autre commissaire désigné, nie l'efficacité de la procuration comme passée longtemps avant le procès. — Les autres nient aussi que les assesseurs et patronnans d'Arvert soient tenanciers ou amis du président, et qu'ils aient eu des grains ni des meubles pillés, et disent être avertis que Mᵉ Denis Barguenon, procureur au siége de Saintes, est advittailleur du navire de guerre que commande Richier, qu'il était dans ledit navire lors de la prise de la barque à Chaillevette, et concluent contre ledit Barguenon comme contre les autres en cause. Richier objecte qu'il n'est pas sûr pour lui d'aller à Arvert, devant les assesseurs et patronnans que ses contradicteurs tâchent d'avoir ; ni d'y envoyer, à cause des ennemis qui y prennent et rançonnent ceux qu'ils trouvent ; plus encore ceux-ci que les habitants dudit Arvert, parce que les gens d'Oleron sont tenanciers du sire de Pons et ont transigé avec lui pour être en liberté, moyennant certaine quantité de sel, etc. — Le juge conclut qu'il autorise ladite Catherine Joubert, et que l'enquête, pour laquelle il donne délai d'un mois, sera faite devant lui seul, puis que les pièces seront communiquées à Barguenon, pour répondre aux conclusions contre lui prises par Lallouhe et dame Joubert...

1570, 11 janvier. Transcription de l'autorisation de faire la guerre aux papistes en mer, dans la barque l'Adventureuse du havre de ce lieu, du port de 50 tonneaux, dont est maître Jean Pip, accordée, sous les conditions ordinaires, par Jacques Sore au capitaine Bertrand Fourcade.

— 2 février. Ryou Ledore, maître de la Marie de Pol David, et Jehan Parisis, maître de la Trinité, autrement la Marie dudit lieu, dans leur affaire avec Jehan Yon, capitaine anglais, défaillant ; fournissent comme caution, le premier Pierre Gendre, bourgeois de La R., certifié par Estienne Rullier, aussi marchand et bourgeois, le second Estienne Gourgougnon, aussi certifié par François de Laurière. Plus le juge ordonne qu'Yon, faute d'être appréhendé, soit assigné à cri public dans les cantons de la ville.

« La Royne de Navarre, estant au conseil estably près sa majesté, auquel estoient Messieurs le conte de la Rochefoucault, de la Noue, de Soubize, du Vigen, Languillier, Puivyault, baillif d'Orléans, Desprunes et autres, a déclairé que, suyvant les congés cy devant octroyés tant par sa majesté que par messeigneurs les princes de Navarre et de Condé au cappitayne Sore et autres cappitaynes de la marine, pour faire la guerre contre les ennemis de la relligion crestienne et reformée et de la cause commune et généralle, qu'encores que les Vénitiens et Ytaliens ne soient spécifiez et nommez par lesditz congez, que toutesfois elle et nosditz seigneurs les princes ont entendu et entendent lesditz Vénitiens et Ytalliens estre ennemys de ladicte relligion refformée et cause généralle, comme les Espagnolz, Portugois, Flamans et autres tenans le party de la relligion romaine; et pour telz estre déclarés favorisans, en temps que à eulx est, à leurdit party. Faict au conseil tenu à la Rochelle, le xxvııj^e jour de janvier 1570. Ainsi signé : JEHANNE, et plus bas : Pelletier. »

1570. Déclaration de bonne prise de deux carraques vénitiennes. La première nommée le Verguy de Venise, appartenant à Mathieu Verguy, marchand vénitien; comparant Nicollas de Corfou, cappitaine, et Augustin Lombardin, vénitien, écrivant en icelle; interprétes : Pellegrin d'Albaigno et Michel Peronneau, marchans et bourgeois de la dite Rochelle; capturée par Jacques de Sores. La 2e appelée la Justiniane, appartenant à Jehan Justinian, gentilhomme vénitien; comparant César Malipétre, cappitayne, et Marc Baignolle, écrivain, avec les mêmes interprètes; capturée par nobles hommes : Robert de Granville, s^r de Focquanvilles, Jehan de Cocquigni et Claude de Berres, cappitaines en l'armée du prince de Navarre; non compris toutes fois les biens des sujetz de la Royne d'Angleterre, sy aucuns y en a. Signé : P. Bouchet et de Lhernoyre, Perochet, Debordes et Gallet.

— Prestation de serment et installation de René Bonnyneau en en l'office de sergent en la court de l'amirauté, vacant par décès de Jehan Douteau et à lui donné par la reine de Navarre. — Suit la commission du 29 janvier 1570.

1570, 9 février. Déclaration de bonne prise, au profit de Jean Pip, lieutenant du capitaine Fourcade, de la barque le Bien Devisé de Dieppe dont est maître Albert Hébert, et des vivres et autres biens étant en icelle. Le congé donné par le sieur de la Mesleraye, vice-amiral de France, à Vincent Le Prieur de Dieppe pour aller à Bordeaux et non ailleurs, avec permission d'augmenter l'équipage, pourvu que les marins ne soient pas de la religion nouvelle, prétendue réformée. La charge de la barque est de 28 tonneaux 3 barriques de vin...

— 13 février. Défaut en faveur de Richer, capitaine de marine, défendeur, contre Claude Pinyot, escr, sr de la Marzelle, demandeur dans l'affaire en déclaration de bonne prise d'une barque chargée de vins.

— . . . . . Autorisation accordée par Richer et le procureur du roi à Lallouhe, de toucher l'argent de la vente des blés, moyennant le paiement des frais de justice et la caution qu'il fournit de Lyon Braconnier.

— 10 février. Défaut pour Ryou Ledore et Jehan Parisis contre Jehan Yon, capitaine anglais.

— . . . . . Déclaration de bonne prise d'un navire chargé de fer et d'acier, revenant d'Espagne, en faveur de Jehan de Sallevone, escuyer, sieur de L'Isle, capitaine du navire de guerre nommé l'Espaignolle, à la mer soubz la bannière de de Sores.

— 18 février. Claude Pyniot élira domicile dans l'affaire contre Richer et les parties employeront leurs dires dans trois jours.

— . . . . . Demande en déclaration de bonne prise par de Sores, de 3 navires ou barques, le Sanson, le Lion Rouge et l'Aigle volant. Jugement : vu l'interrogatoire de Enverd de Binne, maître dudit Sanson, par lui et par l'interprète, Jehan Meurs, marchand de la ville, entendant l'allemand, le flamand et le français; deux attestations des consuls et sénateurs de Brême en Allemagne, datées du 17 février

1563, l'une en langage ostrelin, l'autre en latin, scellées du scel de la ville ; une autre attestation des anciens chefs et membres du collége de la Hanse teutonique de Bruges, résidant à Anvers en Flandres, faite sur le rapport de Jehan Pretel en ladite ville d'Anvers, le 26 septembre ; le connaissement de la hourque en langage ostrelin, signé d'Envert de Binne ; une lettre venant d'Amsterdam en Hollande, du 5 octobre dernier, signée Jehan Perochin et adressée à Guillaume Perochin, son frère, à Lisbonne ; la requête du dit de Binne à la reine de Navarre sollicitant libération de sa hourque et de son fret : 5 lests de seigle, 20 lests et demi de froment et 4 lests de goudron, partie de ces marchandises étant à Jacques Renolt.

— Veu l'audition d'Henri Costel, maître du Lion Rouge, deux attestations des consuls et sénateurs de Brême, en ostrelin et en latin, scellées de cire verte sur cire jaune, en date du 2 juin 1569 ; l'achat de la dite hourque fait par Kostel à Jehan Perchin, bourgeois et marchand d'Amsterdam, le 27 juillet, signé J. Coevens ; la requête de délivrance présentée à la reine pour le navire, les papiers, les marchandises, par Lequien, en vertu de procuration du 10 décembre passée sous le scel d'Envers, signée de Mouy et scellée.

— Veu l'audition de Mathieu Radiquer, maître de l'Aigle volant, l'affrétement de hourque passé à Amsterdam le 12 7bre, signé J. Coevens, notaire public, entre ledit Radiquer et Hans de Brosses, facteur marchand de Danzicq ; la vente en flamand de ladite hourque à Radiquer par deux marchands d'Amsterdam, scellée de cire verd ; deux attestations de la cargaison en latin et en flamand, signées Pierre Plomb et faites par ledit Jehan de Brosse. (Interprètes Georges Allot et Jacques Stormans, marchands de cette ville, entendant le flamand, l'allemand, le français.) Veu la requête de Radiquer en restitution de la hourque, artillerie, munitions, apparaux, de sept lests de froment et six cents de bordille ; les actes faits entre Radiquer et Philippe Kothe, venu en cause, et ledit de Sores ; oy Saint-Ouen, chargé des causes dudit de Sores, et fourni les rapports et pièces, tant celles faites devant nous qu'en mer, pardevant m⁰ Arnault de Prevencher, secrétaire de mᵍʳ le cardinal de Chastillon, etc...

Ordonnons de relâcher la hourque le Samson et les vivres et apparaux d'Envert Binn, sans préjudice des droits qu'y prétend Lequien, chargé de procuration dudit, lesquels seront réglés devant nous dans 3 jours, s'ils le veulent ; retenons comme de bonne prise les marchandises y contenues, moins cinq lests de seigle ; pour le Lyon Rouge, les bois y contenus et les trois lests de goudron sont de bonne prise, les grandes planches et deux lests de goudron seront rendus à Henri Kostel ; quant aux 20 lests de goudron prétendus à Daniel Glezer, Lequien fera pour eux plus ample information, avant la vente et dans quinzaine. Le navire, lui, est vendu à Kostel sans préjudice des droits de Lequien ; l'Aigle vollant est par moitié vendu avec sa cargaison à Mathieu Radiquer et à mʳᵉ Philippe Kothe et adjugé à de Sores pour l'autre moitié ; lequel de Sores, le dixième de l'amirauté prélevé, partage avec la cause, etc. Signé : P. Bouchet, Perochet, Gallet, Debordes, C. Gasteuil et de Lhernoyre.

1570, 20 février. Défaut au profit de Nicollas Orry, marinier, contre dˡˡᵉ Renée Aubert, vᵛᵉ de Jehan Porteau, escʳ, sᵍʳ de St Fort. Délay accordé audit Orry et autorisation de faire vidimus de ses conclusions dont l'original est lacéré.

— 21 février. Déclaration de bonne prise de la barque la Charrette des Sables d'Olonne, chargée de 20 tonneaux de vin, en faveur de François Sevrin, sʳ de la Coustardière, capitaine de la Désirée, marchant par congé de Jacques Sore, à la charge des deux dixièmes, d'amener la barque et le vin vendre à La Rochelle, de fournir d'ici là bonne et suffisante caution bourgeoise, et avec défense, à l'avenir, de mener ses prises en autre port que la Rochelle, sauf par nécessité.

— 22 février. Règlement de la procédure, enquête, salvation, etc., dans le procès de Georges de la Rivière et consorts contre David Ogier, auquel autorisation est donnée d'appeler en cause les héritiers du sieur de la Tour.

1570, 23 février. François Sevrin donne pour caution des deux dixièmes Mynard, cordonnier à La Rochelle.
— 25 février. Juges : des Mortiers et Guillaudeau. — Règlement de procédure, après demande de défaut, entre Guillaume Prévost, demandeur, par renvoi de la reine de Navarre, et Bertrand de la Fourcade, marchand de Bordeaux, défendeur.
— . . . . . 3e défaut pour Ledore et Parisis contre Yon, capitaine angloys.
— 28 février. Juge : Guillaudeau. — Condamnation par contumace dudit Yon, conformément à la requête des demand^{rs}. Il restituera les barques, munitions, apparaux qui y étaient lors de la prise, et quant aux choses pillées par le défendeur, il en sera fait information sommaire pour estimer leur valeur et y faire droit, etc.
— 1er mars. Ledore et Parisis produisent Pierre Paubert et Jehan Madier pour être entendus contre Yon, défaillant.
— 3 mars. Jehan Morgan, capitaine anglais, pour lui et Jehan Yon, demandent à Thomas Lestoubée l'élargissement de prisonniers. Le défendeur demande qu'avant cet élargissement les prisonniers soient entendus sur les charges et la prise dont est question, amenée au havre de la R. Le juge ordonne qu'il en sera ainsi fait, les marchandises déchargées dans un chai et inventoriées, etc.
— 4 mars. Thomas et Olivier Lestoubée persistant dans leurs demandes, Morgan et Yon disent qu'ils y accéderont pourvu que lesdits prouvent être de la religion réformée, et du commun accord des parties est relaché Thomas Knot, anglais, de l'équipage de Morgan, prisonnier au château, sous promesse par lesdits Morgan et Yon de le représenter, s'ils sont requis. Témoins : Jehan Crafort, Ecossais, Robert Thouslon, Patris Pible et Patris Bredin...
— . . . . . Mathias Margault, maître de la Françoise de Poulblanc, p^{sse} de Pernouhan en Bretagne, demandeur en délivrance de sa barque, et Morgan, défendeur, sont admis à émettre leurs dires le lundi suivant et élisent domicile chez leurs procureurs.
— . . . . . Nouel Bretauld, maître de la Jehanne de la Chaume

d'Olonne, de 20 tonneaux environ, demandeur en délivrance de sa barque contre Jean Pip, lieutenant du capitaine La Fourcade, se dit réformé depuis plus de 5 ans comme son père et n'a accepté fret de papistes que par manque d'autre et cause de pauvreté. Pip ayant déclaré ne pas faire la guerre aux réformés, Bretauld est admis à faire preuve de sa religion, avant sentence.

1570, ... François Trumault et consors du Croisic sont appelés à comparaître défendeurs, appelés par Hélies Howe au sujet d'un contrat passé Salleau à La R., le xxx X^{bre} dernier, par lesdits et Jacques et François Bonnet, mariniers.

« ..... De Pierre Jolain, escuyer, seigneur de Bouvran, en nom et comme procureur de Baltazard Eschalard, escuyer, seigneur de Chastillon, et cy devant enseigne collonnelle de feu monseigneur du Chastellier-Pourtauld, lieutenant général en l'armée de mer, lors du voiage faict par ledict seigneur et son armée en Angleterre, Jehan Joslain, escuyer, seigneur de la Mothe, et Estienne Paul, comparant en sa personne et par Ogier, contre Olivier Guillore, deffendeur comparant en sa personne, qui dict, pour deffendre à la demande dudict Joslin oudict nom et de Jehan Joslain et Estienne Pol, soldatz, que lesditz Eschallard et Joslain n'ont rien en ladicte somme de trois cens escuz mentionnée par leur demende, pour ce qu'ilz n'estoient à la guerre lors de la prinse pour raison de laquelle ladicte somme a esté adjugée par la magesté de la royne de Navarre, ains estoient à terre en Angleterre hors la veue desdits navires lors du conflit. Et quant audit Pol, dict qu'il est tenu le payer, scellon l'accord qu'il a faict avec luy, qui est de le payer au pris de Laurens Lefebvre, Jehan Lancelot et autres ses compagnons soldatz qui furent audict conflit, qui est au pris de huit escuz pistolletz, sauf à desduire ce qu'il luy a payé sur icelle selon leur dict accord, demendant estre renvoyé des fins des demandeurs avecq despens, dommages en interestz de son retardement. Le demandeur oudit nom persiste en sa requeste, disant que icelluy deffendeur contre sa propre conscience s'efforce nyer la qualité et charge dudit sieur Chastillon, l'ayant tousjours tel approuvé soyt verballement ou par escript, et duquel en ladicte quallité ledict deffendeur et autres ont receu deniers qu'il leur a distribuez et provenuz des prinses. Et lequel sieur de Chastillon doibt avoir et prendre sur lesditz trois cens escuz son droit de cappitaine et comme il est acoustumé en tel cas. Et à ceste fin doibt icelluy Guillore remettre ès mains dudict demandeur oudit nom, icelle dicte somme pour en faire la distribution à qui il apartiendra soubz l'auctorité du sieur de Chastillon, et non ledict Guillore qui estoit soldat soubz sa charge, et seroit chose fort rediculle que ung soldat feist la part à sondit cappitaine. Et pour respondre aux autres deffences et dire de deffendeur, dict ledict demandeur oudict nom que ledict Jouslain, sieur de la Mothe, doibt participper pour ses droitz en ladicte somme comme ayant assisté aux prinses faictes et esté employé, tant du consentement du deffendeur que autres leurs consortz, pour aller donner advertissement audict s^r du Chastellier desdictes prinses qui estoient en dangier d'estre recouvrées par grand nombre de barques et navires Espagnolz estans à Tourbay. A quoy faire ledict Jouslain fut depputé comme dict est. Par quoy doibt participper ès prises qui pourroient avoir esté faictes, comme ainsi il fut dict, avant son partement, par les soldatz et compagnons, car autrement il n'y fust allé; nyant que icelluy deffendeur ayt payé et faict accord avec ledit Paul ne semblablement payé aucune chose ès sieurs de Brosse et Sallenauve mortz soubz la charge dudict sieur de Chastillon et soldatz. Et auquel apartiennent leurs droitz comme estans à sa suitte et soubz sa charge audict voiage d'Angleterre et lors desdictes, et non icelluy deffendeur qui veult, de son autorité et contre raison et usance de guerre, faire l'héritier d'iceulx contre l'auctorité du cappitaine qui doibt prendre et avoir tout ce qui apartient aux soldatz qui meurent soubz sa charge, en cas que les héritiers n'en fassent suytte. Partant doibt restablir, pour le regard desditz feuz Sallenove et de Brosse, leurs biens et payes ès mains dudict seigneur Chastillon, leur procureur, lequel offre bailler caution suffisant de le restituer aux héritiers quand ilz le vouldront requérir. Par quoy persiste comme dessus ledict demandeur oudict nom que icelluy deffendeur doibt mettre entre ses mains lesditz trois cens escuz, pour iceux distribuer ainsi qu'il apartiendra, ou en tous cas bailler bonne et suffisante caution d'iceulx représenter toutesfois et quantes à qu'il apartiendra. A quoy il conclud et à despens, dommages et interestz. Ledict Guillore persiste au contraire, disant que contre sa conscience il n'a nyé la quallité du sieur de Chastillon et qu'il ne doibt estre condempné mettre entre ses mains, par provision avecques caution ou autrement, ladicte somme de trois cens escuz par luy sollicitée et receue du receveur général de la cause, pour ce que les navires desquelz furent faictes lesdictes prinses, pour raison desquelles, par précipeu et advantage, on leur a donné sur toutte la masse ladicte somme, estoient anglois, esquelz ne commendoit et n'estoit pour y commender ledict sieur de Chastillon, moins encores ledit Jehan Joslain, ains seullement les cappitaines Provensal, le deffendeur et autres, ausquelz pour le grand debvoir qu'ilz auroient faict fut accordée ladicte somme par précipu en la presence dudit Chastillon par les cappitaines Gance, Villechaude, Richer et autres de l'armée; ne veulent empescher toutesfois que ledit sieur de Chastillon ne lève sa part et paye, en ladicte quallité de cappitaine, de la masse des prinses, qui sont treze mil livres, qui ont cy devant esté mises ès mains des héritiers du sieur de la Tour, admiral et chef de l'armée, comme aussi bien veu sa procuration il ne demende rien en ladicte somme de trois cens escuz, mais seullement sa part de ladicte masse, pour ce que ce seroit aller directement contre sa promesse et adcord; mais calumpnieusement pour ledit Chastillon, ledit prétendu procureur s'efforce travailler ledit deffendeur et se debvoit estre addressé aux héritiers dudit sieur de la Tour, comme ont délibéré de faire les autres, et pour le regard dudit Estienne Paul persiste en sondit accord cy devant allégué, estant prest mettre ès mains dudit Paul ou procureur le reste d'icelluy accord. Voire mesmes affin de n'entrer en procès et n'estre en peine d'esclairsir sy ou non ledit Joslain estoyt allé trouver ledit sieur de la Tour pour toutte la compagnée et armée, il offre donner pour sa part autant qu'il a donné aux aultres soldatz ses compagnons, sans luy précompter non plus que autres ses peines, salaires et vacations et mises qu'il a faictes à la suitte et recouvrement desditz trois cens escuz. Protestant comme autresfois à l'encontre d'eux de tous ses despens, domages et interestz, de son retardement, pour ce qu'il est prest d'aller, deux jours a, en guerre pour le service de la cause. Ledit demandeur oudit nom persiste ès fins de sa requeste et dires, requiert avoir communication des pièces dont se veult ledit deffendeur (sic) pour ses deffences, concernans les accordz et convenances faictz avec ledit sieur de Chastillon et Pol; nyant les faitz supposez par le deffendeur en tant qu'ilz luy sont préjudiciables et au contraire pour ledict deffendeur. A tous avons ordonné que les parties escripront pour advertir et produiront le tout dedans trois jours pour estre faict droit, sauf à leur faire raison si elles sont contraires ou non. »

1570, 4 avril. Nicolas Orry justifie contre demoiselle Marie Aulbert, veuve de feu Jehan Forteau, esc^r, s^{gr} de St-Fort, que les 6 berches, pouldres et autres munitions à lui prises par ledit Forteau et par lui réclamées avaient été achetées, les berches à Amsterdam en Hollande, il y a 7 mois, par lui et Pascaud Hossard de Saugeon, et la poudre à Milbourg en Zélande, par lui seul, voici 14 mois; et que depuis il a racheté la part d'Hossard. Par suite portion de ces munitions n'appartient pas à un soldat papiste, comme le prétend ladite Aubert. Hossard comparaît avec François d'Alénson, qui fut présent au marché, et l'affirme vrai. Il se dit depuis plus de 15 ans de la religion réformée. Renvoyé à 3 jours pour fournir explications.

1570, 6 mars. Défaut pour Jean Cailleau, curateur de Sébastien Spedel, marchand allemand, et Hans Caile contre Jacques de Sores.

— ..... Main-levée de la barque la Jehanne du Croisic, accordée à Thomas et Olivier Lestoubée, étant de la religion réformée, contre Jehan Morgant, gentilhomme anglais, capitaine de marine, et Jehan Yon, son associé.

— 7 mars. Comparution de Morgan et Yon, défendeurs, contre Mathieu Marzault, maître de la barque la Françoise de Poulblanc, parroisse de Pernouhan en Bretagne. Les premiers disent que venant d'Angleterre pour soutenir la cause, ils trouvèrent en mer à l'endroit des Sables d'Olonne, pays fortifié par l'ennemi, la barque et les vins dont il est question. Qu'à leur vue les demandeurs se mirent en défense, tirèrent plusieurs coups de canon et élevèrent des estandard et paveneaux, où étaient empreintes des croix noires ; puis que ne se voyant pas les plus forts, ils se réfugièrent à terre, en petits bateaux, laissant la barque et les vins ; qu'à terre ils ameutèrent la populace pour courir sus aux défendeurs, qui néanmoins amenèrent la barque à la R. Ils réclament en outre communication de la charte partie des demandeurs et du brevet de Georges de la Trémouille. — Le demandeur réplique que son intention était de venir dans cette ville amener les marchandises de sa barque aux facteurs de noble homme Guillaume Choisy, échevin de la ville, et qu'il ne serait pas descendu en Ollonne, s'il n'eût été pris par les chaloupes du pays ; qu'il sait bien l'autorisation donnée par les princes de trafiquer librement ès pays tenus en leur autorité sous l'obéissance du Roy, et qu'il en a profité, il y a deux ou trois mois, pour apporter ici du beurre, du chanvre et autres marchandises, et remporter des vins, comme en temps de paix. Il nie avoir songé à combattre, n'ayant en sa barque que huit hommes et un garçon, sans artillerie ni berche, et pour paveneaux une gironde en haut du mât, avec croix noire, comme en ont les Bretons en paix comme en guerre. Ils ont tout laissé pour se sauver à terre et à la poursuite des Anglais, même leur charte partie, mais pas la permission de M. de Royan dont il a donné copie. Ils n'ont fait aucune assemblée de gens de guerre et ne l'auraient pu faire, vu la basse mer ; il prouve sa bonne volonté de venir ici par une barrique de lard qu'il a trouvé moyen de reprendre à Olonne et qu'il apportait vendre dans son bateau, quand on l'a forcé de le faire au havre de S¹ Martin de Ré.— Le défendeur persiste à nier la bonne foi du demandeur. Il est certain que les marins étaient papistes et ont été fort bien reçus à Olonne, où ils se sont réfugiés ; plus, qu'ils ont fait tous leurs efforts pour recouvrer leur barque. S'ils avaient été de la religion, le sieur de Royan ne leur eût pas donné de brevet, mais les eût retenus à rançon; ce brevet n'est qu'une intelligence avec ledit s^r de Royan, et, en outre, ils refusent à communiquer leur charte partie qu'ils ont emportée, aussi bien que le brevet, etc. Soit communiqué au procureur du roi pour conclure.

1570, 8 mars. Déclaration de bonne prise des marchandises étant dans la Jane de la Chaume-d'Olonne, barque prise par Jean de Pip, lieutenant de la Forcade, et relaxation de ladite barque étant à Philbert Bretault, père de Noël Bretault, maître de la barque, moins deux dixièmes, celui de l'amirauté et celui de la cause.

— . . . . . Déclaration de bonne prise de la Françoise de Poulblanc, parroisse de Pernouhan en Bretagne, en faveur de Jehan Morgan, gentilhomme anglais, capitaine de marine, et condamnation de Mathieu Marzault, maître de ladite barque, aux frais de l'instance par lui intentée.

— 11 mars. Autorisation pour Parisis, demandeur en exécution de sentence contre Jehan Yon, d'assigner des témoins.

— Défaut pour Jehan Rulleau, proc^r de Sébastien Spiedel et de Hans Cail contre Jacques Sores.

. . . . . Ordonnance de communication des pièces de Parisis à Texier, procureur de Jean Yon susdit.

— 17 mars. Second défaut pour Rulleau contre Sores susdits.

. . . . . Déclaration de bonne prise en faveur de Pierre de

Sainct-Victor, capitaine de la Bonnadventure de Gironde, de la Palme de Boursefran, maître Guillaume Vallan; de la Françoise de Marennes, maître Lois Baujault; et d'une gabarre de Bordeaux, maître Jehan Gardrac; barques qui ont approvisionné les ennemis de la religion du roi et des princes.

1570 18 février (sic.), au greffe. Appel de cette déclaration par Guillaume de Vallan, maître de la Palme de Marennes.

— 20 mars. Ordonnance d'information par les parties contraires en la matière de Pierre Joslain, escr, sr de Bouvran, procr de Baltazard Eschallard, escr, sr de Chastillon, Jehan Joslain, escr, sgr de la Mothe, et Estienne Pol, contre Allain Guillore.

— 20 mars. Déclaration de bonne prise, en faveur de Jehan Allain, capitaine de marine au navire du capitaine Provensal, de deux barques de Bretagne, la Marie de Rochecou et le Jacques de Pierriacq. Maîtres et marins de la première : Hervé Michel, Guillaume Mougan et consors; de la deuxième : Yvon Mousset, Hervé le Guérinet et Guillaume Oliverot. La première contient 25 tonneaux de vin, et l'autre 21.

— . . . . . Déclaration de bonne prise, en faveur de Jehan Hurtault dit le capitaine Lozée, capitaine de navire en la pitache du capitaine Mesmyn, de la barque la Bonadventure de Pemarc, contre maître Ryou Lepère, et de 25 tonneaux de vin y contenus.

— 25 mars. Déclaration de bonne prise, en faveur de Jehan Yon, capitaine de navire, de la barque La Seraine de Dieppe dont se disent maîtres Robert Harangot, Thomas Poignant et Loïs Monceau, marchand d'Orléans, faisant pour Claude Monceaus et François Garrault. La barque a été frétée à Dieppe, le 6 janvier, par Harangot, maître, à François Garrault d'Orléans, présent à Dieppe, pour aller à Bordeaux, chargée de harans blancs et sors pour les facteurs dudit Garrault, et revenir à Dieppe, chargée d'autres marchandises. Le congé donné à Harangot est signé pour Bordeaux du 21 décembre par le sr de la Milleraye, vice-amiral. Il a au dos des actes faits à Dieppe, en la cour de l'admirauté, desquels résulte que Harangot est catholique, et aussi Simon Monnault, maîtres dudit navire, lesquels se sont obligés au contenu dudit congé avec Thomas Hardy, même dans ledit à ne pas aller à La Rochelle. Autres pièces fournies : un certifficat des officiers de la traite foraine de Dieppe, et au dos celui des receveurs et contrôleur pour le roi au bureau de la comptabilité de Bordeaux, du 14 mars, signé : Mercier et de Lorgrate, le certificat de paiement de droits du commis des vins et diverses lettres.

1570, 30 mars. Jehan Roulleau, marchand, fondé de pouvoir de Spiedel et Cail, réclame de Jacques Sore les laines et marchandises à eux appartenant. Sore, comparant par St Ouen, dit la requête impertinente, les marchandises n'étant pas audit Spiedel, et lui ayant été adjugées de bonne prise, sous réserve des droits des Anglais et non des Allemands. Roulleau persiste et offre de prouver par information que lesdits Spiedel et Cail sont bien propriétaires des laines et marchandises, et sujets de la reine d'Angleterre comme résidant depuis longtemps à Londres. Communiqué au procureur du roi pour conclure.

— . . . . . Déclaration de bonne prise, en faveur de Jacques de Coquigny, capitaine de marine, représenté par Georges de Bréhan, son lieutenant, de quatre navires ou barques et de leur cargaison : la Levrette de Féquant, avec cinquante tonneaux de vin, maître Nicollas Lecroc ; la Marie de Saint Lezaire en Bretagne, chargée d'oranges et citrons, maîtres René de l'Espinay et Ollivier Hallambourg ; la Petit Jean de St Pol, chargée de 26 tonneaux de vin, maître Vincen ou Vizien André ; le Saint Pierre de Santoigno, chargé d'oranges et de citrons, maître Pierre de Haro, Espagnol. Pièce fournie : une charte partie de la cargaison de la Levrette de Féquan, chargée de harans blancs sors et de prix pour aller de Dieppe à Bordeaux, signée Cazemajour, du 18 février dernier.

— . 31 mars. Ordonnance d'enquête dans la contestation entre le capitaine Saint Victor et Jehan Jolly, s^{gr} des Salles, au sujet de la répartition des deniers des prises faites par le premier. Jolly réclame la moitié desdits deniers, comme bourgeois et advitailleur du navire dont S* Victor est capitaine. Celui-ci dit que beaucoup de vytailles et vivres et frais de radoub ont été fournis par lui, que Jolly n'a rien à voir dans la grande quantité d'artillerie qui y est contenue ; que les héritiers du capitaine La Croix réclament le tiers dudit navire ; par suite qu'il doit avoir tous les deniers, sauf à compter avec Jolly pour ce qui lui est dû réellement. Intervient dans la cause Pierre Labaste, capitaine de marine, qui dit que le navire n'est ni à S* Victor, ni à Jolly, mais à lui, et qu'avant tout, il réclame la part qui lui revient. S* Victor reconnaît ne rien avoir à prétendre dans la nu-propriété du navire, etc.

1570, 1er avril. Défaut pour Guillaume Lavenant contre le capitaine Fiquanville et Pierre Cocquigny.

— ..... Affaire de Jolly contre Saint Victor et Labaste. Labaste constitue procureur et fournit comme caution sire Jehan Rocquet, marchand et bourgeois de La R. Jolly et Labaste examineront sous trois jours le compte de Saint-Victor, et le juge verra par lui-même avec les parties l'artillerie, les ustensiles et munitions.

— ..... Condamnation par les commissaires de la reine de Navarre, de Phelippes de Budocusshier, gentilhomme anglais dit le capitaine Bourset, à restituer à Jacques Sores sa part contingente et portion des dix hourques et marchandises mentionnées au procès, et ce en proportion au port et équipage des trois navires qui firent la prise : Meauce, Allaue, Guillon, Bellucheau, Lebeuf.

— ..... Jean Rocquet, marchand, a reçu comme caution de Jean Jolly susdit, sr de Salles, de François Favereau, marchand de Soubize, de Guillaume Mesmyn, capitaine de marine, par les mains d'Emery Briauld, greffier de la cour de céans, 225 l., compris 50 s. pour salaire du greffier ; savoir : de Favereau, 105 l. pour une gabarre de Mesmin ; 120 l. pour une vente d'une barque venant des prises faites par le capitaine de S* Victor ; de Mathurin Béreau, sr des Fenestres, marchand de Lison, 32 l. 10 s., pour moullue provenant de ladite prise, signé : Rocquet.

« Aujourd'huy dix septiesme de mars l'an mil cinq cens soixante et dix, la Royne de Navarre séante en conseil auquel estoient messieurs les conte de la Roche, de Soubize, du Vigean et Languillier Francourt et autres, a commis et depputé, commet et députe les s^{rs} de Bollac et Guillaume Choisy pour faire prendre, en quelque part et lieux qu'ilz soient, tous les vaisseaux qui ont esté prins et amenez d'Aullonne, et iceux faire entrer dans le havre pour estre vendus au plus offrant et dernier enchérisseur au prouffit de la cause, réservant toutesfois aux soldatz et autres qui ont faict lesdictes prinses des vaisseaux, les butin et autres choses qu'ilz auroient prins, et mis dedans iceulx du sac faict audict Ollonne, pourveu que ne soit des ameublemens, équippages, artilleries, vivres et munitions desditz vaisseaux, que ladicte dame a réservés et réserve pour et au proffit de la cause. Faict audict conseil tenu à la Rochelle, les jour et an que dessus. Ainsi signé : Jehanne, et au dessoubz : Marbault. »

1570, 5 avril. Déclaration de bonne prise, en faveur de Mathurin Trumault, capitaine de l'Espérance de La Rochelle, d'un navire l'Espérance de la Vau en Bretagne, maître Jehan Tranchet, pilotte Pierre Dorbel, etc. Le navire n'a pu être amené à la Rochelle par les preneurs ; mais ils ont apporté des marchandises, coffres, balles et ballots. Les pièces fournies sont une charte partie du 6 février dernier, passée à Anvers entre Ruy Lopès et Fernando de Palma, marchands espagnols, et Tranchet, d'autre part, et des cognoissementz et brevetz pour aller à Lisbonne.

— 8 avril. Juge : le président. — Défaut contre Pelippes Budocusshier dit le capitaine Bourset, en faveur de Sorès, demandeur en exécution de jugement souverain rendu le 1er dudit mois.

— 10 avril. Déclaration de bonne prise, en faveur de Guillaume Mesmyn, capitaine de la carraque la Huguenotte, et Hélies Howe, son lieutenant pour les maire, eschevins et pairs de La Rochelle, de la Salmande de Féquan en Normandie et des marchandises y contenues. Maître du navire : Jacques Buignon, Anthoine Hamon contre-maître, etc. Le congé des défendeurs est donné par le s^r de la Mesleraye, vice-amiral en Normandie, le 26 X^{bre} dernier ; leur charte partie passée à Bordeaux le 21 mars dernier, Brizot, notaire, et Mathieu Charetain, marchand, pour aller à Envers en Brabant. Les demandeurs montrent un contrat fait entre eux et les maire, eschevins et pairs, passé par de la Rivière, notaire royal le 1er mars dernier, lequel devra être observé par Mesmyn.

1570, 13 avril. Reddition de compte par François Lescatte, procureur, à Jehan Picmain, marchant anglais faisant pour lui et Guillaume Got de Plemus, procureurs de Élizabeth Beny, veuve de Olivier Bray, capitaine de l'Isabel de Plemus, décédé à La Rochelle, des biens vacants à la Rochelle de cette hérédité. Recettes : 338 l. 10 s.; mise : 208 l. 16 s.; différence : 129 l. 14 s., somme remise à Picmain avec 12 pièces papier et parchemin en anglais, dont décharge.

— . . . . . . Juge : le président. — Forclusion de Budocusshier susdit, défaillant, après divers ajournements et appels, en faveur de de Sores, lequel informera par titres et témoins, et le défendeur sera appelé pour voir produire et prendre appointement; dépens réservés. Signé : Claude Meauce, esc^r, conseiller du roi.

— . . . . . . Ordonnance en faveur de de Saint Ouen, agissant pour de Sores, pour recouvrer par contrainte de justice, ès mains de diverses personnes de la Rochelle, les pièces nécessaires pour vérifier sa demande contre Budocusshier, lesquelles on lui refuse de bonne volonté.

— 17 avril. Juge : le président. — Dupliques de Jehan Roulleau, marchand, agissant pour Spiedel et Hans Scail, contre Jacques de Sores, représenté par Saint Ouen, et aussi dupliques de celui-ci. La question est toujours la revendication par ces derniers, en tant qu'Anglais de résidence et habitants de Londres, des laines et marchandises prises sur un navire et adjugées audit de Sores, sous réserve des droits des sujets de la reine d'Angleterre. De Sores soutient que les demandeurs sont Allemands et non Anglais, que les marchandises suivent la qualité du navire, etc... et quant à la demande d'inventaire des marchandises que fait Rulleau, elles n'existent plus en nature, etc. Renvoyé à huitaine pour informer par les parties.

1570, 17 avril. Communication accordée à François et Mathurin Trumaulx, Laurens Boucaury et Ollivier Guillore, des écrits dans la cause intentée à ceux d'entre eux restés à terre, par Hélies Hove, comparant par Burguenin, pour les assister et répondre à la cause avec eux, à condition d'élire domicile.

— 18 avril. Défaut donné dans l'affaire de Pierre de Saint Victor contre Jehan Jolly, s^r des Salles, et Guillaume Jolly, s^r de Varzan, avec demande d'assignation contre lui et de renvoi pour examen de la cause.

— 19 avril. De Saint Victor, Jean et Guillaume Jolly, absents, mais comparant conditionnellement par Badiffe, ont, dans leur compte, des articles sur lesquels ils sont d'accord; d'autres pour lesquels, étant en désaccord, Saint Victor offre de prêter serment de vérité. Joly consent à rabattre les sommes véritablement dues par lui à St Victor et refuse le serment, s'étant engagé à vérifier ses dires par preuves certaines, etc. Par suite ils sont condamnés à mettre leurs dires et aussi leur accord ou discord par écrit.

— Juge : le président. — Dernier renvoi de huitaine avant jugement, en tout état de cause, dans l'affaire de Sores contre Budocusshier.

« Jehanne, par la grace de Dieu, roine de Navarre, etc. Veu la requeste à nous présentée par Estienne Robin, marchant, tendant affin que le dixiesme des marchandises de la prise des Croisiquois apartenant à la cause, qui luy a esté par nous vendu, par l'advis du conseil estably près de nous, pour la somme de trois mil livres, luy soit actuellement baillée et dellivrée sans diminution, à l'encontre de Mathurin Trimault, Guillaume Le Roy et autres consors deffendeurs, et après que lesdictes parties ont esté ouyes sur icelles et lecture faicte des pièces par eulx respectivement alléguées, nous par advis du conseil avons condamné et condamnons lesdits deffendeurs à bailler actuellement audit demandeur une dixiesme partie desdictes marchandises telle et semblable qu'ilz ont baillée à l'admiraulté. Et pour à l'advenir assoppir touttes doubtes qui pourroient advenir en pareil cas, avons déclaré et déclarons qu'en toutes prises esquelles apartient ung dixiesme à la cause, icelles prises seront parties en dix partz desquelles l'une sera baillée pour le droit de l'admiraulté, l'autre à la cause et les huit autres aux preneurs. Et sera le présent arrest, jugement et déclaration publié au siége de l'admiraulté, le juge tenant les plaidz, et enrégistré au régistre d'icelle, afin que nul à l'advenir n'en puisse prétendre cause d'ignorance. Faict au conseil tenu à la Rochelle, le xij° jour d'apvril l'an mil v° soixante et dix. »

1570, 20 avril. Défaut contre de la Baste et renvoi au lendemain pour audition de témoins, dans l'affaire de Jolly contre ledit de la Baste et Saint-Victor.

— 21 avril. Déposition de Raymond Reaulme, escuyer, et Thomas Dupuys; et défaut contre Baron, troisième témoin, produits tous par Jolly contre Pierre de St Victor.

— Juge : le président. — . . . . . Comparution après visite des laines, de Jehan Rulleau, procureur de Speidel, contre de Sores, comparant par de St Ouen. Ce dernier défendeur nie que les demandeurs aient prouvé leurs droits à la propriété des marchandises provenant du Verguy et vendues suivant l'arrêt de la cour de l'amirauté. Il concluden au renvoi des demandeurs. Rulleau demande au contraire la saisie des laines, comme étant à Speidel, sujet de la reine d'Angleterre, et ayant sa marque. St Ouen demande que saisie ne soit pas faite; offrant, si besoin est, de rembourser une somme égale à la prise plutôt que de troubler l'acquéreur en vertu d'une sentence de ladite amirauté, etc.

Le président délègue pour vérifier les laines chez les sieurs David Thibault et Esprinchard, Jacques Henry et Claude Huet, pairs, marchands et bourgeois de la R., lesquels ont déjà fait visite et inventaire d'icelles laines et vu leurs marques; le tout aux frais de Rulleau, sauf répétition sur l'autre partie, s'il y a lieu.

1570, 24 avril. Défaut donné en faveur de Pierre de St Victor en présence de Jehan Jolly, sr des Salles, contre Guillaume Jolly, sr de Varzan, avec forclusion de défenses déclinatoires et ajournement pour produire contredits, etc.

— . . . . . Jehan Richer, capitaine de marine, contre Claude Pyniot, escuyer, sieur de la Marzelle. Richer demande communication des faits sur lesquels Pyniot veut faire preuve; plus l'adjonction du procureur du Roi, dans l'intérêt de la cause; plus la permission d'assigner Hillairet Plantis, maître de la barque en cause au procès, et défense audit Plantis, à peine de punition corporelle, de transférer la barque au delà de la chaîne du port, ni les apparaux et garnitures, et réservé le droit de les saisir au besoin. Richer répond que le rapport est ès mains du juge, au procureur qui en demande communication. Pyniot, lui, dit qu'il se présente sans y être tenu, que le défendeur a eu communication des faits et articles; qu'il demande et a fait oyr des témoins et qu'il serait impertinent que le tout fût porté devant le juge de l'amirauté, quand le conseil de la reine de Navarre en est saisi. Richer dit que Pyniot, dans sa requête, n'a pas montré que la prise fût faite par lui et a articulé des choses fausses. Le vin en litige a été pris sur les ennemis, allant en Bretagne, et ne venait pas ici; la barque est propriété de papiste et il est bien recevable à parler de ceci devant cette juridiction, puisque Pyniot s'efforce de prouver le contraire, lorsqu'on n'aurait qu'à recevoir sa caution. Quant à porter l'affaire au conseil, Richer ne diffère pas. Renvoyé à trois jours pour connaître et juger.

— . . . . . Claude Pyniot, contre Richer. Informations écrites après plaidoiries. Richer répète qu'il a fait requête, dès février dernier, pour avoir communication des demandes de Pyniot et obtenir sursis jusqu'à ce qu'il y ait répondu; qu'il a demandé d'appeler en procès Hillairet Plantis, maître de la barque en question, lequel venu a été entendu sur défaut contre Pyniot; bref il énumère une suite d'actes de procédure desquels il conclud que les témoins de Pyniot ont été entendus contrairement aux règles de procédure suivies et avant appointement du juge. D'où il demande cassation de l'enquête et des procédures de Pyniot, intervention du Roi et maintien des choses en état, jusqu'à connaissance suffisante de l'affaire, par ce dernier contre Plantis ; il conclud en déclaration de bonne prise et demande élection de domicile et désignation de procureur par la partie adverse. Pyniot dit que l'adversaire fait tout pour délayer, et que lui a satisfait à tous les dires et aux demandes du conseil de la reine de Navarre : ainsi il a fourni caution pour le vin dont il a eu remise par provision ; quand il a assigné Richer devant le tribunal, celui-ci a dit qu'il n'était pas compétent, sauf pour la caution. Il a fait faire enquête à Thalmond sur Jard en Bas-Poictou, malgré l'injure du temps, et fourni des témoins venus à la Rochelle et appelés devant le juge, où ils ont témoigné, le défendeur appelé ; aussi par suite l'enquête est faite et le but n'est que de retarder le jugement au principal. Quant à la barque, elle est à une veuve Plantis et à des mineurs. Tout est en ordre, néanmoins il consent à laisser communiquer au procureur du roi et à élire domicile, mais il demande jugement à bref délai, la barque s'endommageant sur les vazes. Richer persiste ; l'enquête est à refaire et nulle, venant d'un commissaire incompétent, non désigné par le conseil ; plus que, vu l'état de la procédure, Pyniot ne pouvait faire entendre témoins qu'elle ne fût parfaite et elle ne l'était pas ; ses assignations ont été données sans lieu certain et à heure indue, à 5 heures du soir par exemple. Il faut annuler l'inquisition et recommencer à juger au fond et communiquer au procureur du roi. Le juge retient la cause pour y faire droit *quam citius* ✠.

1570, 26 avril. Délai de huitaine accordé à maître Thomas de Monpelle, pour compter avec Pierre Osmo, demandeur, des deniers et marchandises appartenant au capitaine l'Isle.

— Juge : le président. . . . . . Jehan Roulleau contre de Sores. S Ouen prétend pour de Sores que le délai de huitaine accordé à Roulleau pour produire ses témoins est expiré, et que le délai est définitif et sans ces atermoiements qui prolongent la matière. Roulleau dit que ses témoins sont étrangers et ne peuvent être entendus dans ce délai ; que le délai n'est pas péremptoire..... Sur quoi est donné par le juge un délai de deux mois applicable à de Sores, s'il veut faire preuves en Angleterre, et à ce sont commis les juges et magistrats de la ville de Londres, sur ce requis. Saint Ouen élit domicile en l'hotel de m^e Jehan Cabrysis, que tient en location Jehan Greart et sa femme, joignant la maison du Chapeau Rouge, près la porte de la petite boucherie de cette ville, et Roulleau, dans la maison où il réside.

1570. Assignation sur défaut de François et Mathurin Trumault et Laurens Boucamy par Héliès Howe, capitaine de navire, demandeur en forclusion et déboutement de défense, après plusieurs défauts.

— 28 avril. Juge : le président. — Sentence de condamnation de Philippe de Budocushier dit le capitaine Bourset, gentilhomme anglais, après énumération d'actes de procédure, y compris les extraits d'un registre du greffe de l'amirauté du 9 avril 1569, (antérieur à celui-ci), à payer à de Sores, demandeur, la somme de 18,000 livres pour sa part dans la vente de dix hourques et des marchandises y comprises, avec la part de l'équipage qui fit la prise et en sus les dépens ; avec mission à tout huissier ou sergent royal de n'importe quel bailliage, de mettre les présentes à exécution et d'ajourner Budocushier devant ledit tribunal, pour taxer les dépens ; priant et requérant tous seigneurs, princes, potentats, magistrats et juges quelconques, de faire mettre ces présentes à exécution dans leurs seigneuries ou ressorts, à charge d'accorder le semblable en cas pareil. Donné par Claude Meauce, conseiller du Roi, s^{gr} d'Estambes, commissaire président chargé de l'instruction, François Mathieu du Rozet, conseiller du Roi au parlement de Rennes ; Pierre Poyne, lieutenant général pour le susdit seigneur à Bergerac, Arnauld Le Blanc, conseiller dudit seigneur au siége présidial à Saintes, François Bellucheau, sieur de la Reynaudière, conseiller présidial dudit seigneur à Poitiers, Jehan Guillon, conseiller et garde des seaux du dit seigneur audit Xaintes, et Jehan Lebœuf, juge de la prévosté dudit seigneur à Saumur, commissaires en cette partie, députés par la Reine de Navarre ; lesquels sont dits avoir signé l'original.

1570, 3 mai. Déclaration de bonne prise, en faveur de Jehan Yon et Jehan Allain, capitaines de navire, de trois barques chargées de pastel, venant de Bordeaux et allant à Envers en Flandres ; savoir : l'une appelée la Marie de Chef de Bourg, maître : Jehan Hérier ; l'autre la Magdelaine du même lieu, maître : Guillaume Marais ; la troisième, la Fidèle de Brecalleau, maître : Michel le Noble. Les connaissements, signés à Bordeaux : de Cazemajour.

— 9 mai. Défaut par Pierre de la Baste, capitaine de marine, contre Jehan Jolly et appel à bref délai sur la cause.

— . . . . . Communication de production, avec droits de produire contredits pendant trois jours, et salvations pendant les trois jours suivants, avant jugement, dans l'affaire de Richer contre Pyniot.

— 10 mai. Second défaut pour de la Baste contre Jolly avec bénéfice, par ce dernier, desdits défauts et autorisation de produire les pièces avant jugement.

— 13 may. Notification par Pierre de Saint Victor de la transaction par lui faite, moyennant 100 liv., avec Jehan et Guillaume Jolly, et décharge par le juge donnée à sire Jehan Rocquet, marchand, d'avoir fourni caution et gardé les deniers qu'aujourd'hui Saint Victor abandonne à Jolly.

— Suit un certificat que Rocquet dès le premier avril a eu en mains les sommes consignées.

— 22 mai. Réclamation par François de Sauray dit de la Marque, marchand de Bordeaux, de religion réformée, demeurant en cette ville depuis 15 mois, au sujet de la prise par le capitaine Moynet, à la guerre à la mer, d'une barque d'Olonne où est maître Loys Reton, chargée de bled et autres marchandises, laquelle venait décharger en cette ville et parmi lesquelles marchandises se trouvaient quelques-unes que Mériault de Quarrière et autres pour lui,

lui avaient adressées en cette ville. Et comme il a ouï dire que le procureur et Moynet avaient saisi la barque, les marchandises et les lettres d'envoi par Menault des dites marchandises, il réclame avoir audition pour savoir ce qui lui est envoyé et s'opposer à l'adjudication de ce qui lui appartient. Il est autorisé à signifier sa requête au procureur et à Moynet pour, eux oys, être ordonné ce qu'il appartiendra.

1570, 25 mai. Déclaration de bonne prise, en faveur de Jacques Rouzeau dit Mitrault l'aîné, capitaine au navire de guerre de Pierre de Vilattes, escuyer, s^{gr} de Champaigne, du navire le Courtault de Dieppe, dont est maître Méry de Vymeure et bourgeois Pierre Clémens, et Martial Vatel étant avec eux; et relaxation par main levée de la Catherine de Dieppe, dont est maître Jehan Desnos, contre-maître Jacques du Val, Symon Millet et autres consorts, avec défense néanmoins audit Desnos de sortir du port le blé contenu dans son navire, mais avec autorisation de le vendre et débiter en gros ou en détail, de gré à gré et à prix raisonnable, à qui de la ville il lui semblera bon. Pièces communiquées : l'affrétement ou chartre partie pour le voyage du navire, passé entre François Merchier et Clémens Pene, donné à Rye en Angleterre, le 2 avril dernier; un passeport des officiers de la reine d'Angleterre de la ville d'Arondel, autorisant Guillaume Aguemant à changer 40 quartières de froment d'Arondel à La R. sur le Courtault, le 24 avril dernier; un autre affrétement pour que ledit navire, en mars dernier, allât à Lisbonne, chargé de blé froment; en outre deux passeports autorisant Aguemant à emporter 300 quartières de froment d'Arondel à La Rochelle, du 25 mars dernier; l'autre pour y mener 70 pièces bayette et six grands draps; enfin une pièce donnée le 27 de mars à Schin par le cardinal de Châtillon, autorisant Aguemant à aller à Lisbonne, de là en Mosquovie et retourner en Angleterre, signée : O. cardinal de Chastillon, et scellée de ses armes. Signé : P. Bouchet, Fief-Gallet, Juifve, Théveneau, Guillaudeau, Gasteuil, Tabarit, Guillon.

1570, 25 mai. Déclaration de bonne prise en faveur de Claude de Berre, escuyer, capitaine de navire, de la Marie de Rehard en rivière de Nantes, maître Pierre Brunet, contre-maître Jehan David. Le navire était frété pour aller de Nantes à Bilbaud en Espagne et le maître fournit des lettres aux conseils de Bilbaud, venant de Nantes du 23 avril, signées: Nicollas Fiot.

— ..... Prorogation du délai pour un mois, accordée à de la Baste, contre Jehan Jolly.

— 16 mai. Françoys Sauray dit La Marque, marchand de Bordeaux, de religion réformée, contre le capitaine Moynet et le procureur du Roi, dit après communication de pièces, qu'il a eu connaissance de trois lettres, deux de Menault de Quarrières, marchand de Bordeaux et de la religion, et l'autre de Jehan Dral, aussi marchand de Bordeaux et de ladite religion. Par suite il réclame 34 pipes et un comble de froment, deux poules, un chapon, et un pot de beurre à luy envoyés pour en trafiquer. Le procureur du roi et Moynet répliquent que sa qualité de réformé ne lui donne pas le droit de trafiquer avec les ennemis de cette religion ni de leur porter des vivres, comme il faisait, puisque ce navire a été pris en rade d'Olonne qui est pays détenu par l'ennemy, et pourtant il avait le vent le plus propre à venir à La Rochelle; plus les lettres missives, dont il a eu connaissance, lui étaient adressées à Olonne, et le receveur de la coutume de Douarnenés avait dans le navire 20 pipes d'avoine qu'il n'envoyait pas dans cette ville, étant un des plus fermes papistes du pays de Bretagne; ce qu'on verrait bien dans la charte partie, si le demandeur ou le maître du navire voulait l'exhiber, ce qu'ils requièrent, ou si non, la déclaration de bonne prise du navire et des marchandises y étant. Sauray réplique qu'il est bien de la religion réformée, étant retiré depuis 15 mois dans cette ville, vu les troubles, et qu'il aide à ceux de sa religion et non aux ennemis, pour son trafic; que si on a trouvé le navire dans la rade d'Olonne, c'est que le maître du navire, qui est de la religion, est aussi d'Olonne, et y voulait avoir des nouvelles de sa maison, décharger ses marchandises personnelles et se renseigner sur les galères, pour s'en garer, en venant dans cette ville. Quant aux lettres suscrites pour Olonne, c'est une précaution prise pour garer le navire, les marchandises et la vie des marins, à cause des défenses étroites et rigoureuses faites en Bretagne de ne rien trafiquer ni amener en cette ville; c'est aussi la raison pour laquelle on n'a pas fait de charte partie; après lettres écrites, il est vrai, et par délibération postérieure des marchands faite en oubliant de rayer leur mention sur la lettre missive. Si néanmoins il existait une charte partie, le capitaine Moynet et ses gens l'auraient prise puisqu'ils ont pris les lettres missives. En réalité les marchandises sont bien pour cette ville et pour lui, il en a reçu d'autres avec lettres de même écriture et suscription, lesquelles seraient alors confiscables de la même manière; ce qui serait préjudiciable à la cause et au public et retrancherait un moyen légitime dont usent les marchands de la religion, pour recouvrer des vivres et marchandises pour cette ville et le peuple de la religion. Pour preuve, Sauray fournira des lettres par lui reçues ici, quoique adressées à Bordeaux; lesquelles étaient pour délivrer 699 liv. à M. de Rohan, gentilhomme de Bretagne, par suite ne faut-il s'arrêter aux suscriptions. La prétention du capitaine et du procureur est odieuse; par suite il persiste..... les autres aussi, et le juge retient les pièces pour statuer.

1570, 25 mai. Vincent Lepage, serviteur du receveur de Douarnenez en Bretagne, contre le procureur du Roi et le capitaine Moynet, en restitution de 21 pipes d'avoine prise par eux dans le même navire que ci-dessus. Le procureur et Moynet disent par les mêmes raisons que dessus, que le navire et les marchandises sont de bonne prise. Lepage n'avait pas le droit, étant papiste, de trafiquer à La R. Ledit Lepage objecte les mêmes raisons que Sauray. Le capitaine était d'Olonne et venu chez lui. Jamais Sauray, auquel les missives étaient adressées à Olonne, n'est venu dans ledit pays. Il y a des ordonnances de la reine de Navarre qui autorisent les papistes à trafiquer à La R. (Sans décision du juge.)

1570, 29 may. Juge : Pierre Bouchet. — Jehan Moynet, capitaine de marine et le procureur du roy, demandeurs en déclaration de bonne prise de la barque la Bonnadventure d'Olonne, contre Loys Retus, maître de ladite barque, Vincent Lepaige et Raymon Garrisson, défendeurs, François Sauray dit de Lamarque et aussi Lepage, comme serviteur d'Yves Rohard, receveur de Loraine en Bretaigne. Ordonnance d'information sommaire dans trois jours, faute de renseignements suffisants pour juger; de vente des marchandises à l'enchère avec dépôt des fonds, aujourd'hui même, chez un marchand notable, au gré des parties; mise en séquestre de la barque, dépareillement des apparaux et agrès avec inventaire. Dépens réservés. Signé ou dicton : P. Bouchet, F. Petit, Belian, Gasteuil, Guillon, Guillaudeau et Théveneau.

— . . . . . Jehan Brisseau, capitaine de marine, demandeur en déclaration de bonne prise de la Marye de St Gilles sur Vye, contre Mery Pyneau, maître de la dite barque, et Nicollas Corbeau. Relaxation de la dite barque, sel y contenu, apparaux et agrès, mais à la condition de ne sortir le dit sel de la ville que sous les charges et réglements donnés par la reine de Navarre et son conseil. Pièces visées : un passeport ou congé de ladite reine, du 22 avril dernier, et un brevet donné par le commis du sel du port de St Gilles sur Vye, pris en l'île de Ryé, signé : Bureau, et certifiant la charge du navire.

— Mention d'une déclaration de bonne prise d'une barque chargée de blé, accordée au capitaine Trumauz le xxx may et portée par erreur au xix juin. (*Elle n'est pas dans ce registre.*)

— . . . . . Pierre de Villatte, escr, sr de Champaigne, demandeur en déclaration de bonne prise de la Bonadventure de St Gilles sur Vye, chargée de sel, contre Richard Archard et Jehan Moynardeau, mariniers et compagnons du navire, dont est me Laurens Chauvet de St Gilles sur Vye. — Relaxation dudit navire, agrès, apparaux, marchandises, après examen des pièces, parmi lesquelles est un congé et passeport donné à Chauvet par la reine de Navarre le 27 avril dernier. Signé : P. Bouchet.

« Jehanne, par la grace de Dieu, royne de Navarre, dame souveraine de Béarn, à noz chers et bien aimés les trézorier de la marine, procureur et contrerolleur en ladicte marine, juges et officiers de l'admiraulté et chacun de vous si comme à luy apartiendra, salut. Ayant esgard aux pertes et dommages avenues et soufferles nostre cher et bien amé Massiot Vatel, marchant de Honfleur, et pour les causes portées par la requeste cy dessus et par l'advis et délibération du conseil, avons donné et octroyé, donnons et octroyons par ces présentes les partz et portions qui peuvent compecter et apartenir pour les droitz de la cause et de l'admirauté, en une balle de freze ou revesche contenant deux piéces prinses par le s^r de Champaigne dans le vaisseau ou navire nommé le Courtault de Dieppe. Sy vous mandons et chascun de vous, si comme à luy apartiendra, bailler ou faire bailler et délivrer audit Vatel lesdictes parts et portions apartenans à la cause et admirauté sur ladicte balle de revesche, et d'icelles ensemble de nos don et octroy les faire joyr et user plainement et paisiblement. Et en rapportant ces présentes et certiffication dudit Vatel de la délivrance par vous à luy faicte desdictes revesches, nous voullons ou l'ung d'iceulx et tous autres qu'il apartiendra ainsi que le cas touchera, en estre tenus quictes et deschargés par les commissaires et députés aux comptes, ausquelz mandons ainsi le faire sans difficulté. Donné au conseil tenu à la Rochelle, le dernier jour du moy de may, l'an mil v^e soixante dix. Ainsi signé : Jehanne, et au dessoubz : Marbault. »

1570, 1er jung. Sauray, Lepage et Reton, contre le capitaine Mynet et le procureur du Roy, non comparants. Les demandeurs ont fait oyr témoins et réclament que les défendeurs discutent le lendemain les témoignages, ou si non qu'il soit fait droit au fond. Signification ordonnée à ce sujet et noms des témoins envoyés par écrit à Mynet et au procureur. Signé : F. Bouchet.

« Nous, Jacques Sores, escuyer, sʳ de Flocques, lieutenant de monseigneur le prince de Navarre en son admiraulté et armée de mer, certiffions que pour plusieurs bonnes et justes considéracions, avons donné congé et permission à Pierre Brunet, maistre de la navire nommée la Marie du havre de Rohart en Bretaigne, du port de quarente cinq tonneaux ou environ, et à Jehan Ravard dudit Bretaigne, auquel apartient partie de ladicte navire, et lesquelz auroient esté cy devant prins par les navires de guerre de mondit seigneur le prince et amenés en ce lieu, ausquelz a esté quicté et rendu gratuitement ledit navire pour leur donner moien de mieux gagner leur vie à l'advenir, de faire sortir ladicte navire hors le port ou havre de ceste ville de La Rochelle et icelle mener et conduire audit lieu de Rohart ou autre havre dudit Bretaigne, comme le temps le permettra, avecques la marchandise de gouldron qui est à présent oudict navire, et dudit lieu de Rohart ou autre lieu en Bretaigne nous raporter vivres, munitions et toutes sortes de marchandises en ceste dicte ville pour l'avitaillement d'icelle. Partant prions tous cappitaines, chefz de guerre sur la mer, mestres des portz et havres, soubz l'adveu et auctorité de mondict seigneur le prince et autres qu'il apartiendra, ne donner audit Brunet et Ravard aucun moleste, destourbier, contredit ou empeschement en leur voiage, tant allant par dela que revenant desditz lieux par decza, apportant vivres et munitions en ceste ville soit dans ladicte navire ou autre navire à sa commodité; ains en faveur de mondit seigneur le prince et de nous leur donner tout aide, secours, confort et assistance comme besoing sera. Donné et faict à La Rochelle soubz nostre seing et scel ce xxviijᵉ jour de may l'an mil vᶜ LXX. Ainsi signé : J. Sore, et scellé du scel de ses armes. »

1570, 5 juin. Ordre donné, par suite de la requête de Massiot Vatel de Honnefleur et de l'ordonnance, au pied d'icelle, de Jeanne d'Albret, au sieur de Campaigne et à son équipage de délivrer au marchand susdit la dixième partie des revesches ou frezes revenant au prince de Navarre et celle adjugée à la cause. Signé : Fr. Bouchet.

— ..... Le capitaine Pussay, demandeur en déclaration de bonne prise d'un navire, bled et autres choses, et le procureur du roi joint à lui, contre Jehan Patrision et Philippe Sacquespée défendeurs.

Ordonnance d'informations de trois jours en trois jours, après audition du maître de la prise et des deux défendeurs, et de déchargement et mise en grenier du blé, pour être vendu comme il appartiendra. Signé : Bouchet.

Arnault Ducasse et Loys Roulleau, marchands d'Arvert, demandeurs, assistés de Joseph Guillaudeau, avocat, contre le procureur du roi présent et les maire et échevins de La Rochelle, défaillants. Délai de trois jours accordé à ces derniers, lesquels passés, jugement sera rendu sur la requête et pièces y jointes sans autre injonction ni forclusion.

— 7 juin. Moynet, demandeur en déclaration de bonne prise de la Bonaventure d'Olonne, contre Riton Lepage, serviteur d'Yves Rohart, receveur de Douarnenés, Garisson et Sauray dit la Marque. Vu les pièces, relaxation de la barque et des bledz y contenus, avoine aussi, à la condition qu'ils seront vendus en cette ville et non ailleurs et sans dépens; les défendeurs ayant seulement à payer les frais de visitation, consultation et jugement. Signé ou dicton : P. Bouchet, De Juyne, Théveneau, Guillaudeau, Belian, Gasteuil et Guillon.

— ..... Pierre de Vilates, escr, sr de Champaigne, demandeur en déclaration de bonne prise de la Marie de Trebihan en Bretaigne et de la Jeanne de St Ouen en Auleron, contre Yon Hauhunguain, maître, et Guillaume Nou, marinier de la Marie, et Lambert Boursault, Morice Chevalier et Pierre Guillot, maître et bourgeois de la Jehanne. Déclaration de bonne prise des deux barques aux conditions ordinaires.

1570, 10 juin. Jean des Coutes, sgr de Clermont, contre Jehan Patrision. Le premier réclame la délivrance de deux berches. Le second dit qu'elles font partie du navire chargé de blé, pris par le capitaine Pussey dont la cause est pendante. Le premier affirme les avoir achetées, pour 22 liv. 10 s., d'un soldat dont il ne sait pas le nom. Après information il les rendra pourvu qu'on lui restitue la somme. Le 2e répond qu'il n'est tenu à rien payer; que le contradicteur se fera rembourser par le vendeur, si bon lui semble. Le procureur du roi prendra partie, après information sommaire, dans la journée.

— Reton, maître de la Bonaventure, réclame à Moynet certaines choses dépendant de sa barque. Celui-ci dit que si son équipage les a prises, c'est à son insu; mais qu'étant en mer vers l'île de Ré, il n'en peut informer. Il faut que le demandeur attende ou aille lui-même à l'île de Ré. Délai de huitaine à Moynet pour informer.

— Arnault Ducasse et Loys Rateau contre le procureur du roi. Les demandeurs feront appel des preneurs à bref délai pour être oys.

— Guillaume Boursault, demandeur en requête, par Jehan Meschinet, procureur, contre le procureur du roi. Ils mettront leur dire par écrit au présent régistre pour qu'il y soit appointé.

— Jehan Allain, capitaine de navire, lieutt du capitaine Provensal, demandeur en déclaration de bonne prise d'une barque de St Vincent de la Barguière appartenant à la veuve Guillaume Bastelle, contre Vincent et Antoine Siaudin, marinier de ladite barque. Déclaration de bonne prise de la barque et des merlus qu'elle contenait, aux conditions ordinaires. Signé : P. Bouchet.

— Mathurin Trumault, capitaine de marine, demandeur en déclaration de bonne prise d'une barque pêcheresse et du poisson de deux autres, contre Jehan de Fongotreres et Diego Hernadez, pêcheurs espagnols. Déclaration de bonne prise de la barque et du poisson, aux conditions ordinaires.

— . . . . . Philippes Martin de Mauvoir, escuyer, sr de la

Garde, demandeur en déclaration de bonne prise de la Bonadventure d'Olonne, chargée de bleds, contre Jacques Boursault, propriétaire et bourgeois du navire, Philippe Lambert, Hector Seguin, maître dudit navire. Déclaration de bonne prise dudit navire aux conditions ordinaires, au profit du demandeur, des capitaines Roussel et Jehan Moynet et leur équipage, qui ont aidé à la prise. Des pièces produites résulte que le blé vient de Calais, avec passeport du maître d'hôtel du s^r de Pyennes, nommé Charles Chrestien; que le congé a été pris au bureau d'Abeville et qu'auparavant le capitaine Boursault a fait payer au même bureau les droits du roi pour 42 tonneaux de vin provenant du havre de St Denis en Olleron. Signé : Bouchet, Belyan, Gasteuil, Theneau, Guillon et Fief-Gallet.

« Aujourd'hui Mathurin Trumault, cappitaine de marine, et Jehan Garenne, marchand du Croisic en Bretagne, comparans par ledit Garenne, nous ont dict en la présence du procureur du Roy en la court de céans, tant pour eux que autres leurs consors, qu'il a pleu à sa magesté la Royne et Messeigneurs de son conseil leur conférer et donner ung navire, par eux équippé en guerre, cy devant apartenant à Jacques et François Boynas d'Ollonne, pour les causes contenues ouditdon, lequel ils nous ont présenté, requerant que eussions à le faire enrégistrer pour perpétuelle mémoire : ce que ledict procureur n'a voullu enpescher, ains a consenti. Atant avons ordonné qu'il sera enrégistré ès régistres de la court de céans, duquel enrégistrement leur sera donné acte pour leur servir en temps et lieu ce que de raison. »

« Jehanne, par la grâce de Dieu, Royne de Navarre, dame souveraine de Béarn, duchesse de Vendosmois, de Beaumont, Nemours, Gandie, Monblanc, Penefiel et d'Albret, contesse de Foys, d'Armaignac, de Rodetz, Commersan, Marle, Bigorre et Perigort, vicontesse de Limoges, de Lautrec, Villemur, Marsan, Mosan, Gavardan, Nebouzan, Tartas,

Ailhac et de Marempnes, etc... A tous ceulx qui ces présentes verront, salut. Noz chers et bien amés Michel Dubray, Jehan Garenne et Mathurin Trumault, pour eux et leurs consors de la ville du Croisic en Bretaigne, nous ont faict dire et remonstrer que, dès le commencement des présents troubles, ilz auroient, par commandement de nostre très cher et très amé cousin monsieur de La Rochefoucault, équippé en guerre et mis en mer ung navire nommé le Serf du Croisif en Bretaigne, du port de deux cens tonneaux ou environ, ausditz supplians et consors apartenans, et icelluy amené près et audevant de cette présente ville, estans dans ledit navire quatre vingtz hommes tous de la relligion réformée, en bonne dévotion de faire leur devoir, comme ilz ont faict parroistre soubz la charge et conduitte du feu s^r de La Tour, commendant soubz l'auctorité de noz très chers et très aimés frère et filz, feu monsieur le prince de Condé et le prince de Navarre, en l'armée de mer. Soubz lequel feu seigneur de la Tour, en faisant service à ceste cause, ilz auroient perdu ledit navire, qui se seroit ouvert et brizé par l'injure et tempeste du temps, et ainsi qu'il peult encores apparoir, estans dans la chesne du havre de ceste dicte ville du tout innutille; lesquelz pour aucunement récompenser de la perte de leurdit navire, auroit esté ordonné au conseil de nosditz feuz frère et filz, qu'il leur seroit baillé et dellivré ung navire appellé le petit Basque et depuis autrement nommée le Chastellier, du port envyron de cent thonneaux : duquel toutesfois ilz n'ont heu aucune joissance, d'aultant qu'estans employés au voyage que feist ledit feu seigneur de la Tour en Angleterre, il fut cependant baillé et dellivré au cappitaine Chaulde et depuis son décès au cappitaine Berre; de sorte que, après leur retour dudit voiage et le décès dudit feu s^r de la Tour, demeurans frustrés d'icelle récompance, pour l'affection qu'ilz avoient de n'estre inutilles au service de cette cause et y faire leur devoir, comme ilz ont tousjours faict et quilz désirent continuer, il leur fut baillé par le s^{r} de Fors, surintendant de la marine, et cappitaine Sores, lieutenant de nostredit filz en son admiraulté de Guyenne, ung navire nommé l'Espérance d'Ollonne, du port de soixante dix tonneaux ou environ, avecq son gallion et apparaux, sellon que plus au long est contenu par l'inventaire sur ce faict des choses estans dans ledit navire, appartenant à Jacques et Françoys Boynus, mariniers dudit Ollonne, pour avecq icellui faire la guerre; et affin qu'il ne survint aucune plainte d'eux pour le prouffit et location dudit navire, ilz composèrent avecq lesditz Boynues, sellon et ainsi qu'il est porté et déclairé par le contract sur ce faict et passé entre eux à La Rochelle le derrier jour de septembre mil v$_{c}$ soixante neuf, signé Salleau; qu'après ledit contract et accord faict, ilz se sont employés au service de ladicte cause et faict plusieurs prinses desquelles ilz ont payés les droitz à icelle deuz, nous supplians en considération de leur dit service et attendu que les habitans du pays d'Ollonne ont contre leur foy promise et jurée, nosditz feu frère et filz, prins les armes, s'estans ouvertement déclairés ennemys de la cause généralle et commune de la relligion, et iceux pugnis et chastiés depuis naguères de leur dicte perfidie et rébellion, et que par leur droit et usance commune de la guerre ledit navire est acquis à la cause, comme ont esté à cest effect prins et saisis tous les autres qui ont estés trouvés aux portz et havre dudit pays d'Ollonne : qu'il nous plaise leur faire don dudit navire, affin que ce leur soit plus de moyen de continuer le service qu'ilz désirent faire; à ceste cause et à ses fins casser et adnuller les contratz, promesses et obligations qui pourroient avoir esté faictés pour raison dudit navire et location d'icelluy avecq lesditz Boynus. Nous, ayans esgard à la perte dudit navire apartenant ausditz supplians et consors, et pour aulcunement les récompenser, à iceux avons, pour les causes cy dessus et autres bonnes et justes considérations à ce nous mouvans, par l'advis du conseil estably près de nous, donné et octroyé, donnons et octroyons par cés présentes, ledit navire comme apartenant de tout droit à la cause, cassant et adnullant tous contratz, promesses et obligations qui pourroient avoir esté faitz et passés par lesditz supplians et consors avecq lesdictz Boynus, pour raison dudit navire et locations qui peuvent estre deuhes et rester à payer, que nous avons comprins et déclarés; comprenons et déclarons au nombre des ennemys de ladicte cause générale, comme habitans dudit pays d'Ollonne; enjoignant audit Salleau et tous autres notaires qu'il apartiendra, de canceler et adnuller et effacer de leurs régistres et prothocolles tous lesditz contratz, promesses et obligations faictes et passées pour les causes susdictes, pour dudit navire, gallion et apparaux, ses apartenances et deppendances, en joyr et user doresnavant par lesditz supplians et consors plainement et paisiblement, et disposer comme de leur propre chose, sans qu'ilz puissent estre aucunement troublés ou empeschés en la possession et joyssance d'icelluy, pour quelque personne que ce soit; à la charge toutesfois de faire et continuer la guerre contre les ennemis de ladicte cause générale et de faire amener et conduire en cedit havre, ainsi que le temps leur permettra, toutes les prinses qu'ilz feront sur lesditz ennemys, et de payer sur chacune d'icelles ung dixiesme deu à nostredit filz pour son droit d'admiraulté et ung aultre semblable droict et dixiesme à la cause; lesquelz à ces fins feront serment ès mains du s^{gr} de Fors, surintendant de ladicte marine, qu'ilz ne feront ni n'entreprendront chose qui puisse en aucune façon préjudicier ceux de ladicte religion ni le service de ladicte cause, et que, toutes et quantes fois que le besoing sera, ilz se rangeront soubz le lieutenant de nostredit filz et nepveu en l'armée de mer. Parquoy nous prions et requérons neantmoins, en tant que faire pouvons, enjoignons expressement à tous noz cappitaynes, chefz et conducteurs de gens de guerre, estans sur terre ou sur mer, leurs lieutenants et enseignes, gouverneurs des yles, villes, chasteaux et forteresses, gardes de portz, pontz, péages, passages, jurisdictions et destroitz et tous autres qu'il apartiendra, que vous ayés à laisser passer, aller, séjourner et retourner en toutte seureté et liberté lesditz suppliants et consors, avecq ledit navire, munitions et gens de guerre, ensemble toutes les prinses qu'ilz feront, partout où besoing sera, sans permettre ne souffrir ne leur estre fait, mis ou donné aucung arrest, trouble ne empeschement quelzconques; ains pour l'amour de nous, leur assister et prester toute main forte, ayde et secours à l'encontre de ceux qui les vouldroient troubler et molester, et faire chose contrevenante à nostre présent don, octroy, congé et permission, lequel, en tesmoing de ce, nous avons signé de nostre main et faict mettre nostre scel. Donné à La Rochelle, le douziesme jour d'apvril, l'an mil v^c soixante dix. Ainsi signé : Jehanne, et plus bas : par la Royne de Navarre, Pelletier, et scellé. Lesquelles lettres ont signiffiées audit Françoys et Jacques Boines, parlant audit François Boyne par Bienvenu, sergent royal, le lundi xxij^e jour de may dernier, dont lesditz Truiaulx et consors ont requis acte qui leur a esté octroyé. »

1570, lundi 12 juin. Jacques Boursault déclare appeler du jugement de bonne prise du 10 de ce mois, rendu contre lui en faveur du capitaine Lagarde, comme étant prononcé par juges incompétents, contre la volonté et l'ordonnance de la reine de Navarre; et proteste de prendre à partie les juges ayant pris part à la sentence. Signé : Chaseloup, procureur de Boursault.

— 13 juin. Philippes Lambert déclare appeler, pour les mêmes causes, du même jugement. Signé : J. Lambert.

— . . . . . Guillaume Boursault proteste contre la même sentence, et spécialement contre la vente du navire, à peine de tous dépens, etc., avec demande de signification de sa protestation audit Lagarde et au procureur du roi. Signé : J. Meschinet, procureur.

— Deux reçus de pièces, le 1er du 28 mai 1570, attestant le dépôt du sac de Pierre Labarte contre Jehan Jolly, signé :

de Passebrune; le 2e, du 22 juillet 1570, est le récépissé d'une charte partie passée le 3 février à St Jean de Luz entre Micheau de Beauloc et Martin de Hoyarsaboc. Signé : J. Jollan.

Suit enfin le récépissé rayé des pièces d'Arnaud d'Avauceux contre le capitaine Fourcade. Signé : de Pierrebrune.

APPENDICE

I.

1569, 20 décembre. Lettre du cardinal de Châtillon à lord Cecill, secrétaire d'État de la reine d'Angleterre, relative à la capture d'un navire vénitien par le capitaine Sore. (State Papers. Foreing, Elizabeth, 1569. Vol. cix. N° 446.)

Monseigneur, estant le S^{er} Pesaro, consul de la nation vénétienne, venu ces jours passez me trouver en ce lieu, pour me faire entendre que le cappitayne Sore, ou aucuns qui s'advouent de luy, avoient naguères pris à ceste coste ung navire vénétien nommé la Justinienne, chargé de vins, raisins de Corinthe et autres marchandises, me priant de luy escrire pour le relascher, et en faire entière restitution, je ne failly de faire incontinent une depesche au cappitayne Sore, que je fis bailler au S^{er} Pesaro, par laquelle je le priois très expressement de rendre incontinent le navire et les dictz biens et marchandises, luy mestant en avant des raisons et consydérations qui le devoient assez esmouvoir à y obéir promptement; et entre autres je n'ay obmis à luy faire entendre que autrement sa magesté et messeigneurs de son conseil en seroient offensez. En oustre je baillay une autre lettre de passeport au S^{er} Pesaro pour ung autre navire, nommé la Fédérique vénétienne, chargé de pareilles marchandises, qu'il disoit estre à Darthemuth arresté pour crainte des navires du capitaine Sore ; lequel je suis asseuré estre si très humble et très affectionné serviteur de sa magesté et des dictz S^{rs}, (comme il doibt, et comme aussy toute la cause y a de très grandes obligations), qu'ayant entendu ce que je luy mande, il ne fauldra de se déporter suyvant le contenu de ma lettre. Et neantmoins, pour le désir que j'ay que sa magesté en demeure satisfaicte et tous les dictz seigneurs, j'ay bien voulu faire encores une recharge au cappitayne Sore, que je vous envoye par monseigneur de Kingsmil, vous priant de la vouloir présenter aux autres seigneurs du conseil de sa magesté et leur faire voir la présente ; lesquels je suplie aussy de vouloir avoir au reste ledit Sore pour bien recommendé, et luy user d'autant meilleur traictement que je croy qu'ils ne doubtent point que ce que est maintenant en ces costes n'est point en intention de faire chose qui déplaise à sa magesté, ains au contraire pour luy faire très humble service et aux dictz seigneurs; et par mesme moyen endommager les ennemys de Dieu et nostres; lesquelz tous les jours, avec une plusques barbare cruauté et animosité et à toute oultrance, ruinent, assassinent et massacrent les nostres, en tous endroits et par tous les moyens qu'ils peuvent Ce qu'il leur plaira mestre en quelque consydération et vous aussy, que je prie Dieu tenir, monseigneur, en sa très saincte protection ; sur ce, me recommendant de très-bon ceur à vostre bonne grace. De Schine, ce xxe de décembre 1569.

Vostre humble et meilleur amy,

LE CAR^{ul} DE CHASTILLON.

Au dos on lit :

A Monsr

Monsr Cecill, principal Secretaire d'Estat, privéseel de la Royne, et Conseiller en son privé Conseil.

II.

1569, 15 janvier. Lettre de la reine d'Angleterre à la reine de Navarre, relative à la capture de deux navires vénitiens par le capitaine Sore. (State Papers. Foreign, Eliz. Jan. Feb. 1570. Vol. cx. N° 505.)

Tres hautte, etc.

De la part de quelques merchants de Venize et aultres de la nation Italienne habitans en nostre Royalme, il nous a esté remonstré comme ces jours passez deux navires Vénitiennes, dont l'une a nom Justiniana, et l'aultre se nomme la Verge, chargez de plusieurs sortes de merchandizes, ont esté arrêtez, prins, et emmenez par des gens qui se disoient estre de vostres, soubs la conduite du capitaine Sores et quelque autre, à eulx incogneu; la première n'ayant encore mis en terre ses merchandises, estant à l'ancre en ung havre de l'isle de Wight, et le second, estant desja chargé des comodités de ce Royaulme, et ayant payé tous droidts et imposts deuz, estoit party de Margate et sorty hors la rivière de Thamis, tout prest et en voyage pour s'en retourner à Venise : surquoy on nous a supplié d'ayde, nous requérans leur voulloir en cest endroict donner secours et reméde convenable, ce que nous a semblé bon de faire. Et tout ainsi que le faict de soy mesme nous a fort despleu, et que l'ayons comme de raisons prins à cœur, tant au regard de ceulx qui nous ont esté tousjours amis et alliés, ayant entretenus dè long temps ung trafficque en ce royaulme, sans destourbiez ou empeschement quelconque, ce que de nostre part a aussi esté gardé envers eux, comme à l'amitié ancienne entre ces deux estats appertenoit, comme aussi au respect de nôtre honneur dont nous nous sentons fort touchez, prenans tous nos ports et havres estre proprement lieux de seureté et sauvegarde pour les navires de tous nos bons voisins et amis, ce que peu souvent ou jamais on n'a attempté violer, mesme en temps de guerre. Ainsi nous a il semblé chose fort estrange d'entendre le cas, mesmement d'avoir esté perpetré par aulcun qui seroit vostre, comme de s'advancer d'enfraindre tout droidt, là où il n'auroit trouvé que tout honneur, secours et bon support. Ce que nous a esmeu vous envoyer ces porteurs accompagnez de nos lettres, requérantes en cest endroidt telle restitution et réparation du forfaict des navires, biens et merchandizes prinses, come de droidt il appertient. Vous remettons pour le surplus au discours de tout l'affaire au rapport des mesmes porteurs; vous prians que, comme nous ayons toujours permise que touts les vostres ayent eu leur seur passage par tous nos mers et destroidts de nos royaulmes pour s'y là fournir de tout ce qui est requis, les traictant en faveur et toute bonne amityé, tout ainsy vous ne leur vouldrez permettre d'envahir, desrober et ammener les biens et navires de nos alliez mesmement estans soubs notre sauvegarde et protection en tous nos ports et havres. Autrement, en cas de refus, nous serons forcées tellement en ordonner à nostre grand regret, que nos ports et passages soyent mieulx gardez doresenavant et non pas si ouvertz pour en servir en après à telles excès et pilleries, en abusans de la liberté que nous nous sommes contentées leur permettre jusques à cette heure, ainsy que serons d'icys en avant prestes d'en faire le mesme, tant que le portement de vostres n'en donneront de l'empeschement pour nous en faire échanger d'opinion. A quoy nous n'esperons de vostre part d'en avoir quelque occasion donnée, à tant vous prians dereschef (thrès haute etc.) d'avoir tel esgard à nostre requeste, en suyvant la qualité d'icelle, que le droidt et justice en veult, et, attendans de vous responce convenable en cest endroidt, nous prions Dieu, etc.

Au dos de cette minute de lettre on lit :

To the Queen of Navarre, the xv[th] of January, 1569. In the favor of certaine Italien Merchauntes.

III.

1570, 28 février. Lettre de la reine de Navarre à la reine d'Angleterre, touchant la capture des vaisseaux vénitiens. (State Papers. For. Eliz. 1570. Vol. cx. N° 567.)

Très haulte, très puissante et très excellente princesse, nostre très chère et très honorée bonne sœur et cousine, nous avons veu par les lettres closes que nous avez escriptes du quinziesme de janvier dernier passé la faveur que desirez par nous estre impartie à certains marchans vénitiens, pour la prinse de deux vaisseaulx de leur nation qui vous ont remonstré avoir esté prins à l'une des costes de vostre royaulme et admenez de deça par le capitaine Sorres : en quoy, comme en toute aultre chose qui nous seroit recommandée de vostre part, il n'y a sorte de gratiffication que nous ne voulussions de bon cueur démonstrer, sinon qu'avant la reception de vos lettres aiant esté le faict de ladicte prinse traité par devant officiers ordinaires de l'admiraulté, et les distribution et partage des choses adjugées desja faict entre les personnes qui y avoient interest, nous sommes tellement trouvés les mains liées à y metre le reméde que vous désiriez de nous qu'il ne nous a esté possible de satisfaire à nous mesme pour vous contenter ; et encore comme ceulx de ceste part qui ont faict la dicte prinse, qui s'y sentent bien fondez pour les mauvais offices qu'on sayt que la seigneurie de Venize a prestez et secours en..... d'argent et conseil que de tous leurs aultres moiens ceulx qui tout ouvertement opriment et assaillent nostre cause, et que leur ambassadeur en France ces...... tousjours intervenu avecq celluy du pape et du roy d'Espaigne en toute les offres qui ont esté faictes tant de leur part que des aultres princes papistes et potentaty d'Itallie à nostre ruyne, nous eussions neantmoins essayé de couvrir tout celle de vostre recommandation et faveur, si nous l'eussions à temps et oportunement receue.... Qui nous faict, très haulte, très puissante et très excellente princesse, vous suplier de toute nostre affection, recevoir de bonne part nostre excuse, espérant que du costé de la court de France, où ladicte seigneurie n'a point faulte de suport et faveur, leur ambassadeur trouvera moien par l'instance que nous sommes bien advertis qu'il en faict, de se faire récompenser avecques les aultres deniers qui leur sont ja deulx. Et comme jusques icy il vous a pleu en beaucoup de sortes nous obliger, avecques ce qui est advenu de nostre part, de singulieres grâces et faveur, tant en vos havres que dedans vos pays, continuer encore de plus en plus les effets de telle bienveillance, amitié et charité, estant nostre soutien, suport et protection tellement, joints avecques ceux qui font pareille confession que nous, qui doibvent estimer qu'en nous assistant, ils s'assistent eulx mesmes, puis que nous sommes tous membres obéissants et combatans soubz ung mesme chef qui est Jhesus Christ : au nom duquel nous prions Dieu, très haulte, très puissante et très excellente princesse, nostre très chère et très honorée bonne seur et cousine, vous conserver longuement à son honneur et gloire et au repos de vos estats, en toute grandeur et prosperité. Escript à la Rochelle, le dernier jour de febvrier 1570.

Vostre très humble et obéissante seur,

JOHANNE.

Au dos on lit :

A très haulte, très puissante et très excellente Princesse, nostre très chère et très honorée bonne sœur et cousine, la Royne d'Angleterre.

IV.

1569, 23 mars. Seconde lettre de la reine d'Angleterre à la reine de Navarre, concernant la capture des vaisseaux vénitiens. (State Papers. For. Eliz. 1570. Vol. cxi. N° 607.)

Haulte et excellente princesse, nostre très chère et très amée sœur et cousine, salut. Comme il soit qu'avons esté advertyes que depuis nagaires le cappitaine Sores et aultres ses consorts, prétendans faire service à vous et aultres vos amys et alliez, se soyent souvent trouvez esquippez en guerre sur les costes de cestuy nostre royaulme, y ayans faictz plusieurs prinses; et entre aultres, mesmes dans nos destroictz et abord de nos ports, lieux et jurisdictions d'iceulx, auroyent invahy, pris et ammené à la Rochelle, comme en guerre et voye de plaine hostilité, quelques gros vaisseaulx chargez de merchandizes et biens appartenantz à certains merchans et honnorables personnages de Venize, vivans et reseans en nostre dit royaulme, soubs nostre protection comme nos propres subjects, leur ayant donné toute assurance de faire conduire leurs dits vaisseaulx et biens en iceulx jusques en nostre dit royaulme, et d'en lever aultres merchandizes, comme aulcuns d'eulx avoyent ja faict, en ayans satisfaictz les droictz à nous deus : nous avons bien voulu sur ce vous en escrire ce mot, et par mesme moyen vous dire que, comme les dits Vénétians ayans de longue main vescu (comme encores ils font) en toute amytié et bienveuillance avec la couronne de France, par où ils n'attendoyent estre empeschez en leurs traffiques par les bons subjects et amys dicelle là où ils ne donnent occasion du contraire, mesmes voyageans et se trouvans ès jurisdictions de nostre royaulme, estant en amityé mutuelle avec tous les deux, ainsy ils espèrent (comme aussy nous faisons) que n'entendez ny veuillez que ceste injure soit faicte sans y estre pourveu, et ayant ceste violence et injure esté faicte et commise dans nos pouvoirs, ils se sont retyrez vers nous, requérans en ce nostre assistance, et moyenner quelque remède convenable, ce que, nous semble, ne leur debvons en ce cas refuser. Et pourtant, Madame, vous pryons d'y penser à bon escient, vous avisans que pour avoir esté les dits vaisseaulx et biens en telle facon prins, estans en nostre asseurance et protection, nous nous sentons non moings offencées et touchées en honneur d'y marcher de bon pied, comme si cella auroit esté perpetré sur nos subjects naturels; et que veuillez bénignement ouyr leurs doléances et requestes, s'addressans vers vous à ceste fin, et sur ce leur faire administrer toute faveur avecque bonne et prompte justice, leur faisant rendre leurs dits vaisseaux, biens, et merchandizes, ou aultrement les satisfaire sur leurs requestes raisonnables. Ce que s'ils ne pourront obtenir, nous serons constraints en honneur, par leur importunité, de prohiber et faire en garder préalablement, que desormais ledit Sores ny aultres de la sorte n'ayent à plus hanter sur nos costes, ne d'y recepvoir aultre faveur que celle qui est doné à gens de leur qualité, dont serions très marryes que l'occasion nous en seroit donnée, veu qu'en leurs services ils usent de vostre nom et authorité. Et en cest endroict, après nous avoir esté très affectueusement recommandées à vostre bonne grace, nous pryerons l'Eternel vous multiplier les siennes, et vous tenir (haulte, puissante et excellente Princesse, nostre très amée et très chère sœur et cousyne) en sa sainte et digne garde. Escript a Hampton-Court, le xxiij^e jour de mars 1569, et de nostre règne le douziesme.

 Vostre bonne sœur et cousine,

ELIZABETH R.

Au dos on lit :

 A très haulte, très excellente et puissante Princesse, nostre très chère et très amie sœur et cousine, la Royne de Navarre.

V.

1571, 17 juin. Rapport secret sur les tentatives des protestants. (Biblioth. nation.; fonds français, n° 15553, fol. 151.)

La chose est de très dangereuse conséquence et croy que ce soit une vraye invention diabolique pour la subversion de nostre estat; et ne peut, ce me semble, y intervenir remède meilleur, sinon par celuy à quy le faict touche de plus près; et voycy le moyen par lequel je l'ay descouvert.

Hier matin un personage des plus affectionés à la paix et repos du Royaulme me vint trouver, et discourant aveques moy de plusieurs choses, enfin nous tumbasmes sur les difficultés que faisoit ces testes de Languedoc, et me demanda ledit personage si je savois les occasions qui les faisoit tenir si roydde. Je luy respons que ouy, à mon jugement; et après luy en avoir déduict quelques unes que ce porteur vous saura bien raconter, il me dict en riant : « ce n'est pas cela, il y a pis que tout ce que vous dictes; mais je ne voudrois pour chose du monde estre descouvert ». Je l'assuray lhors qu'il parla hardiment et que jamais il ne luy en arriveroit inconvénient. Alhors il me dit : » Vous souvient-il point que, après la première assemblée tenue en ceste ville, avant la venue de ceux de Languedoc, le président et l'eschevin de La Rochelle demandèrent congé de s'aller promener jusqu'à Strabourg (sic) pour voir la ville, attendant la venue desditz de Languedoc »? Je respons que « ouy ». Alhors il me dict : « Il se trouva pour lhors audit Strabourg un ministre, nommé Alexandre Guiot aultrement Alexandre de Vaurias, qui pour se trouver malade ne peut venir voir lesditz président et eschevin, et leur manda qu'ilz prinsent la peyne de le venir visiter, pour entendre de luy choses de grande importance : ce qu'ilz firent; et là il leur proposa, de la part d'un grand prince d'Allemaigne, quy est le prince de la Petite-Pierre, que, s'ilz se vouloit jecter eux et leur ville ès mains de l'Empire, qu'il les assuroit que leur dicte ville y seroit receue comme ville libre ». Alors le président quy n'est sans jugement luy dict : « Il me semble que vous me contés des chansons ! Ne voyons nous pas d'autres villes de l'Empire, ès portes desquelles pend encores l'aigle, usurpées néantmoings par les princes voisins, plus voisines et plus utiles à l'Empire que la nostre, et que l'empereur n'en faict aucun cas ne estime ? » Il entendoit de Metz et Cambray. Alhors ledict Alexandre respond : « Ce n'est pas cela et ne vous faut arrester à ceste considéracyon, car vostre ville sera mieux secourue, si elle en aura besoing ; car vous avés les villes maritimes comme Embourg, Lubec et Retz quy premièrement vous pourront rendre tout office quy vous sera deu et promis, et, au cas que fussiés assiégés, les princes, voire des plus grandz, vous promettront de jeter incontinent cinq ou six mille chevaux dans la Bourgogne ou la Champagne pour fère diversion ». Alhors le petit président respond, et bien à propos à mon jugement, voulant rompre avec ce mauvais garson : « Voulés-vous que je vous die ? Je ne sçay à quoy nous pourrions estre utiles aux Allemans, sinon à leur ayder de recouvrer leurs villes occupées, comme Metz, Thou et Verdun ; et cependant nous mettre en un manifeste danger d'estre remis en la main et pouvoir de celui quy nous feroit recevoir le juste loyer de nostre desloyauté ».

Ce propos finy le président estimoit ne devoir estre plus recherché de telle chose. Toutefois l'eschevin, lequel on estime fort disposé à changement, dist en parlant à l'oreille d'Alexandre : « Ne prenés garde à ce que vous a respondu monsieur le président, et sy vous nous pouvés monstrer bonnes erres et bon tesmoignage de ce que vous nous proposés, faictes le et au plustost, car peut estre que quant ceux de nostre ville, les plus aparens, plus gens de bien et quy plus tendent à la liberté, orront parler de cecy, il n'est pas inconvénient qu'ilz n'y entendent. Voilà pourquoy je vous prie, avant que nous partions de ces quartiers, fère en sorte qu'il nous paroisse bien clairement de l'intencion de ce prince et autres quy ont mesme intention en nostre endroit ». S'il fut dict, si fust faict ; car environ xij jours après, lettres vindrent dudit duc de la Petite Pierre, non seulement aux Rochellois mais aussy aux députés de Languedoc, quy lhors se trouvèrent venus. Le dépesche néantmoings, de bon-heur et au grand regret des meschans, tumba ès mains de Monsieur le prince, quy ne peut le leur celer, car le messager ayant faict faulte s'alla excuser aux députés. Par ainsi sachans que mondict seigneur le prince avoit un despesche pour eux, le demandèrent. Monsieur le prince le leur communiqua, leur remonstrant néantmoings que c'estoit un dépesche qui méritoit le feu plustost que d'estre mis en lumière; d'aultant qu'il estoit dangereux, ne tendant que à la désolation et ruyne de l'estat. Les remonstrances furent plus amplifiés, mais non obstant ces mutins de Languedoc ne laissèrent de poursuivre vivement d'avoir ledit depesche, affin que ceux quy les avoit envoyés en eussent comuniquation; et toutefois, quoyqu'ilz monstrassent d'estre offencés, ne peurent obtenir dudit seigneur prince de l'avoir et emporter quant et eulx. Il contenoit promesse de grand secours au cas susdit et aussi que tous ceux quy tiennent les armes promissent de ne fère jamais paix que Metz, Tou et Verdun ne fussent rendus. Il y a assez d'autres mauvaises condicions, j'entends mauvaises à l'estat de la France et contre le service du Roy; mais ne l'ayant veu, je ne vous en puys dire autre chose. Or notés que maintenant, après avoir apris ce que dessus, j'en communiquay à Messieurs de Clervaut et d'Argentlieu, qui me confessèrent la chose estre comme je la disoye, et que mondit seigneur le prince avoit retenu ledit dépesche de peur que ceux de Languedoc n'eussent par là moyen d'exciter leurs hommes plustost à l'entretenement de la guerre que de fère une bonne paix. Monsieur de Clervaut m'adjousta, entre luy et moy, quant nous fusmes séparés, que il vous a touché autrefois un propos qu'il ne voulut poursuyvre, craignant que vous n'estimissiés qu'il le vous disoit pour vous fère crainte; comme à la vérité vous autres, Messieurs les catholiques, recevés de nous les advertissemens que nous vous faisons en bonne intencion comme si nous voulions plustost vous menasser que servir. Je m'en suys bien aperceu en ce voyage à la cour, quy m'a cuidé desgouter du tout. Pour venir au poinct, ledit sieur de Clerevaut me dict quil n'y a rien plus certain que aucuns grands princes d'Allemagne, à la suscitation de ce petit fou, le duc de la Petite Pierre, entendroit à ce point quy est qu'ilz laisseront entrer dans la France, soit pour le Roy soit pour nous, tous les reistres que nous y voudrons mener, et y estans les révoqueront, c'est à scavoir chasque prince ses subjectz, et offrans aux villes de France la liberté, offriront quant et quant à la noblesse pareille et semblable prééminence que à toute la noblesse d'Alemagne, asçavoir que la plus part des ducs, contes et barons soient souverains en leurs terres. Je vous laisse à penser s'il y en aura quy tendront l'oreille à ceste chanson, et sy en ce temptz turbulent ilz en trouveront la musique doulce. Pensés-y, vous estes plus sage que moy, et sy le trouvés bon, advertissés en à la court et me tenés en vostre bonne grace. J'eusse bien amplifié ce mémoyre que je vous supplie me renvoier et le rendre à ce porteur sans y faillir.

Au dos on lit en écriture du temps :

Advis touchant l'Empire, 17 juin 1570.

LETTRES

ADRESSÉES A

MM. CHASTEIGNER D'ABAIN ET DE LA ROCHE-POSAY

(1533-1661.)

Duchesne, en dépouillant le chartrier du château d'Abain [1] en vue de la publication de son Histoire généalogique de la maison des Chasteigners, n'a pas utilisé tous les documents qui s'y trouvaient. Grâce à la bienveillante communication que nous en a faite Madame la comtesse de Ripert d'Alauzier, nous avons pu prendre connaissance de ce riche trésor, contenant entre autres un certain nombre de lettres adressées à Messieurs d'Abain et de la Roche-Posay par des personnages marquants de l'époque.

Ces lettres, négligées par Duchesne, nous ont paru offrir assez d'intérêt pour être publiées, car, outre qu'elles complètent les renseignements connus sur les divers membres de la famille Chasteigner, elles renferment de curieux détails sur les principaux événements du temps, tels que la prise de Calais, la guerre d'Italie, les guerres de religion, l'ambassade et les affaires de Rome, etc., etc...

Il en est quélques-unes, de moindre importance, que nous n'avons pas jugé à propos de reproduire. Ce sont, en général, des lettres d'affaires. Nous nous contentons de les faire connaître succinctement.

---

1. Commune de Thurageau, canton de Mirebeau, Vienne.

1. Lettre de sœur Louise Chasteigner, annonçant à sa sœur le départ de quatre charrettes chargées de six bussards de vin, dont quatre de vin blanc de Marche et deux de clairet, l'un de pineau et l'autre de Beaune, du meilleur de tout le pays, que lui avait demandés son frère Jean Chasteigner, seig^r de la Roche-Posay; sans date (1533).
2. Billet autographe de E. de Rochechouart, cousine des Chasteigners, à sa parente; du 10 décembre (sans date d'année).
3. Deux lettres en italien, l'une du 2 juin 1587 et l'autre du 23 décembre suivant, du régisseur de l'abbaye de la Stafarde.
4. Lettre de Jeanne Raffin, belle-mère de Louis Chasteigner, seig^r d'Abain, au sujet d'une dette qu'un certain Tardif prétend lui avoir été reconnue par celle-là qui nie formellement la chose; 17 mars 1592.
5. Lettre d'Etienne de Marsay, cousin des Chasteigners, réclamant une procuration pour une vente de propriété située près de Mirebeau (sans date).
6. Lettre de Marie, femme de François de Brizay, fille de Pierre Hémard, seig^r de Denonville en Beauce, pour donner de ses nouvelles et demander de celles de ses cousins Chasteigners (sans date).
7. Lettre d'affaires de Madame de la Roche-Posay à son mari; 7 juillet 1640.
8. Lettre de Henri Louis Chasteigner de la Roche-Posay, évêque de Poitiers, à un homme d'affaires, traitant de l'achat d'une maison; 6 septembre 1648.
9. Lettre de la duchesse de Richelieu, réclamant une déclaration de vente d'une propriété lui appartenant (sans date).
10. Lettre de condoléance du baron de St-Georges pour la perte d'un de ses neveux, enfants du marquis de la Roche-Posay (mutilée et sans date).
11. Une dernière d'un nommé Dubois, homme d'affaires à Guéret, à propos d'un procès; adressée au marquis d'Abain et datée du 28 février 1646.

Quant aux lettres citées par Duchesne dans son ouvrage, nous indiquons ci-après celles dont nous avons retrouvé les originaux :

1556. Claude, duc d'Aumale, ... Duchesne, page 268
1557. Cardinal de Lorraine, ... — 273

1557.	Cardinal de Châtillon, ...	Duchesne, p.	274
—	Duc de Guise, ...	—	276
—	D'Ossun (baron), gouverneur de Turin, .	—	278
1573.	Henri, roi de Pologne (duc d'Anjou). . .	—	317
1576.	Henri III, roi de France, ...	—	320
1581.	Idem. idem.	—	323
1582.	Catherine de Médicis, ...	—	325
1584.	Cardinal d'Arnaut d'Ossat, ...	—	382
1585.	François de Bourbon, duc de Montpensier,	—	331
—	Idem. idem.	—	331
1586.	Henri III, ...	—	333
—	Idem.	—	333
1587.	Idem.	—	356
1589.	Cardinaux de Vendôme et Philippe de Lenoncourt, ...	—	345
1590.	Charles d'Orléans, ...	—	355
1591.	Cardinal de Bourbon, ...	—	356

Nous avons encore à notre disposition quelques documents concernant la même famille; nous espérons en faire plus tard l'objet d'une nouvelle publication.

G. DE LA MARQUE.

LETTRES

ADRESSÉES A

MM. CHASTEIGNER D'ABAIN ET DE LA ROCHE-POSAY

I.

A MONSIEUR MON MEILLEUR FRÈRE MONSIEUR DE LA
ROCHE DE POUZAY.

Monsieur mon meilleur frère[1], j'ay receu, assez long tems a, la lectre qu'ils vous a pleu m'escripre de Touffou par maistre Pierre Despenèdes, et par icelle ay cognu la peine que avez prinse et la bonne dilligence que avez faicte de remédier aux empeschemens et ennuys que l'esleue avoit entreprins me donner, dont très humblement vous mercye; et me déplaist fort de la sy petite demeure que vous avez faicte en ce quartier et que ne povez estre à l'exécution des lectres que m'escripvez que avez obtenues pour nostre affaire; car je suys asseurée que tout s'en porteroit beaucoupt

---

1. Louise Chasteigner, religieuse en l'abbaye de la Trinité de Poitiers le 23 novembre 1511, nommée par François Ier à l'abbaye de St-Jean-de-Bonneval-lès-Thouars, dont elle fut pourvue contre le droict des élections par bulle du pape Clément VII, expédiée l'an 1533, quoique les religieuses eussent élu Catherine de Chyvré, écrit à son frère, Jean Chasteigner, seig^r de la Roche-Posay, pour l'aider à surmonter les difficultés que lui cause cette élection. Ils étaient tous les deux enfants de Guy Chasteigner, seig^r de la Roche-Posay, et de Magdeleine du Puy.

myeulx, et m'actends bien que vostre bon conseil et ayde nous y feront grandement de besoing; et me seroit grand plaisir sy ledict affaire se povoit retarder sans dommaiges jusques à vostre retour, que je supplie à Dieu estre de brief; mais ce ne sera sy tost comme je le désire, et vouldroit que tout se portast sy bien que feussiez desjà de retour, affin d'avoir ce bien de vous povoir veoir, qui est la chose que plus je désire en ce monde, et ne seray à mon aise jusques à ce que ce bien me soit advenu pour vous remercyer plus à plain de tant de peines que avez prinses et du séjour que avez faict à la court pour porsuyvre l'expédition de mes dicts affaires, dont je me sens grandement obligée à vous. Monsieur de la Mercidieu[1], nostre frère, n'est point encores venu de pardeça pour les exécuter, comme m'escripvez qu'il vous a promis de faire; mais je doubte que la cause de sa demeure soit pour ce que le dict maistre Pierre Despenèdes est allé en la Franche Conté vers Monsieur de Poictiers[2] pour avoir ung vicariat, sans lequel ne se peut seurement besongner en mondict affaire, et n'en pourra revenir de trois sepmaines ou ung mois, et jusques là n'y pourra estre rien faict. Nous avons faict signiffier noz lectres de inhibitions à l'eslue, mais ce n'a peu estre à sa personne, parce qu'elle s'est cachée, combien que le sergent feust bien adverty qu'elle y estoit, ainsy que luy deist une des relligieuses de saint Benoist où elle estoit, et voyant le sergent qu'il ne la povoit trouver en personne, par attache luy signiffia nosdictes lectres et quant et quant l'adjourna à comparoir au deuziesme jour de décembre prochain par devant le roy pour veoir déclairer son intention du droit qu'elle veult prétendre en ceste abbaye. Je vous supplie, monsieur mon frère, avoir souvenance de moy

---

1. René Chasteigner, 4ᵉ fils de Guy Chasteigner, protonotaire du Sᵗ-Siége et abbé commendataire de la Merci-Dieu.
2. Gabriel de Grammont, cardinal, depuis archevêque de Toulouse, n'avait été évêque de Poitiers que deux ans, et mourut à deux lieues de Toulouse en allant prendre possession de son siége, le 26 mars 1534.

à ce jour là pour y faire soustenir mon bon droict et mectre fin en cedict affaire telle que ladicte esleue n'y puisse plus rien quereller. Aultrement je ne seray jamais sans peine et seray en dangier de ma personne, veu la compagnye en laquelle je suys. Touttefois que j'ai confidance que y ferez tout ce que pourrez; car de vostre grâce vous m'avez donné à cognoistre que vous avez les choses bien affectées, et aussy m'a esté bon besoing de trouver ung tel frère que vous, et m'est impossible de vous en pouvoir rendre le mérite, et ne sçay quant je vous pouray récompanser de tant de fraiz et mises que en avez faictz : Dieu me doint la grâce de bien tost le pouvoir faire. Nous avons aussy faict adjourner seurs Jehanne Roirand et Jehanne De Chyvré pardevant le roy audit deuzieme jour de décembre pour décider de leurs prieurez. Dieu veille que de tout nous puissions avoir bonne expédition et à nostre prouffict : ce qui se pourra faire moyennant le bon aide de vous et de voz amys. Et sy la fortune me povoit estre sy bonne que bien tost après vous peussiez estre de retour en ce pays et que j'en feusse bien asseurée, je serois bien d'advis que actendissions vostre venue avant que riens commancer en mesdicts affaires, affin que par ung mesme moien avecques vostre bon conseil et aide la translation, déclaration et réunyon desdicts prieurez feussent exécutez. Au parsus, Monsieur mon frère, je m'actendois d'avoir à ceste Toussaints madame la séneschalle [1] et madame ma bonne seur [2], comme m'escripvez, pour veoir vestir ma niepce, vostre fille, qui contynue touz jours en sa bonne volunté de voulloir estre relligieuse; mais elles ne sont encore venues. Je les actends de jour à aultre et seront les très bien venues, et trouveront, comme je panse,

---

1. Philippe de Baissey, femme d'Antoine Raffin dit Poton, sénéchal d'Agenais.
2. Claude de Monléon, épouse de Jean Chasteigner et mère du seig[r] d'Abain.

madicte nyepce en sa dévotion acoustumée [1]. Et quant à ce que me mandez de sa pension, vous ne madame ma seur ne vous en donnerez point, s'il vous plaist, de peine, et serois bien marrye qu'elle vous coustast rien; car de vostre grâce vous m'avez donné assez de quoy vivre et elle aussy, et serez asseuré, s'il vous plaist, que tant que je vivray, elle n'aura pis traictement que moy. Et sy Dieu ne me prent au despourveu, je ne luy feray pas moins que m'avez faict. Ce porteur, vostre secrétaire, qui est venu passer par ici à son retour de Bretaigne, vous pourra dire de sa sancté et bonne dévotion, ensemble plus au long de mes nouvelles. Parquoy ne vous feray pour ceste heure plus longue lectre, sinon de vous prier m'en faire sçavoir des vostres le plus souvent que vous pourrez et avoir, s'il vous plaist, souvenance de mesdicts affaires, car toute mon espérance en repose en vous. Qui sera pour la fin, après avoir prié Dieu,

Monsieur mon meilleur frère, vous donner très bonne vie et longue, et la grâce de retourner bien tost de pardeça en telle sancté que je la vous désire. De Sainct Jehan lez Thouars, le VIIeme de novembre (1533). Vostre très humble et obéissante seur à jamais,

SEUR LOYSE CHASTEIGNER.

II.

MONSIEUR MON NEPVEU MONSIEUR DE LA ROCHE DE POUZAY, MAISTRE D'HOSTEL ORDINAIRE DU ROY.

Monsieur mon bon nepveu, ce jeudy au soir bien tard m'est arrivé ung pacquet avecques des lectres que monsieur

---

1. Philippe Chasteigner, fille de Jean Chasteigner et de Claude de Monléon, naquit le 8 septembre 1524, fut abbesse de St-Jean de Thouars par la résignation de sa tante Louise et par bulles du pape Paul III en 1543; et Henri II, le 28 de juin 1548, lui accorda aussi par brevet la permission de résigner en faveur de sa sœur cadette Françoise, religieuse de l'Ordre de St-François.

le connestable [1] m'a escriptes, lequel je vous envoye, et s'il y a nouvelles de vos enffans et aultres qui méritent le mander, sy vous plaist m'en fère part. L'on m'a ce jourdhuy mandé que les gens de l'ampereur ont donné une bataille à ceulx qui venoist au service du roy et que leur combat a duré deulx ou troys jours, mays que le camp est demouré aux protestans. Et pour ce que je sçay que vous desirerés bien d'entendre comme il me va là, grâce à nostre Seigneur, c'est tousjours de myeulx en myeulx, et espaire que sur ce printemps je me ranforceray, car aultre chose n'y a à dire que je ne me treuve bien. Quy est tout ce que vous puys mander, synon mes recommandations bien fort et de bon cœur à vostre bonne grâce et à celle de madame ma bonne femme de jour, et vouldroys qu'elle feust saultée icy pour me faire prandre des pilleures aussy joyeusement comme elle fist à Touffou, car vostre tante me menasse de bien tost m'en bailler; qui sera l'androict où je vous diray à Dieu, le priant vous donner,

Monsieur mon bon nepveu. en bonne santé la longue et bonne vye que vous désire. D'Azay le Rideau, ce xxv° febvrier [2].

Vostre bien bon oncle et bon amy,

Poton [3].

Monsieur mon bon nepveu et vous Madame ma bonne camuze, je vous suplie m'avoyr pour excusée sy à tous deulx je ne vous

---

1. Anne de Montmorency.
2. Cette lettre a été probablement écrite en 1534.
3. Cette lettre est écrite à Jean Chasteigner, III° du nom, par Antoine Raffin dit Poton, seig^r de Pecalvary et d'Azay-le-Rideau, sénéchal d'Agenais. qui avait épousé en premières noces Jeanne de la Lande; elle mourut quelques années après. lui laissant une fille, Jeanne Raffin, laquelle épousa Georges du Puy, seig^r du Couldray, fils de Jean du Puy, seig^r du Couldray, et de Philippe de Baissey, qui veuve à son tour se remaria au susdit Poton. Du mariage de Georges du Puy et de Jeanne Raffin naquit Claude du Puy, femme de Louis Chasteigner, seig^r d'Abain.

écrys, car je n'ay seu le partement de se porteur que en me voullant coucher, par lequel je vous suplie me mander comme tous deulz vous portés [1].

III.

A MONSIEUR MON FRÈRE MONSIEUR DE LA ROCHE DE POZAY.

Monsieur mon frère, parce que ne m'est loysible vous aller veoir, obstant quelque petite malladye qui incessamment me donne ennuy mexmement toutes les nuyctz, et que pour craincte d'icelle ne me oze mettre à chemin pour y aller, qui est la chose de se monde que plus désire, je vous ay bien voulu escripre ceste présente par ce porteur pour vous prier me avoir pour excusé et ne vouloir estre, s'il vous plaist, mal content de moy, sy ainssi ne l'ay faict comme tout mon désir grandement l'appeloit ; car par plusieurs foys ay heu en délibération de ce fayre, touteffoys la craincte de plus mal me trouver me en a tousjours gardé. Ausurplus, monsieur mon frère, par ce que il y a quelqu'un de par deça qui me veult donner facheryes seur l'acquisition de quelque peu de bien que j'ay faict, et sans propoz, je ay faict transport à Monsieur de Nantheulh, mon nepveu, desdictes acquisitions par moy faictes, pour plus vexer ma partie, car il le mérite, comme pourrez plus amplement sçavoir par cedict porteur du tout ; par quoy vous veulx bien supplyer me faire ce bien vouloir aucthoriser mondict nepveu, comme ma partye a requis, vous asseurent que serois bien marry que mondict nepveu y feist aulcune perte, car de ce le garentyray tousjours. Pareillement vous veulx bien prier me faire ce bien, s'il vous plaist, me envoyer par ledict porteur tous les titres et ensei-

---

1. Le *post-scriptum* paraît être de la main de la femme du signataire ; c'est, comme nous l'avons dit plus haut, Philippe de Baissey.

gnemens lesqueulx me avez dict que aviez concernens le faict de Lindoys et de Lestangs ; car je vous promets, mon frère, que j'ay beaucoup de procès et affayres, esqueulx je ne puys donner bon ordre, et faire venir à bonne fin par faulte d'enseignemens, par quoy vous prie de rechief me en ayder. En cest endroit voys présenter mes humbles recommandations à vostre bonne grâce et à celle de Madame ma seur, ce que faict pareillement du bien bon cueur vostre seur de séans ; priant Dieu, Monsieur mon frère, vous donner à tous deulx longue vie. Chez vous à Lindoix, ce xxv° octobre (1550 ?).

Vostre plus obéissant frère à jamès,

G. CHASTEIGNER [1].

IV.

MONSIEUR DE LA ROCHEPOZAY.

Monsieur [2], à ce que j'ay veu par la lectre que m'avés escripte par le sommellier Le Port, vous estes en peine de la blesseure de mon frère, creignant qu'elle ne soit plus grande qu'elle n'est, grâces à Dieu. Je vous ay mandé par mon faulconnier ce que j'en ay aprins de Monsieur de Navaille et de

---

1. Cette lettre a été écrite en l'année 1550 ou environ par Godefroy Chasteigner, seig^r de Lindois et de l'Estang, à son frère Jean Chasteigner, IIIe du nom, seig^r de la Roche-Posay, tous les deux fils de Guy Chasteigner, seig^r de la Roche-Posay, et de Madeleine du Puy. Elle est autographe.
2. Cette lettre est écrite par Louis Chasteigner à son père Jean, et, bien qu'elle n'ait point d'autre date que celle du mois et du jour, on peut lui assigner celle de 1556 ; car c'est vers la fin de cette année qu'il partit pour l'Italie avec le duc de Guise. Son frère Roch avait été blessé grièvement au pont d'Esture en Italie.

Monsieur le marechal Estrosse [1], qui vint après. Despuis, qui fut ier, Monsieur de Listenay arriva, qui m'a compté la blesseure de mon frère de samblable fason que les aultres, et m'on tous troys asseuré que mon frère n'a esté mallade que quatre jours et qu'il se porte fort bien et qu'il ny a poin d'aparessance qu'il y ayt eut jamais mal. Monsieur, je vous prie de vous asseurer que je vous escriptz la vérité de ce que l'on m'a dict. Je suy bien marry que je n'ay de ses lectres pour vous en envoyer. Je crains fort que le partement de Monsieur le mareschal Estrosse, qui fust le quatorziesme de ce moys, n'empesche que n'ayons les lectres que mon frère mandoit par son secretaire, par ce qu'il le reprandra en passant. Monsieur de Listenay m'a dict qu'il n'avoit pas une lectre et que soudain qu'il l'eut receut celle de Monsieur le conte Senigais, il prochassa si bien son voyage pour s'en revenir qu'il partit ce jour là mesmes. Ce qu'il l'a tant faict aster, c'est la peine enquoy est sa belle mère Madame la contesse Senigais, estant acqusée d'estre cause du saulvement du duc d'Escot. Je suys bien mary puys, qu'il est venu, qu'il n'en adverty mon frère. Sy tost j'en aurés des lectres, je ne fauldrey de despescher ung homme pour vous les envoyer. Je suys bien marry dequoy Monsieur le mareschal Estrosse partit ce pendant que nous estions à Brelle, parce que je n'ay poin escript par luy. Je ne fauldray pas par les premiers courriers d'envoyer vostre pacquet. Quant aus nouvelles que nous a aprinses Monsieur de Listenay c'est que Monsieur de Guise [2] est encores en la Marcque d'Encone et à toute son armée et gens à chevaulx aussy fraictz que s'ilz estoient en leurs maisons. Le duc d'Albe [3] est auprès de Naples aveques

---

1. Pierre Strozzi, maréchal de France, né en 1500, tué le 20 juin 1553 devant Thionville.
2. François de Lorraine, duc de Guise, né en 1519, mort en 1563.
3. Ferdinand Alvarez de Tolède, duc d'Albe, né en 1508, mort en 1582.

aussi peu de voullunté de combatre qu'il eust jamais. Monsieur de Mandosse a mené à Monsieur de Guise six mille Suysses. Le pappe baille gens et argent et a bien grand peur du retour de Monsieur de Guise. Quant au Piémont, Monsieur le mareschal de Brissac [1] a levé le siége de devant Cannys, où il perdit beaucoup d'hommes, et entre aultres le baron Despit, maistre de can, a esté tué, Monsieur le vidame [2] y a esté blessé d'un coupt de pierre à la jambe, Monsieur de la Chapelle Biron [3] ung coupt d'arquebouzade dans le bras. Il n'y avoit dedans la dicte ville de Canne que ung homme de robe longue pour la garder, qui estoit lieutenant de la ville, et une compagnie de gens de pied et les cytoyens. Au partir de là Monsieur le mareschal de Brissac fut averty que le marquis de Pescquere estoit dans Foussant et le faisoit fortiffier, qu'est l'ocquasion pourquoy Monsieur le mareschal de Brissac l'est allé assiégé là dedans pour luy fère manger les vivres qui sont dans la ville ou le combatre en sortant. Il a beaucoup moins d'hommes que Monsieur le mareschal de Brissac. Je pence que sçavés bien comme Lyon a failly à estre prins et que c'estoit des bancquiers et des gentilzhommes de Savoye qui avoient faict ceste entreprinse et faisoient venir beaucoupt de soldars à l'abit de métiviers et d'aultres mannouvriers, qui avoient délibéré que quant ilz seroient le nombre de troys mille, ilz sacquageroient toute la ville en ung jour, ce que Dieu n'a pas voullu permetre, qui a faict descouvrir leur entreprinse. Quant aus nouvelles de deça, Monsieur le connestable partira mardy pour aller dresser le campt à Mont Cornet; l'on dict que l'annemy doit dresser à Ronqueres pour l'assiéger. Le roy doit partir dans diz ou

---

1. Charles de Cossé, c^{te} de Brissac, né en 1505, mort en 1563, maréchal de France.
2. François de Vendôme, vidame de Chartres.
3. Armand de Gontaut, baron de Biron, né en 1524, mort le 26 juillet 1592, maréchal de France.

douze jours; Monsieur le cardinal de Chatillon [1] a son cas tout près pour aller avecq luy. Mes compaignons ont chevaulx et armes et atandent tous près. Je en acheteray sy tost que je auroy de vos nouvelles et ne feray en cella ny en d'aultre chose que ce qu'il vous plairra de me commander. Quant ce que me mandés de l'estat d'aumoniers, il y en a sèze bien comptés qui ont estés réunis par cartier ce ivert; je voy bien malaisé que j'en puisse estre, veu aussi que le proffit qui m'en porroit venir n'en vauldroit pas la peine; toutesfoys je y assarray à y fère le mieulx que je porrés. Monsieur le bailly du pallays n'est pas icy; il est à Chantilly pour les affaires de Monsieur le connestable. Mon petit frère [2] est venu icy aveques la grand escurie du roy qu'a amené Monsieur de Couravallet à qui jay baillé vos lectres. Il m'a asseuré que mon frère a desjà assés bon commancemant à cheval et qu'il a envye de venir honneste, et Monsieur de Roncool a promis à mon dict frère qu'il yroit aveques Monsieur le Daulphin au camp. C'est tout ce que je vous puys mander pour ceste heure, fault mes très humbles recommandations à vostre bonne grâce, priant Dieu,

Monsieur, qu'il vous doient en très bonne senté, heureuse et longue vie et à moy la grâce de demeurer pour le reste de ma vie,

Vostre très humble et très obbéissent filz,

L. CHASTEIGNER.

De Compienne, ce 17 de juillet (1556).

Monsieur le compte de Villars [3] et Monsieur de Garnac [4]

---

1. Odet de Coligny, cardinal de Châtillon, né en 1515, mort en 1570.
2. Jean Chasteigner, seigr de St-Georges de Rexe, onzième et dernier fils de Jean III, né le 26 mars 1542, mort le 6 janvier 1582 à Poitiers.
3. François de Villars, né en 1514, mort le 1er novembre 1582.
4. Charles de Chabot, baron de Jarnac.

et Monsieur de Lansac [1] et Monsieur de Soubise [2] doibvent estre mareschaus de camp.

Monsieur de Noualles est gouverneur de Monsieur d'Orléens [3] sous Monsieur Durfé. Messieurs viene à Sainct Germain.

V.

A MONSIEUR MON COUZIN MONSIEUR DE LA ROCHEPOUZAY.

Monsieur mon cousin, je suys très ayse de ce que le. . . . de son partement, allant vers vous beaucoupt mieulx que je. . . . . adverty du partement de Monsieur de la Grenetière [4], car il partit de ceste court bien huict jours avant que j'en seusse rien. Je vous laisse tout ce propoz pour vous dire que en premier lieu je eu le fleu de ventre jusques au sans bien près de troys sepmaines, au partir de là ung reume me deceddant tout du long de la nucque du coul sur les reins et aussi en l'estomat, qui m'a cuydé afoullé, et grâces à Dieu le bon régime que Monsieur de Vigen et moy avons tenut nous a préservé de toute malladye. Quant à vous mender des nouvelles de noz ennemys, ilz sont tousjours à An, l'achevant de fortiffyer, et aussi Sainct-Quentein. Mays la fortiffication de An n'est encourez si avansée qui fasse pensser qui vueullent encourez ronppre leur campt, et mesmement que la fin du moys de leur reystrez, qui sont leurs pistolliers, n'achèvent encourez de quinze jours ou près de troys sepmaines. Noz foussez s'avansse fort et tient ont que le Roy ira en son campt, qui ne faict poinct grand joye pour ceulx qui ont estez malladez, dont il en y a beaucoupt en sa

---

1. Guy de Lusignan, dit St-Gelais, seigr de Lansac.
2. René II de Rohan, seigr de Soubise.
3. Depuis Henri III, duc d'Anjou lorsqu'il monta sur le trône.
4. François Chasteigner, 6e fils de Jean Chasteigner, tint en sa jeunesse l'abbaye de la Grenetière en commende.

conpagnye, et croy que si nous n'eussions bougé de Paris, que tout y fust demouré. Mays despuys que nous sommez venu en ce lieu de Sainct Germain, il n'y a plus eu de mallades. L'ont espère que Monsieur de Guyse pourra estre ycy vers sabmedy ou dimanche prochain. Madame la conestable [1] et Madame de Monmouransi [2] sont ycy, aconpagnés de Messieurs Denville [3] et Meru. Quant mondict sieur Denville est revenu de Piedmont, il est venu acompagné de plus de vingt gentishommes tous ayans aussi bonne barbe comme vostre nepveu mon filz [4], qui m'a dict qu'il y a ung cappitaine de chevaulx legiers en Piedmont, prisonnier, comme l'on estimoit, que en le rendent l'on pourroit retirer Monsieur de Toufou [5] mon cousin. De vous mender des nouvelles davantaige, vous sçavez bien que je ne suys... au conseil... vous en manderoye davantaige... fauldroit que je les conposisse; parquoy vous suppliray me excuser si je ne vous en mende davantaige. Mays bien finiray mon escript en me recommendent hunblement à vostre bonne grâce, suppliant nostre Seigneur donner à vous [6],

Monsieur mon bon cousin, très bonne sancté, longue et heureuse vye. De Sainct Germain en Lais, ce cinqiesme d'octobre (1557) [6].

Vostre humble et obayssant couzyn,

GEORGE DU PUY.

---

1. Femme de Anne de Montmorency, connétable en 1538, tué à la bataille de St-Denis en 1567.
2. François, duc de Montmorency, avait épousé en 1557 Diane, fille naturelle du roi, après avoir laissé annuler le mariage secret qu'il avait contracté avec la belle Mlle de Piennes.
3. Henri, duc de Montmorency, 2º fils d'Anne de Montmorency, connu sous le nom de Danville, né à Chantilly en 1534, mort à Agde en 1614.
4. Jean du Puy, seigneur du Coudray, baron de Bellefaye.
5. Roch Chasteigner, fait prisonnier à la bataille d'Ascoli le 9 juillet 1557.
6. Cette lettre est évidemment de l'année 1557. — Le papier est rongé des rats dans le haut.

VI.

A MONSIEUR MON COUSIN MONSIEUR DE LA ROCHEPOUZAY,
MAISTRE D'HOSTEL ORDINAIRE DU ROY [1] A LA ROCHE DE
POUZAY.

Monsieur mon cousin [2], j'arrivay à soir en ce lieu et croiez qu'il me tardoit bien que je n'estois à ma maison, et si me tarde bien que je ne vous voy et aussy Madame ma femme de jour, à laquelle de bon cueur humblement à sa bonne grâce me recommande et aultant vous en foys et de bon cueur par ma foy.

Monsieur mon cousin, vostre cappitaine [3] de la Roche de Pouzay vous escript ce que luy et moy avons peu scavoir des nouvelles de Monsieur de Touffou [4] mon cousin, que je vous puys bien asseurer pour vray qu'il faict bonne chère et que je suis fort aise dequoy Monsieur de Nanteuil [5] mon cousin est à Rome ; car il pourra bien là donner ordre pour

---

1. Jean Chasteigner, seigneur de la Roche-Posay, IIIe du nom, fils de Guy Chasteigner et de Magdeleine du Puy. (Voir Duchesne, Histoire de la maison des Chasteigners. page 210.)
2. Charles Tiercelin d'Appelvoisin, comte de la Roche-du-Maine, parent éloigné des Chasteigners.
3. François, seigneur de la Roche Posay, sixième fils de Jean qui avait épousé le 29 août 1519 Claude de Monléon, riche héritière, dont il eut les seigneuries d'Abain et de Touffou.
4. Roch. seigneur de Touffou, troisième fils de Jean, fut fait prisonnier à la bataille d'Ascoli, en Italie, le 9 juillet 1557. Il demeura trois ans enfermé dans une tour de Milan et finit par s'évader. Une mousquetade qu'il reçut au siége de Bourges en 1562 lui enleva la vie.
5. Loys ou Louis, en sa jeunesse appelé Monsieur de Nanteuil, seigneur de la Roche-Posay et de Touffou à la mort de ses frères aînés, seigneur d'Abain que lui laissa son père Jean dont il était le septième fils, enfin baron de Preuilly et de Malval. Il séjourna à Milan neuf mois pour traiter de la rançon de son frère aîné Roch. Louis naquit le 15 février 1535 et mourut le 29 septembre 1595.

son frère mieux que aultre. Monsieur de Vigneux, qui est si grand clerc que congnoissez, est allé devers le Pappe exprès pour l'advertir de la prinse de Callès, et soiez seur qu'il fera pour Monsieur de Touffou mon cousin comme pour son propre frère, se m'a il promis. Jen ay escript à Monsieur le cardinal du Bellay [1], que je suis seur qui s'employra bien pour luy pareillement, car je lui ay mandé par le dict sieur de Vigneux ce qu'il fault comme je voudrois que fissiez... Vous estes bien heureux au pris de moy, de quoy il n'est que prisonnier [2]. Monsieur mon cousin, sy vous ne venez quérir vostre vesselle d'argent que j'ay, et bien toust, vous me ferez grant déplaisir, veu la grant envye que j'ay de vous veoir. Je vous advertis que le roy a esté deux jours dedans Callès [3]; ce n'est pas peu faict que de l'avoir prinse, mays le tout est de la bien garder. Guynes [4], comme je croy que sçavez, a esté prins deppuis et d'assault là où nostre jeune noblesse a bien faict son debvoir et estoit besoing qu'ilz y feussent. Monsieur Dandellot [5] y a aussy merveilleusement bien faict, et tout ce qui estoit dedans a presque esté tout tué. Le millort Grec qui estoit dedans lieutenant pour le roy d'Espaigne se retira dedans une tour là où sa femme et son filz estoient et se randit sa vye sauve à Monsieur de Guise. Ilz font razer très bien et bien ruyner de toutes choses Guynes, qui est très bien faict, et si ne font razer aussi le pont de Nyollay, il me semble qu'ilz feront mal; car les Angloix ne tenoient

---

1. Jean du Bellay, cardinal, ambassadeur près Henri VIII; disgracié sous François I, se retira à Rome et fut nommé évêque d'Ostie
2. Le jeune de la Roche-du-Maine avait été tué à cette même affaire (Ascoli. — Duchesne, page 271).
3. Prise de Calais le 8 janvier 1558. L'année ne commençait alors qu'à Pâques et non le premier janvier; c'est sous le règne de Charles IX qu'eut lieu la réforme. Ainsi, pour Tiercelin, Calais fut pris à la fin de 1557, et pour les historiens, qui depuis ont rectifié les dates, au commencement de l'année 1558.
4. Prise de Guynes, deux ou trois jours après celle de Calais.
5. François de Coligny, seigneur d'Andelot, frère de l'amiral.

ses fortz là que pour garder que les François allissent à Callès, et nous voullons que les Françoys y allent. Je ne sçay de Guynes là où Monsieur de Guyse [1] menera ses forces, car je vous advertis que toutes les villes des frontières de l'ennemy sont bien garnies et que Monsieur de Bignycourt [2], qui est dedans Sainct Omer, donne bien ordre par tout et est homme de bon cerveau, et que le roy d'Espaigne a faict venir toutes ses forces en ceste frontière là et faict grand dilligence pour avoir des pistolliers et des lansquenetz, mais il ne les peult avoir que ce ne soit la fin de mars. Nous en debvons aussi avoir de cinq à six mil, ce dict l'on en ce temps-là ; ce seroit mal allé pour nous si ceux du roy d'Espaigne et les nostres s'accordoient. Je croy que le Roy sera bien toust à Paris, s'il n'y est, et estoit à Boullongne. Jay trouvé auprès d'Amboyse ung gentilhomme qui est à Monsieur de Gernacq [3], courant la poste, et me dist qu'il estoit party d'Arras il y a aujourd'huy huict jours, et que Monsieur de Gernacq estoit à Arras et mis à ranson à huict mil escuz qu'ilz veullent avoir contans et cinq cens escuz davantaige pour son paseport. Il y a dangier qu'ilz prennent l'argent et qu'ilz ne le laissent venir si toust, car je sçay bien que ilz ont faict de telz tours à d'autres. Il me dist, et qu'il le panssoit véritable veu les lieux de là où il le tenoit, que les Angloix c'estoient tous mutinez et qu'ilz avoient prins la royne d'Angleterre et mis dedans la tour de Londres et délibérez de luy faire coupper la teste et de faire courronner leur roy ung millort dont j'ay oublyé le nom et de luy faire espouser la seur de la royne d'Angleterre [4]. Je voudroys qu'il n'y eust Angloix

---

1. François de Lorraine, duc de Guise, assassiné en 1563 au siége d'Orléans par le huguenot Poltrot de Méré.
2. Probablement Nicolas de Luxembourg, descendant des bâtards des comtes de Brienne.
3. Charles de Chabot, baron de Jarnac, depuis gouverneur de la Rochelle, frère puîné de l'amiral de Chabot.
4. Tiercelin confond évidemment l'Angleterre et l'Ecosse. Dans le pre-

ne Espaignol quy ne feussent entre Londres et Callès bien liez l'ung à l'aultre affin qu'ilz allassent plus toust au font de la mer. Et si vous sçavez aultres nouvelles, vous prye de m'en faire part, et à Dieu, Monsieur mon cousin, que je prie vous donner et à Madame ma femme de jour tout ce que désirez. De Chistré ce mardy premier jour de febvrier 1557.

Seluy que pour jamès trouverés bien vostre bon cousin et vray amy,

CHARLES TIERCELIN.

VII.

A MONSIEUR D'ABEYN, CHEVALIER DE L'ORDRE DU ROY ET GENTILHOMME ORDINAIRE DE SA CHAMBRE.

Monsieur d'Abeyn [1], j'ay veu la lectre que m'avez escripte, et suis bien fort marry de la maladie de vostre femme [2], qui a empesché que ne vous ay treuvé en ce lieu, où j'avois prins mon chemyn exprès soubz cette espérance. Mais je vous prie me faire ce plaisir à vostre première commodité me venir treuver au camp, en la part où sera Monsieur [3]. Je m'a-

---

mier de ces deux royaumes régnait Marie Tudor, qui mourut vers la fin de l'année 1558, du chagrin que lui causa la perte de Calais. Sa sœur Elisabeth, fille d'Henri VIII, lui succéda sans la moindre révolution, tandis que Marie Stuart, reine d'Ecosse, veuve de François II, roi de France, ayant épousé, peu après l'assassinat de Danley son second mari, le comte de Botwell, auteur présumé du crime, venait d'être enfermée au château de Loch Leven par les Écossais que Murray son frère naturel avait soulevés ; mais elle s'échappa bientôt et se réfugia en Angleterre.

1 Louis, seigneur d'Abain, septième fils de Jean III et de Claude de Monléon.

2. Claude du Puy, déjà sa parente au troisième degré, qu'il épousa par dispenses du pape Pie IV en date du 28 octobre 1565. Leur mariage fut célébré au château de Quincampoix le 15 janvier 1567.

3. Edouard-Alexandre-Henri, duc d'Orléans, puis duc d'Anjou, devint roi de Pologne et roi de France sous le nom d'Henri III,

chemyne par le Blanc en Berry pour m'y en aller, et quant il vous plaira de venir, vous y serés aussi bien venu qu'en lieu où vous irés jamais. Et sera l'androict, Monsieur d'Abeyn, où je prie Dieu vous donner bonne et longue vye. De la Roche Pouzé ce jeudy x[e] jour de febvrier 1569.

Vostre affectionné bien bon amy,

LEONOR D'ORLEANS [1].

VIII.

A MONSIEUR D'ABIN, CHEVALLIER DE L'ORDRE DU ROY.

Monsieur d'Abyn, parce que Monsieur le marquis de Villars [1] et moy deliberons partir demain de ce lieu et désirant que soyez près de moy pour aller tous de compagnye, m'a faict vous envoyer ce lacquais exprès acompagné de ceste, par laquelle je vous prie me faire ce plaisir vous en venir au jourdhuy couscher icy ou à tout le moings, sy vostre commodité ne le peult permectre, que ce soit demain du grant matin; car nous ne passerons par Poictiers, d'aultant que ce n'est pas le chemyn le plus seur. Mondict sieur le marquis m'a mandé qu'il sera à ce soir icy. Actendant que j'aye ce bien de vous voir, je me recommanderay bien affectueusement à vostre bonne grace et prie Dieu, Monsieur d'Abyn,

---

1. Léonor d'Orléans, fils de François d'Orléans, marquis de Rothelin, succéda à son cousin François III d'Orléans, duc de Longueville, en 1551, dans les seigneuries de Parthenay, Vouvent, etc.; il était aussi comte de Dunois St-Paul. Le duc d'Anjou, Léonor d'Orléans, et M[r] d'Abain partirent de ce camp pour prendre part à la bataille de Jarnac, gagnée sur les protestants le 13 mars 1569.

2. Marquis de Villars, amiral de France, lieutenant général du gouvernement de Guienne pour le roi.

vous avoir en sa saincte garde. De Chastellerault, ce xxii⁰ jour d'apvril 1569.

Vostre affectionné perfaict amy,

LEONOR D'ORLEANS.

IX.

A MONSIEUR D'ABYN, CHEVALIER DE L'ORDRE DU ROY.

Monsieur d'Abyn, j'ay receu présentemant vostre lectre par vostre lacquais, lequel je vous ay bien voullu incontinant renvoyer, et ceste pour vous dire que nous partirons demain du matin et vois disner à Bonimatourre et couscher à Chauvigny, où je vous prye m'y venir trouver et vous me ferez bien grant plaisir; espérant vous y voir, où je remetz toutes nouvelles à vous dire, ne vous feray ceste plus longue, fors me recommander affectueusement à vostre bonne grâce, et prie Dieu, Monsieur d'Abyn, vous avoir en sa saincte garde. De Chastellerault, ce xxiii⁰ jour d'apvril 1569 [1].

Monsieur d'Abyn, par ce que Monsieur mon mary est party auparavant ceste achevée pour aller à la chasse, m'a commandé la signer en son lieu et vous prie recepvoir mes

---

1. M. d'Abain continua à guerroyer contre les protestants jusqu'en 1576, époque de son ambassade. Ainsi il faisait partie de l'escorte du duc d'Anjou, avec son frère aîné François, qui tua le 7 août 1572 le capitaine Puivrault et logea le 31 janvier 1573 chez le sieur de Carbonnier à St-Maixent, en se rendant avec les premiers au siège de la Rochelle. (Journal de Le Riche, pages 108 et 128.) — Le duc d'Anjou, ayant été élu roi de Pologne le 9 mai 1573, veille de la Pentecôte, par l'influence de Jean de Montluc, évêque de Valence, alors ambassadeur de Charles IX près la diète de Varsovie, écrivait à M. d'Abain le 7 août pour le prier de l'accompagner dans son nouveau royaume. Ce dernier rentra en France avec Henri III, son roi, après la mort de Charles IX son frère aîné. François avait également suivi le roi en Pologne.

hien affectionnées recommandations à vostre bonne grâce et à celles de Madame d'Abyn.

Vostre bien bonne amye,

MARIE DE TOUTEVILLE [1].

X.

A MON FRÈRE MONSIEUR DE PRYE.

Mon frère, le roy est arryvé icy à Sainct Denys aujourduy qui est mardi envyron deux heures après mydi et aussy la royne, laquelle je couronneré et sacreré dimenche prochain et le mardi d'après elle fera son entrée à Paris [2].

Mon frère, j'ay dit au Roy le contenu de la lectre que vous m'avez escriptes, et incontinent Monsieur de Bourbon est arryvé, qui luy a dit le contenu de la syenne que luy escripviez, dont le Roy a esté très ayse ; et, après plusieurs parolles que mondit s^r de Bourbon luy a dites, le roy nous a commandé à tous deulx vous escripre et vous envoyer ung de ses chevaucheurs. Et vous mande le Roy que, incontinent ses lectres veues, vous en monstez à cheval et vous en venez devers luy et admenez l'homme que vous savés, qui est avecques vous, et je croy qu'il aura bonne expédicion. Monsieur de Bourbon et moy avons estez d'avys qui ne failloit point que le Roy vous escript, puis qui failloit que ung secretaire le sceust, et nous semble bien advys que adjousterez autant de foy à nous que à ung secretaire ; car nous ne le vous manderions point sy le Roy ne nous l'avoit com-

---

1. Marie de Bourbon, de Touteville, duchesse de Longueville, femme de Léonor d'Orléans.

2 Le 26 mars 1571, Elisabeth d'Autriche, fille de l'empereur Maximilien II, femme du roi Charles IX, fut couronnée à Saint-Denis.

mandé. Et ay esté d'avys que Monsieur de Bourbon l'a esté dire à Monsieur : ce qu'il a fait. Vous saurez le demourant... mais soyés icy, et adieu, mon frère.

Vostre meilleur frère,

DE PRYE, cardinal [1].

A St Denys, ceste veille de Toussainctz (1571).

XI.

A MONSIEUR MONSIEUR DABBIN, CONSEILLER DU ROY ET SON AMBASADEUR A ROME.

Monsieur, j'ay resceu la dernyère lectre qu'il vous a pleu m'escripré et vous remerssye bien humblemant de tant de peyne que vous me faites seste faveur de prandre pour moy, quy n'estymeray jour au monde plus heureuz pour moy que selluy auquel je seray sy bien fortunée de vous faire un aussy bon servyce comme l'obligassion que je vous ay mérite et que j'an auray toute ma vie bonne vollonté. J'espère, Monsieur, que la dernyère despayche qu'il vous a pleu nous faire avoir de sa Saintetay nous servira, car le nonce est prest à donner sentensse. Je vous manderay incontynant se que s'en sera. Je doubte bien fort qu'elle ne soit pas trop à nostre avantage, veu la mavayze vollonté qu'il nous a toujours montrée. Pour tant de faveur qu'il vous plaist nous faire, nous ne pouvons vous offrir aultre chose qu'une vollonté imortelle de vous servir, se quy sera à jamais d'aussy grande affection que je vous bayse très humblemant les

---

1. René de Prie, cardinal, évêque de Bayeux. Cette lettre autographe.

mayns et à madame vostre femme ma cousine et demeureray pour toujours,

Vostre bien humble cousine affectionnée à vous servir,

Lucé [1].

Monsieur, quant à l'aquit que vous aviés baillé à Monsieur Nycot, il n'a esté possible de la pouvoir trouver. Sette lectre vous servira, s'il vous plaist, de décharge, où je confesse l'avoir ressu et vous en tiens quite.

XII.

A MONS^r DABIN, CHEVALIER DE L'ORDRE DU ROY ET SON AMBASSADEUR PRÈS NOSTRE St PÈRE [2].

Monsieur d'Abin, ayant receu l'honneste lectre que m'avez dernièrement escripte, je n'ay voulu faillir vous en remercier bien fort affectueusement par ce petit mot et pryer de croyre que vous n'aurez jamais amy plus à vostre commandement que moy, et mes effectz vous en rendront tousjours la preuve. Quant aux nouvelles de deça, je ne vous puis mander sinon une guerre allumée en tant d'endroictz

---

1. Probablement Gabrielle de Harcourt, femme de Charles de Coësme, baron de Lucé. Cette lettre est autographe ; étant adressée à M^r d'Abain, ambassadeur à Rome, elle a dû être écrite de 1576 à 1581.
2. Henri III, à son avénement au trône de France, chargea M^r d'Abain d'aller en son nom rendre au pape Grégoire XIII « l'obédience filiale deuë à cause de son advénement à cette couronne », entendant qu'après la prestation d'obédience il restât son ambassadeur ordinaire près de sa Sainteté, « asseurée par les vertueuses qualitez dont elle le cognoissoit doué qu'il n'obmettroit rien en telle charge du soing, devoir et fidélité que requéroit l'importance d'icelle. » (Duch., page 319.) — Il partit pour cette ambassade le dernier jour de mars 1576 et y resta cinq ans. Marc-Antoine de Muret fut son interprète près du St Père et prononça, dit Duchesne, une fort belle harangue en latin.

de ce royaume que tous les gens de bien ont assez de peyne de chercher les remèdes propres à telle chose. Dieu par sa grâce nous y vueille ayder et vous donner, Monsieur d'Abin, ce que myeulx désirez. De St Maur, ce vie juillet 1580 [1].

Je ne sçaurois, Monsieur d'Abin, assez vous remersier de tant de peyne que vous prenez pour moy, mais croyez que je m'en revencheray à bon essient quant l'occasion s'offrira et me vouldrez employer. Vous avez encores moyen de faire plaisir à toute ma maison, comme verrez par les choses qui se présenteront bien tost. Je vous prye vous y employer à bon escyent et faictes estat que vous n'aurez jamais amy plus à vostre commandemement que moy.

Vostre entièrement meilleur amy à jamais,

Henry de Lorraine [2].

XIII.

A MONSIEUR DE ABBIN, EMBASSADEUR DE SA SAINCTETÉ TRÈS CHRESTIENNE, A ROME.

Monsieur de Abbin mon cousin, envoiant présentement pardevers sa Saincteté le comte Pij de Savoie, chevallier de mon ordre, pour fère l'ofice de condolence de la notable perte que j'ay puisnaguière faicte de feu Monseigneur et père de heureuse mémoire, je luy ay donné charge de vous veoir et visiter de ma part et de vous communicquer de ce

---

1. Il est fait ici allusion à la reprise d'armes qui suivit le traité de Flaix-sur-Dordogne, passé entre la reine mère Catherine de Médicis, le duc d'Anjou Henri III et le roi de Navarre, et surtout aux actes de brigandages continuels qui désolaient la France.
2. Henri de Lorraine, duc de Guise, frère du duc de Mayenne, que le roi fit assassiner à Blois en 1588. La seconde partie de cette lettre, commençant par ces mots : Je ne sçaurois, est autographe.

mien accident et de l'extrême ennuy et regret auquel il m'a laissé. Je vous prie de croire ledict comte et vous asseurer de mon amitié et bonne volenté en vostre endroict, et attendant qu'il m'arrive occasion de le vous monstrer par effect, je vous présente mes recommandations, en suppliant le Créateur qu'il vous donne, Monsieur de Abbin, santé et longue vye. De Turin, ce dernier septembre 1580.

Vostre bien bon cousin,

C. Emanuel [1].

XIV.

A MONSIEUR, A ABAIN.

Mon cœur,

Je pensois hier, qu'il estoit le neufyesme de la maladie de mon fils [2], vous envoyer un homme en poste pour vous faire savoir le vray estat où il estoit et comme il sembloit que sa fièvre s'obstinoit contre les remèdes, le setiesme de sa maladie n'ayent point aporté d'alégement par aucune crise, comme Monsieur Bragier, Monsieur de Pois et Monsieur Penas espéroit, qui sont les trois médesains qui le tretent; mais ils me firent différer jusques à ce matin pour voir quel cours prenderoit cette fascheuse fièvre, heu esgart aussi que s'eut esté casi une despence innutille, puisque le courier devoit partir demain et que j'ay bien peu de coumodités pour fournir à tout. Maintenent je vous diray qu'encore que sa fièvre con-

---

1. Charles-Emmanuel, né à Rivoli le 12 avril 1562, succéda, à l'âge de 18 ans, à son père Philibert-Emmanuel, né le 8 juillet 1528, dont cette lettre annonce la mort.

2 Probablement Claude Chasteigner, cinquième fils du seigneur d'Abain, qui mourut vers 1580 à l'âge de sept ans.

tinue toujours, bien qu'il aye esté segné sinq fois au bras et hier au soir du pié, qui est un remède fort husité en ces fièvres malignes pour en rabattre les vapeurs, il semble qu'il aye un peu d'amendement par la grâce de nostre Seigneur; néanmoins les médesains ne pevent assurer de rien, à ce qu'ils disent, qu'il ne l'avoist intermittente, quoiqu'ils ayent beaucoup melieure espérance qu'ier au soir, d'austant qu'il coumensoit à avoir de légères consveulsions, lesquelles ce diminues de plus en plus, Dieu mersi. Je suis extremement masrie d'estre contrinte à vous faire savoir de sy fascheuse nouvelles; mais, oustre que vous me l'avés ainssi coumendé, c'est que je ne saurois vous en celer aucune chose. Je ne vous dis point austrement la peine où j'ay toujours esté et suis encore, parce que cela ceroit innutille. Il suffit que vous sachiés que quent le plus grant prinse du monde ceroit en l'estat qu'il est, il ne pouroit pas estre mieus asisté, jusques à ce point que sy Dieu ne benist nos remèdes, il faudra croire qu'absolument ce n'est pas sa vollonté; à laquelle je vous supplie de vous conformer, comme je fais de tout mon pouvoir; luy offrant de bon cœur la part que nous avons en sa personne aussi bien que la nostre mesme, puisque le tout est à luy et qu'il en dispose toujours pour le mieus à sa gloire et à nostre salut. Je le supplie encore une fois qui nous asiste par sa sinte grace, et vous, mon cœur, de me croire esternellement vostre [1].

Je m'oubliois de vous dire qu'il ne menque non plus de remèdes scpirituels que temporels, parce que les bons pères capusins et prinsipalement le père Pasifique le visitent souvent. Je ne menqueré, Dieu aydent, à vous escrire encore jeudi et continuré toujours deus fois la cemaine tent que ce fascheus mal durera. Songés, s'il vous plaist, s'il y a moyen

---

1. En cet endroit, Madame d'Abain, au lieu de sa signature, a reproduit le chiffre qui se trouve sur son cachet.

— 300 —

de nous faire tenir de l'argent, par ce qu'il nous faut tous les jours en médesains soeullement noeuf escus, ce que je ne saurois diminuer jusques à ce que je voye mon pauvre fils hors de denger, congnoisent que cela luy a esté du tout nésesaire. Closelle ne vous escrit point parce qu'il est alé à St Jermain pour cette affaire que nous avons à la chambre des contes pour cette imposition de la Marche qu'ils n'ont pas voulu alouer sur. . . . . de Monsieur Dulesré.

A Paris ce 24e juillet (1580?).

XV.

A MONSIEUR D'ABIN, CHEVALIER DE L'ORDRE DU ROY, MONSIEUR MON FILZ, CONSEILLER EN SON CONSEIL PRIVÉ, CAPPITAINE DE CINQUANTE HOMMES D'ARMES DE SES ORDONNANCES[1] ET SON AMBASSADEUR A ROME.

Monsieur d'Abin, vous verrez par la lectre que le Roy[2] Monsieur mon filz vous escript présentement comme de nouveau il vous donne vostre congé pour partir de Rome et le venir trouver quant bon vous semblera; en quoy faisant vous laisserez la charge de ses affaires à mon cousin le cardinal d'Est[3] et vostre secrétaire par de là, jusques à ce

---

1. François, son frère aîné, étant mort le 9 septembre 1579, le roi lui délivra le 30 septembre de la même année des lettres patentes le nommant capitaine de la compagnie des cinquante hommes d'armes de ses ordonnances, précédemment commandée par son frère.
2. La reine mère Catherine de Médicis, ne pouvant se résoudre à perdre l'autorité qu'elle voyait tous les jours lui échapper, écrivait toujours en même temps que ses enfants les rois de France et confirmait leurs ordres.
3. Don Francisque d'Est, né en 1509. Son frère Hercule II avait épousé Renée de France, sœur de la première femme de François I et fille de Louis XII. Cardinal le 5 mars 1539, mort le 2 décembre 1572 Il était fils de Lucrèce Borgia et d'Alphonse I, duc de Ferrare et de Modène.

que ayons advisé de celluy que nous vouldrons envoyer résider ambassadeur près de nostre St Père, qui sera au plus tost qu'il nous sera possible. Et sur ce je supplieray le Créateur, Monsr d'Abin, qu'il vous ayt en sa saincte garde. Escript à Bloys le xviiie jour de mars 1581.

CATERINE.

BRULART.

XVI.

A MONSIEUR MONSIEUR D'ABAIN, CHEVALIER DE L'ORDRE DU ROY, CAPITAINE DE CINQUANTE HOMMES D'ARMES ET CHAMBELLANT ORDINAIRE DE SA MAJESTÉ.

Monsieur, j'ay receu vostre lectre du xxiiiie may, et entendu par icelle la grâce et délivrance que Monsieur Duplessis Melais[1] ha obtenue par vostre moyen et faveur, dont je loue Dieu de bon cœur, et comme amateur commun de sa vertu et bonnes parties, je m'en réjouis avec vous. Je suis bien aise que vous ayez augmenté le nombre des bons seigneurs et amis que j'ay près du Roy, où je vous supplie, en continuation des très grandes obligacions que je vous ay, me départir tousjours vostre crédit et faveur; laquelle, pour l'entière confiance que j'ay en vostre amitié et bienveillance, je ne fauldray d'employer aux occasions, mais ce sera à condition que si je suis bon et utile par deçà pour le service de vous et des vostres, vous ne m'espargniez non plus que je vous ay espargné par le passé, ains usez purement et plaine-

---

[1]. Duplessis Mélais, envoyé extraordinaire de Sa Majesté Henri III près de Sa Sainteté pour traiter de la nomination de Philippe de Lenoncourt au cardinalat. Cette négociation ayant réussi grâce à M^r d'Abain, Paul de Foix l'en félicite.

ment du droict et puissance que vous avez de me commender.
Le Roy, comme vous havez seu, m'a ordonné de demeurer
icy son ambassadeur [1], à laquelle charge j'ay esté receu par le
pape avec aultant de démonstration de contentement et
d'affection qu'il est possible. J'espère par ce moyen arracher
et extirper du tout les difficultez de mon expédition, que vous
avez cy devant grandement esbranlées et quasi desracinées.
Vray est que de cela je n'en veulx pas faire un principal, et
suis résolu de n'en parler de longtemps pour ne sembler
vouloir user de l'auctorité publicque de ma charge pour
l'advancement de mes affaires particulières. Mais Monsieur
le cardinal d'Este, qui arrivera en ceste ville pour toute ceste
sepmaine, me fera cest honneur d'en prendre la charge suivant la prière que luy en ont faict leurs Majestés et sa promesse qu'il m'en a cent fois réitérée. Mondict sieur le cardinal a esté un peu travaillé par le chemin de la goutte aux
mains, mais nous avons advis qu'il arriva mardy dernier v de
ce mois à Prattelino près de Florence, où les grand duc et
duchesse de Toscane l'attendoient et luy estoient venus audevant pour l'honorer, et le landemain à Florence en bonne
disposition. Monsieur le cardinal Farnèse arriva aussi en
ceste ville vendredy dernier, retournant des nopces de Mantoue. C'est tout ce que je vous puis escrire pour le présent,
sinon que si Monsieur Guillemier, en faveur de qui vous
m'avez escrit, le peult prévaloir en quelque chose de moy, je
luy feray tousjours sentir le pouvoir et efficace qu'a sur moy
vostre recommandation et le verray très volontiers pour
estre tel qu'il est, mais spécialement pour le tesmoignage
que vous me donnez qu'il est de vos amis. A tant, Monsieur,

---

1. Rappelé de son ambassade par une lettre d'Henri III datée du 17
mars 1581, il y fut remplacé par Paul de Foix. C'est à son retour d'Italie
qu'il est établi conseiller d'État à la place de Nicolas d'Angennes, seigneur
de Rambouillet, nommé alors au gouvernement de Metz et du pays Messin;
le brevet de conseiller est daté du 3 mars 1582. (Duchesne, page 324.)

je me recommande très affectionnément à vostre bonne grâce, et prie Dieu vous donner en très bonne santé heureuse et longue vie. De Rome, ce xii° juing 1581.

Vostre secretaire est encores en ceste ville et luy ay faict tenir la depesche que vous luy avez envoyée.

Vostre obéissant comme frère et serviteur,

Paul de Foix [1].

XVII.

A MONSIEUR MONSIEUR D'ABIN, CHEVALIER DE L'ORDRE DU ROY, CONSEILLER EN SON CONSEIL D'ESTAT, CAPITAINE DE CINQUANTE HOMMES D'ARMES DE SES ORDONNANCES ET L'UN DES QUATRE CHAMBELLANS [2] DE SA MAJESTÉ, EN COURT.

Monseigneur, je vous veus escrire ce petit mot pour vous donner une nouvelle qui vous plaira. Monsieur le secretaire devant hier m'envoia appeller et me dist qu'il avoit obtenu du Pape pour moi une nouvelle pension de trois cents escus d'or [3] en Espaigne : tellement que vela sa promesse toute accomplie. J'ai voulu que vous soiés par delà le premier à le savoir, *quem scio mea solide gavisurum gaudia.* S'il vous plaist en faire la démonstration par lettres, qu'il vous pleust dernièrement m'escrire qu'en vouliès faire, ce me sera beau-

---

1. Paul de Foix, archevêque de Toulouse, né en 1528, mort en 1584 à Rome.
2. Dans cette année le roi Henri III nomma le seigneur d'Abain un de ses quatre chambellans et le fit chevalier de son Ordre.
3. En 1578 Étienne Bathori, roi de Pologne, ayant entendu parler des grands talents d'Antoine de Muret, lui fit des offres brillantes pour l'attirer dans ses États. Le pape Grégoire XIII, sur son refus, lui accorda en diverses années des pensions dont le total monta à 1,000 écus d'or.

coup d'honneur et de faveur. J'attens messieurs vos enfants en bonne dévotion de les servir de ce que je pourrai, et encores que l'eage oresmais me commence à rendre amateur de repos, si me semble il que je reprendrai cueur pour leur faire service. Je désire estre maintenu en vostre grâce, en celle de Madame, et de touts ceus qui vous appartiennent; et vous baisant *ex animo* les mains, prie Dieu,

Monseigneur, qu'il vous maintienne heureus et content. De Romme, ce xii° de juillet 1582.

Vostre très humble et très obligé serviteur,

MARC ANTOINE DE MURET[1].

XVIII.

A MONSIEUR MONSIEUR D'ABIN, CONSEILLER DU ROY EN SON CONSEIL PRIVÉ ET CHEVALIER DE L'ORDRE DE SA MAJESTÉ.

Monsieur, par ce qu'il y a longtemps que quelque ouverture feust faicte et propos tenus entre noz agens sur le faict de la Grenetière[2], lesquelz je désirerois au plus tost que faire ce pourroit sortir à effect, ayant entendu qu'estiez de par de cà, j'ay exprès d'espêché de vers vous le sieur de Garnault, présent porteur, pour vous communicquer dudict affaire et en traicter, sy continués en mesme vollontè, avecques vous à nostre commun contentement; vous suppliant,

---

1. Marc Antoine de Muret, érudit célèbre, littérateur, poëte latin, né à Muret, près de Limoges, en 1526, mort à Rome en 1585. Cette lettre est toute entière de sa main.
2. François Chasteigner, seigneur de la Roche-Posay, mourut le 9 septembre 1579, laissant à son frère cadet Louis Chasteigner, seigneur d'Abain, ses titres et bénéfices, parmi lesquels se trouvait l'abbaye de la Grenetière, en Bas-Poitou.

(Monsieur) qu'il puysse retourner bien instruict de vostre vollonté et résolution, car de ma part je luy ay faict entendre la mienne ; vous asseurant que sy en aultre endroict me voulez faire ceste faveur de m'enployer, vous me trouverez aussi affectionné et prest à vous servir qu'amy qu'ayez en ce monde. Sur ce je me recommande humblement à voz bonnes graces et prie Dieu vous donner,

Monsieur, très heureuse et très longue vye. Du Parc, ce xxi de septembre 1582.

Vostre obéissant et plus affectionné cousin à vous servir,

RENÉ DE ROHAN [1].

XIX.

A MONSIEUR MONSIEUR D'ABIN, CHEVALIER DE L'ORDRE DU ROY, CONSEILLER EN SON CONSEIL D'ESTAT, CAPITAINE DE 50 HOMMES D'ARMES DE SON ORDONNANCE ET L'UN DES QUATTRE CHAMBELLANS DE SA MAJESTÉ, EN COUR.

Monseigneur, la lettre qu'il vous pleust m'escrire le 12e de novembre me fut rendue vers la mi décembre, auquel temps j'estois le plus empesché du monde, parceque j'avois fraischement achetté un petit palais la somme de cinq mille escus, et i faisois remuer mes besoignes, tellement qu'à peine avois je loisir de dormir. Par ainsi vous prie me pardonner si j'ai prins seurté avecques vous de tarder à respondre. Je me réjouis que le Roi connoit vostre valeur et continue à se

---

1. René II, vicomte de Rohan, seigneur de Frontenay et de Pontivy, né en 1550, mort en 1586 à la Rochelle. Il descendait de Pierre de Rohan, maréchal de Gié, et avait épousé Catherine de Parthenay-L'Archevêque.

servir de vous en affaires d'importance. Bien est vrai que les récompenses ores mais sont trop tardes [1]; mais je vous conoi fort bien et suis asseuré que vous aimés l'honneur et la vertu καθ' ἑαυτά et prenés plus de plaisir à mériter qu'à estre remuneré. Je m'allègre avecques vous de la compagnie que vous fait Monsieur de la Scale [2], et du plaisir que vous prenés à Polybe, et que vous trouvés vraie la relation que je vous en avois faitte. Pleust à Dieu que je peusse estre en quelque coing pour ouir les belles corrections qu'i doit faire ce divin esprit de Scaliger. Les fragments publiés de Fulvio Ursin ont bon besoing dudit sieur de la Scale. Quant à mon Senecque et Tacitus [3], j'espère vous contenter bientost. Je suis après à mettre ensemble les corrections faittes sur les livres que nous leusmes ensemble, *idque præcipue causa tua*. Je vous promets, Monsieur, qu'il n'est jour que je ne pense en vous, et ai journellement de bonnes occasions de m'en faire souvenir. Plaise à Dieu que quelqu'un de Messieurs vos enfants vienne ici à temps pour recevoir quelque service de moi en contrechange de tant de faveurs que j'ai receues de vous. Mon petit neveu est la principalle consolation de ma vieillesse, et me contente plus de jour en jour. Tous deus vous sommes et serons tousjours très humbles et très affectionnés serviteurs, et baisons les mains très humblement à vous, Monseigneur, et à Madame et à touts Messieurs vos enfants, et singulière-

---

1. Muret le complimente de son entrée dans l'Ordre du St Esprit, dont il reçut le collier des mains du roi à la cérémonie du sixième Chapitre, tenu aux Augustins de Paris le dernier jour de l'an 1583.

2. Joseph-Juste de la Scale dit Scaliger. célèbre philosophe et humaniste, « insigne lumière de son siècle », dit Duchesne. Scaliger demeura au moins trente ans avec la famille de Chasteigner. Il fut donné par le seigneur de la Roche-Pozay comme précepteur à son fils le seigneur d'Abain, qui lui confia lui-même l'éducation de ses enfants, et surtout celle d'Henry-Louis Chasteigner, plus tard évêque de Poitiers. Il était né à Agen en 1540 et mourut à Leyde en 1609.

3. OEuvres de Muret publiées à Vérone, 1727-1730, 5 vol. in-8°, et à Leyde, 1789. Il avait professé les humanités à Poitiers.

ment à nostre petit seigneur et maistre le seigneur Henry Louys [1]. Dieu vous doint à touts,

Monseigneur, le comble de touts biens.

De Romme ce vi^e de février, selon nostre nouveau Kalendaire [2], 1583.

Vostre très humble et très obligé serviteur,

MARC ANTOINE DE MURET.

Cachet plaqué en cire rouge, ovale, portant : de..... à la fasce de..... à une étoile de..... en chef et trois..... en pointe. Autour : M. ANT. MVRETVS.

XX.

A MONSIEUR MONSIEUR D'ABIN, CHEVALIER DE L'ORDRE DU ROY, CONSEILLER D'ESTAT.

Monsieur, je vous baise bien humblement les mains de la peine qu'il vous a pleu prendre de me départir de vos nouvelles par vostre lectre du 28 juin, que j'ay receue depuis

---

1. Henry-Louis Chasteigner, seigneur de la Roche-Pozay, septième fils de Louis Chasteigner, seigneur d'Abain, et de Claude du Puy, qui accoucha de lui à Tivoli près Rome, pendant le temps de l'ambassade de son mari, le vendredi 6 septembre 1577. Le 13 mai 1612, il fut sacré évêque de Poitiers.
2. On lit dans le journal de Le Riche, page 370 :
« Le mardi 13 (déc^{bre} 1582) fut publié judiciairement, en la ville de
« Poitiers, une lettre du roi, datée du 3 de ce mois, par laquelle, suivant
« le calendrier ecclésiastique ordonné par le pape, envoyé aux rois et
« princes chrétiens, sont retranchés 10 jours de cette année, à commencer
« dès le 10 de décembre prochain, qui souloit être le 25, et que cette
« année finisse six jours après ladite fête, où commencera l'année 1583;
« ce que Sa Majesté nous mande faire publier judiciairement, à son de
« trompe et cri public, ès endroits et lieux accoutumés faire telles publi-
« cations. »

deux jours par ce dernier ordinaire. Je loue Dieu de veoir par ycelle que vous et toute vostre famille soyez en bonne santé, dont trois motz que Madame d'Abin m'a escript au bout de vostre lectre m'asseurent encor davantage avec ung contentement et aise infiny. A ce que je puis veoir, en quelque lieu que vous soyez vous n'avez pas faulte d'exercice, puisque lors mesmes que vous vous retirez en vostre maison, les afaires de vostre nepveu [1] oultre les vostres vous en donnent à bon escient; si m'asseuray je que ce n'est pas tant que vous n'entreteniez quelques heures le jour vos libvres. Veu ce qu'il vous a pleu m'escrire, je fais compte que ceste lectre vous trouvera à Paris, dont je me resjoys grandement, pour l'espérance que j'ay d'entendre plus souvent de vos nouvelles et que vous achevrez de terminer vos afaires que vous y avez, chose que je désire autant que si c'estoit pour moy mesmes, et vouldroys estre bon à vous y servir en quelque chose. Croyez que je m'y emploiroys beaucoup plus volontiers que je ne demeure icy du tout inutile à ceulx que j'honnore, ayme et estime comme vous. J'ay veu ce que vous me mandez de l'abbaye de la Stafarde; si fault il trouver ung jour moien, s'il est possible, qu'elle soit à vous libre; ce qu'estant, je l'estimeroys beaucoup plus qu'une abbaye de plus grande valeur en France, veu la saison où nous sommes et les calamitez qui nous menassent. Si est ce que la recompense dont aultrefois on vous a parlé est en lieu si proche de vous, que quand elle vous réusciroit, vous vous sçauriez aiséement empescher toute oppression et vous ga-

---

1. Jean Chasteigner, IVme du nom, seigneur de St-Georges de Rexe, frère du seigneur d'Abain et onzième fils de Jean IIIe du nom, naquit le 26 mars 1542 et mourut à Poitiers le 6 janvier 1581. Du mariage qu'il avait contracté avec Jeanne de Villers le 19 avril 1567, il eut un fils, François Chasteigner, seigneur de St-Georges de Rexe, qui devint gouverneur de Poitiers. Le cardinal de Rambouillet fait ici allusion aux embarras que causa au seigneur d'Abain, son tuteur, le mariage de sa mère Jeanne avec Jean de Pons.

rentir d'un tas de petitz voleurs de bénéfices qui ne font autre mestier par la France. Nous sommes icy attendans Monsieur de St Goart ¹, sans avoir aucun advis qu'il soit enchor arrivé à la Court. Cependant Monsieur d'Ossart ², qui estoit à Monsieur de Foix et qui est maintenant à Monsieur le cardinal d'Est, a commandement de traicter les afaires du roy soubz l'auctorité dudit sieur cardinal, et Monsieur Gassot y doibt bien tost faire ung voiage, je ne sçay bonnement pour quoy. Voylà toutes les nouvelles de Rome, car de vous advertir de la santé du Pape c'est chose vieille et qui continue de longues annés ; si vous diray je qu'il semble plus jeune et plus sain que quand vous partistes de Rome. Je baise humblement les mains à Madame d'Abin, et suis infiniment aise d'avoir entendu que mon petit amy se porte bien et soit de plus en plus gentil garçon. Et à vous,

Monsieur, après vous avoir humblement baisé les mains, je prye Dieu quil doint en santé et prospérité très longuement heureuse vie. De Rome, ce 13 aougst 1584.

Vostre humble serviteur,

C. Card^al DE RAMBOUILLET ³.

---

1. Jean de Vivonne, marquis de Pisany, seig^r de St-Gouard, avait succédé à Paul de Foix comme ambassadeur à Rome.

2. D'Arnaut d'Ossat, depuis cardinal, secrétaire de Paul de Foix et du cardinal d'Est, et enfin ambassadeur lui-même sous Henri IV.

3. Charles d'Angennes, né en 1530, fait cardinal par Sixte-Quint en 1570, fut gouverneur de Cornetto et y mourut le 23 mars 1587, à l'âge de 56 ans.

XXI.

A MONSIEUR MONSIEUR D'ABIN, CHEVALIER DE L'ORDRE DU ROY, CAPPITAINE DE CINQUANTE HOMMES D'ARMES DES ORDONNANCES DE SA MAJESTÉ, CONSEILLER EN SES CONSEILZ PRIVÉ ET D'ESTAT.

Monsieur, depuis douze jours en çà j'ay receu tout à la fois deux lettres qu'il vous a pleu m'escrire, du 4 janvier et 3 febvrier, dont je vous baise humblement les mains, et vous jure sur mon honneur et sur ma vie que vous ne sçauriez favoriser homme vivant en ce monde, luy escrivant de vos nouvelles, qui vous les désire meilleures que moy ni qui avec plus d'aise et de contentement ayt asseurance de vostre santé et establissement de toutes vos afaires. Je voy par celle du 4 janvier la résolution qu'en fin vous avez prise pour estre payé de l'argent [1] qui, jà longtemps a, vous est deu de Sa Majesté; c'est ung party que j'ay veu assez heureusement succéder à quelques autres, et me souvient que le feu cardinal de la Bourdaisière [2], pour une somme importante qui luy estoit deue du temps de son embassade, fut contrainct de s'ayder par ce moyen, dont plusieurs fois il me dist s'estre bien trouvé. Dieu veuille que vous en faciez de mesme, chose que je veux espérer, et cependant ores cy et ores cest heure me réjoyr avec vous que soyez sorty de la nécessité en laquelle vous estiez d'importuner Sa Majesté, mestier que je sçay estre du tout contraire à vostre naturel. Pourveu que

---

1. Le trésor était tellement épuisé quand Henri III lui confia l'ambassade de Rome, que ce prince fut obligé de lui donner quelques-unes de ses pierres précieuses pour les engager, en attendant qu'il pût faire mieux à son égard.
2. Philibert Babou, seig^r de la Bourdaisière, évêque d'Angoulême, fait cardinal par Pie IV le 4 mars 1561, mort à Rome, ambassadeur, le 25 janvier 1570.

vous soyez bien payé de la rente, c'est moins mal, enchor que vous ne touchiez point le principal [1] de quelque temps. Monsieur de St Goart, à ce que je puis veoir par vos deux lectres, est beaucoup mieulx traicté que vous n'avez esté jusqu'à cest heure, et si on continue à le traicter de mesme, je m'asseure que nous aurons ung embassadeur à Rome pour long temps, veu le séjour qu'il a faict à la charge et embassade d'Espagne. Il vient, Dieu mercy, en bonne ville, comme vous sçavez, où il aura bien moyen d'employer son argent et faire la grande et signalée dépence qu'il delibère. Nous verrons ce que c'en sera, et asseurez vous qu'après qu'il aura séjourné quelque temps à Rome, et moy aussy, qui espère en mesme saison y arriver que luy, je ne fauldray à vous en escrire des nouvelles. Il me faict beaucoup de faveur de vous dire qu'il faict estat de mon amitié ; sur quoy je vous baise humblement les mains de la réponce que luy avez faicte. J'honnoreray toute ma vie les embassadeurs du Roy qui sont à Rome comme principaux ministres de Sa Majesté ; mais puisqu'il n'y a plus de monsieur d'Abin, malaisément leur feray je grand presse, ma santé ne me le permet pas ; l'ambition, Dieu mercy, ne m'y tire pas plus que de raison, de confiance et d'amitié. Il est malaisé que je l'aye jamais si entière avec qui que ce soit comme je sçay qu'elle a esté entre nous deux et sera tant qu'il plaira à Dieu nous donner vie. De Monsieur de St Goart en particulier, vous sçavez ce qu'aultresfois je vous en ay dict. Je ne suis plus en eage d'avoir la mémoire courte comme ont les petits enfants. Quoy que ce soit, je l'honnoreray comme je doy et laisseray cependant passer les plus chargez. Il n'aura pas faulte à son arrivée d'hommes qui l'assiégent et qui l'entretiennent de comptes aussy véritables comme vous avez esté

---

1. Je crois qu'il est question de la pension que le Roi lui octroya sur ses aides en Poitou à son retour d'ambassade, et comme on le verra plus tard.

aultrefois. Monsieur de Plainpied n'est pas enchor compareu à Rome que je sache. Le voiage d'icy en France et de France icy, ce sont ses promenouers et galeries ordinaires, ausquelz le bon prélat ne pert pas ses pas, et s'il n'en sçait tirer des commoditez, qu'il en baille la charge à ung aultre. Il avoit à la vérité gouverné paisiblement feu monsieur de Foix, mais sur la fin il y avoit quelque chose entre eulx qui n'alloit pas si bien que de coustume, et son principal entretien, c'estoit l'homme que vous sçavez, qui est tousjours si véritable. Je verray comme il entretiendra Monsieur de St Goart, et quand bien ce sera autant qu'il peut désirer, je ne luy en portray pas grand envie, et toutes les splendeurs dudict sieur ne m'esbloyront la veue que pour six mois de l'année ; car les six autres qui sont d'hiver, j'espère, tant que je seray en Italie, me retirer à Cornette, où, pour la bénignité de l'air, je me sens moins mal qu'à Rome. J'ay veu ce que me mandez de quelque alarme qu'on a par de là, d'une ligue qu'on dict se faire entre le Pape, le roy d'Espagne et princes d'Italye pour aller assiéger Genesve ; je pense que jusqu'à cestheure il n'en est rien. Je ne sçay si le voiage de Monsieur de Savoye en Espagne en pourroit establyr quelque chose. Le Pape n'est pas homme qui de son naturel ni élection entre trop volontiers en semblable marchandye ; mais ce nom de Genesve est si odieux par toute l'Italye et mesmes à la court de Rome, que par ce moien peut estre feroit on condescendre le Pape en beaucoup de choses qu'il n'auroit ni pensé ni délibéré auparavant, et il n'y a point de doubte que c'est ung des principaulx désirs de Monsieur de Savoye que de recouvrir Genesve. Son retour d'Espagne nous esclarcira de beaucoup de choses, et en ce temps là j'espère estre à Rome, où j'en apprendray plus que je ne puis faire en ceste solitude icy, et ne fauldray vous en advertir. Je voy par vostre lectre du 4 janvier comme enchor de nouveau on avoit remys en avant le propos de l'eschange de Bourgueil avec la Stafarde. Je sçay que Bourgueil est en beau, plaisant et bon païs ; mais la considération que vous me mettez des réparations est bien importante; car, si j'ay bien souvenance de ceste maison là, il y avoit de plus grands bastiments que de durée. La Stafarde n'est pas en mauvais païs, et auquel il se voit clèrement que les Baudiny ont grand envie de s'establyr, ayant recouvert du cardinal Altaempa l'abbaye de Casenove et désirant si oppiniastrement la Stafarde ; laquelle je desireroys que vous puissiez trouver moyen de descharger de la pension qu'ilz ont dessus : ce seroit une belle pièce pour quelqu'ung de vos enfans, desquelz il n'y a pas long temps j'oy dire que vous aviez délibéré envoyer l'éné ou les deux plus eagez en Italye. Croyez moy, je vous supply, Monsieur, que je le désire, afin de les veoir et qu'il se présente occasion de leur faire paroistre combien je désire servir le père. Je ne dy rien de mon petit amy Henry Loys. Je m'asseure qu'il en sçait desjà plus que ceulx qui ont trois fois plus d'eage que luy ; aussy est il filz de m°. Bien luy désiray je autant d'heur et de bonne fortune comme si c'estoit pour moy mesmes. Je vys icy en homme champestre et si éloigné du monde que je n'ose entreprendre vous mander nouvelles quelconques de deçà. Après donc vous avoir asseuré que je suis vostre serviteur et de cœur et d'affection, je finiray ceste lectre par mes humbles recommandations à vostre bonne grâce, priant Dieu vous donner,

Monsieur, en santé et prospérité très longuement heureuse vie. De Cornette, ce xie mars 1585.

Vostre humble serviteur,

C. Cardin^{al} de Rambouillet.

XXII.

A MONSIEUR MONSIEUR D'ABIN, CHEVALIER DES DEULZ ORDRES DU ROY, CONSEILLER EN SON CONSEIL D'ESTAT ET PRIVÉ ET CAPPITAINE DE CINQUANTE HOMMES D'ARMES DES ORDONNANCES DE SA MAJESTÉ.

Monsieur, il y a quatre ou cinq jours que je vous escripvis ung mot de lectre; mais prévoiant que ce temps troublé et fascheux ne vous permectra de faire guières long séjour à vostre maison, je crains que ne l'aiés receue. Parquoy ceste cy de pareille substance me servira, s'il vous plaist, de me maintenir en vostre bonne souvenance et de vous tesmoigner, atendant l'occazion de quelque bon service, combien j'honnore et tiendray chère l'amitié qu'il vous plaira me porter. Nous sommes icy par trop certains de la guerre, mais fort incertains de la cause d'icelle, dont je délibère d'icy en hors atendre l'événement, s'il plaist à Dieu que je le puisse, et pour fin,

Monsieur, vous baisant bien fort humblement les mains, je prieray Dieu vous donner en parfaicte sancté heureuse et longue vie. De Plassac, ce jour de Pasques 1585.

Vostre plus obéissant frère et très afectionné à vous fère à jamès cervice,

J. DE PONS [1].

---

[1]. Jean de Pons, chevalier, seigneur de Plassac en Saintonge, gouverneur de Pons, capitaine de 200 hommes d'armes, frère puîné de François de Pons, baron de Mirambeau. Voir la note 1 de la lettre du 13 août 1584.

XXIII.

A MONSIEUR D'ABIN, CHEVALIER DE MES ORDRES, CONSEILLER EN MON CONSEIL D'ESTAT, CAPPITAINE DE CINQUANTE HOMMES D'ARMES DE MES ORDONNANCES.

Monsieur d'Abin, vous m'avez faict service très agréable de vous estre résolu suivant mon commandement d'assembler vostre compagnie de gens d'armes [1] et la faire servir auprès de mon cousin le duc de Montpensier [2], où pour tous bons respectz vostre présence sera très nécessaire. Et quand à la rente que je vous ay cy devant constituée sur les aydes de ma ville de Poictiers, j'ay commandé bien expressément à ceulx de mes finances de la vous faire valloir et donner la meilleure provision qu'il leur sera possible pour vous rendre contant en cest endroict, comme je désire que vous le soyez en toutes autres choses qui deppendront de l'effect de la bonne volonté que je vous porte. C'est tout ce que j'ay à vous respondre sur voz lectres du xxviie du passé, priant Dieu, monsieur d'Abin, qu'il vous ayt en sa saincte garde. De Paris, le premier jour de may 1585.

HENRY.

DE NEUFVILLE.

---

1. Par une lettre du 7 avril, Henri III avait donné l'ordre au seigneur d'Abain de rassembler sa compagnie et de la conduire près le duc de Montpensier, qui devait combattre la Ligue en Poitou, et par une 2me dépêche du 3 mai il lui dit que, les événements pressant, il faut qu'il se rende près du duc quand bien même sa compagnie ne serait pas au complet. (Duchesne, page 328.)

2. François de Bourbon, duc de Montpensier, appelé d'abord prince Dauphin, fils de Louis II de Bourbon, duc de Montpensier, décédé au château de Champigny, près Richelieu, le 26 septembre 1582.

XXIV.

A MONSIEUR D'ABIN, CHEVALIER DES DEUX ORDRES DU ROY MONSEIGNEUR, CONSEILLER EN SON CONSEIL PRIVÉ ET CAPPITAINE DE L. HOMMES D'ARMES DE SES ORDONNANCES.

Monsieur d'Abin, j'ay entendu la créance d'un gentilhomme que vous m'avez envoyé ce matin et depuis j'ay receu tout plain d'avis sur les quelz je désire prandre résolution avec vous ; qui me faict vous prier bien affectionnément prendre la peyne de me venir trouver et que ce soit dans demain, s'il vous est possible. En vous actendant, je voys prier Dieu vous donner, monsieur d'Abin, bonne et longue vye. De Poictiers, ce premier jour de may 1585 [1].

Vostre affectionné meilleur amy,

FRANÇOIS DE BOURBON.

XXV.

A MONSIEUR D'ABIN, CHEVALIER DES ORDRES DU ROY, CAPPITAINE DE CINQUANTE HOMMES D'ARMES DE SES ORDONNANCES.

Monsieur, j'ey esté bien ayse quant j'ey seu que vous estyés près de Monseygneur de Monpansyer ; nous avons apris ysy que le roy luy a envoyé ung pouvoyr de lyeutenant general en ses cartyers de desà, et parse que j'ey com-

---

1. Il s'agit de la nouvelle qui venait de lui arriver que les ligueurs marchaient sur Saumur pour l'assiéger.

mandemant de demeurer auprès de luy avec ma compagnye[1], m'a faict vous escrire se mot comme à celuy quy tenés le premier rant auprès de luy, affin de vous supplyer très humblemant me tant honnorer que de vous souvenir de se que je vous dyz cheu vous à Potyers, et me tant oblyger à vous servyr fidellemant que maintenant que l'ocasion s'y présante vous voilloir souvenir de moy et que par vostre moyen je puysse estre en ma patrye près de se prinse avec quelque honneur, de quoy je suis désireulx ; je vous en aurez l'oblygasion dont je me revangeré par le servyse de ma vie en toute ocasion quy me sera présantée, de quoy vous ferés estat et vous asurés. Je vous suplye très humblemant, Monsieur, que vous ne ferés jamès rien pour personne quy avec plus de sinsère affectyon s'en revange que moy. Par ma vie je vous feré preuve que je suys vostre très humble servyteur. Atandant la preuve, je vous bayse très humblemant les mains. Je prie Dyeu,

Monsieur, vous donner parfète santé, très heureuse et longue vie. A Saumeur, le vi^e may 1585.

Vostre très humble et plus obéysant servyteur,

[2] DE COSSART
EPIESTRE.

---

1. Le roi avait écrit dans les premiers jours d'avril au capitaine Cossart, pour lui donner l'ordre de former une compagnie de 200 hommes de pied sous une seule enseigne, qui fut François Le Riche, fils de Michel Le Riche, rédacteur du journal que nous avons cité plusieurs fois. Cette compagnie se rassembla le vingt du même mois à Colombiers. (Le Riche, pages 398, 399, 400.)
2. De Cossart, capitaine qui guerroya en Poitou pendant toutes les guerres de religion. Le mot Epiestre est écrit au-dessous de sa signature et en mêmes caractères. Cette lettre est autographe.

XXVI.

A MONSIEUR D'ABIN, CHEVALIER DES ORDRES DU ROY, CONSEILLER EN SES CONSEILZ D'ESTAT ET PRIVÉ ET CAPPITAINE DE CINQUANTE HOMMES D'ARMES DE SES ORDONNANCES.

Monsieur d'Abin, encores que je sache vous ayez des affaires et que vous esloignant d'iceulx, c'est tousjours en reculler l'advancement, néantmoins s'en présentant une grandement importante le service du Roy monseigneur, et qui d'ailleurs regarde mon particulier, ne la voulant résouldre sans vostre advis, vous priant à ceste cause, autant affectionément que je puis, vouloir prendre la peyne de vous rendre icy demain matin, affin, après en avoir conféré avec vous et m'avoir sur icelle donné vostred. advis, vous en retourner dès l'après disnée. Et m'asseurant de vostre bonne volunté, je voys en vous actendant prier Dieu vous donner, Monsieur d'Abin, en santé ce que désirez. De Poictiers, ce XIIIe jour de may 1585.

Monsieur d'Abin, depuis ceste lectre escripte, j'ay advisé pour vostre commodité le meilleur seroit venir dès ce soir; ce que je vous prye faire et vous me ferez ung très grand plaisir pour la conséquence de cest affaire [1].

Vostre affectionné meilleur amy,

FRANÇOIS DE BOURBON.

---

1. Cette lettre et la suivante ont également trait aux nouvelles que le duc de Montpensier recevait à chaque instant de Saumur, où venaient d'arriver 300 chevaux et 500 arquebusiers commandés par Messieurs d'Elbeuf et de Brissac.

XXVII.

A MONSIEUR D'ABINS, CHEVALIER DES ORDRES DU ROY, CONSEILLER EN SES CONSEILS D'ESTAT ET PRIVÉ ET CAPPITAINE DE CINQUANTE HOMMES D'ARMES DES ORDONNANCES DE SA MAJESTÉ.

Monsieur d'Abin, se présentant occasion de faire ung bon service au Roy monseigneur sur ung subject que je ne vous puis escrire [1], je vous prie bien affectueusement me venyr trouver demain au soyr avec le meilleur nombre de gentilz hommes tant de vostre compagnye que d'autres vos voisins et amys bien montez et armez : vous asseurant qu'en meilleur occasion ne pourrons nous faire ung bon service à Sa Majesté qu'en celle que je vous diray de bouche. L'espérance que j'ay de vous veoyr demain, je voys, après vous en avoyr encores une foys pryé, supplier nostre Seigneur vous donner, monsieur d'Abins, ce que désirez. De Champigny, ce xxiiiie jour de may 1585.

Vostre affectionné meilleur amy,

FRANÇOIS DE BOURBON.

XXVIII.

A MONSIEUR D'ABIN, CHEVALIER DES ORDRES DU ROY, CAPPITAINE DE CINQUANTE LANCES ET CONSEILLER D'ESTAT, LA PART OU IL SERA.

Monsieur, je vous représente ce que nous dismes à mon despart de Paris, quand j'allay prendre congé de vous, sur

---

1. Saumur, défendu par le capitaine de la Brosse, échappa aux ligueurs, qui se retirèrent vers Chauvigny et Châtellerault, où M^r d'Abain

les mœurs et façons agréables icy ou non ; mais je croy qu'il vous en ressouviendra, et ainsy je ne vous diray sinon ce qui nous est survenu de nouveau en ce lieu. Jeudy dernier nostre ordinaire arriva et fut donnée audience à Monsieur de St Gouard pour le lendemain à xxi heures ; mais dès le matin ung peu devant disner, ung chambrier secret du Pape vint de la part de Sa Saincteté dire audict sieur que dans et par tout ce jour il despartist de Rome et dans cinq jours hors l'estat de l'Esglise. Il adjouxta que c'estoit en indignation de ce que le Roy avoit mandé à mons^r de Nazareth de ne passer Lyon jusques à nouveau advis de Sa Saincteté, qui le mandoit nunce résident en France. A laquelle Saincteté le Roy à la vérité très humainement et humblement escrivist les raisons qui le faisoient ne voulloir accepter ledict sieur de Nazareth à cette heure qu'il y avoit un nouveau remuement et de telle qualité en France. En somme le Pape en grande collère, au mesme instant de l'advis, fist faire ce commandement urgent et violent. Dans le soir ledict sieur de St Gouard alla à Thivoly trouver Monseigneur le cardinal d'Est, qui soudain se rendist à Rome et ne peult appaiser le Pape, sinon commuer cet exil à demeure perpétuelle à Thivoly jusques à ce que le Roy eust receu à Paris sondict nunce, qui cependant a reprins le chemin d'Italie à grandes journées, comme présentement en ce lieu ledict sieur de St Gouard a rézolu dès demain reprendre celluy de France, estimant n'estre de la dignité du Roy de séjourner icy après tel commandement ; et passant oultre, il estime aussy n'estre oncques bien avec ce Pape. Vous ferez sur le tout le jugement que vostre prudence vous présentera, mais sans toucher au remède que les princes font réciprocquement, traictant les ambassadeurs qu'ils ont près d'eulx comme sont traictez les leurs. Il est

---

chargea la compagnie de Mr de Drou et la battit ; car il resta maître du terrain, ce dont il n'est point fait mention dans Duchesne. (Le Riche, p. 406.)

très expédient que ce lieu ne demeure sans ambassadeur et je ne voy que oncques ledict sieur de St Gouard s'y accommodast. Ainsy avec cet advis que je donne fort amplement à la roine mère du Roy, je lui dis que nul en France ne y seroit si à propos que vous, pourveu que fussiez bien traicté, comme j'ay veu que l'estat dudict sieur de St Gouard est très bien asseuré à ceste heure. Doncques, Monsieur, quelque part que soiez, je vous supplie prendre en bonne part ma lectre et mon advis, et vous asseurer que longues années y a que icy n'y eust ambassadeur plus agréable que vous, ny duquel la modestie, modération et prudence avec doctrine aient esté mieulx goustez. Hier monseigneur le cardinal de Médicis [1] me demanda curieusement de voz nouvelles et de madame sa comère, et s'informa si quelquefois je vous écrivois, et il me chargea de vous saluer curieusement. Le sieur Horatio Rucellay [2] est icy mieulx que jamais et retourné victorieux, est aimé et honoré d'ung chacun. Il a en cette occasion honorablement servy le Roy, s'offrant avec effect audict sieur de St Gouard, qui ne le cèlera pas. Ce pape et sa violence ne vous estonne, car il dict quil aime le Roy et veult contribuer à bon escient à cette guerre, si elle se faict de mesme. Il vous cognoissoit et vous aimoit infiniment, et estant cardinal, quelquesfois m'a parlé de vous, qui sçaurez que icy est monseigneur le cardinal de Rembouillet qui diz ans y a ne se porta si bien, auquel j'ay dict que je vous escrivois : pensez ce qu'il m'a deu dire.

Je vous baise humblement les mains et à madame vostre

---

1. Ferdinand Ier, grand-duc de Toscane, fils de Cosme Ier, fut fait cardinal en 1562, succéda à l'âge de 36 ans, le 19 octobre 1587, à son frère François de Médicis, successeur de Cosme Ier. Il épousa, le 25 février 1589, Christine, fille de Charles II, duc de Lorraine, et petite-nièce de Catherine de Médicis.

2. Probablement un descendant des fameux poëtes italiens Bernard et Jean.

femme et à toute vostre heureuse faimille, priant Dieu vous donner,

Monsieur, sa grâce très saincte. De Thivoly le dix^e juillet 1585.

Vostre humble serviteur,

De Tosene, abbé de Plainpied [1].

XXIX.

Monsieur d'Abin ayant voulu prendre la peyne d'aller trouver le Roy de la part de monseigneur le duc de Montpensier, qui l'en a pryé, fera entendre à sa Majesté :

Qu'il est tout notoire que la paix est faicte avec ceulx qui se sont eslevez contre sadicte Majesté et contre lesquelz par le commandement d'ycelle il a jusques à présent faict la guerre.

Qu'ayant pour cest effect eu cest honneur d'avoir un pouvoir de son lieutenant général, en vertu d'iceluy il a faict lever un bon nombre de gens de guerre tant de cheval que de pied, et avec iceulx exploicté ce qui luy a esté possible pour le service de sadicte Majesté.

Que le bruict commun est que ladicte paix a esté arrestée pour la ruyne de la maison de Bourbon soubz le prétexte que le roy de Navarre et monsieur le prince de Condé sont de la religion prétendue réformée.

Duquel traicté de paix mondict seigneur de Montpensier n'a veu ny entendu aucune particularité, estimant pour ceste raison qu'il soyt quelque chose dudict bruict, et néantmoings que lesdicts seigneurs roy de Navarre et prince de Condé n'ont donné occasion d'estre traictez et recherchez de ceste façon.

---

1. Il était conseiller et aumônier ordinaire du roi.

Davantage, que pour cuyder advancer les desseings de ceulx qui pourchassent ladicte ruyne, on doibt dépescher monsieur de Mayne [1] et luy donner charge pour méner et conduyre une armée au païs de Guyenne et Poictou, afin de courre sus ausdicts seigneurs roy de Navarre et prince de Condé.

Que si ainsy estoit, il yroit plus du particulier desdicts seigneurs que du général de la religion prétendue réformée, de laquelle tant s'en fault que ledict seigneur duc de Montpensier se soit oncques monstré protecteur ny zélateur. Qu'au contraire ses actions monstrent qu'il n'en a jamais embrassé ny soubhaicté d'autre que la catholicque, apostolicque et rommaine.

Et pour monstrer que tout ce qui s'est faict jusques à présent n'est que pour la ruyne d'icelle maison de Bourbon, supplie très humblement sadicte Majesté de remarquer ce qui est survenu et c'est passé dernièrement à Orléans, dont ne s'en est ensuivy aucune démonstration d'en faire la justice comme il appartient, estant survenu ledict faict pour une occasion de laquelle sadicte Majesté sçayt le subject.

D'autre part, encores que ledict seigneur de Montpensier n'ayt jamais pensé, encores moings faict chose contre ne au préjudice du service de sadicte Majesté qui ne soit de son très humble subject et serviteur, toutefois il luy semble qu'elle ayt doubté de sa fidélité, pour, après avoir joinct ses Suysses par son commandement en délibération de les mener et conduyre vers sadicte Majesté, avoir mandé à monsieur le mareschal d'Aumont [2] de les conduyre à Estampes, sans avoir esté sceu par ledict seigneur de Montpensier l'occasion de ceste dépesche.

---

1. Le marquis du Maine ou de Mayenne, Charles de Lorraine, duc de Mayenne, deuxième fils de François de Lorraine, duc de Guise.
2. Jean d'Aumont, né en 1522, mort en 1595.

Et encores qu'il ayt pleu a sadicte Majesté luy envoyer monsieur de Bryon[1], qui luy a faict entendre le désir qu'elle a de le veoir bien tost près d'elle; ne luy ayant autrement particularisé les articles de ladicte paix, il estime qu'elle a esté résolue au grand désadventage de ceulx de sadicte maison.

Que pour ces considérations, si ceulx qui ont conspiré la ruyne d'icelle estoient maintenant à la court, sadicte Majesté considérera le desplaisir, ennuy et deffaveur que ledict seigneur de Montpensier recevroyt s'il les y trouvoit.

Contre lesquelz ayant faict la guerre par le commandement de sadicte Majesté, pour s'estre eslevez contre l'auctorité d'icelle, il y a à penser qu'ilz voudroyent essayer d'en prendre revanche et vouloir attenter contre sa personne.

Pour ces raisons, suppliera très humblement ledict sieur d'Abin sa Majesté, de la part dudict seigneur duc, à ce qu'elle luy permette de se prévaloyr des forces qu'il a auprès de luy, et avec icelles se retirer en sa maison ou en tel autre endroict qu'il plaira à sadicte Majesté, pourveu que ce ne soyt en lieu où les ennemys de sadicte maison ayent commandement.

Suppliera en outre sadicte Majesté de faire faire monstre à sa compagnie et à celle dudict sieur d'Abin.

Et davantage, n'obliera de représenter le peu de justice qu'il a receu en la court de parlement de Paris depuis son partement dudict lieu, où il a esté condemné contre droict et raison en une somme excessive d'environ LX^m escus vers madame la douairière de Montpensier, à paier dedans trois moys, pour le recouvrement de laquelle, et afin de s'acquicter de plusieurs debtes qu'il a créés pour le service de sadicte Majesté et celuy de défunct monsieur son frère, sera sadicte

---

[1]. Léonor de Chabot, seig^r de Saint-Gelays, baron de Jarnac, de Bryon, etc., etc.

Majesté supplyée de luy faire paier ses pensions, desquelles il n'a encores receu aucune chose depuis six ans en çà et davantage [1].

Faict à Vendosme le xiime jour de juillet 1585.

FRANÇOIS DE BOURBON.

XXX.

A MONSIEUR D'ABIN, CHEVALIER ET COMMANDEUR DES ORDRES DU ROY MONSIEUR MON FILZ, CONSEILLER EN SON CONSEIL D'ESTAT ET CAPPITAINE DE CINQUANTE HOMMES D'ARMES DE SES ORDONNANCES.

Monsieur d'Abin, le cappitaine Bucheron, présent porteur, m'ayant faict entendre le désir qu'il a de vous aller trouver pour s'employer près de vous au servisse du roy monsieur mon filz, j'ay bien voulu vous escrire la présente pour vous prier de veoir en quoy il pourra servir par de là, et si vous cognoissez qu'il y soit propre, le voulloir employer aux occasions qui s'offriront à propos, car m'ayant esté recommandé par gent qui asseurent et rendent tesmoignage de luy, cella est cause que je vous le recommande ; priant Dieu, monsieur d'Abin, vous avoir en sa s^te garde. Escript à Paris ce xiie aoust 1585.

CATERINE.

DE LAUBESPINE.

---

1. Vers le mois de juillet, était arrivée à Poitiers, par lettres particulières, la nouvelle que la paix était faite, et cela sans que François de Bourbon en eût été prévenu par le roi ; c'est alors qu'il lui expédia le seigr d'Abain avec ce réquisitoire.

XXXI.

A MONSIEUR D'ABIN, CHEVALIER DES ORDRES DU ROY MONSEIGNEUR, CONSEILLER EN SES CONSEILS D'ESTAT ET PRIVÉ, ET CAPPITAINE DE CINQUANTE HOMMES DES ORDONNANCES DE SA MAJESTÉ.

Monsieur d'Abin, jay esté bien ayse de sçavoir de voz nouvelles par les lectres que m'avez escriptes, sur le subject desquelles je vous diray qu'après avoir esté trois ou quatre jours à Champigny où je men voys, je retourneray en ce lieu, auquel vous pouvez croyre que vous serez tousjours le très bien venu comme en tous austres endroictz où je pourrois estre, désirant, après que vous aurez parachevé voz affaires, de vous veoir pour conférer avec vous sur ce qui se présentera pour le service du Roy mon seigneur, duquel j'attendz nouvelles touchant l'exécution de ce qui a esté arresté pour l'armée que Sa Majesté m'a ordonnée; qui est l'endroict auquel je supplye nostre Seigneur vous donner, monsieur d'Abin, ce que plus désirez. De Chastellerault, ce xxvi° aoust 1585.

Vostre entièrement meilleur amy,

FRANÇOIS DE BOURBON.

---

1. Les articles du traité de paix dont la non-connaissance avait si fort indisposé le duc de Montpensier, comme nous l'avons vu précédemment, ayant été révoqués par l'édit de réunion, les troubles continuèrent et la guerre s'ensuivit.

XXXII.

A MONSIEUR D'ABIN, CHEVALIER DES DEUX ORDRES DU ROY MONSEIGNEUR, CONSEILLER EN SES CONSEILS D'ESTAT ET PRIVÉ.

Monsieur d'Abin, j'ai receu vostre lectre par ce porteur, suyvant laquelle je mande au manbre de la compagnye de mon filz de la desloger de Brizay [1], estant la moindre chose que je désire faire pour madamoyselle de Peuguion, que d'exempter sa terre dudict Brizay, mesmes en vostre recommandation. Quant aux gens d'armes, Chasteau Gaillard [2], que dictes m'avoyr envoyé pour me faire entendre les désordres qui se font autour de Partenay par le régiment du comte de Carvax [3], je ne l'ay veu ne sceu de ses nouvelles; mais je donneray ordre à faire desloger ledict régiment et à empescher qu'il n'en advienne autre scandalle; ayant trouvé fort bon l'advis que vous m'en donnez, pour le désir que j'ay de réprimer telles et semblables licences et empescher qu'elles n'adviennent plus en mon armée [4]; ne voulant obmettre à vous en remercier, de la mesme volunté que je prie Dieu vous donner, monsieur d'Abin, en santé ce que

---

1. La famille de Penguion habitait le château de Brizay et était alliée de celle de Chasteigner.
2. Ne serait-ce point le même, maître Jaques Pierres, dit Chasteau-Gaillard, qui composa en 1558 la chanson de la ville de Calais ?

Calais ville imprenable
Recongnois ton seigneur.

(Recueil de poésies françaises des xve et xvie siècles, publiées par M. de Montaiglon.)
3. Claude Gouffier, seig^r de Passavant, Saint-Loup, et c^{te} de Caravas.
4. Les habitants de Saint-Maixent, dit Le Riche dans son journal, furent obligés de déserter leurs maisons et transportèrent leurs meubles dans la ville.

plus désirez. De Champigny, ce premier jour de septembre 1585.

Vostre entièrement meilleur amy,

François de Bourbon.

XXXIII.

A MONSIEUR MONS^r D'ABIN DE LA ROCHE POUZAY, CHEVALIER DES ORDRES DU ROY, CONSEILLER D'ESTAT ET CAPITAINE DE CINQUANTE HOMMES D'ARMES DES ORDONNANCES DE SA MAJESTÉ.

Monsieur, il me seroit impossible vous dire les regrets que je fais que ce pauvre home se soit senty si peu souslagé de la recommandation qu'il vous a pleu nous en faire à mons^r Chrestien et à moy. Et en serois cent fois plus tourmenté sans l'espérance qui me console que me ferez cet honneur de croire que vos prières me seront tousjours autant de commandements et que nous y somes emploiez aussi affectueusement qu'en chose que j'entreprins onc. Mais nous avons à faire à un home très mal gratieux, intraittable ce qui ce peut; joint que ce pauvre home s'est laissé contumacer. Je vous supplie, Monsieur, que ce mauvais coup d'essay du premier service qu'avez attendu de moy ne vous oste la volonté à l'avenir d'en faire nouvelle preuve, ains m'honnorer tousjours de vostre souvenance comme de l'un de vos plus devotieux serviteurs et sur lequel avez plus de pouvoir. En cette protestation, Monsieur, je vous baise bien humblement les mains et prie Dieu vous maintenir en longue prospérité et santé. De Vendosme, ce IIII septembre 1585.

Vostre plus humble et affectionné serviteur à jamais,

de Lavardin [1].

---

[1]. Jean de Beaumanoir de Lavardin, très-proche parent des Chasteigner. — Cette lettre est autographe.

XXXIV.

A MONSIEUR D'ABIN, CHEVALIER DES DEUX ORDRES DU ROY, CONSEILLER EN SES CONSEILZ D'ESTAT ET PRIVÉ ET CAPPITAINE DE CINQUANTE HOMMES D'ARMES DES ORDONNANCES DE SA MAJESTÉ.

Monsieur d'Abin, ayant cydevant envoyé ung gentilhomme devers le Roy monseigneur, pour sçavoir son intencion touchant les compagnyes de gens d'armes qu'il a ordonnées en l'armée de laquelle j'ay la charge [1], sa Majesté me commande d'advertir les cappitaines d'icelles de se contenyr et retirer pour quelques jours en leurs maisons, affin de prévenir à l'oppression que le pauvre peuple reçoit des allées et venues qu'elles font par la campaigne, et en attendant que sadicte Majesté ayt pourveu au recouvrement des deniers qu'elle espère dans peu de temps pour leur faire faire monstre. Lequel commandement je vous ay bien voulu faire entendre, vous priant de vous y conformer et d'admonester ceulx de vostre dicte compagnye de le suivre.

Surquoy, pour l'asseurance que j'ay vous y satisferez, je ne vous feray ceste plus longue, que pour prier Dieu vous donner, monsieur d'Abin, ce que plus désirez. De Poictiers, le xviime jour de septembre 1585.

Vostre entièrement meilleur amy,

FRANÇOIS DE BOURBON.

---

1. Comme nous l'avons vu par une lettre du 26 août, Henri III avait ordonné au duc de Montpensier de former une armée pour aller au secours d'Angers ; mais ce prince n'ayant pas de quoi la payer, les hommes se répandaient dans la campagne et y commettaient toutes les atrocités possibles.

XXXV.

A MADAME MADAME D'ASBIN.

Madame, je suis infiniment marry de l'inconveniant qui est arrivé à celluy qui portoit des laittres de la part de Madame de Saingellais [1] pour ces affaires, pour le retardement que cella luy puit aporter. Car je vous supliré de croire, Madame, que pour votre respect et le sien aussy, je vous y voudrois faire tous les services que gi pourrois ; et est une chose bien deshonneste d'uzer de ceste fasson là, et sy je savois quelque ungs de mes subjects et que j'eusse puissance de le chastier, je vous le maittrois entre vos mains pour le chastier comme le cas mériltte. Car je désire la conservation de l'amittié de monsieur d'Asbin et de la vostre comme des milleurs seigneurs parens et amys que j'aye, et m'enquerré songeusement sy j'en pourré découvrir quelque chosse, comme j'ai dict à Bourgine qui list de sa part. Et en vous baisant très humblement les mains,

Madame, je vous demeure

Vostre plus humble et hobéissant cousin à vous fairre service,

VILLEQUIER [2].

---

[1]. Antoinette Raffin, femme de Guy de Lusignan dit de Saint-Gelais, seig^r de Lansac.
[2]. René de Villequier, vicomte de la Guierche, baron de Clervaux. Cette lettre se rapporte peut-être à l'époque où Saumur cessa d'être menacé par les protestants, c'est-à-dire à la fin de l'année 1585.

XXXVI.

A MADAME MADAME D'ABAIN.

Madame, vous verrés par les extraitz qu'apporte le sieur de Naintrey les moyens qu'il a pleu à Dieu me donner. Quand ilz seroient beaucoup plus grans, je n'offrirois pas moins leur grandeur à Madamoiselle vostre niepce[1] que je fai leur médiocrité, et désire infiniment qu'il vous plaise et à Monsieur et à Madame de Jussi accepter mon affection pour supplémant de ma fortune. J'envoye par de là un homme à pied, avec charge d'aller jusques en Berry pour me rapporter l'avis et ordonnance de Monsieur et Madame de Jussi, et principalement, si tant est, comme jespère et désire, que la chose leur soit agréable, sur le temps auquel ilz se résolvent d'estre à Abain pour donner fin à cest affaire. Et d'autant que ce païs icy ne produit pour cest heure aucunes nouvelles qui méritent de vous estre escrites, je..... baisant très humblement les mains et priant Dieu,

Madame, vous dohner en santé et prospérité longue et heureuse vie.

A Pressac, ce 3 janvier 1586.

Vostre plus humble serviteur,

PRESSAC [2].

---

1. Jeanne de Gamaches, fille de Philippe du Puy (sœur de Claude du Puy, femme de Louis Chasteigner) et de François de Gamaches, seigneur de Jussi, vicomte de Rémond en Berry.
2. Geoffroy de la Chasseigne, seig^r de Pressac en Gascogne. Le mariage eut lieu peu de temps après. — Cette lettre est autographe. Le papier est rongé des rats en plusieurs endroits.

XXXVII.

A MONSEIGNEUR MONSEIGNEUR D'ABIN, CHEVALIER DES DEUX ORDRES DU ROY, CONSEILLER AU CONSEIL D'ESTAT DE SA MAJESTÉ, A PARIS.

Monseigneur, nous vous remercions très humblement de l'advis qu'il vous a pleu nous donner sur le mescontentement que Messeigneurs du Conseil disent avoyr de noz actions, chose fort eslongnée de nostre intention, qui n'a jamais esté que de garder en l'excercice de noz charges toute la dilligence et fidellitté requise au service de sa Majesté, comme nous nous sommes tousjours efforcez d'en rendre preuve et ferons encore à l'advenir, aydant Dieu ; dont nous vous suplions nous faire ce bien, de leur donner assurance, suyvant l'offre que de vostre grâce il vous a pleu nous faire par voz lectres d'employer vostre bonne faveur pour nous : qui nous sera une perpétuelle obligation à vous faire service comme nous y sommes tous bien disposez et d'avoyr en recommandation ce qui vous concerne, mesme touschant voz arrérages, dont nous vous eussions piéça faict dresser, s'il y eust eu quelques deniers de la nature sur laquelle vous estes assigné; mais il n'y a heu moyen d'en recouvrer sur les volontaires, comme nous espérons bien faire cy après au moyen du pouvoyr d'heuser de contraincte que nous avons receu depuis vos dictes lectres. En quoy, Monseigneur, nous vous suplions croyre que nous n'oblirons rien de tout ce qui sera requis pour le service du Roy et vostre commodité particullière, mais y employrons tout le soing et dilligence qu'il nous sera possible, de mesme affection que vous baisant ycy très humblement les mains, nous prions Dieu vous donner,

Monseigneur, très longue et très heureuse vie.

A Poictiers, ce xv⁰ janvier 1586.

Vos très humbles et obéissans serviteurs

Les trésoriers généraulx de France establiz à Poictiers.

PALUSTRE [1], COURTINYER, DE SAINCTE MARTHE [2], JEHAN PICARD.

XXXVIII.

LA GRAND DUCHESSE DE TOSCANE.

Messieurs les gouverneurs de province, maires, consulz et eschevins de villes, cappitaines et gardes des portes d'icelles, chefz, conducteurs de gens de guerre et tous autres qu'il appartiendra. Monsieur d'Abin [3] nous ayant faict ce plaisir de nous acompagner jusques en ceste ville et s'en retournant maintenant en sa maison, nous vous prions le voulloir laisser seurement et librement passer avec ses gens, armes et chevaulx sans luy donner aucun empeschement, vous asseurant que vous nous ferez fort grand plaisir. Faict à Florence, ce xxiiime jour de may 1589. CHREST^ne DE LORRAINE G. D. DE TOSCANE.

LABRETONNIÈRE.

(Sceau plaqué aux armes de la grande-duchesse.)

---

1. Georges Palustre, seigneur de Chambonneau.
2. Scévole de Saint-Marthe, chevalier, seigneur d'Estrepié, deux fois maire de Poitiers.
3. M. d'Abain avait été chargé des négociations qui aboutirent au mariage de Ferdinand Ier, grand-duc de Toscane, avec Christine, fille de Charles II de Lorraine. Il eut l'honneur d'accompagner en Italie la princesse, qui lui octroya pour son retour ce sauf-conduit.

XXXIX.

A MONSIEUR D'AUBIN MON COUSIN.

Monsieur d'Abin mon cousin, j'ai comandé au sieur de Bienvenu, mon conseiller d'estat, de vous accompagner et servir jusques icy[1], pour plus vostre comodité; je vous prie l'avoir agréable, et expérant vous voir bien tost, je ne feray ceste plus longue que pour prier Dieu qu'il vous done, Monsieur d'Aubin, santé et longue vie. Du fort Sainte Catterine, ce vi julliet 1589.

Votre bon cousin,

C. EMANUEL.

XL.

A MONSIEUR D'ABIN, CHEVALIER DES ORDRES, CONSEILLER EN MON CONSEIL D'ESTAT, CAPPITAINE DE CINQUANTE HOMMES D'ARMES DE MES ORDONNANCES, GOUVERNEUR ET MON LIEUTENANT GÉNÉRAL EN MON PAÏS DE LA MARCHE.

Monsieur d'Abin, vous verrez par les lettres que j'escriptz à mon nepveu le comte de Clermont[2], comme tant s'en fault que je veille permettre qu'il entreprenne quelque chose sur vostre charge, que je veux qu'il restablisse ce qui y a

---

1. M. d'Abin revenait du mariage du grand-duc de Toscane et passait par la Savoie.
2. Charles de Bourbon d'Orléans, comte de Clermont, gouverneur d'Auvergne. Le commandement de la haute et de la basse Marche, confié par le roi au seig^r d'Abain, était compris dans ce gouvernement ; mais l'influence du c^{te} de Clermont tendant toujours à gêner les mouvements du premier, Henri IV détacha ces provinces de l'Auvergne et en forma un gouvernement particulier dont M. d'Abain fut le lieutenant général, ce qui lui donna la liberté d'agir à sa guise.

esté entrepris pour le faict du chasteau d'Aubusson. Je m'asseure qu'il sçaura bien recongnoistre ce qui est en cela de ma volunté, et sera si bien conseillé qu'il n'y contreviendra poinct. Je vous ay cidevant faict une autre dépesche pour vous donner advis de ma conversion en la religion catholicque; toutesfois craignant qu'elle ne vous soit arrivée, je vous en fais mettre icy le dupplicata. Vous verrez aussy icy les articles de la trefve générale que j'ay accordée pour trois mois [1]; vous adviserez de la faire publier promptement par toutes les villes de vostre gouvernement et la faire songneusement observer. Je ne m'y feusse rendu si facile à l'accorder, n'estoit que j'espère que ce sera un acheminement à la paix, laquelle je ne perdray poinct l'occasion de l'acquérir et la rechercheray par tous les honnestes moyens que je pourray. Vous serez songneusement adverty de ce qui en adviendra. Sur ce je prie Dieu, monsieur d'Abin, vous avoir en sa ste garde. Escript à St Denys, ce premier jour d'aoust 1593.

HENRY.

Forget.

XLI.

A MONSr DE LA ROCHEPOSAY.

Monsieur de la Rocheposay [2], j'ay receu par les mayns de Lomenye [3] la lettre que vous avés escryte à la Clyelle [4] sur

---

1. Cette trêve avait commencé dans la dernière quinzaine de juillet 1593.
2. Jean Chasteigner, 3e fils de Louis Chasteigner, seigr d'Abain, né le 22 janvier 1671.
3. Antoine de Loménie, secrétaire d'État, né en 1560, mort à Paris le 17 janvier 1638.
4. Maître d'hôtel du roi.

les assamblées quy ce font an la haute Marche. Sur quoy je vous dyray qu'ancor que j'aye eu cydevant les mesmes avys de Limoges et autres androys et que je croye que le tout anfyn ce convertyra an fumée, mesmemant despuys qu'yls auront ceu la nayssance du fyls [1] qu'yl a pleu à Dieu me donner, que je trouve fort à propos que vous escryvyés à Bernelles (puysque vous estes assuré de sa fydelyté et de son afectyon à mon cervyce, aussy qu'yl est fort de vos amys et auquel vous avés fyance) que sy Vyllebouche ou autre luy portent le roolle pour se fère anroller, qu'yl le face, afyn de nous descouvryr leurs motyfz et prétextes et quy an est ; mes qu'yl ce conduyse an cet afère avec dextéryté, comme je vous prye le luy mander et que je m'an fye et repose sur vous, sans que l'on sache que cella vyenne de moy, me donnant avys de ce que vous an aprandrés et d'autre chose que vous saurés ymporter à mon cervyce. A Dieu, Mr de la Rocheposay, ce xɪme octobre (1601), à Fontenebleau.

HENRY.

XLII.

A MONSIEUR LE MARQUIS DE LA ROCHEPOZAY, MON LIEUTENANT GÉNÉRAL EN POICTOU.

Monsieur le marquis de la Rochepozay, désirant vous faire entendre mes intentions sur un subject important à mon service, je vous faictz cette lettre pour vous dire qu'aussytost

---

1. Louis XIII, né à Fontaineblean le 27 septembre 1601 : ce qui précise la date de cette lettre, écrite en entier de la main d'Henri IV.
Cette lettre et les suivantes sont adressées à Charles Chasteigner, fils de Jean Chasteigner et de Diane de Fonsèques, fils lui-même de Louis Chasteigner, seigr d'Abain, et de Claude du Puy.

que vous l'aurez receue vous ayez à partir du lieu où elle vous sera rendue pour vous rendre incessamment près de moy, où je réserve de vous en dire davantage. Et sur ce je prie Dieu qu'il vous ayt, monsieur le marquis de la Rochepozay, en sa s^{te} garde. Escrit à Gien le xvie avril 1652.

LOUIS.

LE TELLIER.

XLIII.

A MONSIEUR LE MARQUIS DE LA ROCHEPOZAY, MON LIEUTENANT GÉNÉRAL EN HAULT POICTOU.

Monsieur le marquis de la Rochepozay, ayant par mon ordonnance de ce jourdhuy et pour les considéracions importantes y contenues, ordonné qu'yl sera faict une recherche exacte dans les provinces de mon royaume de tous les officiers des trouppes des princes de Condé et de Conty et leurs adhérentz, lesquelz n'ont pas faict dans le temps porté par mon éedict d'amnistie du mois d'octobre dernier les déclarations ausquelles ilz estoient obligez pour jouir de l'effect d'icelle, et qu'ilz seront constituez prisonniers pour estre procédé contre eux selon la rigueur de mon dict éedict et des ordonnances, et désirant empescher ce que les dicts officiers pourroyent entreprendre contre mon service, j'ay bien voullu vous faire cette lettre pour vous dire que vous ayez à procéder et faire procéder incessamment et de temps en temps à ladicte recherche en l'estendue de vostre pouvoir, envoyant partout les prevostz des maréchaux et autres officiers qu'il appartiendra avec les forces qui leur seront nécessaires pour saisir et arrester les contrevenantz à madicte ordonnance, laquelle je vous addresse, vous recommandant de prendre un soin particulier qu'elle soit exécutée selon sa forme et teneur et de me rendre compte de la dilligence que vous y aurez apportée. Et sur ce je prie Dieu qu'il vous ayt, monsieur le marquis de la Rochepozay, en sa s^{te} garde.

Escrit à Paris le v111^e janvier 1653.

LOUIS.

LE TELLIER.

XLIV.

A MONSIEUR LE MARQUIS DE LA ROCHEPOZAY, MON LIEUTENANT GÉNÉRAL AU HAULT POICTOU.

Monsieur le marquis de la Rochepozay, par ma despesche du xxxe octobre dernier je vous avois mandé que je ferois l'ouverture des Estatz généraux le premier du mois de febvrier prochain en ma ville de Sens, y ayant toute apparence que par mon retour en ma bonne ville de Paris avec tant d'applaudissement et d'obéissance et avec une joye si universelle de mes fidelles subjectz et par mon éedict d'amnistie publié au mesme temps et accepté presque par tous ceux qui s'estoyent esloingnez de leur debvoir, la tranquilité seroit entière dans toutes mes provinces, et que comme elle est nécessaire pour tirer le fruict que j'ay tousjours attendu de cette assemblée, aussy je la pourrois tenir sans empeschement. Mais tous les effectz de ma bonté ayant esté inutiles à l'endroict du prince de Condé, qui est non seulement chef de ce qui reste de la rebellion qu'il a excitée dans mon royaume, mais aussy des armées ennemies, à la teste desquelles il faict présentement la guerre dans mes frontières de Champagne et de Picardie, je me trouve nécessairement obligé à m'appliquer à la conservation de mesdictes frontières et à ce qui est de plus pressant pour le salut public, et par cette raison de différer la tenue desdicts Estatz. C'est pourquoy j'ay résolu de la remettre au premier jour du mois de may prochain, et comme je mande sur cela mon intention aux baillifz et sénéschaux de l'estendue de vostre pouvoir, j'ay désiré vous la faire sçavoir au mesme temps et vous faire celle cy pour vous dire que vous ayez à faire tenir au plustost les lettres cy joinctes ausdicts baillifz et séneschaux, afin qu'ilz advertissent en dilligence les deputtez qui doibvent assister ausdicts Estatz de différer leur départ jusques au temps auquel il faudra qu'ilz se mettent en chemin pour se rendre dans ledict jour premier de may en madicte ville de Sens. A quoy vous tiendrez la main, et me donnerez compte du soin que vous aurez pris de l'exécution de ce qui est en cela de ma vollonté, vous recommandant tousjours de continuer vostre vigilance pour la conservation du repos de mes subjectz de l'estendue de vostre charge. Et sur ce je prie Dieu qu'yl vous ayt, monsieur le marquis de la Rochepozay, en sa s^{te} garde. Escrit à Paris le xxe janvier 1653.

LOUIS.

LE TELLIER.

XLV.

A MONSIEUR LE MARQUIS DE ROCHEPOZAY, MON LIEUTENANT GÉNÉRAL EN HAULT POICTOU.

Monsieur le marquis de la Rochepozay, encores que par mon éedit du mois de septembre 1651 sur e faict des duelz, enregistré en mes cours de Parlement et en touttes les justices subalternes de mon royaume, mes intentions pour empescher que ces crimes n'arrivent et pour punir ceux qui seroyent si ozez que de les commettre, soyent si particulièrement explicquées qu'il ne s'y puisse rien adjouster, et que j'aye une telle confiance en vostre soin pour les choses que j'affectionne et qui sont de la conséquence de ces attentats contre la majesté divine et humaine, que je ne doubte pas que vous n'apportiez tout ce qui peut dépendre de vous pour en arrester le cours sans qu'il soit besoin de vous y exhorter; néantmoins, comme j'aprends qu'en plusieurs provinces, à faulte de pourvoir à temps sur les querelles et différendz qui surviennent entre les gentilzhommes et autres qui font profession des armes, il se faict très fréquemment des combatz dans lesquelz bien souvent des gens des principalles maisons du royaume et des personnes de valleur et de mérite se perdent, au grand préjudice de la noblesse et de tout l'estat ainsy que de mon service, et le desplaisir que je reçoy de cette licence estant d'aultant plus grand que je voy jusques à présent peu d'effect des remèdes que j'y ay ordonnez : j'ay désiré adjouster à la recommandation que j'ay faicte de vive voix à tous les gouverneurs de mes provinces qui se sont trouvez prez de ma personne, celle que je vous faicts par cette lettre, de veiller en l'estendue de vostre charge avec toute la dilligence possible à ce qu'il n'y arrive aucune querelle pour laquelle l'on vienne aux mains, qu'incontinent que vous aurez advis qu'il y aura quelque subject de plaincte ou division entre gentilzhommes ou gens portans les armes, vous vous employez, selon l'auctorité qui vous est donnée par les anciennes ordonnances et qui vous est confirmée par ledict éedict, pour l'accommoder; que s'il en survient quelqu'une que vous ne puissiez terminer à l'amiable, vous renvoyiez les parties à mes cousins les maréchaux de France pour les juger et pour décider leurs différendz; que s'il se faisoit quelque combat inopinément et avant que vous eussiez pris congnoissance du subject de la querelle pour laquelle il auroit esté entrepris contre les deffenses que vous auriez faictes aux parties de se rien demander l'une à l'autre par voyes de faict, aprez que vous auriez sceu leur différend ou pour quelque autre cause et occasion et en quelque manière que ce puisse estre, vous fassiez arrester tous ceux qui auront quelque part à ce qui aura esté faict soit pour venir au combat soit alors qu'il aura esté effectué, et fassiez mettre les coupables ez mains de la justice, pour estre procédé contre eux selon la rigueur de mondict éedict ; auquel me remettant de ce que je pourrois vous dire plus particulièrement sur ce subject, je vous asseure que le service que vous me rendrez pour l'entière observation d'iceluy en tous les lieux où vostre pouvoir s'estend, mesmes par correspondances, et de concert avec ceux qui commandent dans mes provinces voysines, aux occurences où elle pourra estre nécessaire, me sera très agréable et en particulière considération ; vous recommandant aussy de me donner compte de temps en temps des recherches et dilligences que vous aurez faictes pour satisfaire à ce qui est en cela de ma vollonté, comme d'une chose que j'ay grandement à cœur. Et sur ce je prie Dieu qu'il vous ayt, monsieur le marquis de la Rochepozay, en sa s^{te} garde. Escrit à Paris le xiie jour d'avril 1658.

LOUIS.

LE TELLIER.

XLVI

GARDES DE MONSIEUR DE LA ROCHEPOSAY (année 1660).

Estat de la despence que le Roy veut et ordonne estre faite par le trésorier général de l'extraordinaire des guerres et cavalerie légère, m^e Guillaume Charron, pour l'entretenement et solde d'une compagnie de vingt deux hommes a cheval, ditz carabins, servant de gardes prez la personne du s^r marquis de la Rocheposay, lieutenant général pour sa Majesté au gouvernement du haut Poictou, Chastelraudois et Loudunois, et pour les taxations des commissaire et contreroolleur des guerres qui en ont fait les monstres et reveues, et ce pour l'année dernière 1660, ainsy qu'il ensuit :

PREMIÈREMENT.

A une compagnie de vingt deux hommes arquebuziers à cheval ditz carabins, servant de garde prez la personne du s^r marquis de la Rocheposay, les cappitaine et cornette compris, la somme de sept cens quarante trois livres quatre solz, pour leurs soldes et entretenemens par mois à raison des appointements qui ensuivent :

A SÇAVOIR :

Au cappitaine.	cxxiii# iiii s.
Au cornette.	iiii^{xx}#
A vingt carabins, y compris un trompette, à raison de xxvii# pour chacun	v^c xl #
Revenants lesdictz appointements par mois à ladicte première somme de	vii^c xliii # iiii s.

TAXATIONS.

Aux commissaire et contreroolleur des guerres qui ont fait les monstres et reveues desdictz gens de guerre la somme de soixante et dix livres, sçavoir xl# au commissaire et xxx# au contreroolleur, cy.	lxx #

Pour les frais du trésorier à raison de vi
deniers pour livre la somme de. . xx# vi s. vii d.

Somme totalle de la despence contenue
au présent estat, par mois. . viii^c xxxiii #x s. vii d.

Et pour six mois. . . . . v^c i# iii s. vii d.

Laquelle somme de *cinq mille une livre trois solz sept deniers* sera employée par ledict Charron aux despenses contenues au présent estat des deniers qui luy seront fournis par m^e Claude de Guénegaud, trésorier de son espargne, pour cet effect. Et rapportant par ledit Charron le présent estat avec les roolles de monstre et acquitz dudit payement sur ce suffisant, ladicte somme de v^c i# iii s. vii d. sera passée et allouée en la despense de ses comptes par les gens des comptes à Paris, ausquelz sa Majesté mande ainsy le faire sans difficulté. Faict à Paris le xe avril 1661.

LOUIS.

LE TELLIER.

MISCELLANÉES

I.

DOCUMENTS CONCERNANT LE PRIEURÉ DE SAINT-DENIS EN VAUX.

Les onze pièces imprimées ci-après sont extraites du cartulaire blanc de l'abbaye de Saint-Denis, tome 2, pages 432-438, conservé aux Archives nationales, LL 1157-1158. Elles concernent un prieuré dépendant de cette abbaye, Saint-Denis en Vaux. Vaux, ancienne paroisse du diocèse de Poitiers, en la vicomté de Châtellerault, est aujourd'hui le chef-lieu d'une commune du canton de Leigné-sur-Usseau, arrondissement de Châtellerault. L'église de ce lieu, appelé *Plumbata*, fut donnée avec plusieurs autres à l'abbaye de Saint-Denis par le roi Dagobert, suivant la teneur d'un diplôme transcrit dans le même cartulaire. La donation de ce monarque fut confirmée par Clovis II, par Charlemagne et par Charles le Chauve. Les diplômes de Dagobert, de Clovis II et de Charlemagne ont été publiés par Doublet dans son Histoire de l'abbaye de Saint-Denis (pages 675, 681 et 728), et celui de Charles le Chauve, par Besly dans son Histoire des comtes de Poitou (page 227), qui l'a emprunté au même cartulaire. Le diplôme de Dagobert a été réédité par M. Pardessus dans le tome 2, page 57, des *Diplomata, chartæ*, etc. Nous ne reproduisons pas ces quatre documents, qui d'ailleurs sont entachés de fausseté. (Voir une dissertation à ce sujet dans le tome 1er des Bulletins de la Société des Antiquaires de l'Ouest.)

I.

De libertate ecclesie Vallensi.

Quoniam prudentia priorum patrum scripturam sapientie doctricem memorieque tam reparatricem quam custodem constituit, placuit ut, sicut per eam preterita cognoscendo recolimus, per eandem presentia futuris propalemus tenacique memorie commendemus. Notum est igitur ecclesiam Wallensem a religione cepisse, regumque, primitus boni Dagoberti, deinde domini Caroli regis munificencia dilatatam, liberam ab omni laicorum oppressione ecclesie Parisiacensi beati Dyonisii a prefatis regibus datam fuisse, quatinus nulla persona in burgo sive in hominibus ad eandem Vallensem ecclesiam pertinentibus consuetudinario jure presumeret invadere. Hanc siquidem libertatem a predecessoribus nostris interruptam esse cognovimus et tempore nostro perturbatam non sine penitentia confitemur. Hanc igitur invasionis sive perturbacionis presumpcionem ego Aimericus, Castri Araudi vicecomes, volens ex toto resecare, una cum consilio matris mee Adenoris et uxoris mee Dangerose fratrumque meorum Bosonis et Petri consensu, constitui ut neque ego neque successores mei neque aliquis nostrorum sive ad nos pertinencium habeant potestatem in burgo Devanus[1] capere sive in terra monachorum circumquaque adjacente homines statarios sive advenas sive viatores, equum, bovem, asinum, immo nec aliquam rem sive juste sive injuste invadere presumat. Illud etiam firmissimum esse volumus, ut quicumque ad mercatum in villam Vallensem tercia feria venerit, quietus cum omnibus suis veniat, maneat et redeat. Si vero forte aliquis veniencium ad mercatum supra aliqua injuria

---

1. *Sic*, au lieu de *de Vallibus*.

accusatus fuerit, judicio prioris pro justicia faciat accusanti. Si vero aut prior judicare noluerit aut accusatus judicari contempserit, prima vice sine dampno redire ad propria liceat. Quicumque insuper ad monachorum molendinos venerint, semper securi veniant et redeant, etiamsi adversarii fuerint. Molendinariis alienorum molendinorum precipimus ut neminem istorum capiant, maxime prohibemus ut a loco qui vocatur Fossa Rubea usque ad duos ulmos qui sunt supra Vingennam, nec vi nec minis nec prece nec pretio aliquem istorum ad eorum molendinos ire faciant. Quod si fecerint et moduram cum pignore monachis reddiderint ac deinde michi et successoribus meis de transgressione nostri precepti rectum fecerint. Illud etiam concedimus omnibus hominibus Vallensis ecclesie et volumus, quod semper sit memoriale ut neque ego neque successores mei neque prepositus nec vendarius neque thelonearius neque potarius sive aliquis ministrorum nostrorum imponant eis bellum sive gniti ferri judicium aut aque sine legitimo testimonio. Hujus siquidem carte munimentum Pictavensis ecclesie pontificis venerabilis Petri firmavit auctoritas una cum consilio clericorum suorum : Aimerici decani, Guillelmi nostri archidiaconi, Ervei archidiaconi, Willelmi archidiaconi, Rainerii capisterii, Stephani archipresbiteri nostri, Aldeberti capellani et aliorum, et ipse excommunicavit et tandiu excommunicatos permanere precepit donec ecclesie Vallensi pro justicia satisfacerent. Hanc et nos nostra auctoritate corroboratam militibus nostris Beloto de Claris Vallibus, Pagano fratri ejus, Pagano de Monte Oram, Petro Achardo, Araudo fratri ejus, Frogerio Barra, Gauterio filio ejus, Laibunt, Aimerico Granolia, Accelino fratri ejus, Zacharie de Milmanda, Burcardo, Gaufredo filius ejus, Johanni de Tuscha, Aimerico fratri ejus, Mauricio de Nuavilla, Petro Terrapredam, Normando Multum, Araudo Freirio, firmandam tradidimus. Facta est carta hec millesimo centesimo nono ab Incarnacione Domini, Ludovico rege regnante in Francia, Guillelmo Aquitanorum duce vivente. Predictarum injuriarum rectificacionem confirmaverunt Girardus, Engolismensis episcopus et sancte, Romane ecclesie legatus, et dominus Leodegarius, Bituricensis archiepiscopus, sub excommunicatione.

II.

De pace facta inter Guillelmum et Radulphum de Faia, fratres, ex una parte, et Jordanum. priorem de Vallibus.

Ego M. Dei gracia Pictavensis episcopus, notum facio tam presentibus quam futuris quod Radulphus de Faia et Willelmus frater ejus veram et ratam pacem fecerunt cum Jordano, priore de Vallibus, super omni appellacione quam fecerant adversus ecclesiam beati Dyonisii de Vallibus pro rebus Hugonis Rebreie. Predictus vero prior dicto R. tria arpenta vinearum et xvii lib. et dimidiam andegavenses reddidit pro prefata pace reformanda. Sane predictus R. et Willelmus frater ejus quitaverunt prefate ecclesie Clemenciam uxorem dicti Hugonis et quecumque contulerat ecclesie pretaxate. Quod ut ratum et inconcussum habeatur, sigilli nostri munimine et sigillorum prefatorum H. vicecomitis et R. de Faia fecimus roborari. Actum est autem hoc jussu Hugonis vicecomitis Castri Araudi, anno ab Incarnacione Domini nostri Jesu Christi M°. CC°. I°.

III.

De quodam negocio tractando inter abbatem beati Dyonisii et Gaufridum de Lezignon.

Religioso viro et honesto O. Dei gratia beati Dyonisii abbati, Gaufridus de Lezigniaco, vicecomes Castri Ayraudi, salutem et reverenciam. Noveritis quod Andreas, prior vester de Vallibus, et Johannes de Vienario, senescallus de Castro Eraudi, retulerunt michi negocium quod vertitur inter nos, et sciatis quod ad hoc elegi duos probos viros et bene volentes pacem et diligentes, Hugonem Bos, militem, et Johannem de Viennayo, servientem. Unde ergo vos modis omnibus [1] quatinus ad hoc negocium tractandum tales viros et tam ydoneos eligatis quod per ipsorum prudentiam et sapientiam istud negocium valeat expediri et pacifice tractari. Si autem per ipsos quatuor non poterit expediri, ipsi quatuor viri vocabunt ad hoc quendam virum probum, quo mediante pax valeat reformari. Et hoc tenebo firmum ac stabile, et debet istud negocium finiri infra festum beati Michaelis. Actum anno Domini M°. CC°. XX°. octavo, mense vero martii.

IV.

Contencio super gistis procurationibus et aliis costumis inter nos et vicecomitem Castri Eraudi.

Ego Haimericus, vicecomes Castri Eraudi, notum facio tam presentibus quam futuris quod, cum esset contencio inter me ex una parte et viros religiosos abbatem et conventum beati Dyonisii ex altera, super gistis et procuracionibus que dicebam michi deberi in prioratu de Vallibus in Pictavensi quociens vellem, et cum quot et quantis vellem mecum adducere, et de subjorniis que dicebam michi ibidem deberi ad opus equorum venatorum et canum meorum quotiens vellem, et super solidis centum quos dicebam michi deberi quotiens prior mutabatur ibidem, et super justicia alta et bassa quam dicebam me habere in villa et territorium

---

1. Quelques mots nécessaires pour compléter la phrase paraissent avoir été omis par ici l'écrivain du cartulaire.

de Vallibus et in homines ibidem commorantes; super hoc etiam quod dicebam me habere super homines dicte ville talliatam et vinatam singulis annis ad valorem viginti librarum turonensium; exercicium eciam, chevalcheiam et biennium de eis ad reparanda fossata mea Castri Eraudi quotiens vellem, et quinque solidos singulis annis in nundinis que sunt in eadem villa in festo beati Dyonisii; et super pedagio quod dicebam me habere ab extraneis transeuntibus per portum prioris de Vallibus aque Vigenne, mercaturam portantibus : de quibus omnibus dicebam me et predecessores meos fuisse in pacifica possessione ; dictis abbate et·conventu hec premissa michi deberi contradicentibus, per cartas inclite recordationis Dagoberti videlicet et Karoli Magni, regum Francie, et Haimerici, avi mei, super libertate prioratus de Vallibus confectas et in jure coram domino rege exhibitas ; ipsis eciam negantibus me et predecessores meos in dicta possessione fuisse : Tandem, mediantibus bonis viris, inter me et ipsos super premissis fuit amicabiliter compositum in hunc modum. Quod ego pro me et heredibus meis quitavi in perpetuum et concessi dictis abbati et conventui dictos gistos, procuraciones et subjornia que, sicut dictum est, dicebam me habere in prioratu de Vallibus, et centum solidos pro novo priore et quicquid juris ego vel heredes mei in predicto prioratu quacumque racione reclamare possumus vel habere. Quitavi eciam et concessi eisdem pro me et heredibus meis in perpetuum omnimodam justiciam, altam et bassam, quam dicebam me habere in villam, territorium et homines de Vallibus et in pertinentiis ejudem ville, infra metas inferius annotandas, salvo jure eorum qui de me tenent infra illas metas in feodo de Mirmanda, in quo abbas habet communitatem. Sunt autem mete : a quercu que est super Vigennam sita prout itur de Vallibus ad Castrum Eraudi, ascendendo per fossatum quod dividit terram beati Dyonisii a dextris et terram P. domini de Usiau a sinistris, et eundo usque ad quercum Bocutam, sitam in territorio quod dicitur Grandis Vallis ; et iterum ab illa quercu eundo ad metam in qua sunt tres lapides, simul juncti, in nemore sito prope nemus quod vocatur Magnum Fartum ; et ab illa meta trium lapidum eundo ad cheminum contiguum Magno Farto; et iterum eundo per dictum cheminum, ita quod totum cheminum remaneat a destris usque ad pratum Galteri Alelmi ; et ab illo loco eundo ad « fosse roie » per metas, fossa et divisiones que sunt inter terras beati Dyonisii que sunt a dextris et terras militum que dicuntur terre sancti Martini a sinistris ; et a « fosse roie » per quoddam fossatum quod dividit dictas terras eundo ad feodum qui dicitur feodus communis ; et a loco illo, eundo pes metas et divisiones inter terram beati Dyonisii et terram sancte Radegundis, usque ad metam que est juxta furnum de Vilers, furno remanente a dextris in terra beati Dyonisii ; et a meta illa usque ad tombam Lamberti, que est in chemino per quod itur de villa Sancti Romani ad Castrum Eraudi ; et ab illa meta usque ad metam supra Vigennam sitam in territorio quod dicitur Trenant ; item ultra Vigennam ab opositis mete ultimo nominate, eundo directe per semitam ad morum arborem, et a moro usque ad magnum cheminum ; et iterum ab illo loco eundo per magnum cheminum versus Ingrandiam usque ad locum qui dicitur Aula a dextris versus Vingennam : salva et retenta michi et heredibus meis justicia in terris illis solummodo que ibidem tenentur de me. In residuo vero dictarum terrarum que sunt beati Dyonisii, ibidem in grangiis cum habitatoribus et tegulariis suis cum tegularum operariis, que sunt ibidem, remanet justicia abbati et conventui. Sed in terris beati Dyonisii ex alia parte cheminum (*sic*) idem chemino contiguis remanet michi justicia, exceptis cultoribus terrarum illarum. Nec poterunt in territorio nove masure fieri ; remanente ibidem libero et quieto in justicia beati Dionisii porprisio Guillelmi Rosel cum gaingnagio suo ibidem sito infra metas ; nec ibi nisi unum hospitem in eodem porprisio poterunt habere. Preterea aqua Vigenne, prout se comportat a dicta quercu descendendo usque ad metam que est in territorio de Ternant, remanet integre abbati et conventui supradictis ad opus dicti prioratus libera et quieta cum utroque ripatico continue, et eciam ex parte Aule a dicta quercu superius usque ad dictam Aulam medietas aque eisdem remanet quieta per deversus Aulam quantum extendunt se terre sue ibidem super ripam Vingenne; salvo pedagio meo in dicta aqua tota, et eo salvo quod prior non poterit impedire transitum aque mercatoribus. Quitavi insuper pro me et heredibus meis omnes homines infra dictas metas commorantes et qui in posterum manebunt ibidem a biennio quod eos michi debere dicebam, et dictos quinque solidos de nundinis in festo beati Dyonisii. Sciendum est etiam quod nec ego nec heredes mei poterimus aliquem de hominibus infra dictas metas commorantibus vel in posterum ibidem mansuris recipere in terra nostra ad habitandum nec in gradia nostra; similiter nec ipsi aliquem de terra nostra vel feodis nostris de vicecomitatu infra dictas metas. Et si ego aliquos de hominibus seu estagiariis ipsorum in gradia mea receperim vel habeam, gradiam illam omnino remitto, et ipsi similiter de meis. Predicti vero abbas et conventus michi et heredibus meis concesserunt ut pro dictis talliata et vinata que petebam, habeam singulis annis in perpetuum viginti libras turonenses, in octabis beati Dyonisii levandas per priorem de Vallibus ab hominibus ejusdem ville, ita quod prior dictas viginti libras reddere tenebitur ad dictum terminum coram presbitero Sancti Romani prope Dangi qui pro tempore fuerit, michi si presens fuero, vel certo nuncio meo si eum misero. Et si per testimonium dicti presbiteri prior de Vallibus in defectu solutionis dictorum denariorum dicta die assignata fuerit, ex tunc ego potero capere de mobilibus dictorum hominum de Vallibus et tenere, donec illud quod de solutione defecerit michi solvatur, et emenda centum solidorum turonensium similiter, si eam capere voluero. Preterea ego et heredes mei qui post me dictum pedagium tenebunt, poterimus illud sequi et arrestare in villa, in territorio de Vallibus, a quocumque extraneo illud absportante, et ducere in terram nostram et ibi expletare. Ego insuper et heredes mei poterimus ducere homines de Vallibus ubi debebimus per submonitionem prioris ad exercitum et chevalcheiam, quotiens homines nostros communiter de terra nostra pro aperta necescitate nostra submonebimus et ducemus, exceptis tamen ab hoc exercitu et chevalcheia servientibus propriis ipsius prioris. Preter hec autem que, sicut expressum est, habebimus, nichil aliud omnino ego vel heredes mei infra dictas metas reclamare poterimus de cetero vel habere; salvis prioratui de Vallibus et hominibus infra dictas metas commorantibus pasturagiis et aliis aisiamentis extra metas, secundum usus et consuetudines terre; salvis insuper dicto priori et ecclesie beati Dyonisii de Vallibus decimis, terragiis et aliis redditibus et tenementis suis infra metas et extra contentis. Pro concessione vero et quitatione quam feci de premissis habui ab abbate et ecclesia beati Dyonisii quadringentas libras turonenses. Ut autem hec omnia rata imperpetuum et inconcussa permaneant, presentem cartam sigilli mei munimine roborantam (sic) eisdem abbati et conventui tradidi et concessi, et hec premissa a domino rege petii confirmari. Actum Parisius anno Domini M°. CC°. tricesimo nono, mense martio.

v.

Quitatio de trecentis libris et quinquaginta libris turonensibus datis vicecomiti Castri Eraudi.

Ego Haimericus, vicecomes Castri Eraudi, notum facio universis quod ego teneo me pro pagato et abbatem et conventum beati Dyonisii quito de trecentis et quinquaginta libris turonensibus datis michi pre composicione quam feci erga ipsos super his que petebam in prioratu ipsorum de Vallibus in Pictavensi, et in villam et homines et pertinentiis suis. Datum Parisius anno Domini M°. CC°. tricesimo nono, prima die aprilis.

VI.

De ponendis metis super divisionibus territorii de Vallibus.

Noverint universi quod ego Haymericus, vicecomes Castri Eraudi, concessi et creantavi viro venerabili et religioso domino abbati beati Dionisii in Francia quod ego presens ero in dominica post quindenam Pasche apud Valles in Pictavensi, hora prima, ad ponendum metas super divisionibus territorii de Vallibus secundum hee idem (sic) divisiones que exprimuntur in carta mea super composicione facta inter me et ipsum, et illos homines meos, qui habent tenementa dictis divisionibus continua (sic), faciam eadem die ibidem esse, et precipiam eis ut positioni metarum assentiant : quod si noluerint, ballivum domini regis requiram quod super hiis eos compellat. Insuper nomina eorum qui tenent de me infra metas ex parte grangie sancti Dyonisii, et quid et quantum ibidem tenent de me priori de Vallibus ipsa die declarabo, et de hoc litteras meas patentes sibi tradam. Concessi eciam et creantavi eidem quod ab illa die dominica statim sine excusatione ibo cum karissima uxore mea et cum Johanne dilecto meo coram venerabili patre episcopo Pictavensi, et faciam eos velle et laudare composicionem factam inter me et abbatem et conventum beati Dyonisii, et hoc per fidem eorum super hoc prestitam, et quod per eandem fidem eadem uxor mea concedet et quitabit quicquid juris racione doarii vel quocumque alio modo in hiis que per compositionem quitavi et concessi iisdem abbati et conventui reclamare posset in posterum vel habere. Requiram eciam dominum episcopum et per uxorem meam et dictum filium meum requiri faciam, quod prefatam composicionem confirmet et litteras suas super hoc dictis abbati et conventui concedat, et ad hoc faciendum ipsum pro posse meo bona fide inducam. De his autem faciendis et fideliter adimplendis me dicto abbati per presentes litteras obligavi, quas sigilli mei apposicione firmavi in testimonium veritatis. Datum Parisius anno Domini M°. CC°. tricesimo nono, prima die aprilis.

VII.

Confirmatio Ludovici regis de pace facta inter abbatem beati Dyonisii et vicecomitem Castri Eraudi super variis querelis.

Ludovicus, Dei gratia Francorum rex. Notum facimus quod nos litteras dilecti et fidelis nostri Haimerici, vicecomitis Castri Evraudi, vidimus in hec verba : Ego Haymericus, vicecomes Castri Eraudi, notum facio tam presentibus quam futuris etc. Nos autem predictam composicionem volumus et concedimus, et in hujus rei testimonium presentibus litteris ad peticionem partium nostrum fecimus apponi sigillum. Actum apud Pontysaram anno Domini M°. CC°. tricesimo nono, aprilis.

VIII.

Quod nobilis mulier Clemencia, vicecomitissa, quitavit quicquid habebat in pioratu de Vallibus.

Venerabilibus in Christo viris, discretis et religiosis abbati divina consideracione et conventui sancti Dyonisii, G. de Lezigniaco, dominus Volventi et Maraventi, salutem et omnem amiciciam.

Noveritis quod nobilis mulier Clemencia, vicecomitissa quondam castri Eraudi, uxor nostra defuncta, dum esset compos mentis sue et in ultima voluntate constituta, dedit et concessit mera liberalitate et in puram et perpetuam eleemosynam legavit Deo et beato Dyonisio et monachis ibidem Deo servientibus quicquid juris et servicii ac consuetudinis, quocumque nomine hec omnia censeantur, et eciam quicquid dominii ipsa habebat vel habere poterat, et antecessores sui habuerant vel potuerant habuisse in prioratu de Vallibus ac ejus pertinenciis, necnon hominibus, terris, possessionibus ejusdem prioratus, ac aliis bonis omnibus ad eumdem prioratum pertinentibus. Nos vero anime dicte uxoris et nostre periculum evitare penitus cupientes, parati sumus super premissis, quocienscumque a vobis vel ab alio ad instanciam vestram fuerimus requisiti, veritati testimonium perhibere, adhibitis nobis ad ipsum testimonium perhibendum militibus, clericis et aliis bonis viris qui presenti donacioni nobiscum interfuerunt, dum tamen nobis et ipsis de expensis nostris plenarie satisfiat. Datum die veneris ante Pentecosten, anno Domini M°. CC°. XXX°. nono. Hec ultra Parisius vel Sanctum Dyonisium vel circa id locorum trahi propter hoc valemus.

IX.

Composicio facta inter nos et vicecomitem Castri Eraudi.

Johannes, Dei gratia Pictavensis episcopus, universis Christi fidelibus presentes litteras inspecturis eternam in Domino salutem. Notum vobis facimus quod in nostra presencia constitutus nobilis vir Haymericus, vicecomes Castri Eraudi, recognovit se composicionem fecisse cum viris religiosis abbate beati Dyonisii in Francia et conventu ejusdem ecclesie super contentionibus que vertebantur inter ipsos occasione prioratus de Vallibus in Pictavensi et super hoc se litteras suas sigillo suo sigillatas eisdem dedisse, formam dicte composicionis continentes ; quam composicionem nobilis mulier Agatha, uxor ejusdem Haymerici vicecomitis, et Johannes, filius eorumdem, ad hoc specialiter coram nobis constituti, de voluntate et assensu ipsius comitis spontanee laudaverunt, voluerunt et concesserunt, cum omnibus concessionibus, convencionibus et quitationibus et universis aliis que in predictis litteris sunt expressa ; fide prestita promittentes quod contra dictam composicionem et ea que in eisdem litteris continentur per se vel per alios non venient nec facient venire in futurum. Eadem eciam Agatha per fidem prestitam quitavit et concessit eisdem abbati et conventui in perpetuum spontanea, non coacta, ut dicebat, quicquid juris habebat vel habere poterat ratione doarii vel quocumque alio modo in hiis que per dictam composicionem idem vicecomes concessit et quitavit abbati et conventui supradictis. In cujus rei testimonium, ad peticionem ipsorum trium, videlicet Haymerici, Agathe et Johanis, et abbatis et conventus predictorum, presentes litteras sigilli nostri munimine fecimus roborari. Datum die lune post dominicam qua cantatur *Jubilate*, anno Domini M°. CC°. quadragesimo.

x.

Testimonium composicionis facte inter nos et vicecomitem Castri Eraudi.

Johannes, Dei gratia Pictavensis episcopus, universis Christi fidelibus presentes litteras inspecturis eternam in Domino salutem. Notum vobis facimus quod in nostra presencia constitutus Haymericus, vicecomes Castri Ayraudi, vir nobilis, recognovit se composicionem fecisse cum abbate et conventu beati Dyonisii et se super eadem composicione litteras suas.

sigillatas ejusdem dedisse secundum formam inferius annotatam : Ego Haymericus, vicecomes Castri Eraudi, notum facio tam presentibus quam futuris etc. Hanc siquidem composicionem, et concessiones et quitaciones et omnia que superius continentur, nobilis mulier Agatha, uxor ejusdem Haymerici vicecomitis, et Johannes, filius eorum, de voluntate et assensu ipsius vicecomitis, spontanei laudaverunt, voluerunt et concesserunt, fide prestita promittentes quod contra dictam composicionem et ea que superius sunt expressa per se vel alios non venient nec facient in futurum. Eadem eciam Agatha per fidem prestitam quitavit et concessit eisdem abbati et conventui in perpetuum, spontanea, non coacta, ut dicebat, quicquid juris habebat vel habere poterat racione doarii vel quocumque alio modo in his que per dictam composicionem idem vicecomes concessit et quitavit abbati et conventui supradictis. In cujus rei testimonium et perpetuam memoriam, ad peticionem ipsorum trium et abbatis et conventus predictorum, presentes litteras sigilli nostri fecimus munimine roborari. Datum anno Domini M°. CC°. quadragesimo.

XI [1].

Universis presentes litteras inspecturis, Egidius, permissione divina abbas humilis monasterii Sancti Dyonisii in Francia, totusque ejusdem loci conventus, salutem in Domino. Noveritis quod nos debemus et solvere tenemur pro prioratu nostro de Vallibus nobili viro Johanni de Haricuria ac vicecomiti de Castro Ayraudi, ratione ejusdem compositionis seu acordationis facte inter nos et eundem super debato jampridem moto inter nos et dictum vicecomitem ratione justitie alte et

---

1. La rubrique a été omise. Au reste, l'écriture de cette petite pièce est très-différente de celle de la précédente et moins soignée.

basse plurium locorum ad dictum prioratum pertinentium, in quibusdam articulis sub contrasigillo regio sigillatis plenius expressorum, ad ipsius vicecomitis requestam, absque alterius termini assignatione, centum libras monete communiter currentis in vicecomitatu predicto, semel eidem vicecomiti persolvendas; ad quarum solutionem bona prioratus supradicti omnia et singula tenore présentium sigillis nostris quibus utimur sigillatarum obligamus. Datum anno Domini M°. CCC°. XXI°. die dominica ante festum Purificationis beate Marie.

TABLE

I. 1109. Charte d'Aimeri, vicomte de Châtellerault, portant concession de libertés et franchises à l'église de Vaux.

II. 1201. Accord fait entre Raoul de Faye et Guillaume, son frère, d'une part, et Jourdain, prieur de Vaux, d'autre part, pour terminer leur différend au sujet de ce qui avait appartenu à Hugues *Rebreie*.

III. 1228, mars. Requête adressée à Odon, abbé de Saint-Denis, par Geoffroi de Lusignan, vicomte de Châtellerault, pour lui notifier la nomination faite par lui de deux arbitres et l'inviter à en choisir deux autres pour statuer sur un différend existant entre le vicomte et cet abbé.

IV. 1239, mars. Charte d'Aimeri, vicomte de Châtellerault, contenant les stipulations d'un traité passé entre lui et l'abbaye de Saint-Denis pour terminer leurs différends au sujet des droits de gite, de justice et autres, que réclamait ce vicomte sur le prieuré de Vaux.

V. 1239, 1er avril. Quittance donnée par le même vicomte à l'abbé et aux religieux de Saint-Denis de la somme de 350 livres tournois due par ces derniers, aux termes du traité qui précède.

VI. 1239, 1er avril. Promesse faite à l'abbé de Saint-Denis par le même vicomte de se trouver à Vaux quinze jours après Pâques pour poser les bornes du territoire assigné à la juridiction du prieuré par le traité passé avec cet abbé, et de se présenter devant l'évêque de Poitiers avec sa femme et son fils pour leur faire approuver ce traité.

VII. 1239, avril. Confirmation par le roi Louis IX du traité passé entre l'abbé de Saint-Denis et le vicomte de Châtellerault.

VIII. 1239, vendredi avant la Pentecôte (13 mai). Acte par lequel Geoffroi de Lusignan, seigneur de Vouvent et Mervent, déclare être prêt à attester les libéralités faites au prieuré de Vaux par Clémence, sa femme défunte, vicomtesse de Châtellerault.

IX. 1240. Lettres de Jean IV, évêque de Poitiers, attestant qu'Aimeri, vicomte de Châtellerault, avait fait un traité avec l'abbaye de Saint-Denis pour terminer leurs litiges, et que ce traité avait été approuvé par Agathe, femme de ce vicomte, et par Jean, leur fils.

X. 1240, 6 mai. Autres lettres du même évêque attestant les mêmes faits en termes peu différents.

XI. 1321-2, 31 janvier. Acte par lequel Gilles, abbé, et les religieux de Saint-Denis reconnaissent devoir à Jean d'Harcourt, vicomte de Châtellerault, la somme de cent livres en conséquence d'un traité fait avec lui au sujet de la justice haute et basse en plusieurs lieux dépendant du prieuré de Vaux.

II.

DOCUMENTS CONCERNANT L'AUMÔNERIE DE SAINT-MICHEL DE THOUARS,

Communiqués par M. Montois, ancien préfet.

I.

Donation faite à l'aumônerie de Saint-Michel, près Thouars, par Guillaume de la Foaut et Péronelle, sa femme, de deux hébergements et d'un appentis, sis entre ladite aumônerie et Saint-Ladre. (*Orig. parch., jadis scellé.*)

3 juillet 1312.

Sachent toz presens e a venir que en nostre cort Johan, viconte de Thoarz, en dreit personaument establiz Guillame de la Foaut et Perronelle, sa fame, ou l'auctorité de luy, cognureit et confessereit eos haver doné et otreé de lor bone volunté en pure et perpetuau aumonne et por le salu et remede de lor ames a Dey et a l'aumonnerie de Saint Michea près de Thoarz et au prior et aus freres dodit leouc, et por estre parsoners en biens spirituaus qui sunt et seront faiz desore en avant en la dite aumonnerie, lor dous herbergemens et un appentiz et lor appartenences assis entre la dite aumonnerie et Saint Ladre, des quaus herbergemens l'un moet et est tenuz de religioses et abbaasse et convent do mouster de Saint Johan de Bonevaul a cinc sols de cens, e l'autre moet et est tenuz de la maladerie de Saint Ladre a quatre sols de cenz, et le dit appentiz moet et est tenuz de nos viconte de Thoarz a un bezant d'or, e totes lor vignes et toz et chaquns lor biens, heritages quauscomques il seiet et puichent estre; et toz lor biens mobles por quelcomque nom que il seient nommez et appelez : a haver, a tenir, a posseer et a exploiter perpetuaument des ja des diz prior et freres et de lor successors, sans contredit faire desore en avant desdiz conjoins ne des lour; cessans et transportans les diz conjoins au diz prior et freres et en la dite aumonnerie por la baillete de cetes lectres tot ceu de dreit, de possessom, de propriété et de seygnorie que il haveiet et haver poeiet e deveieit en choses de sus dites, et s'en dessaisireit et en saisireit les diz prior et freres par la baillete de cetes lectres et les fireit procureors en cete partie come en lor propre chose ; volens et consentens les diz conjoins que si il ou les lour faiseiet desore en avant auquns expleiz au choses de sus dites ou en auqune d'elles, que il les feront en nom e a eous et au profit de la dite aumonnerie et non autrement. Et a ceu de sus dit tenir et garder sans revoquer et sans faire ne venir encontre por eos ne por autres de sore en avant, obligereit les diz conjoins eos et lor hers et successors et toz lor biens mobles et inmobles presens et a venir, renuncians a accion e a excepcion de decevance et en fait e a tote aide de dreit escript e a tot benefice de restitucion en enterin et a totes autres raisons et causes qui lor porreent aider a venir contre la tenor de cetes lettres. Et de tot ceu de sus dit tenir, garder et persegre perpetuaument et de non venir encontre por eos ne por autres, donereit les diz conjoins la fei de lors cors en nostre cort et en furent jugiez a la requeste par le jugement de nostre cort, sauve nostre dreit. Ce fut fait e doné le lundi emprès la Saint Pere et Saint Pol apostres l'an de grace mil et treys cenz e doze, garens monsor Joffrei Loradin, prestre, et Johan Poli, clerc.

II.

Échange entre l'aumônerie de Saint-Michel, près Thouars, et Moricet Roucea de Champegné. (*Orig., parch., jadis scellé.*)

28 octobre 1316.

Sachent touz presens e a venir que en nostre cort Johan, vicomte de Thoarz, en dreit personaument establiz monsor

Joffrey Typhenea, en celuy temps priour de l'aumonerie de Saint Michea près de Thoarz, cognut et confessa luy haveir baillé e otrié a perpetuauté por luy e por les freres de la dite aumaunerie a Moricet Roucea de Champegne e a ses hers en permutacion e eschange de chozes qui s'enseguet : c'est assavoir une pece de terre contenant deiz seyllons de terre ioygnant a la mayson Colin Pilorget Roucea d'une part e au harbergement au dit priour d'autre part, qui fut Pernelle Horie e Joffrey son fil, a haveir, a tenir e a explecter perpetuaument sans contredit e sans enpeschemen fayre do dit priour ne des diz freres des hores en avant ; e li diz Moricet en dreit en nostre cort personaument establiz baylla e otria a perpetuauté au dit priour e freres e a lors successors en recompensacion e eschange e permutacion de la dite pece de terre un harbergement assis en la ville de Champeylle o les apartenances do dit harbergement, movans do dit priour a deiz e maille de chef cens e un chapon de rende, renduz chacun Noel, joygnant au harbergement Guille Chauvin d'une part et au harbergement qui fut fau Michea Yvonet : a haveir e a tenir e a explecter perpetuaument do dit priour e de ses successors sans contredit e sans enpeschement faire do dit Moricet ne des seens des hore en avant; cessans e treportans les dites parties l'uns en l'autre tout ceu de dreit, de possession, de propriété e d'accion que il haveyet e haveir poveyet e deveyet en dites chozes por l'acordance de cetes lettres ; lesquelles les chozes desus dites promist e est tenuz li diz Moricet por luy e por les seens sus l'obligacion de toz ses beens mobles e inmobles, presens e avenir, e de ses hers e successors garir e deffendre au dit priour e freres qui sunt e qui seront por le temps a venir vers toz e contre toz de toz enpeschemens e de toutes obligacions e de toz deveyrs e de toutes charges ; renuncians a accion e a excepcion de decevance e en fait e a toutes autres raisons e causes qui lor porreent aider a venir contre la tenor de cetes lettres. E de tot ceu desus dit tenir garder e persegre perpetuaument e de non venir encontre por eos ne por autres, donnerent les dites parties la foy de lor cors en nostre cort, e en furent jugez a lor requeste por le jugement de nostre cort, sauve nostre dreit. Ceu fut fait e doné le dyemeyne en la feste Saint Simon et Saint Jude l'an de grace mil treis cens e seyze, garens monsor Estene Barber, prestre, e Joffrey Loya de Ponpeye, clerc.

III.

DOCUMENTS CONCERNANT LA SEIGNEURIE D'AUZANCE,

Communiqués par M. Lecointre-Dupont.

I.

Lettres du roi Charles VII accordant à Jean Rabateau, président en la Chambre des comptes, seigneur d'Auzance, la permission de faire réparer et fortifier la tour d'Auzance. (*Orig. parch., jadis scellé.*)

15 octobre 1434.

Charles, par la grace de Dieu roy de France. Au seneschal de Poictou ou à son lieutenant salut. Nostre amé et feal conseiller et president lay en nostre chambre des comptes, maistre Jehan Rabateau, nous a fait exposer qu'il est seigneur de la tour, terre et seigneurie d'Auzance[1] et qu'il y a tout droit de justice et juridicion haulte, moyenne et basse

---

1. Cette terre avait été acquise le 24 mai 1434 par « honnorable « homme et saige maistre Jehan Rabbateau, conseiller du Roy nostresire « et seigneur de la Caillère », de « noble homme messire Fouques de la « Roche Foucaut, chevalier, seigneur de Champaigné et de Meigné près « Montreul-Bellay. » (Acte original sur parchemin, appartenant à M. Lecointre-Dupont.) Jean Rabateau était avocat général au parlement transféré à Poitiers, lorsqu'il reçut Jeanne d'Arc dans sa maison.

et qui en depend, laquelle tour, terre et juridicion il tient de nous à foy et hommaige lige à cause de nostre chastel de Poictiers, et que la dicte tour a esté de toute ancienneté forte, et autour beau faubraier et de grans et notables fossez, avecques grant et espacieuse bassecourt, à la quelle les subgiez de la dicte terre et autres voisins souloient retraire eulx et leurs biens, lesquelx par ce moyen estoient sauvés et gardés et leur bestail; et encores le pourroient ilz estre de plusieurs estradeurs et pillars qui depuis ces nouvelles guerres ont acoustumé et bien souvent venir par nuyt et par jour audit lieu d'Auzance et environ prandre les beufz et mules des pouvres subgiez d'illec, dont ilz ont acoustumé à faire leur labour, et les mectre à grans et excessives finances, par quoy ilz ont esté et sont comme tous destruiz; mesmement qu'ilz ne pevent avoir leur retrait et refuge es dictes tour et bassecourt d'entour, pour ce que, tant à l'occasion des anciennes guerres que par la negligence et petit gouvernement des seigneurs qui ont esté cy devant en la dicte terre, les dictes tour et bassecourt ont esté et encores sont de present desemparées et non fortifiées ainsi qu'elles souloient estre anciennement. Lequel suppliant a voulenté et entencion faire reparer et mectre en point la dicte tour, fortifier et emparer les diz faubrayer et bassecourt; ce quil ne vouldroit ne n'oseroit faire sans sur ce avoir congié de nous pour doubte de mesprandre. Pourquoy nous, ces choses considerées, te mandons et commectons, se mestier est, que s'il t'appert, tant par les adveuz anciens à nous et à noz prédecesseurs renduz à cause de la dicte terre que autrement deuement, que audit lieu d'Auzance ait eu d'ancienneté tour environnée de faubrayer, fossez et bassecourt comme dit est, tu seuffres et laisses ledit suppliant reparer, fortifier et mectre en estat convenable icelle tour avecques les dizs faubrayer et bassecourt, sans au contraire donner ou faire ne souffrir estre fait ou donné au dit suppliant ne à ses successeurs, seigneurs du dit lieu d'Auzance, aucun empeschement, en lui donnant, se mestier est, de par nous congié et auctorité de ce faire, et lequel nous ou dit cas lui avons donné et donnons en tant que besoing en est de grace especial par ces presentes, non obstans appellacions et opposicions frivoles et lettres subreptices impetrées ou à impetrer à ce contraires. Donné à Blois soubz notre seel ordonné en l'absence du grant, le xve jour d'octobre l'an de grace mil cccc trente et quatre et de nostre règne le xiime.

Par le Roy, l'arcevesque de Vienne, l'evesque de Magalone, Christofle de Harecourt et autres presens.

MAULONE.

A ces lettres sont annexées celles que délivra le 12 février suivant, pour les faire exécuter, Jean de la Roche, seigneur de Barbezieux, écuyer d'écurie du roi, sénéchal de Poitou, signées M. Claveurer.

II.

Vente des terres et seigneuries d'Auzance et de Sigon par Thomas de Vivonne, chevalier, seigneur de Fors, à Jean Mérichon, écuyer, seigneur d'Uré, gouverneur de la Rochelle. (*Copie du 18 août 1487, signée Prevost, commis greffier de la sénéchaussée de Poitiers.*)

10 novembre 1472.

Sachent tous que en droit en la court du seel estably aux contraictz à Poictiers pour le roy nostre sire a esté present et personnellement estably noble et puissant messire Thomas de Vivosne, chevalier, seigneur de Fors, d'Auzance et de Sigon [1], lequel a cogneu et confessé avoir vendu, ceddé et transporté, et par ces presentes, vend, cedde et transporte à noble et puissant Jehan Merichon, escuyer, seigneur d'Uré, du Broil Bertin et de Lagort en Aulnis, gouverneur et cap-

---

1. Il avait épousé une fille de Jean Rabateau.

pitaine de la Rochelle pour le roy nostred. sire, le chastel, forteresse, terres et seigneuries d'Auzances et de Sigon et leurs appartenances, appendances et deppendences quelxconques, soyent hommes, hommaiges, cens, censes, rentes, maisons, vignes, terres, prez, boys, vergiers, moulins, eaues, pescheries et estangs, hommes levans et couchans, services, byains, complans, fuyes, garennes, justice et jurisdicion haulte, moienne et basse que autres droiz et choses quelxconques tant en noblesse que autrement, appartenant à icelles terres et seigneuries quelque part et en quelque lieu qu'ilz soyent situez et assis, en ce comprins cent solz de rente à luy deuz sur l'ostel du Portau et autres acquests par luy faiz es villages de Pasché, Poy de Breuil, Beauvoir, soit en dommaines ou en rentes, et les arrerages d'iceulx qui pourroient estre deuz et escheuz, et tous autres acquests qu'il pourroit avoir faitz esd. lieux d'Auzance et de Sigon et illec environ; et ce pour le pris et somme de sept mil escutz d'or aujourduy ayans cours du coing du roy nostred. sire, chascune pièce vallant vingt sept solz six deniers tournoys de la monoye courant : desquelx sept mil escutz ledit seigneur d'Uré a baillé, paié et nombré contant, réaument et de fait en ce present passement, es presences des notaires cy dessoubz escriptz, audit chevalier vendeur la somme de deux mil neuf vingts ung escu vingt deux solz six deniers tournoys, vallans troys mil livres tournoys, et de laquelle somme led. chevalier s'est tenu et tient pour bien contant et paié et en a quicté et quicte le dit seigneur et les siens, en renonciant à excepcion de pecune non eue, non receue, non comptée, nombrée et non greantablement acceptée, et à toute autre manière d'excepcion et de decepcion quelxconques. Et pour le residu desd. sept mil escutz qui se monte la somme de quatre mil huyt cens dix huit escutz cinq solz tournoys, ledit seigneur d'Uré à ce present a vendu, situé et assigné, vend, situe et assigne sur luy et tous et chascuns ses biens audit chevalier et aussiens quatre cens quatre vingts escutz d'or de rente admortissable en poyant led. sort principal avecques les arrerages qui seront deuz et escheuz, et si ledit d'Uré fait ledit admortissement dedans la feste de Saint Jehan Baptiste prochainement venent, il ne sera tenu payer aucuns arrerages. Et a le dit seigneur d'Uré promis et promect par la foy et serement de son corps et soubz l'obligation et ypothecque de tous et chascuns ses biens presens et futurs lesd. quatre cens quatre vingts escutz de rente rendre et paier audit chevalier à son chastel de Fors et essiens par chascun an en chascune feste de Nouel *pro rata temporis* et jusques il ait icelled. rente acquitée et admortie, et lequel admortissement le dit chevalier sera tenu prendre et recevoir et en bailler acquit et descharge audit d'Uré en paiant led. sort principal avec les arrerages qui en pourroient estre deuz au temps dud. admortiment. A avoir, tenir, possider et exploicter par ledit seigneur d'Uré et lessiens lesd. chastel, terres et seigneuries d'Auzance et de Sigon et leurs appartenances, appendences et deppendences et autres choses dessus transportées et déclairées, paisiblement sans aucun contredit ou empeschement, ceddant et transportant ledit chevalier aud. seigneur d'Uré tout le droit, nom, raison, action, titre, seigneurie, possession qu'il a et peut avoir et qui luy peut et doit compecter et appartenir esd. choses, sans riens y retenir ne reserver, et luy en a baillé et baille la saisine et possession réelle et actuelle par la tradicion de ces presentes, et a voulu et vieult qu'il s'en puisse amparoir quant bon luy semblera, le dit chevalier present ou absent. Et a donné et donne led. chevalier en commandement à tous et chascuns les hommes et subgectz de lad. terre de fayre les foy et hommaiges et paier les droiz et devoirs audit seigneur d'Uré, et en ce faisant les en a deschargez, promectant ledit chevalier garir, garentir, deslivrer et desempescher audit seigneur d'Uré lesd. chastel, terres et seigneuries d'Auzance et de Sigon, leurs appartenances, appendences et deppendences et autres choses par luy dessus transportées envers tous et contre tous de toutes ypothecques, obligacions, perturbacions et evictions quelxconques, en faisant les foys et hommaiges et payant les droiz et devoirs qui s'ensuyvent. C'est assavoir ung hommaige lige deu au roy à cause de la tour de Maubèrjon pour raison dud. chastel et seigneurie d'Auzance au devoir contenu on fief; ung autre hommaige deu au roy à cause et pour raison des garenne et pescheries dud. lieu d'Auzance ; ung autre hommaige deu aux seigneur et dame de Crissé pour raison de lad. terre de Sigon, et troys sextiers deux boiceaux de froment, mesure d'Auzance, et dix solz de rente au curé de Meigné pour tenir deux cierges ardans toutes les festes au grant aultier, et autres service et anniversaires qu'il est tenu faire en lad. église, et de dix solz de rente deuz aud. curé, et autres dix solz à la fabrice, admortissables en poïant par une foy la somme de cent solz tournoys pour chascun desd. dix solz. Toutes lesquelles choses dessusd. lesd. parties et chascune d'elles, pour elles et leurs hoirs et successeurs et pour ceulx qui d'eulx auront cause ou tiltre on temps avenir, ont promis et promectent par la foy et serement de leurs corps et soubz l'obligation et ypothecque de tous et chascuns leurs biens meubles et immeubles presents et futurs quelxconques tenir, garder et acomplir de point en point sans venir encontre, et amender et plenièrement ressarcir l'une partie à l'autre tous coustz, perdez, dommages, missions, interestz et despens que l'une desd. parties aura, fera ou soubstiendra par deffault de l'autre en deffault de l'acompliment des choses dessusd. promises et non acomplies à temps et à heure, à en ester et croyre du tout au seul et simple serement de la partie sur ce endommagée pour toutes preuves sur ce avoir, querir, requerre ou demander ; renonçans lesd. parties et chascune d'elles pour elles et les leurs susd. en cestuy leur fait à toutes et chascunes excepcions et decepcions de dol, mal, fraude, barat, lezion, machinacion et circonvencion, à tout droit escript et non escript, canon et civil, et une chose faicte et dicte et l'autre escripte, et à l'opposite, et generalement à toutes et chascunes les autres excepcions et decepcions, cautelles et cavillacions contraires à ces presentes, et par lesquelles elles pourroient estre enfrainctes, cassées, adnichillées ou adnullées, et au droit disant general [renonciation] non valoir fors en tant qu'elle est expresse. De et sur lesquelles choses dessusd. et chascune d'icelles tenir et garder perpetuellement sans enfraindre ont esté lesd. parties et chascune d'elles, pour ce personnellement establyes en la court dud. seel, jugées et condempnées de leur conscentement et à leur requeste par le jugement et condempnacion de la court d'icelle, à la jurisdicion et cohercion de laquelle court lesd. parties et chascune d'elles ont supposé et soubzmis elles, leurs hoirs et successeurs et biens dessusd. du tout en tout quant à ce. En tesmoign desquelles choses nous la garde dud. seel icelluy à ces presentes, à la requeste desd. parties et chascune d'elles et par la feal relacion des jurés et notaires cy dessoubz escriptz, avons mis et apposé. Donné et fait le dixiesme jour de novembre l'an mil quatre cens soixante douze. Ainsi signé: X. Lucas et Richard, et seellé en cire vert en queuhe double dud. seel [1].

III.

Lettres du roi Louis XI faisant don et remise à Jean Mérichon, gouverneur de la Rochelle, des ventes et honneurs dus par ce dernier à raison de l'acquisition des châtel, terre et seigneurie d'Auzance. (*Vidimus du garde de la prévôté de Paris, du 16 mars 1472-3.*)

29 novembre 1472.

Loys, par la grace de Dieu roy de France, à noz amez et

---

1. Par acte passé en l'abbaye de la Grâce-Dieu le 7 avril 1475, Arthus de Vivonne, seigneur de Fors, fils aîné de Thomas de Vivonne, donna à Jean Mérichon quittance et décharge d'une somme de 300 écus qui restait due sur le prix d'acquisition de la seigneurie d'Auzance.

feaulx les tresoriers de France salut et dilection. Savoir vous faisons que, pour consideration des grans, notables et agréables services que nostre amé et feal conseiller maistre Jehan Merichon, gouverneur de nostre ville de la Rochelle, nous a faiz par cydevant tant à l'entour de nous et en plusieurs de noz grans affaires que en sondit office et autrement en diverses manières fait chacun jour et esperons que encores plus face ou temps advenir, à icelluy qui sur ce nous a fait requerir avons pour ces causes et autres à ce nous mouvans donné et quicté, donnons et quictons de grace especial par ces presentes tout ce qui nous peut estre deu pour les ventes et honneurs des chastel, terre et seigneurie d'Auzance et de ses appartenances, assis près Poictiers, tenuz de nous en partie à cause de nostre chastel de Poictiers; et lesquelx chastel, terre et seigneurie ont esté puis nagueres acquis par nostre dit conseiller du seigneur de Fors, à queque valeur que lesd. ventes et honneurs puissent monter. Si vous mandons et expressement enjoingnons que de nostre presente grace, don et quictance vous faictes, souffrez et laissez joyr et user icelluy nostre conseiller plainement et paisiblement, en le faisant tenir quicte et paisible par nostre receveur ordinaire de nostre seneschaucie de Poictou de tout ce que puent monter lesd. ventes et honneurs à nous ainsi deuz à cause du dit acquest fait desd. chastel, terre et seigneurie d'Auzance et sesd. appartenances. Et par rapportant cesd. presentes signées de nostre main avecques recongnoissance sur ce souffisant de nostre dit conseiller tant seulement, nous voulons nostre dit receveur ordinaire estre de ce tenu quicte et deschargé en ses comptes par noz amez et feaulx gens de noz comptes, ausquelz mandons ainsi le faire sans aucune difficulté, non obstant que la valeur desd. ventes et honneurs ne soit cy autrement desclairée que descharge n'en soit levée par le changeur de nostre tresor, et quelxconques autres ordonnances, restrincions, mandemens ou deffenses à ce contraires. Donné à Lermenault en Poictou ce xxix° jour de novembre l'an de grace mil quatre cens soixante douze et de nostre règne le douziesme. Ainsi signé : Loys. Par le roy, J. Bourre.

A la suite de ces lettres sont transcrites dans le même *vidimus* celles par lesquelles les trésoriers de France consentaient à leur exécution, du 27 décembre 1472.

IV.

Lettres de l'hommage fait au roi par Jean Mérichon, seigneur d'Uré, gouverneur de la Rochelle, à raison du châtel et forteresse d'Auzance et des eaux et pêcheries de la rivière d'Auzance, relevant du château de Poitiers. (*Vidimus du garde du scel établi aux contrats à Poitiers, du 23 novembre* 1473.)

5 décembre 1472.

Loys, par la grace de Dieu roy de France, à noz amez et feaulx les genz de noz comptes et tresoriers, au seneschal de Poictou ou à son lieutenant et à nostre procureur et receveur en lad. seneschaucie, salut et dilection. Savoir faisons que aujourduy nostre amé et feal conseillier et chambellan Jehan Merichon, escuier, seigneur d'Uré, gouverneur de la Rochelle, nous a faiz les foy et hommaiges liges que tenu nous estoit faire pour raison de son chastel et forteresse d'Auzance et de ses appartenences et appendences, et semblablement pour la garenne, eaues et pescheries destraignables de la rivière d'Auzance, tenues et mouvans de nous lesd. chouses à cause de nostre chastel et chastellenie de Poictiers : ausquelz foy et hommaiges nous l'avons receu, sauf nostre droit et l'autruy en toutes. Si vous mandons et à chacun de vous, si comme à luy appartiendra, que pour cause desd. foy et hommaiges non faitz vous ne faictes ou donnez ne souffrez estre fait, mis ou donné à nostred. conseillier et chambellain en la joissance desd. chastel et forteresse d'Auzance et en ses dictes appartenances et appendences, ne semblablement de la garenne, eaues et pescheries destreignables aucun trouble ou empeschement; mais si fait, mis ou donné luy avoit esté ou estoit, mectez les luy ou faictes mectre incontinent et sans delay à plaine delivrance, pourvu toutesvoys qu'il baille par escript dedans temps deu son denombrement et adveu, et face et paye les autres droictz et devoirs, s'aucuns en sont pour ce deuz, se ja faiz et payez ne les a. Donné aux Sables d'Olonne le cinquiesme jour de decembre l'an de grace mil quatre cens soixante douze et de nostre règne le douziesme. Ainsi signé : Par le roy, O. Le Roux [1].

A la suite de ces lettres sont transcrites dans le même *vidimus* l'attache des gens des comptes et trésoriers du roi, du 20 mars 1472-3, et les lettres exécutoires du sénéchal de Poitou, Jean Chambon, conseiller du roi en sa cour de parlement, du 24 novembre 1473.

IV.

DOCUMENTS CONCERNANT LA BASOCHE DE POITIERS.

I.

Provisions de la charge de maître des requêtes en la basoche de Poitiers. (*Orig. pap., arch. du département de la Vienne.*)

11 janvier 1777.

Jacques Charles Guichet, sieur de la Grallière, chancellier de la principalle et souverenne bazoche de Poitou à Poitiers,

---

1. Par autres lettres en date du mois d'octobre 1474, Louis XI accorda au même Jean Mérichon, son conseiller et chambellan, gouverneur de la Rochelle, pour lui, ses hoirs et successeurs, tout droit d'usage et exploit dans les forêts de Molière, Gâtine, Chassepoil et autres forêts et bois du roi aux environs d'Auzance, tant pour la bâtisse que pour le chauffage et autres besoins des hôtels d'Auzance et des halles de Poitiers. Ces lettres ont été publiées par M. Lecointre-Dupont dans le Bulletin du 1er trimestre 1838-1839 de la Société des Antiquaires de l'Ouest.

à tous ceux qui ces présantes lettres verront, salut. Savoir faisons que, sur le bon et louable rapport qui nous a esté fait de la personne de Jean Baptiste Bonnin, sieur du Peux, premier clerc en l'étude de M° Jean de Dieu Decressac, procureur, lequel nous a fait exposer qu'il desireroit beaucoup estre pourvu de la charge de maître des requêtes en notre cour, s'il nous plaisoit lui accorder nos lettres à ce nécessaires : à ces causes, voullant favorablement traiter l'exposant, après estre informé de sa capacité, qu'il fait proffession de la religion catholique, apostolique et romaine, qu'il s'est d'ailleur toujours bien comporté et est en état d'occupper cette charge, luy avons par ces présantes écrites et signées de notre main, accordés et accordons lad. charge de maitre des requêtes en notred. cour, pour par luy en jouir aux honneurs, prérogatives et émolluments y attachés. Premier ce, sera tenu de faire par devant nous à la manière accoutumée le serment de bien et fidellement se comporter dans les fonctions d'icelles; car tel est notre bon plaisir. En foy de quoy nous avons fait apposer au bas des présantes le seau de notre chancellerie. Donné et fait en lad. chancellerie établie près notre ditte cour bazochialle à Poitiers, le onziesme jour de janvier l'an de grace mil sept cent soixante dix sept.

Collationné.

GUICHET, ch^{er}.

Scellé à Poitiers le 11 janvier 1777.

PAILLOU.

(*Sceau plaqué, en cire rouge ; empreinte effacée.*)

En marge : Lue, publiée et registrée, ouï et ce requérant l'avocat général pour le procureur général, pour y avoir recour en cas de besoin, par moy, greffier soussigné, sur le second feuillet du registre. A Poitiers, ce vingt un février mil sept cent soixante dix sept. Dont acte.

FRAPPIER, greffier.

Au dos : Avons reçu le serment du sieur Bonnin. Dont acte.

G^t.

II.

Nomination d'un trésorier receveur général de la basoche. (*Orig. pap., arch. du département de la Vienne.*)

21 janvier 1777.

Aujourd'huy vingt un janvier mil sept cent soixante dix sept, sur les neuf heures du matin, pardevant nous, Jacques Charles Guichet, sieur de la Gralière, chancelier, et autres officiers soussignés de la souveraine bazoche de Poitiers, étant tous assemblés en la chambre du conseil d'icelle, ayant avec nous notre greffier ordinaire, a comparu le procureur général, lequel nous a remontré que le sieur Meunier, qui avoit été nommé receveur trezorier général de nos droits bazochiaux pour la recette de la présente année, a été obligé de se désister de lad. charge et qu'il en a fait sa démission à notre greffe le jour d'hier ; qu'il est de l'intérêt de son ministère de pourvoir à ce que ladite charge soit tout présentement remplassée : pourquoy il nous requiert de procéder à la nommination d'un receveur au lieu et place dudit Meunier, duquel nous recevrons le serment et luy enjoindrons de bien et fidellement se comporter dans l'exercice de lad. charge, à l'effet de quoy d'ordonner à tous les redevables de payer entre ses mains et sur ses quitances sous peine d'y être contraints par les voyes de droit ; et a ledit procureur général signé.

ROBOUAM, p. g^{al}.

Sur quoi nous, chancelier et officiers susdits, ayant égard aux représentations du procureur général et faisant droit sur son réquisitoire, vu le désistement dudit. Meunier, de luy signé, en datte du jour d'hier, avons nommé pour trézorier receveur général de nos droits bazochiaux en son lieu et place la personne de Jean Baptiste Bonnin, premier clerc en l'étude de M° de Cressac, lequel présent a déclaré accepter ladite charge et a promis, par le serment de luy pris, de bien et fidellement l'exercer. En conséquence, ordonnons à tous les redevables de se libérer entre ses mains et sur ses quitances, faute de quoy permis de les y contraindre par toutes voyes dues et raisonnables. Si donnons en mandement mettre le présent à exécution selon sa forme et teneur, nonobstant opposition ou appellation quelconques et sans y différer. Donné et fait en la chambre du conseil de notre dite souveraine bazoche, par nous chancelier, officiers sus dits, les jour et an que dessus, et s'est led. Bonnin avec nous soussigné.

BONNIN, TEXIER, av^t g^l. MAZAIREY, lieut prévôt. CHENUAU, assesseur criminel. FEY DE LA GRANGE, assesseur civil. MINGUET, 1er maître des requêtes. GAULY, prévôt. GUICHET, ch^{er}. PAILLOU, garde des sceaux. FRAPPIER, greffier.

III.

Délibération de la basoche portant qu'il sera sursis à toute nomination d'officiers de ce corps jusqu'à l'organisation du pouvoir judiciaire. (*Orig. appartenant à M. Beauchet-Filleau.*)

20 février 1790.

Aujourd'hui vingt feverier (*sic*) mil sept cent quatre vingt dix, les soussignés formant la majorité des jeunes gens travaillant en qualité de maîtres clairs (*sic*) ou en second dans les études de Messieurs les procureurs de cette ville, assemblés dans une des chambres du palais pour délibérer sur la prétention élevée par quelques uns de leur confrères de composer en la présente année le tribunal de la Basoche ; considérant que dans un temps où tous les tribunaux sont réellement supprimés et n'existent que précairement jusqu'à la nouvelle organisation du pouvoir judiciaire, que par la formation des différents districts établis sur les débris de la Sénéchaussée et siège présidial de Poitiers, la majeure partie des soussignés sera au premier jour obligée de se retirer dans les endroits où les tribunaux seront établis, pour y continuer leurs travaux ; que dès lors, ils ne peuvent former ni aucune association, ni estre contraints à aucune prestation pécuniaire ; que la Basoche ne peut exister qu'à côté et sous les auspices d'un tribunal constitué et cesse en même temps que la suppression du tribunal est prononcée ; enfin, que cette même association ne peut avoir lieu lorsque la majorité des membres appelés par état à la composer est opposée, et, dans les principes, doit l'estre à sa composition : il a é délibéré et arresté, sous le bon plaisir de Messieurs les Magistrats et de Monsieur le procureur du Roy, qu'il sera sursis jusqu'à l'organisation du pouvoir judiciaire à toutes nominations d'officiers et composition du tribunal de la Basoche, que jusque là nul cler ne pourra être contraint au payement de la retribution usitée, que quatre députés se retireront par devers Monsieur le procureur du Roy et Monsieur le Lieutenant-Général ou l'officier qui le remplace pour leur présenter la présente délibération et avoir sur ycelle leur agrément.

MESTADIER, M⁰ clerc ; CUIRBLANC, 2ᵉ clerc ; A. GIRARD, 2ᵉ clerc ; FOUCQUETEAU, M⁰ clerc ; GUIONNEAU, clerc ; DEPREST, M⁰ clerc ; RUCHAUD, second clerc ; BAUD, M⁰ cler (sic) ; HUARD, M⁰ clerc ; BOURGINE ; BERGIER, segond clerc ; BERNARDEAU, 2ᵉ clerc ; DESPLACE, clerc ; DEMONDION-DESCHIRONS, M⁰ clerc ; FRAPPIER, M⁰ clerc ; RIBIÈRE, M⁰ clerc ; MAINDRON ; GUILLON ; DESQUARTS, M⁰ clerc ; BAUDRY, M⁰ clerc ; VALLÉE, M⁰ clerc ; COUSIN ; ANDRÉ, M⁰ clerc ; THOMAS, M⁰ claire (sic) ; CHEMERAUDIÈRE, segond clair (sic) ; MENARD, deux^{me} clerc ; ROUGNON, 2ᵉ clerc ; COURRIVAUD, M⁰ clerc ; GENNET ; JOUET, 2ᵉ clerc ; PAYNEAU, M⁰ clerc ; BAROT ; ARNAULT.

IV.

Requête présentée au lieutenant général de la sénéchaussée pour faire approuver la délibération qui précède. (*Orig. appartenant à M. Beauchet-Filleau.*)

25 février 1790.

A Monsieur le Lieutenant général et Messieurs de la chambre de la Sénéchaussée de Poitou
         à Poitiers.

Supplie humblement la majorité des jeunes gens travaillant en qualité de maîtres clers ou en second dans les études de Messieurs les procureurs de cette ville ;

Disant que, quelques-uns de leurs confrères ayant élevé la prétention de composer en la présente année le tribunal de la Basoche, les suppliants, dans une assemblée convoquée à cet effet, ont réclamé contre cette prétention et ont représenté que, la Basoche n'ayant point siégé depuis trois ans, il étoit injuste et absolument ridicule de vouloir relever ce tribunal dans les circonstances actuelles ; que l'Assemblée nationale étoit occupée tout à l'heure de l'organisation du pouvoir judiciaire et qu'il ne pouvoit y avoir aucun inconvénient à attendre cette organisation ; que d'ailleurs la Basoche étoit un tribunal subalterne et par conséquent supprimé par un décret spécial de l'Assemblée nationale, et qu'au surplus, suivant les réglements, la réunion des deux tiers des suffrages étoit nécessaire pour nommer les nouveaux officiers, et que la presque totalité étoit opposante à cette nomination : quelque justes que soient ces représentations, elles n'ont point été écoutées, on a passé outre, onze ou douze seulement se sont prétendus autorisés à procéder à la nomination de neuf officiers et ont menacé les suppliants de la contraindre, même par corps, de leur propre autorité, au payement de la rétribution ordinaire.

Tous les tribunaux sont réellement suprimés et n'existent que précairement jusqu'à l'organisation du pouvoir judiciaire, qui paroîtra incessamment; la Basoche ne peut exister qu'à côté et sous les auspices d'un tribunal constitué, elle cesse donc en même temps que la suppression de ce tribunal est prononcée; celle de Poitiers ne pourroit par conséquent exercer ces fonctions qu'un mois ou deux, tout au plus. Ce tribunal n'a point siégé et n'a exercé aucune fonction depuis trois ans. Il est donc absolument inutile; c'est un tribunal subalterne qui ne peut exister qu'à côté d'un tribunal constitué. Il est consequamment supprimé par un decret special de l'Assemblée nationale. L'organisation du pouvoir judiciaire va paroître incessament, et en supposant, par impossible, que la Basoche ne fut pas anéantie, elle recevroit nécessairement une nouvelle constitution. Il vaut donc mieux attendre cette constitution, et ce parti n'entraîne avec lui aucun inconvénient, et alors les soussignés, qui craignent d'être obligés pour la majeure partie, par la formation des districts établis sur les débris de la Sénéchaussée et siège présidial de Poitiers, de se retirer dans les endroits où les tribunaux seront établis, pour y continuer leurs travaux, seroient les premiers à concourir à la nomination des officiers et à faire toutes les démarches nécessaires pour relever ce tribunal; mais jusques là ils ne peuvent former ici aucune association, ni être contraints à aucune contribution pécuniaire. Il est donc du dernier ridicule de vouloir relever ce prétendu tribunal, dans les circonstances actuelles.

Au surplus, suivant l'usage qui s'est pratiqué jusques en l'année 1787, tous les deux ans au mois de mai Messieurs les clairs (*sic*), convocqués par l'un des anciens officiers, délibereroient s'il étoit à propos que la Basoche montât ou non. L'affirmative ne pouvoit être décidée que par la réunion des deux tiers des suffrages; on procédoit ensuite à la nomination des officiers. Les suppliants, ne formassent-ils que la minorité, seroient donc fondés, suivant cet usage, à s'opposer à toutes nominations d'officiers sans autres raisons que leur volonté; combien à plus forte raison leurs réclamations doivent-elles être accueillies, puisqu'ils forment la majorité et que leurs prétentions sont fondées sur les moyens les plus justes et les plus raisonables.

Pour toutes ces raisons, Messieurs, et autres que votre prudance et vos lumières vous suggéreront, les suppliants se croyent fondés à avoir recours à votre autorité; pourquoy et c'est à ces fins qu'ils ont l'honneur de vous donner la présente et de vous requérir que :

Ce considéré, Messieurs, il vous plaise, sur les conclusions de Monsieur le Procureur du Roy, ordonner qu'il sera sursis jusqu'à l'organisation du pouvoir judiciaire, à toutes nomination d'officiers et composition du tribunal de la Basoche, et que jusque là nul clerc ne pourra être contraint au payement de la rétribution usitée, et ferez justice.

Guionneau, clerc; Cuirblanc, 2e clerc; Mestadier, M^e clerc; Ribière, 1er cl.; Desquarts, M^e clerc; Baudry, M^e clerc; Mestadier; Desplaces, 2e cl.; Foucqueteau, M^e clerc; Ménard, s. cl.; Chemeraudière; Arnault; Vallée, 1er clerc; Ruchaud; Bergier; Deprest, M^e clerc; André; L. Rougnon, 2e clerc; Courrivaud, M^e clerc; Faulcon, maître clerc; Savatier, M^e clerc; Bujault, M^e clerc; Baud, M^e clerc; Latouche, pour ne pas payer; Millet, 2e clerc; Couturier, 2e clerc; Segretain, M^e clerc; Couzin; Frappier, M^e clerc; Belhoir; A. Girard, second clerc; Guillon, second clerc; Payneau, M^e clerc; Jouet, 2e clerc, protestant contre ma signature qui m'a été surprise sur le procès-verbal; Barot; Girard, 2e clerc; Thomas, 1er cl.; Bernardeau, 2e clerc; Bourgine; A. Joslé; Rouchon, 1er clerc; Maunereau, 1er clerc, protestant contre ma signature qui m'a été surprise par le procès-verbal; Houdetel.

Et plus bas : Soit communiqué au Procureur du Roy.
A Poitiers ce 25 février 1790.

Deveillecheze de la Mardière.

v.

Mémoire où sont réfutés les motifs de l'opposition formée à la nomination des officiers de la basoche. (*Copie sans signature appartenant à M. Beauchet-Filleau.*)

(février 1790.)

Mémoire qu'ont l'honneur de présenter à Monsieur le lieutenant général et Messieurs tenant la cour ordinaire de la Sénéchaussée de Poitou à Poitiers les chancelier, vice-chancelier, garde des sceaux, autres officiers de la Bazoche et maîtres clercs de la ville de Poitiers.

C'est sûrement la première fois qu'on a vu retarder le renouvellement d'un tribunal approuvé depuis 1500 et que vous avez, Messieurs, toujours protégé. Quelles sont les causes de ce retardement? Ce sont de prétendues oppositions formées à la prestation de serment des officiers qui le composent, oppositions auxquelles on n'auroit dû avoir aucun égard, puisqu'elles n'ont été dictées que par l'interêt et l'envie et qu'elles sont présentées par des personnes qui n'ont pas même droit de les former.

Peu de mots développeront ces propositions. La définition seule du mot Bazoche, donnée par Legier dans son Traité historique des différentes procédures qui s'observent dans toutes les juridictions de l'enclos du palais, suffit pour faire voir l'évidence de la fin de non-recevoir qu'on peut objecter aux opposants. Qu'est-ce en effet que la Bazoche suivant cet autheur? C'est une juridiction souveraine, exercée par les plus anciens maîtres clercs du palais; et il ajoute qu'au parlement on ne peut y être admis qu'après six ans de cléricature. Malgré le désordre qui a dispersé les registres de la Bazoche de Poitiers, la tradition conservée par plusieurs procureurs de la Cour nous apprend qu'il y a environ 27 ans les officiers prédécesseurs des exposants firent un réglement pour que désormais on n'y admît que ceux qui auroient trois ans de cléricature; or puisque cette juridiction est attribuée aux seuls maîtres clercs, ce sont les seuls maîtres qui en choisissent les officiers parmi eux, et les autres clercs, n'ayant point droit à l'élection, sont non recevables à y former des oppositions.

Les opposants se trouvent malheureusement pour eux dans ce cas; car la majeure partie sont clercs de cette année seulement, et s'il y en a quelques uns qui se trouvent seuls chez des procureurs, on ne peut cependant pas les regarder comme maîtres clercs, parce qu'on peut croire, sans leur faire injure, que le peu de temps qu'ils ont de cléricature ne leur a pas donné la faculté d'en remplir les places; leur opposition n'a d'autre motif que de tâcher de se soustraire au payement des droits de Bazoche, accoutumés d'être perçus sur les nouveaux venus. A ce motif d'intérêt quelques autres opposants y joignent l'envie, et ce sont deux ou trois maîtres clercs de cette année seulement et qui ont au plus deux ans de cléricature. Le déplaisir qu'ils ont eu de voir préférer d'anciens maîtres clercs pour remplir des places qu'ils briguoient, leur fait aujourd'hui solliciter la suspension du renouvellement d'un tribunal qu'ils avoient eux-mêmes demandé les premiers.

Les exposants viennent de dévoiler les motifs de l'opposition si inconséquemment formée par des particuliers qui n'en avoient pas même le droit. Ces motifs suffiroient sûrement, Messieurs, pour la faire rejetter, et si toutefois ils n'étoient pas suffisants, les exposants achéveront d'éclairer votre justice par quelques réflexions sur l'utilité de la juridiction de la Bazoche, sur ses droits, ainsy que sur la révolution actuelle, dont les opposants n'auront pas manqué de tirer des moyens qu'ils croient péremptoires.

L'utilité de la Bazoche se fait assez connoître par le but de son institution, qui est d'entretenir l'émulation parmi les jeunes gens et d'établir entr'eux un ordre et une police qui ne subsisteroit pas s'ils ne formoient pas un corps ; elle est de plus une espèce d'arène où les jeunes gens peuvent s'exercer et déployer leurs talents et acquérir les connoissances nécessaires de l'état auquel ils se destinent.

C'est à raison de l'utilité de cette juridiction qu'on lui a assigné dans les différentes villes où elle est établie des revenus pour frayer aux dépenses qu'elle est obligée de faire tant pour l'entretien et plantation de mai que pour la messe que les officiers font dire le jour qu'ils ont adopté pour fête. Celle du Parlement de Paris est comprise sur l'état du Roy au rang des compagnies de judicature, et ses gages annuels sont de 150 livres, qu'elle touche exactement; outre ces gages, le Parlement l'a gratifié annuellement de 200 livres, et de plus chaque procureur récipiendaire est obligé de lui payer 15 livres pour droits de chapelle. Celle de Baugenci a les droits de présenter le ban (ce mot ancien signifie *bannière, étendard*) à tous les gens nobles vivant noblement, officiers de judicature et praticiens qui se marient ou sont pourvus de charges dans l'étendue du baillage de Baugenci, et de percevoir 12 l. 16 s^s pour ledit ban. La Bazoche d'Orléans jouit du même droit que celle de Baugenci. Il seroit trop long de rapporter les différents droits qui forment les revenus de toutes les Bazoches du royaume tels qu'ils sont rapportés dans la nouvelle collection de Denizart; les exposants se contenteront de parler seulement des droits de celle de cette ville. Elle avoit autrefois la propriété des boutiques situées dans la grande salle, dont elle tiroit d'assez gros revenus, ainsi que le droit de percevoir le *bec-jaune* ou droit de bienvenue sur tous les nouveaux venus, et celuy de prendre chaque année un mai dans la forêt de Moulière. On ignore comment elle a perdu la propriété des boutiques, et elle n'a maintenant pour revenus que le droit de becjaune, car le droit de mai n'est pas un revenu, puisqu'au contraire il en occasionne la dépense.

C'est cependant cet unique revenu de la Bazoche de Poitiers qu'on veut luy ôter ; les nouveaux venus, soumis au droit de becjaune, perçu de temps immémorial d'après votre autorisation, peuvent-ils espérer de faire abolir ce droit en le traitant d'exaction ? Croyent-ils pouvoir surprendre la religion de magistrats éclairés, au point de leur faire prononcer l'abolition d'un revenu absolument nécessaire à la juridiction de la Bazoche ? On ne peut se persuader qu'ils s'abusent à ce point, et si cela est, les exposants espèrent que votre justice dévoilera leur erreur.

Quoique l'opposition de ces nouveaux venus ne soit pas connue aux exposants, et qu'ils ignorent les moyens sur lesquels ils l'ont fondée, les discours de quelques-uns ont fait connoître qu'ils reprochent aux officiers de la Bazoche de destiner et faire servir à leurs plaisirs, sinon toutes les sommes qu'ils perçoivent, au moins la majeure partie. Ces Messieurs ne peuvent pas connoître la dépense qu'occasionne la messe de S. Yves [1], à laquelle ils n'ont jamais assisté ; par conséquent, ignorant qu'elle absorbe souvent le modique revenu que procure le droit de becjaune, ils ont parlé suivant leurs passions. Quoique les exposants ne soient point obligés de rendre des comptes à personne de cette perception, ils veulent cependant faire connoître à quoy ils avoient d'un accord unanime destiné le montant, qui ne peut être que modique à raison du peu de clercs qui sont en cette ville.

Animés par les exemples de bienfaisance que deux corps de jeunes gens ont donné cette année, les exposants avoient intention de ne pas paroître moins sensibles qu'eux aux cris

---

[1]. Patron des avocats et par suite des procureurs.

de l'indigence, et des charités publiques auroient cette année fait la dépense du revenu de la Bazoche.

Il est un autre moyen que les opposants tirent de la révolution présente. Les tribunaux, disent-ils, sont supprimés, et par conséquent la Bazoche, étant un tribunal, l'est aussi. Les tribunaux sont supprimés ! Ne le croyez pas, Messieurs, c'est la vénalité des charges qui seule est abolie, les tribunaux subsistent et subsisteront toujours. Les alarmes qui se sont répandues à cause de la division des districts et des départements doivent être dissipées par le décret que l'Assemblée nationale a rendu le 16 de ce mois, qui déclare que cette division n'est faite que pour la répartition et la perception des impôts. On ne peut donc pas dire que les tribunaux sont supprimés, et quand il seroit vrai qu'ils le fussent, peut-on en inférer que la Bazoche le seroit aussy ? Est-il à penser que l'Assemblée nationale supprimeroit cet établissement, qui est moins une juridiction qu'une espèce de lycée où se forment les jeunes gens à l'étude de la jurisprudence, tandis qu'elle même a annoncé qu'après avoir achevé ses travaux, elle donneroit un traité en forme de cours d'institutions à la nouvelle constitution ? Satisfaite, sans doute, de trouver des élèves de la jurisprudence réunis par l'émulation en un corps, elle se donnera bien de garde d'opérer par une suppression mal entendue une dispersion des sujets qu'elle veut former à ses principes.

Les exposants espèrent, Messieurs, que vous aurez égard à toutes les considérations qu'ils viennent de mettre au jour; ils réclament la protection que vous leur avez toujours accordée, et, pleins de confiance en vos lumières et votre sagacité, ils osent croire que vous rejetterez une opposition nulle et futile et que vous jugerez que les officiers légalement nommés par le procès-verbal du neuf de ce mois [1] seront reçus au serment accoutumé [2].

---

1. D'une note mise à la suite de cette pièce il résulte que ce procès-verbal était en date du 9 février 1790.
2. On trouve dans les *Affiches du Poitou* (n° du 15 mars 1783) les détails qui suivent, relatifs à la cérémonie de la plantation du mai dont il est parlé dans ce mémoire : « Messieürs les Officiers de la Basoche du « Présidial de cette ville ont renouvellé Samedi dernier 10 présent, l'usage « ancien de la plantation du Mai qu'ils ont fait couper dans la forêt de « Molière avec l'agrément de MONSEIGNEUR COMTE D'ARTOIS, et en « présence de MM. les Officiers de la Maitrise, qui en ont dressé leur « Procès-verbal le 29 avril dernier. Cette plantation a été faite près le « Palais, avec la permission de M. le Lieutenant-Général de Police, sur « la Requête à lui présentée par MM. les Officiers de la Basoche, du con-« sentement de M. le Procureur du Roi et d'après la vérification du Procès-« verbal dressé par le sieur *Servant*, Entrepreneur, Commis-Voyer de la « Police, sur la Place appelée *Plan du Mai*. MM. les Officiers de la « Basoche étoient tous à cheval et sous les armes. M. *Guillet*, Chancelier, « étoit à la tête de sa compagnie et M. *Fillon* l'aîné commandoit, « MM. *Favre* et *Fillon* le jeune dirigeoient la marche. La cérémonie s'est « faite au bruit des tambours, fifres et autres instruments guerriers, en « présence d'une multitude de Spectateurs de tous les états et conditions. « Le même jour ils en ont fait planter un autre à la porte de l'Hôtel de « M. IRLAND DE BAZOGES, Lieutenant-Général, qui a bien voulu agréer « cet hommage, et en témoigner sa satisfaction à tous les Officiers, par-« ticulièrement à *M. Guillet*, Chancelier, qui a porté la parole. Après la « cérémonie, MM. de la Basoche conduisirent leur Chef à son domicile, « accompagnés des Musiciens qui jouèrent plusieurs morceaux choisis. »

TABLE

DES NOMS DE PERSONNES

ET DE LIEUX.

A

Abain, château, 273, 298, 331; c^{ne} de *Thurageau*, c^{on} de *Mirebeau*, *Vienne*.
— (M^r d') 291, 292, 293, 295, 296, 297, 300, 301, 303, 304, 305, 307, 310, 314, 315, 316, 318, 319, 322, 324, 325, 326, 327, 328, 329, 330, 332, 333, 334.
— (Madame d'), 294, 299, 308, 309, 330, 331.
Abbeville, 254; *Somme*.
Abrelduc, 217.
Abriz (Hugo), 99.
Accelinus, frater Aimerici Granolia, 347.
Acdane, in ballia de Chisico, 122;
— (priorissa de), 102; *la Bellotière*, c^{ne} de *Marigny*, c^{on} de *Beauvoir*, *Deux-Sèvres*.
Achardus, Achart, (Petrus), 120, 347.
Acquitanie primas, V. Aquitanie.
Acuguiranda, parrochia, 17, 18; *Ingrande*, c^{on} du *Blanc*, *Indre*. V. Aguiranda, Yguerande.

Adam Panetarius, 185.
Adenor, mater Aimerici, vicecomitis Castri Airaudi, 346.
Aegdane (priorissa de), 102. V. Acdane.
Aenart (Hugo), 118.
Aenors, 130.
Aeroart (P.), 114.
Aes (les), nemus prope Polian, 176.
Agatha, uxor Aimerici, vicecomitis Castri Airaudi, 357, 358.
Agia (Geraldus de), 44.
— (Johannes de), 38, 39, 41, 45.
— do Cormener, mansus, 28, 57, 69.
— Hugonis de Rupe, nemus, 45.
Agnes, filia Guillelmi Borde, militis, 50, 51, 54.
— relicta Guillelmi Josserandi, 46.
— uxor Aymerici Secheressa, 31, 63.
— uxor Petri Chasteau, 56.
— la Buteta, 56.
Agrip, 122; *Gript*, c^{on} de *Beauvoir*, *Deux-Sèvres*.
Aguemant (Guillaume), 246.
Aguin (Guillaume), 207, 208.

Aguiranda, parrochia, 44, 62 ; *Ingrande*. c^on *du Blanc*, *Indre*. V. Acuguiranda et Yguerande.
Aienart (Petrus), 118.
Aimer (Giraudus), 107.
— (Hugo), 137..
— (Willelmus), 107, 114.
Aimericus, frater Johannis de Tuscha, 347.
— decanus ecclesiæ Pictavensis, 347.
— vicecomes Castri Airaudi, 346, 349, 353, 354, 355, 356, 357, 358.
— avus ejus, 350.
— Bertrandi, presbyter, 28, 39, 57, 58.
— de Banda, valetus, 36.
— de Bardia, valetus, 53.
— de Bosco, 55.
— Granolia, 347.
— Secheressa, valetus, 30 ; — miles, 30, 63.
Aimeriot (Willelmus), 120.
Aimmericus (Johannes), 96.
Aimont (li), 93.
Airart (Reginadus), 79.
Airaudus, 118.
Airaut (Johannes), 90, 91.
Aix (île d'), 212 ; c^on *de Rochefort*, *Charente-Inférieure*.
Alaard, Alaart, Aleard, 145.
— (Johannes), 139.
— (Jordanus), 139.
— (Tebaudus), 139, 143.
— (Willelmus), 100, 104, 114, 138.
Alaivine (Reginaldus), 82.
Alart (Hugo), 99.
Alauzier (la comtesse de Ripert d'), 273.
Albaigno (Pellegrin d'), 224.
Albe (Ferdinand Alvarez de Tolède, duc d'), 283.
Alberici (Ymbertus), 16.
Aldebertus, capellanus, 347.
Alelmus (Galterus), 351.
Alemania (Galterius de), miles, 185.
— (Hugo de), miles, 156, 158, 159, 168, 170, 171, 172.
— (Petrus de), 153, 155, 156, 157, 160.
Alenconio (Johannes de), vicecancellarius regis Angliæ, 155.
Alenne (Guillaume), 209.
Alenson (François d'), 232.
Aleri (Odo de), 144.
Alexander, 144.
Allain (Jehan), 235, 245, 253.
Allaue, 237.
Allemagne (l'), 225, 269, 271.
Allemands (les), 236, 239, 269.
Allot (Georges), 220, 221, 226.
Almosneria 76 ; *près Chizé*.
Almosnier (Petrus), 120.
Alneis, 83.
Alnisio (magnum feodum de), 73, 174 ; *l'Aunis*.
Altaempa (le cardinal), 313.
Aluchet (Giraudus), 128, 130.
Amant (Willelmus), 99.
Amboise, 290 ; *Indre-et-Loire*.
Amel (Costantinus), 141.
Amies (Reginaldus), 96.
Amigel (Johannes), 86, 87, 124, 135.
Amsterdam, 217, 226, 232 ; *Hollande*.
Ancone (Marche d'), 283 ; *Italie*.
Andegaviensis comes, 154.
Andelot (M^r d'), 289.
Andilliacum, Andilleium, Andillié, 153, 154, 155, 157 ; *Andilly-les-Marais*, c^on *de Marans*, *Charente-Inférieure*.
André, clerc, 377, 380.
— (Vincent), 236.
Andreas, 26, 139.
— prior de Vallibus, 348.
— (Johannes), 115.
— (P.), 137.
— de Pots, 25.
Angevine, 141.
Anglais (les), 234, 236, 239, 289, 290.
Angles (pons d') versus Surgieres, 110.
Angleterre (l'), 182, 229, 230, 233, 244, 246, 255 ; — (la reine d'), 290 ; — (le roi d') 153 154, 156, 157, 160.
Anglia, 182 ; *l'Angleterre*.
Anglicus (Villelmus), 118.
Angliers (Claude d'), 212, 222.
Angoulême, 222 ; — (l'évêque d'), V. Girard.

Anne (Aimericus), 79.
— (Willelmus), 79.
Anscis (Constantinus), 99.
— (Petrus), 99.
Ansignec, 136 ; *Ensigné*, c^{on} de *Brioux, Deux-Sèvres*.
Antier (li), 92.
Anvers, 226, 238, 239, 245; *Belgique*.
Aquitanie ducatus, 155.
— dux, 123, 154.
— primas, 44, 62.
Araudus, frater Petri Achardi, 347.
Arceau (li), 122 ; *près Chizé*.
Archambaudio (Icterius, Johannes, Petronilla, Petruset Peyronetus), 41.
Archard (Richard), 249.
Archileir, 91 ; *près Chizé*.
Archimbaut, 105, 130.
— (Petrus), 99.
Archimbot (Constantinus), 117.
Arenbert (Aimericus), 143.
Argençon, Argenconio, Argenzon (foresta de), 85, 103, 112, 121, 123, 144, 161, 170, 171, 177, 180, 181, 182, 183, 184, 185.
Argentlieu (d'), 270.
Armalet, Armilhec, nemus, 32, 46; *Nermaillé*, c^{ne} de *Liglet*, c^{on} de la *Trimouille, Vienne*.
Arnaco (L. de), 60.
Arnaudeau (Petrus), 88.
Arnaudet, 88.
Arnaudin, 143.
Arnaudus, 118.
— (Galterus), 119.
— (Gaufridus), 136.
— (Petrus), 119.
Arnault, 377, 380.
Arnaut (Johannes), 100.
Arnauz (Willelmus), 11.
Arnol (Petrus), 96.
Arondel, 246 ; *Angleterre*.
Arons (Johannes), 96.
— (Reginaldus), 96.
Arras, 290 ; *Pas-de-Calais*.
Artois (le comte d'). 386.
Arveius (P.), 138, 139.
Arvert, 213, 214, 222, 223, 252; c^{on} de la *Tremblade, Char.-Inf*.
Ascelinus (Willelmus), 100.
Aspero Monte (Willelmus de), 99.

Assaie (Constant et W.), 120.
Atarisia (domina), 115.
Aubépine (de l'), 325.
Aubert (Marie), 232.
— (Renée), 227.
Aubespis, 40, 55.
Auboinus, 77.
Aubri (Johannes), 99.
Aubusson, 335 ; *Creuse*.
Auchene (Johannes) de Villamor, 26.
Audebert (Johannes), 122.
— (Petrus), 101, 120.
Audemer (Petrus), 120.
Audierne, 222 ; c^{on} de *Pont-Croix, Finistère*.
Audins (Gaufridus), 90.
Augart, 143, 145.
Augenet (Petrus), 116.
Augeto (feodum de), 84.
Augi comes, 52.
Augicum, 78 ; *Saint-Martin-d'Augé*, c^{on} de *Beauvoir, Deux-Sèvres*.
Aula, locus, 351, 352.
Aullonne, V. Olonne.
Aumont (le maréchal d'), 323.
Aunis (Johannes de), 116.
— (P. d'), 147.
Auvergnatz (agia aux), 55 ; — (terra aux), 40.
— (Petrus), 31.
Auvers, 145.
— (prior de), 145 ; *le Vert*, c^{on} de *Brioux, Deux Sèvres*.
— (Petrus de), 131
Auxonne, procureur, 199.
Auzance, seigneurie, 364-372 ; c^{ne} de *Migné*, c^{on} de *Poitiers*.
— (l'), rivière, 372.
Availle, Avallia, 78, 85, 127, 136, 144 ; — (prior de), 85, 127, 135; *Availles-sur-Chizé*, c^{on} de *Brioux, Deux-Sèvres*.
Avalan, 122 ; *Vallans*, c^{on} de *Frontenay, Deux-Sèvres*.
Avalent (Reginaldus), 115.
Avauceux (Arnaud d'), 259
Avenu (Reginaldus), 100.
Aymericus, V. Aimericus.
Aynor, uxor Hugonis de Rupe junioris, 68.
Azay-le-Rideau, 280 : *Indre-et-Loire*.

B

Babaut, 134.
Babin (Willelmus), 107.
Babiraut (Petrus), 116.
Bacallole (la), 136.
Bacallon, 81.
Badiffe, 240.
Baiderrier (Willelmus), 99.
Baignolle (Marc), écrivain, 224.
Baissey (Philippe de), femme d'Antoine Raffin dit Poton, 278, 280, 281.
Balace (C. de), 144.
Balotière (la), 122 ; *la Bellotière*, c^{ne} *de Marigny*, c^{on} *de Beauvoir, Deux-Sèvres.*
Banda (Aymericus de), valetus, 36.
Bannier, 96.
Barbator, 120.
Barbe (Hugo), 119.
— (Willelmus), 118.
Barbeconium, 112.
Barber (Estène), prêtre, 364.
Bardia (Aymericus de), valetus, 53.
Bardon (Hugo), 80.
— (Petrus), 101.
Bardonenc feodum, 138.
Bardonneria, 110.
Barguenon (Denis), 223.
Barmaudenche (terra), 138.
Baron, 241.
Barot, 377, 380.
Barra (Frogerius), 347.
Barraac, mansus, 22.
Barraget (J.), 143.
Barraut (J.), 141.
Barrillons (Gumbot), 117.
Barris (Helias de), valetus, 18, 44.
Barroget (Johannes), 139.
Barrot (Willelmus), 119.
Barthelot, 15. V. Bartholomeus.
Bartholera (Johannes de la), filius Johannis de Yspania, 18.
Bartholomei (Gaufridus), 157.
Bartholomeus (Aimmericus, Constantinus, Johannes et Reginaldus), 101.

Bartholomeus Berlandi, clericus, 35.
— de la Chaume, 179, 183.
— Tardis, 40, 55.
Bastardus, 137.
Bastars (Rogerus), 120.
Baste (Pierre de la), 237, 241, 245, 247, 258.
Bastelle (Guillaume), 253.
Baubeau (Johannes), 82.
Baud, clerc, 377, 380.
Baudiny (les), 313.
Baudoini (Petronilla), 134.
Baudoinus le Maçon, 134.
Baudons (J.), 130.
Baudran (Petrus), 78.
Baudry, clerc, 377, 389.
Bauduço (Stephanus), 96.
Bauduçone (Aelaiz), 96.
Bauduçones (li), 115.
Baujault (Loïs), 235.
Baulo (Jehan), 222.
Baulouet, 215.
Baussan, Bauçan (Johannes), 131, 135.
Bausson (Petrus), 79.
Bauters, Bausters, 17, 19, 20, 23, 37, 38, 41, 44, 45, 61, 67; *Beauterre*, c^{ne} *de Béthines*, c^{on} *de Saint-Savin, Vienne.*
Bayonne, 212 ; *Basses-Pyrénées.*
Beart (Jehan de), 205.
Beatrix, 43.
Beaugency, 383 ; *Loiret.*
Beauloc (Micheau de), 259.
Beauregard (seig^{ie} de), 212, 213.
Beauvoir, 367; c^{ne} *de Vouneuil-sous-Biard*, c^{on} *de Poitiers.*
Bechet (Aimmericus), 78.
— (Petrus), 79.
Becquet (Roullin), 212, 213, 216.
Bege (Constantinus), 82, 86.
Begnais, 91, 92, 123.
Begnatz, 87.
Beguaeranda (la), 25.
Belac (Geraldus de), 54.
Belboir, 380.

Belian, 249, 252, 254.
Belins (Radulfus de), 119.
Bellavilla, 78, 112, 121, 122, 123.
— (prepositus de), 120; *Belleville*, c^on *de Beauvoir*, *Deux-Sèvres*.
— (Girbertus de), 117.
Bellay (le cardinal du), 289.
Bello Campo (Aimmericus de), 83.
— (Philippus de), 76.
Bello Monte (Johannes de), miles, 23, 50.
Bello Videre (Hugo de), miles, castellanus de Niorto, 160, 168, 173, 175.
Bellucheau, 237.
— (François), s^r de la Reynaudière, 244.
Bellum Podium, 59; *Beaupuy*, c^ne *d'Ingrande*, c^on *du Blanc*, *Indre*.
Belote (Johannes de), 76.
— (Willelmus de), 76.
Belotus de Claris Vallibus, 347.
Bemont, 16. V. Buemont.
Benaon, Benaun, 154, 177, 178, 179, 181, 182, 186; — (castellanus de), 164; — (dominus de), 165, 171, 178, 179, 180, 182, 183, 184, 185, 186, 187, 188; — (foresta de), 164, 178, 179; — (prepositus de), 169, 171, 178; *Benon*, c^on *de Courçon*, *Charente-Inférieure*.
Benasis (Andreas), 119.
— (Willelmus), 119.
Benavent (Aimmericus), 120.
Bendine (Hersendis), 187.
Benedictus (Hugo), 137, 138.
— (Johannes), 96.
Beneysa, aqua, 24 ; *la Benaise*, *rivière*, *affluent de l'Anglin*.
Beny (Elizabeth), 239.
Beomont, 28. V. Buemont.
Beraut, 118.
— (T.), 130.
— (Willelmus), 96.
Berchier (Giraudus), 108, 113.
Berchoud, 144.
Bereau (Mathurin), s^r des Fenestres, 237.
Berengier (Bernardus), 99, 108.

Bergerac, 244 ; *Dordogne*.
Bergier, clerc, 377, 380.
— (Johannes), 98, 107.
— (Reginaldus), 98, 104.
— (Willelmus), 98.
Berjotele (la), 104.
Berlandi (Bartholomeus), clericus, 35.
Bernadole (la), 126.
Bernagoe (dominus de), 75.
— (Hugo de), 131.
Bernarde (Florence), 139.
Bernardeau, clerc, 377, 380.
Bernardi (Johannes), 134.
Bernardière (la), 93 ; c^ne *de Secondigné*, c^on *de Brioux*, *Deux-Sèvres*.
— (Lambertus de la), 96.
Bernardine (Johanna), 96.
Bernardoe (Joscelinus), 133.
Bernardus, 118.
— de Buemont, 21, 32.
Bernart (Johannes), 82.
— (Petrus), 132.
— (Stephanus), 119.
— (Willelmus), 99, 100, 113.
Bernelles, 336.
Bernin, 108.
— (Andreas), 98, 113.
— (Claudius), 108.
— (Hugo), 99, 107, 114.
— (Johannes), 98, 108.
— (Petrus), 107.
— (Willelmus), 95, 98, 105, 114.
Berot (Reginaldus), 96.
Berres (Claude de), 224, 247, 255.
Berruier (Petrus), 115.
Berry (le), 331.
Bersejai (Willelmus), 114.
Bertaut, 95.
Bertet (Johannes), 79, 138.
— de Pinu, 65.
Berthiers (Johannes), 105.
Bertin (Petrus), 136, 141.
— (Willelmus), 126.
Bertini (Johannes), 155.
— (Petrus), miles, 153, 154, 155, 156, 157, 158, 159, 160.
Bertolomeius (Johannes), 114.
Bertran (Stephanus), 119.
Bertrand, notaire en l'île de Ré, 215.

Bertrand (Aymericus), 39.
— (Petrus), 115.
Bertrandi (Aymericus), presbyter, 28, 57.
Bertrangnus, 127.
— (Aimmericus), 100.
— (Johannes), 120.
Bertronis (Hugo), 94.
Besognos (Bernardus), 129.
Bessegai (Willelmus), 99.
Bethynes, Betina, Betines, Bettines, Betynes, *villa et parochia, 16, 19, 20, 22, 23, 25, 26, 27, 29, 30, 31, 32, 35, 37, 38, 40, 41, 45, 47, 52, 58, 61, 62, 65; — (capellanus de), 20, 21; — (ecclesia de), 68; — (molendinum de), 56; — (pons de), 39, 48, 68; — (prior de), 31. *Béthines*, c^{on} *de Saint-Savin, Vienne.*
Beumont (magnus), 67.
— (parvus), 61, 67.
Bianiers, 98.
Biarros, 122.
Biart (Aimmericus), 77.
Bienvenu, 258.
— (le s^r de), conseiller d'Etat du duc de Savoie, 334.
Biers, villa, 22; *Biard*, c^{ne} *de Journet*, c^{on} *de la Trimouille, Vienne.*
Biet (Jocelinus), valetus, 45.
Bignycourt (de), 290.
Bilbault en Espagne, 201, 247; *Bilbao.*
Binne (Enverd de), 225, 226, 227.
Biron (Mr de la Chapelle), 284.
Bituricensis archiepiscopus, 25, 44, 62. V. Leodegarius, Philippus.
Bivort (Willelmus), 98.
Blain (Aimmericus), 90.
— (Willelmus), 126.
Blament (li), 75.
Blanc, 222.
— (Arnauld le), 244.
— (le), 292; *Indre.*
Blanchien (Willelmus), 118.
Blaneaus (Giraudus de), 105.
— (Reginaldus de), 105.
Blois, 301, 366; *Loir-et-Cher.*
Bloue (Nouel le), 222.

Boars, 99.
Bobeau (Willelmus), 133.
Bobin (Jacques), 199.
Bobineau (Nicolas), 215, 216, 221, 222.
Bocart (Alardus), 100.
Boceau, 122.
Bochardus de Sancto Aniano, miles, 25.
Bochart (Aleart), 114.
— (Petrus), 99.
— (Reginaldus), 120.
Bochaut, 118.
Bochierus de Lolaio, 118.
Bocuta quercus, 350.
Bodyas de Portis (landa aux), 55, 56.
Boer (P.), 139, 143.
— (Stephanus), 49.
Boeron, 101.
Boes, massus, 31.
Boessec, Boessecum, Boesset, Boissec, Boysset, Boyssetum, 18, 21, 27, 31, 32, 36, 49; — (stagnum de), 22, 31, 32, 37. *Boissec*, c^{ne} *de Journet*, c^{on} *de la Trimouille, Vienne.*
Boeteaus (Hugo), 114.
Bogerius, 119.
Boier, 135.
— (Andreas), 100.
— (Johannes), 100, 128.
— (Reginaldus), 79.
— (Willelmus), 99, 101.
Boin (Andreas), 99, 113.
— (Petrus), 116.
— (Willelmus), 99.
Boine (Hugo), 120.
— (Stephanus), 117.
Boinot, Boiniaz (Hemericus), curatus de Lania, 164, 165, 166, 167.
— (Willelmus), 77, 83.
Boiric, villa et toscha, 132.
— (Willelmus), 134.
Boissart (Galterus), 88.
Boissec, V. Boessec.
Boisseroles, 117; c^{ne} *de Saint-Martin d'Augé*, c^{on} *de Beauvoir, Deux-Sèvres.*
Boisserolle (Gautier de), 139.

Boisson, 79.
— (Petrus), 79.
Boistelli (Hugo), 99.
Bolart (Constantinus), 94.
— (Stephanus), 94.
Bolenat (Johannes), 118.
Bollac (le s^r de), 238.
Bon (Evrard), 217.
Bona, relicta dicti Lopin de Valle Dei, 31.
— uxor Thomæ Rogais, 22.
Bonarde (Johanna), 95.
Boneau, 101.
Bonellus, 88.
Bonet (C.), 139.
— (Johannes), 96, 120.
— (W.), 143.
Bonimatourre, 293 ; *Bonnenil-Matours*, c^{on} de *Vouneuil-sur-Vienne*, *Vienne*.
Bonin, 99.
— (Willelmus), 118.
Bonnet (François), 229.
— (Jacques), 229.
Bonneti (Johannes), 159.
Bonnin (Jean-Baptiste), sr du Peux, 374, 376.
Bonnyneau (René), 224.
Bonot (Willelmus), 143.
Borde (Guillelmus), miles, 50, 54, 61.
Bordeaux, 200, 211, 214, 217, 225, 233, 236, 239, 245, 247, 248.
Bordet (Willelmus), 108.
Bordin (Johannes), 100.
Borneis, 143.
Bornin (Willelmus de), 139.
Bos (Hugo), miles, 349.
Bosco (Aymericus de), 55, 179.
Boscobocelli (dominus de), 65.
Boscus comitis, 110.
Boscus communis, 19, 21, 32, 37, 69; *Bois-Communaux*, c^{ne} de *Béthines*, c^{on} de *Saint-Savin*, *Vienne*. V. Nemus commune.
Boso, frater Aimerici, vicecomitis Castri Airaudi, 346.
Bossers, 44.
Botaut (Gaufridus), 86.
Botet (Johannes), 83.

Botbola (la), boscus, 56.
Botin (Constantinus), 114, 117.
— (Johannes), 99.
— (Petrus), 105, 119.
Botini, 143, 145.
Boucamy ou Boucary (Laurens), 240, 244.
Bouchet (Fr.), 251, 252.
— (Pierre), 222, 224, 227, 246, 249, 250, 252, 253, 254.
Bouguyer (Yvon le), 205.
Boulogne, 290; *Pas-de-Calais*.
Bourbon (maison de), 322, 323.
— (François de), duc de Montpensier, 315, 316, 318, 319, 325, 326, 328, 329. V. Montpensier (le duc de).
— (Mr de), 294, 295. V. Condé.
Bourdaisière (le cardinal de la), 310.
Bourdes (de), 222.
Bourgine, 330, 377, 380.
Bourgogne (la), 269.
Bourgueil (abbaye de), 312; *Indre-et-Loire*.
Boarmauz (Ysembardus), frater capellani de Lania, 186.
Bourre (J.), 372.
Boursault (Guillaume), 253, 258.
— (Jacques), 254, 258.
— (Lambert), 252.
Boursefran, 235.
Bourset (le capitaine), V. Budocusshier.
Boutard (François), 204.
Boutaut (terra), 95.
Boynas, Boynes (François et Jacques), 254, 256, 257, 258
Boysset, V. Boessec.
Boyvin (Jacques), 200
Bozer (Willelmus), 125.
Braconnier (Lyon), 225.
Bragier, médecin, 298.
Brakegneau (Aimericus), 100.
Bramant (Laurentius), 118.
Brande (Petrus de la), 171.
Bray (Olivier), 239.
Brecalleau, 245.
Bredin (Patris), 228.
Bréhan (Georges de), 236.
Brelin (Andreas), 105.

Brelle, 283 ; c^{on} *de Nivillers, Oise.*
Brême, 217, 225, 226; *Allemagne.*
Brenine (la), 105.
Brest, 215, 216, 221 ; *Finistère.*
Bretagne (la), 221, 235, 236, 242, 247, 248, 249, 251.
Bretauld (Nouel), 228, 229, 234.
— (Philibert), 234.
Breteau, 98.
— (Petrus), 105.
Brethin, 205.
Bretins (Johannes), 187.
Bretons (les), 233.
Breuil-Bertin (terre du), Brolium Bertini, 157, 366 ; *près Saint-Ouen*, c^{on} *de Marans, Char.-Inf.*
Briauld (Emery), 237.
Brice (Petrus), 118.
— (Stephanus), 119.
Bricius, 98, 106.
— (Don), 114.
Bricon (Martinus), 186.
Briefort, 90.
Brielle, 93.
Briolium, 96, 122 ; — priorissa de Briolio, 96; *Brieuil-sur-Chizé*, c^{on} *de Brioux, Deux-Sèvres.*
Briout, 127 ; *Brioux, Deux-Sèvres.*
Brissac (le maréchal de), 284.
Brisseau (Jehan), 249.
Bristain (du), capitaine de Noirmoutier, 212.
Brizay, 327 ; c^{ne} *de Marigny-Brizay,* c^{on} *de Neuville, Vienne.*
— (Marie de), 274.
Brizot, 239.
Brocannis, filius Guidonis de Boesset, 32.
Brocarde (la); 115.
Brocart, 100.
— (Andreas), 120.
Broce (la), 93, 97, 122.
Brocq (Jehan de), 221
Brolio (Helyas de), 118.
Brolium, 24 ; *le Breuil*, c^{ne} *de la Trimouille, Vienne.*
— nemus, 17 ; *près Thenet*, c^{ne} *d'Hains*, c^{on} *de Saint-Savin, Vienne.*
— Bertini, le Breuil-Bertin, 157, 366.

Brolium Engaut, 58.
Brosse (le s^r de), 230, 231.
Brosses (Hans de), 226.
Broteau (Johannes), 105.
Broteonis (Johannes), 126.
Broter (Petrus), 60, 61.
Brotier (Galterotus), 135.
Brucia (Garnerius de), 36.
— (Stephanus de), 24.
Bruelles (les), 122.
Bruges, 226; *Belgique.*
Bruillenc, Brulenc, 93, 97 ; *Brulain*, c^{on} *de Prahecq, Deux-Sèvres.*
Brulart, 301.
Brullencheau (Willelmus), 93.
Bruneas (Petrus), 128, 130.
Brunelli (Johannes), 26.
Brunessart, locus, 187.
Brunet (Giraudus), 98, 105, 114.
— (Petrus), 120, 129, 247, 251.
Bryon (M. de), 324.
Bucheron (le capitaine), 325.
Budocusshier (Philippe de), 199, 237, 238, 239, 240, 244.
Buemont, *al.* Bemont, Beomont, Beumont, Boemont, Boumont, Bumont, 16, 21, 22, 28, 39, 41, 44, 52, 57, 58, 61, 67, 68; *Beumont*, c^{ne} *de Béthines*, c^{on} *de Saint-Savin, Vienne.*
— (Bernardus de), 32.
— (Maes de), 27.
— (Petronilla de), 32.
Buffatz (terra aux), 30.
Buignon (Jacques), 239.
Buissei, 120.
Bujault, clerc, 380.
Bulete, 94.
Bumont, 21, 22. V. Buemont.
Buort (Constantinus), 108, 116.
— (Petrus), 107.
— (Willelmus), 103, 113.
Burcardus, 347.
Bureau, 249.
Burgensis (Petrus), 178, 184.
Burguenin, 240.
Burnet (Stephanus), 145.
Buteta (Agnes la), 56.
Byeuil (Olivier), 214, 215.

C

Cabesse (Baltazar Gonsalve), 216.
Cabrysis (M⁰ Jehan), 244.
Cadort (Aimericus), 119.
Cail (Hans), 233, 234, 236, 239.
Cailleau (Jean), 233.
Caillère (terre de la), 364.
Caizemajour (de), 217, 236, 245.
Calais, 254, 289, 290, 291; *Pas-de-Calais*.
Calceia, apud Usseau, 111.
Callea (Aimmericus), 129.
— (Andreas), 128.
— (Johannes), 128, 129.
Calmète (Jean de), clerc, 33, 53.
Cambray, 269; *Nord*.
Campo (Willelmus de), 83.
Campus Romani, 88. V. Champ-Romain.
Cannes, 284; *Alpes-Maritimes*.
Cansoret (Reginaldus), 79.
Capella, 120.
— (heleinosinarius de), 118.
— (Aimericus de), 118.
Caravas (le comte de), 327.
Carnifex (Galterus), 135, 136.
Carpentarius (Guillelmus), 166.
Carroux (Hervé), 217.
Casenove (abbaye de), 313; *Casa-nova, Piémont*.
Casil (Aimmericus), 117.
— (Petrus), 117.
Castilhia, Castilia, Castilla, Castillia, V. Chastille (la).
Castro Eraudi (Reginaldus de), 78.
Castrum Eraudi, 349, 350, 351; *Châtellerault, Vienne*. — Castri Heraudi vicecomes, 178. V. Aimericus, Hugo, Lezigniaco (Gaufridus de), Haricuria (Johannes de).
Catherine de Médicis, 301, 325.
Catilhia, Catilia, Catillia, V. Chastille (la).
Cazalis (Pierre de), 204, 205.
Cecill (lord), 260, 261.

Cecongne (la), V. Ciconia.
— (la vielle), 79.
— (Willelmus de la), 103.
Cenet, 114.
Chabaus (Willelmus), 95.
Chaboceau (li), 116.
Chaboceaus (Aimmericus), 100, 114.
— (Bertangnus), 100.
— (Johannes), 100, 114.
— (Petrus), 100, 113.
Chabocele, 132.
Chaboneau, 100.
— (Gaufridus), 99, 114.
— (Helyas), 99.
Chabot (Charles de), baron de Jarnac, 285, 290.
— (P.), 79, 137.
Chaillevette en Arvert, 212, 213, 223; c⁰ⁿ *de la Tremblade, Charente-Inférieure*.
Chais (Gaufridus), 132.
Challeau (li), 129.
Challon (Aimericus), 79, 127, 138.
— (Gaufridus de), custos sigilli regii, 26.
— (Robertus), 79.
Challoup (li), 75.
Chalmot (Charles), 222.
Chambernart, 127.
Chambolenc, mansus, 30, 40, 55, 58.
Chambon (Jean), sénéchal de Poitou, 373.
Champagne (la), 269, 338.
Champaigne, 29, 58; cⁿᵉ *de Lathus*.
Champegné, 363; *Champigny*, cⁿᵉ *de Sainte-Verge, c⁰ⁿ de Thouars, Deux-Sèvres*.
Champeylle, 363; *près Thouars, peut-être le même lieu que Champegné*.
Champigny, 319, 326, 328; *Champigny-sur-Veude, c⁰ⁿ de Richelieu, Indre-et-Loire*.

Champ-Romain, Campus Romani, 88, 89; *Champ-Romard,* c^{ne} *de Secondigné,* c^{on} *de Brioux, Deux-Sèvres.*
Chanbolenc, mansus, V. Chambolenc.
Chaneberia, terra. 40, 55.
Chancir (Tebaut), 95.
Chantilly, 285; *Oise.*
Chaon (Oliverius de), 176.
Chantoan (preceptor de), 26; *Chantouan,* c^{ne} *de Lignac,* c^{on} *de Bélabre, Indre.*
Chapeau (Andreas), 120.
— (Hugo), 116.
Chaponeau (Hugo), 99.
Charetain (Mathieu), 239.
Charlemagne, roi de France, 346, 350.
Charles (G), 114.
— (Giraudus), 100, 114.
— (Petrus), 100, 113.
Charles VII, roi de France, 364.
Charles-Emmanuel, duc de Savoie, 298, 334.
Charlon (Willelmus), 95.
Charon (Raholinus de), domicellus, 57.
Charons (domus Sancte Crucis de), 176; *Charron,* c^{on} *de Marans, Charente-Inférieure.*
Charpellac, Charpellet, 29, 64. V. Charpilec.
Charpentier (Johannes), 101, 114.
Charpentière (la), 135.
Charpilec, Charpilhec, Charpilhet, Charpillec, 22, 39, 41, 45, 46, 52, 68; *Charpillé,* c^{ne} *de Béthines,* c^{on} *de Saint Savin, Vienne.* V. Charpellac.
Charreria, la Charrière, 76, 79, 115, 122; c^{on} *de Beauvoir, Deux-Sèvres.*
Charron (Guillaume), 341, 343.
Charros (Aymericus de), 99.
— (Helyas de), 99.
— (Johannes de), 107.
— (Maria de), 105.
Charsaut (Gaufridus), 79.
Chaseloup, 258.
Chassepoil (forêt de), 373; c^{ne} *de la Vausseau,* c^{on} *de Vouillé, Vienne.*

Chasteaus (Petrus), 56.
Chasteigner (François), abbé de la Grenetière, 286.
— (Godefroy), sgr de Lindois, 282.
— (Jean), sgr de la Roche-Posay, 274, 276, 279, 280, 282, 288.
— (Louis), sgr d'Abain, 274, 280, 282, 285.
— (sœur Louise), 274, 276.
— (Philippe), fille de Jean Chasteigner, 279.
— (René), abbé de la Merci-Dieu, 277.
— (Roch), 282, 287.
— de la Roche-Posay (Henri-Louis), évêque de Poitiers, 274, 307, 313.
Chastellier-Pourtauld (du), 229, 230.
Chastille (la), Chatilbia (la), Chatilla (la), Chatille (la), Castilia, Catilia, 19, 20, 21, 23, 24, 25, 29, 30, 31, 32, 33, 34, 35, 36, 38, 39, 40, 41, 42, 43, 44, 45, 46, 47, 48, 49, 50, 51, 52, 53, 54, 55, 56, 58, 61, 64, 69, 71; — (molendinum de la), 18, 44; — (pons de), 39; — (præceptores de), 22, 44, 53, 60; *la Chatille,* c^{ne} *de Béthines,* c^{on} *de Saint-Savin, Vienne.*
Chastillon, V. Eschalard.
— (cardinal de), 227, 246, 260, 261, 285.
Château-Gaillard, 327.
Châtelleraudais (le), 342.
Châtellerault, 293, 326; *Vienne.* V. Castrum Eraudi.
Châtillon (le cardinal de), V. Chastillon.
Chatra (molendinum de la), 18; *la Châtre,* c^{ne} *de Journet,* c^{on} *de la Trimouille, Vienne.*
Chatressac, 213, 214.
Chatuns (feodum), 79.
Chaulde (le capitaine), 255.
Chaume (closus de), 30.
— (Bartholomeus de la), 179, 183.
— (Giradellus de la), 179, 182, 183, 184, 188.
— d'Olonne (la), 228, 234; c^{ne} *des Sables-d'Olonne, Vendée.*

Chaurroy (Jehan), 222.
Chauvea (J.), 137.
Chauvet (Johannes), 60.
— (Laurens), 249, 250.
— (Petrus), 99, 106.
Chauvete (la), 79.
Chauveti (Guillelmus), 19.
— (Matheus), miles, 17, 25.
Chauvigny, 293; *Vienne.*
Chauvin (Guille), 363.
Chebrer (P.), 120.
Chebronnel, 101.
Chef de Bourg, 245; *Chef-de-Baye, c^{ne} de Laleu, c^{on} de la Rochelle.*
Chemeraudière, clerc, 377, 380.
Chenaupetère (la), 20.
Chener (Reginaldus), 118.
Chenuau, assesseur criminel de la basoche, 376.
Chenuel (Willelmus), 118.
Ches (Gaufridus de). 137.
Chesiacum, 187. V. Chisicum.
Chevalier (Giraudus), 99.
— (Morice), 252.
Chieblanc, 89.
Chieblant (Willelmus), 88.
Chiedebois, 92.
Chisicum, Chisiacum, Chisie, Chesiacum, 75, 77, 78, 79, 80. 81, 82, 83, 84, 85, 86, 87. 88, 91, 93, 97, 101. 102, 103, 109, 110, 111, 116, 122. 123, 124, 126, 127, 131, 132, 133, 134, 138, 144, 146, 147. 187; — (prepositus de), 110; *Chizé, c^{on} de Brioux, Deux-Sèvres.*
Chistré, 291; c^{ne} de *Vouneuil-sur-Vienne, Vienne.*
Chobregau (Johannes), 100.
Choderetum, Chodretum, 59.
Choinart (Hemericus), 162.
Choisy (Guillaume), 233, 238.
Chopin, 116, 139.
Chouet (Petrus), 113, 117.
Choveas, 119.
Chrestien (M^r), 328.
— (Charles), 254.
Chynet (Hymbertus), 51, 54.
Chyvré (Jeanne de), 278.
Ciconia, Cicoñgnia, la Cecongne, 84, 102, 109, 117, 137, 139,
140, 141, 143, 144, 145, 146, 147; — (dominus de), 140, 141, 147; — (prepositus de), 84, 109, 117, 147; *la Cigogne, c^{ne} de Saint-Étienne-la-Cigogne, c^{on} de Beauvoir, Deux-Sèvres.*
— (Hugo de), 117.
— (Petrus de), 117, 140.
— (Willelmus de), 98, 113, 139.
Ciquart (Jocelinus), miles, 168, 169, 170, 171, 172, 174, 175.
— juvenis, 172, 173, 174, 175.
Claravalle, Clarevalle, Clarisbaut, Clarisvallibus (Willelmus de), 75, 76, 80, 138, 144.
Claris Vallibus (Belotus de), 347.
Clavea, pratum, 39.
Claveas, 143.
— (Hugo), 138, 140.
Claveurier (M.), 366.
Cleceier (Gaufridus), 94.
Clemencia, uxor Hugonis Rebreie, 348.
— vicecomitissa Castri Eraudi, 356.
Clemens, 126.
— (Pierre), 246.
— de Foresta, 162.
— de la Lagne. 180, 182.
Clerevaut (le s^r de) 270, 271.
Clericus (Constantinus), 107.
— (Henricus), 147.
— Laurencius, 105.
Clermont (le comte de), 334.
Clicier (Osanne), 104.
— (Willelmus), 99, 106, 114.
Climençon, 92.
Climent (P.), 137.
Clopinus de Poulians, 186.
Closelle, 300.
Cluzello (Johannes de), 15, 19.
— canonicus B. M. Montis Maurilii, 60.
Clyelle (le s^r de la), 335.
Cocquigny (Jehan de), 224.
— (Pierre), 237.
Coevers (J.), 226.
Cognos, 129.
Coivers, Coviers, 111, 122, 140; *Coivert, c^{on} de Loulay, Char.-Inf.*
Colleris (Andreas), 104.
Colligny, amiral de France, 219.

Colonbel (Reginaldus), 116.
Colunbeau (Aimericus), 118.
Comba, 4, 16, 22, 39, 52, 61, 67; *la Combe*, c^{ne} *de Béthines*, c^{on} *de Saint-Savin*, *Vienne*.
— parva, 111.
Combaut (Johannes), 82, 132.
— (Tebaut), 116.
Comes (Petrus), 104.
Compaut (Rannulphus), 86.
— (Willelmus), 86.
Compiègne, 285; *Oise*.
Compont (Renaldus), 125.
Comprou (Jehan), 212.
Concremer, villa, 57, 59; *Concrémiers*, c^{on} *du Blanc*, *Indre*.
Condé (le prince de), 200, 202, 203, 207, 210, 211, 224, 255, 322, 323, 337, 338.
Condugs, locus, 58.
Confollant, 230; *Confolens*, *Charente*.
Constancia, mater Jocelini Ciquart, 170.
Constancii (Rolandus), 178, 181, 183, 185.
Conty (le prince de), 337.
Conzaium, Conzai, 127; c^{ne} *de Brieuil-sur-Chizé*, c^{on} *de Brioux*, *Deux-Sèvres*.
Copelai (Galterius de), 97.
Coquigny (Jacques de), 236.
Coralli (Helias), miles, 57.
Corbeau (Nicollas), 249.
Cordret (Reginaldus), 98.
Corfou (Nicollas de), 224.
Corjons, 120.
Cormener, 79, 100, 101, 102, 108, 113; *le Cormenier*, c^{on} *de Beauvoir*, *Deux-Sèvres*.
— (G. de), 80, 82, 97, 123, 132, 133, 135.
— (Johannes de), 102.
Cornette, 312, 313; *Corneto*, *Italie*.
Cornutus (Petrus), 117.
Cors (dominus de), 23, 50.

Cosdre (P. dau), 140.
Cossart (de), 317.
Cossel (Petrus), 118.
Costans (Johannes), 101, 113.
Costel (Henry), 217, 220, 226, 227.
— (Willelmus), 102, 108, 114.
Cotarellus, 56.
Cotin, 94.
Coupelai, 92.
Couravallet (M^r de), 285.
Courdauz (Henricus de), 167, 187.
Courrivaud, clerc, 377, 380.
Courtynier, trésorier de France, 333.
Courzain (Petrus de), 186.
Cousin, 377, 380.
Coutes (Jean des), sgr de Clermont, 253.
Coutura, 89, 91.
Couture (Reginaldus de la), 96.
Couturier, clerc, 380.
Crafort (Jehan), 228.
Cremery, 217.
Cren, dominium, 176, 177, 178, 179, 180, 181, 183, 184, 186, 188; — (capellanus de), 186; — (capellania de), 187; *Cram-Chaban*, c^{on} *de Courçon*, *Charente-Inférieure*.
Crispé (Guillaume), 209.
Crissé (le sgr de), 369.
Croisic (le), 204, 229, 233, 254, 255; *Loire-Inférieure*.
Croisiquois (les), 240.
Croiz (la), 78. V. Crux Comitisse.
Cruce (Helyas de), 120.
Crux Comitesse, 98, 118, 119, 120, 139, 140, 145; *la Croix-Comtesse*, c^{on} *de Loulay*, *Charente-Inférieure*.
— Gontaut, 110.
Cuirblanc, clerc, 377, 380.
Cussole (Benedicta), 140.
Cyconia, V. Ciconia.

D

Dabilant (Aimmericus), 107.
Dahirant, 113.
— (Johannes), 108.
— (Willelmus), 98.
Dafoullos (Symon), prior de Lania, 162.
Dagobert, roi de France, 346, 350.
Daiguins (Matheus), 120.
Daire, 213.
Dampieria, 75 ; *Dampierre-sur-Boutonne*, c^on *d'Aunay, Charente-Inférieure*.
Dangerosa, uxor Aimerici, vicecomitis Castri Airaudi, 346.
Dangi, 352 ; *Dangé, Vienne*.
Daniel, 93.
— (Giraudus), 131.
Daniele (la), 129, 130.
Danville (M^r), 287.
Danyeau (Pierre), 199.
Danzicq, 216, 220, 221, 226 ; *Prusse*.
Daolium, V. Deolium.
Darchet (Theobaldus), 29.
Darthemuth, 260.
Daumangne (Petrus), 118.
Davi (Hugo), 98, 103.
— (Johannes), 104.
— (Petrus), 103.
— (Willelmus), 98, 104.
David (Geraudus), 113.
— (Hugo), 113.
— (Jehan), 215, 216, 221, 247.
— (Stephanus), 139.
— (Thomas), 212.
Debordes, 224, 227.
Decressac (Jean de Dieu), procureur, 374, 376.
Deffenso (Johannes de), 83.
Demondion-Deschirons, clerc, 377.
Deodatus (Hugo), 163, 164.
Deolio (Aimericus de), 117, 118.
— (Arnaudus de), 118.
— (Droart de), 117.
Deolium, Daolium, Duel, Duellium, 79, 110, 116, 118, 119, 122, 139, 144 ; — (prior de), 141 ; *Dœuil*, c^on *de Loulay, Charente-Inférieure*.
Deprest, clerc, 377, 380.
Derleta, Derlote (domus a la), 40, 55.
Dertoet (M.), 220.
Desaix (Arnault), 205.
Desnos (Jehan), 246.
Despenèdes (Pierre), 276, 277.
Despit (le baron), maître de camp, 284.
Desplaces, clerc, 377, 380.
Desprunes, 224.
Desquarts, clerc, 377, 380.
Dessaugeis (Willelmus), 117.
Dibaut (Willelmus), 99.
Dieppe, 225, 235, 236, 246, 250 ; *Seine-Inférieure*.
Docat, V. Dossat.
Dochers (Helias), 52.
Doet (Johannes), 99, 121.
Doins (Helyas), 119.
Dolebea (J.), 138.
Dompnione, Dompnomone (dominus de), 23, 50 ; — (Gaufridus, dominus de), 28, 39, 61.
Dondemarchia, 122.
Donione (Gaufridus de), vir nobilis, 28. V. Dompnione.
Dorbel (Pierre), 238.
Dorelli (Johannes), clericus, 15, 16 ; preceptor domus Dei de Catilia, 53, 60.
Dormant (François), 204.
Dossat, Docat, villa, 30, 31, 40, 41, 55 ; *Doussac*, c^ne *de Béthines*, c^on *de Saint-Savin, Vienne*.
Douarnenez, 247, 248, 252 ; *Finistère*.
Douteau (Jehan), 206, 225.
Dral (Jehan), 247.
Drocier (Petrus), 119.
Dubois, à Guéret, 274.
Dubray (Michel), 255.

Ducasse (Arnault), 252, 253.
Dulcia, uxor Andreæ de Pots, 25.
Dulesré (M^r), 300.
Duplessis Melais, 301.

Dupuys (Thomas), 241.
Durandus, episcop. Lemovicensis, 41.
Durant (Petrus), 100.
Durfé (M^r), 286.

E

Eble (Willelmus), 108.
Eboloneaus (Johannes), 114.
Ebrois (Michael), 79.
Egidius, abbas Sancti Dyonisii, 358.
Elisabeth, reine d'Angleterre, 224, 236, 239, 241, 246, 260, 262, 264, 265, 266, 267.
Embourg, 269 ; *Hambourg, Allemagne*.
Engebaut (Petrus), 101.
Engeberta, 82.
Engerbertus, 87.
Englecn (riparia d'), 59 ; *l'Anglin, rivière, affluent de la Gartempe*.
Engobaut (P.), 114.
Enjobert (Stephanus), 119.
Erault (Johannes), 116.
Erembert (Aimericus), 118, 146.
Eremborc, 79.
Ericet (W.), 114.
Ernandus (Gaufridus), 78
Ernaut (Willelmus), 115.
Eroart (Petrus), 100.
— (Simon), 100.
Ersendis la Michele, 130.
Ersolio, Ersonio (prior de), 161, 162 ; *peut être Virson, c^{on} d'Aigrefeuille, Charente-Inférieure*.
Erveus, archidiaconus, 347.
Eschalard (Baltazard), seigneur de

Chastillon, 229, 230, 231, 232, 235.
Eschinart, accensamentum, 40, 55.
— (Gaufridus), 40, 55.
— (Petrus), 34, 43.
Eschirpeas (pratum aux), 27.
Eschobart (Reginaldus), 79.
Escoteaus (Joscelinus), 95.
Espagne (l'), 200, 201, 264, 303, 311, 312.
— (le roi d'), 290, 312.
Espagnols (les), 208, 218, 224, 230, 291.
Espinac de Sancto Savino, valetus, 17.
Espinay (René de l'), 236.
Esppin (Johannes et Stephanus), 62.
Esprinchard, 241.
Essart, terra, 91, 92.
Estang (l'), 282.
Este (le cardinal d'), 300, 302, 309, 320.
Esteræ, inter Chisicum et Onaium, 110.
Estevenot (Herbertus), 88.
Estirpeas (pratum aux), 35.
Etampes, 323 ; *Seine-et-Oise*.
Evrard (Jehan), 209.
Evrardus (Petrus), 90.
Exoduno (Radulphus de), 52.

F

Faa (la), boscus, 56. V. Faya.
Faber (Aimericus), 106.
— (Gaufridus), 99.
— (Johannes), 120.

Faber (Willelmus), 98, 106, 114, 143.
Fabri (Johannes), 44.
Faea, V. Faya.

Faet (Galterus). 119.
Faia, nemus, 32. V. Faya.
— (Radulphus de), 348.
— Monjaut, 79, 98, 101, 102, 103, 108, 113 ; — (prior de), 101 ; *la Foye-Monjault*, c^on de *Beauvoir, Deux-Sèvres.*
Faidi (Andreas), 115.
Faiola, Faiole, 93, 101, 119 ; *Fayolle*, c^ne de *Brulain*, c^on de *Prahecq, Deux-Sèvres.*
— (Giraldus de), 119.
Farnèse (le cardinal), 302.
Fartum (Magnum), nemus, 35.
Faulcon, clerc, 380.
Faussabrer (P.), 139.
Favereau (François), 237.
— (Giraudus), 114.
— (Johannes), 101, 114.
Faveresse (Johanna la), 99.
Faviers (Petrus), 91.
Favre, 386.
Faya, Faa (la), Faea (la), Fay, Faia, boscus, 20, 32, 46, 47, 48, 56, 61 ; c^ne de *Béthines*, c^on de *Saint-Savin, Vienne.*
Febri de la Chatilla (terra), 30.
Fedangne, 92.
Fenestrallia de Insulis, 127.
Fenestraus, 101.
Féquant, 236, 238 ; *Fécamp, Seine-Inférieure.*
Fetoy (Andreas), 114.
Fey de la Grange, assesseur civil de la basoche, 376.
Ficherelle, 79.
Fief-Gallet, 246, 254.
Fillon, 386.
Fiot (Nicollas), 247.
Flacios, 89, 90.
Flamans, 208, 224.
Flasac, monasterium, 16 ; *Flassac*, c^ne de *Béthines*, c^on de *Saint-Savin, Vienne.*
Florence, 302, 333 ; *Italie.*
Floris (Petrus), 98
Floritus de Sulic, castellanus de Benaon, 164.
Flottes (Jehan de), 215, 216, 222.
Foaut (Guillaume de la), 361.

Focaut (Andreas), 101.
— (Johannes), 101.
— (Petrus), 99, 114, 118.
— (Willelmus), 99, 103, 113.
Focher (Petrus), 120.
— (Theobaldus), 119.
Fochet (Johannes), 114
Fochier (Helyas), 145.
— (P.), 114.
Fochiere (Arsent), 106.
Foix (Paul de), archevêque de Toulouse, 303, 309, 312.
Fongotrères (Jehan de), 253.
Fonschal, 216 ; *Funchal, île de Madère.*
Fontainebleau, 336 ; *Seine-et-Marne.*
Forchaut (Bernardus), 96.
Foreneaus (Willelmus), 119.
Foresta (Clemens de), 162.
— (Nicolaus de), 42, 49.
— custos sigilli apud Montem Maurilii, 33.
Forestarius (Aimmerius), 100.
— (Petrus), 100.
Forges, 91, 92 ; c^ne de *Secondigné*, c^on de *Brioux, Deux-Sèvres.*
Forget, 335.
Formagier, masuragium, 132.
Formagières, terra, 80.
Fornier (W.), 118.
Fors, 102, 127, 131 ; — (seigneurie de), 366, 368. V. Vigean (le seig^r du) ; — (le prieur de), 102, 144 ; c^on de *Prahecq, Deux-Sèvres.*
— (Aimmericus de), 76.
— (Johannes de), 76.
— (Petrus de), 75, 76, 144.
Forteau, V. Porteau.
Fortete (la), 129.
Fortier (Petrus), 93.
Fortis (Petrus), 124, 135, 136.
Forz (Arnaudus), 118.
Foscher (li), 130.
Fossa Rubea, 347.
Fosse (la), 122.
Fosses (les), 75, 79, 83, 88, 94, 96, 97, 111 ; c^on de *Brioux, Deux-Sèvres.*
— (Mons de), 96.
Fouchier (Hugo), 98, 104, 114.

26

Fouchierus (Simon), 79.
Foucqueteau, clerc, 377, 380.
Foulliaus (Helias de), prior de Lania, 167.
Fourcade (Bertrand de la), 200. 202, 203, 209, 210, 211, 212, 223, 225, 228, 229, 234, 239.
Foussant, 284 ; *Fossano, Piémont.*
Fradous (Johannes), 186..
— (Petrus), capellanus de Cren, 186.
Fraisnia, Fraisneia, 85, 93, 94, 122, 127.
France (la), 264, 265, 266, 270, 271.
— (le roi de), rex Franciæ, 83, 95, 156, 157, 163, 165, 169, 181, 185, 188.
Franceie (Michiel), 186.
Franche-Comté (la), 277.

Francheville, 79.
Francourt, 238.
Frappier, greffier de la basoche, 374, 376.
— clerc, 377, 380.
Frasin, 100.
Fraxinus, 79.
Freirius (Araudus), 347.
Fretier (Petrus), 100.
Frodimier (Reginaldus), 92.
Froger (Willelmus), 117.
Frogerius Barra, 347.
Fromagerie feodum, 138.
Fromentin (Petrus), 118.
Fromunt (P.), 138,
Frontenenc, 109.
Frontigniacum, 179, 182 ; *Frontenay, Deux-Sèvres.*
Frougerat (Odoinus), 99.

G

Gaannache (Petrus), 101.
Gaannepain, Gaaignepan, 99, 104, 113.
Gabidere (la), domus Dei, 22, 55 ; *la Gabidière, c^ne de Montmorillon, Vienne.*
Gafart (Aimmericus), 129.
Gagner (Willelmus), 114.
Gaidis de Lania (Johannes), 186.
Gaignart (Petrus), 182.
Gaillous (Hylarius), 179.
Gaion (Arnaudus), 125.
Galleau, 79.
Galles (Willelmus), 114.
Gallet, 224, 227.
Gallon (Willelmus), 101.
Galterius de Alemania, miles, 183.
Galterus, 118.
— de la Mirmande, 169, 171.
Gance, 231.
Gangnées (les), 138.
Garatele (la), 128.
Garda (Johannes de), 80, 138.
Garde (Johannes de la), 96.

Gardrac (Jehan), 235.
Garemea (Geraldus), 37.
— (Vincens), 37.
Garenne (Jehan), 254, 255.
Garerongnière (la), 182 ; V. Garongnière (la).
Garillo (Ernaudus), 120.
Garimera (la), mansus, 56.
Garin (Bartholomeus), 114.
— (Johannes), 113, 118.
— (Willelmus), 118.
Garineau, 79.
Garineaus (les), 99, 116.
Garinel, 145.
Garinus, 79, 100.
— prior domus Dei Montis Maurilii, 42.
— (Petrus), 105.
— Segoyni, preceptor de Villa Marans, 35.
Garnache (Andreas), 100.
Garnault (le s^r de), 304.
Garneaus, 94.
Garneret (li), 99.

Garnerius, filius Stephani de Brucia, 24.
— de Brucia, 36.
— de Turre, miles, 32, 46.
Garneron, domus, 31.
Garnière (Peronnelle). 99.
Garongne (la), 84 ; *la Garonne, fleuve.*
Garongnière (la), 83, 122 ; *la Garonnière*, c^{ne} *de Secondigné*, c^{on} *de Brioux. Deux-Sèvres.*
Garonon, 91.
Garrault (François), 235.
Garrisson (Raymon), 249, 252.
Gaschet (li), 101.
Gascons (Ranoldus), 119.
Gassot (M^r), 309.
Gasteuil (C.), 227, 246, 249, 252, 254.
Gastineau (Johannes), 94.
Gastinelle (la), 128, 130.
Gat (Philippe), 221.
Gâtine (forêt de), 373 ; c^{ne} *de Coulombiers*, c^{on} *de Lusignan, Vienne.*
Gaubretière (Willelmus de la), 106.
Gaufredus, filius Burcardi, 347.
Gaufridus, filius Hugonis de Rocha, valetus, 57.
— filius Portecliec, domini de Mausiaco, 188.
— capellanus de Betinis, 20, 21.
— preceptor de Catilhia, 23, 24, 50, 51, 72.
— (Aimmericus), 100, 114.
— (Johannes), 99.
— (Petrus), 75, 137.
— Bartholomei, 157.
— de Challon, custos sigilli regii, 26.
— de Donioue, vir nobilis, 28.
— dominus de Dompnione, 59, 61.
— de Mausiaco, 167, 177, 182.
— de Tremolia, miles, 23.
— Eschinart, 55
— Laoul, 186, 187.
— le Tournaeur, 172.
— Malet, 31, 55.
— Michaelis, 186.
— Olivicus, 186.
— Ramaus, 186.
— Tardi, 30, 56, 58.
— Tournaeur de Paulion, 187.

Gauly, prévôt de la basoehe, 376.
Gautard, 129.
Gauterius, filius Frogerii Barra, 347.
Gautier (Aimmericus), 119.
— (Petrus), 116.
Gauvagne (la), 133, 134.
Gauvain (Reginaldus), 99.
Gavain (Galterus), 123.
Gemeles, villa, 22, 38 ; *Gemelle*, c^{ne} *de Liglet*, c^{on} *de la Trimouille, Vienne.*
Gendre (Pierre), 223.
Gendrons (Gaufridus), 119.
— (Renoldus), 118.
Genève, 312 ; *Suisse.*
Gennet, 377.
Genolliacus, 92 ; *Genollicum*, 84 ; *Genouillé*, c^{ne} *de Brieuil-Chizé*, c^{on} *de Brioux, Deux-Sèvres.*
Georgius Merveilba, canonicus Beate Marie Montis Maurilii, 51.
Geraldus de Agia, 44.
— de Belac, 54.
— Garemea, 37.
Gerardus, 118.
Germont (Gaufridus de), 117.
— (Willelmus de), 118.
Gibouin (André), 204, 205, 209, 210.
Gien, 337 ; *Loiret.*
Gigantis (Johannes), 160.
Gilebertus, presbiter de Lania, 164, 165.
Giletus Gombaudi, 187.
Gillibertus, 83.
Giradellus de la Chaume, 179, 182, 183, 184, 188.
Girard, clerc, 377, 380.
— évêque d'Angoulême, 348.
Girarde (la), 129, 130.
Girardus, 98.
— (Constantinus), 138, 143, 146.
— (Johannes), 107.
— (Mainardus), 98, 106.
— (Raimont), 98, 107.
— (Stephanus), 102.
— (Willelmus), 106.
Giraudet (Petrus), 143, 146.
Giraudus (P.), 140.
— de Masbocea, 32.
Girault (Petrus), 94.

Giraut, 80.
— (Aimmericus), 100.
Girbert (Petrus), 119.
Girbertel, 143, 145.
Giret, 122.
Gironde (la), 200, 201, 235; *fleuve.*
Glairier (Daniel), 216, 217, 220.
Glaschet (Helyas), 114.
Glezer (Daniel), 227.
Godart (Andreas), 106.
Godefrei (Willelmus), 118.
Godefridus (Girbertus), 118.
Godet (Willelmus), 99.
Gogon (Johanninus), 30.
Gombaudi (Giletus), 187.
Gonin (Arnaudus), 119.
— (Petrus), 119.
Goot (Johannes), 120.
Gordelins (Guillelmus), presbiter de Lania, 164, 165, 166.
Gordet (Petrus), 99, 106, 113.
— (Reginaldus), 106, 113.
Gorgi (Gaufridus de), 99.
Gormont (Gaufridus), 82.
Gorze (Constantinus de), 118.
Got (Guillaume), 239.
Gourdineau (Pierre), 222.
Gourgougnon (Estienne), 222, 223.
Gracia Dei (abbas de), 155. V. Solemondi (Johannes).
Graislepeis, 92.
Gralière (J. C. Guichet, s^r de la), 373, 375.
Grallins, 139.
Grammont (Gabriel de), évêque de Poitiers, 277.
Gramont (Willelmus de), 114.
Grandis Vallis territorium, 351.
Graner (Johannes), 86.
Granier (Willelmus), 119.
Granmauduit, 98, 102, 109. 111, 115, 116, 122; *le Grand-Mauduit,* c^{ne} *de Marigny,* c^{on} *de Beauvoir, Deux-Sèvres.*
Granolia (Aimericus), 347.
Granville (Robert de), s^r de Fiquanville, 224, 237.
Granzaium, Granzay, 107, 116, 122; c^{on} *de Beauvoir, Deux-Sèvres.*
Graves, massus, 51, 54, 61.

Greart (Jehan), 244.
Grenetière (abbaye de la), 286 ; c^{ne} *d'Ardelay,* c^{on} *des Herbiers, Vendée.*
— (M. de la), 286.
Grenezé, 215 ; *Guernesey, île de la Manche.*
Grenier (Johannes), 100.
Grenolli feodum, 84.
Grens (Theobaldus), 119.
Grip (Bartholomeus de), 116.
— (Petrus de), 116.
Groissant (Johannes), 183.
Groleau (Aimmericus), 101.
— (Petrus), 101, 118.
Grosbras (Gaufridus), 99, 114.
Grossa (Johanna la), 59.
Grosseau (Gibertus), 100.
— (Petrus), 116.
— (Willelmus), 100, 106.
Grosset (Evrard de), 215.
Grossin (Johannes), 79.
Guaraiteas, 130.
Guardeas (Giraldus), 138, 141.
Guardel (li), 143.
Guarineas (Andreas), 143.
Guaschet (Johannes), 137.
— (P), 137.
Guénegaud (Claude de), trésorier de l'épargne, 342.
Guérineau, 222.
Gueulh, Guylh, pratum, 36, 53, 65.
Guiborc (Giraudus), 79
Guichet (Jacques-Charles), s^r de la Gralière, 373, 375.
Guido (Johannes), 127.
— de Boesset, 32.
— de Rochefort, de Ruppeforti, miles, 156, 158, 159, 160.
— de Toarcio, 154. 155.
Guienor, filia Guidonis de Rochefort, 156.
Guillandeau (Joseph), 199, 205, 228, 246, 249, 252.
Guillaume IX, duc d'Aquitaine, 347.
Guillelmus, Willelmus, 138.
— filius Vincenti Garemea, 37.
— frater Radulphi de Faia, 348.
— gener Eroarde, 99.

Guillelmus, pater Hemerici, curati de Lania, 186.
— pater Porteclie, domini Mausiaci, 180.
— archidiaconus, 347.
— archipresbiter Montis Maurilii, 29, 40, 46, 47, 54, 59, 64.
— faber B. Severini, 145.
— preceptor domus Dei de Castilhia, 44.
— prior domus Dei Montis Maurilii, 33, 49.
— Borde, miles, 50, 54, 61.
— dominus de Boscobocelli, 63.
— Carpentarius, 166.
— Chauveti, 19.
— de Mausiaco, 177, 181, 182.
— de Rupe, valetus, 68, 70.
— de Sulic, 167.
— Gordelins, presbiter de Lania, 164, 165, 166.
— Heraudi, 170, 174.
— Jocelinus, 187.
— Jocerandi, miles, 21, 46, 47.
— Le Tyes, senescallus Pictaviensis, 153, 155.
— Maleti, valetus, 33, 42, 49, 55, 60.
— Maynardi, 52.
— Meingot. Meingou, 169, 172.
— Pozins, 165.

Guillelmus Radulphi, prepositus, 164, 166.
— Radulphi de Lania, 178.
Guillemier (M^r), 302.
Guillet (M^r), 386.
Guillon, 237, 246, 249, 252, 254, 377.
— (Jehan), 98, 104, 114, 120, 245.
Guilloneau (li), 119.
Guillore (Allain), 235.
— (Olivier), 229, 230, 231, 240.
Guillot (Pierre), 252.
Guillote (la), 106.
Guillotus, frater Johannis Chauvet, 60.
Guionet (Johannes), 60, 61.
— (Robinus), 60, 61.
Guionneau, clerc, 377, 380.
Guiot (Alexandre) de Vaurias, 268, 269.
Guise (François de Lorraine, duc de), 282, 283, 284, 287, 289, 290.
Gunbaut, 138.
Guyenne (la), 323.
Guylh, Gueulh, pratum, 36, 53, 65.
Guynes, 289, 290; *Guines, Pas-de-Calais.*
Guyot, 215.

H

Haentum, parrochia, 51, 52; *Hains, c^{on} de la Trimouille, Vienne.*
Haimericus, V. Aimericus.
Halde (Martin du), 215.
Hallambourg (Ollivier), 236.
Halles (hôtel des) à Poitiers, 373.
Hallot (Anne du), 212, 213.
Ham, 286; *Somme.*
Hamon (Anthoine), 239.
Hampton-Court, 267; *près Londres.*
Harandel (Pierre de), 215, 216, 221, 222.

Harangot (Robert), 235, 236.
Harcourt (Christophe de), 366.
Hardoinus, seneschallus Pictaviensis, 163, 169, 183.
— de Mailliaco, idem, 161.
Hardy (Thomas), 236.
Haricuria (Johannes de), vicecomes de Castro Ayraudi, 358.
Haro (Pierre de), 236.
Hasardus, 125.
Hauhunguain (Yon), 252.
Hâvre de Grâce (le), 209, 217; *Seine-Inférieure.*

Hébert (Albert), 225.
Hector, miles, 28, 62.
Hectoris (Matheus), miles, 61.
Hédelin (Gilbert), 204, 205, 209.
Heduelinus (Andreas), 100, 114. V. Oedelins.
Heible (Johannes), 100.
Helemosina, villagium, 37, 67 ; *Laumone*, c^{ne} de Béthines, c^{on} de *Saint-Savin*, *Vienne*.
Helias Coralli, miles, 57.
— de Barris, valetus, 18, 44.
— de Foullians, prior de Lania, 162, 163, 167.
— Dochers, 52.
Helions (Andreas), 119.
Helyas, 105.
Hémard (Pierre), seigneur de Denonville, 274.
Hemardus, prior de Lania, 162, 163, 167.
Hemericus, capellanus seu curatus de Lania, 164, 165, 167, 186.
— clericus, 164.
— Boinoz, curatus de Lania, 164, 165, 166, 167.
— Choinart, 162.
— de Boscho, miles, 179.
— de Polian, curatus de Lania, 165, 166, 167.
— de Sancto Georgio, 172.
— de Sazai, 158.
— Paon de Cren, 186.
— Radulphi, 164.
Henri III, roi de France, 315.
— IV, roi de France, 199, 200, 202, 203, 204, 205, 206, 207, 210, 211, 218, 220, 224, 251, 252, 255, 335, 336.
Henricus, rex Anglie, 157.
— de Courdauz, 167, 187.
Henry (Jacques), 241.
— (Robert), 204.
Heraudi (Guillelmus), 170, 174.
Herbertus, 80.

Herbertus (Willelmus), 89.
Hericies (Willelmus), 101.
Hérier (Jehan), 245.
Hernadez (Diego), 253.
Hernaudus de Seinctes, serviens, 175.
Hersendis Bendine, 187.
Hervé le Guérinet, 235.
Heu (Louis), 204.
Heudelinus, Huidelonis (Giraudus), 99, 108.
Hilairet, Hylairet, 100, 104.
Hollande (la), 226.
Holmes (les), 63.
Homas (G.), 136.
Honfleur, 250, 252; *Calvados*.
Horie (Pernelle), 363.
Hossard (Pascaud), 232.
Houdetel, 380.
Howe (Hélies), 229, 238, 240, 244.
Hoyarsaboc (Martin de), 259.
Huard, clerc, 377, 380.
Huet (Claude), 241.
Hugo, filius Hugonis de Rocha, valetus, 57.
— vicecomes Castri Araudi, 348.
— de Alemania, miles, 156, 158, 159, 168, 170, 171, 172.
— de Bello Videre, miles, castellanus de Niorto, 160, 168, 173, 175.
— de Lania, miles, 161, 162.
— de la Roche, de Rocha, de Rupe, miles, 19, 21, 28, 45, 57, 61, 67, 69 ; — junior, 67, 68.
— Deodatus, 163, 164.
— Rebreia, 348.
— Theobaldi, armiger, 158.
Hugonis (Petrus), 62.
Humbertus, 123.
Hurtault (Jehan) dit Lozée, 235.
Hymbertus Chynet, 51, 54.
— Panoneaus, 69, 70.
Hyspanis (Johannes de), 134.

I

Icterius Archambaudio, 41.
Iderea (R.), 137.
Imbert (Willelmus), 99, 114.
Ingrandia, 351 ; *Ingrande*, c^{on} de *Dangé*, *Vienne*.
Insula (Caius de), 135.
Irland de Bazoges, lieutenant général de la sénéchaussée de Poitiers, 386.
Irlot (Willelmus), 118.
Isle (capitaine l'), 243.
Isle-Dieu (l'), 212 ; *Vendée*.
Isnellus, 91, 92, 123.
Italie (l'), 312, 313, 320.
Italiens (les), 224, 264.

J

Jacquelins, gener Guidonis de Boesset, 32.
Jakelinus (Reginaldus), 99.
Jarnac (M^r de), 283, 290.
Jarries (les), nemus, 176.
Jarrilles (las), 20.
Jean, vicomte de Thouars, 361, 362.
Jeanne d'Albret, 204, 206, 207, 209, 210, 212, 216, 217, 222, 224, 225, 226, 228, 229, 237, 238, 240, 242, 243, 245, 248, 249, 250, 252, 254, 258, 262, 263, 264, 265, 266, 267.
Jehan (Ollivier), 217.
Jeoners (Giraudus), 120.
Jobergeaus (Johannes), 113,
Jocelinus, frater Josserandi de Podio, 21, 22.
— (Guillelmus), 187,
— Bict, valetus, 45.
— Ciquart, miles, 168, 169, 170, 171, 172, 174, 175.
— juvenis, 172, 173, 174, 175.
— de Podio Jocerandi, valetus, 27, 48, 49.
Jocerandi (Willelmus), miles, 21.
Jocosus, archipresbiter Montis Maurilii, 20, 30, 36, 38, 39, 44, 47, 48, 50, 52, 54, 65, 67.
— de Betinas, 35.
Jocosus de Magnaco, 37.
Jodoinus, filius Sibillæ de Maillec, 23.
Joffrey, fils de Pernelle Horie, 363.
Johan (Aimericus), 118.
Johanin (Giraudus), 90.
Johanna, uxor Geraldi de Agia, 44.
— de Tersanes, 27.
— la Grossa, 59.
— Penonella seu Penovella, 29, 64.
Johannes, filius Aimerici, vicecomitis Castri Airaudi, 354, 357, 358.
— filius dicti Lopin de Valle Dei, 31.
— episcopus Pictavensis, 21, 39, 356, 357.
— (Reginaldus), 140.
— Archambaudio, 41.
— Auchene de Villamor, 26.
— Bertini, 155.
— Bonneti, 159.
— Bretins, 187.
— Brunelli, 26.
— Chauvet de Oblinquo, 60.
— Johannes de Agia, 38, 39, 41, 45.
— de Alenconio, archidiaconns Lexoviensis, 155.
— de Bello Monte, miles, 23, 50.
— de Calmeta, 53.
— de Cluzello, 19 ; — canonicus B. M. Montis Maurilii, 60.

Johannes de la Bartholera, 18.
— de Montoire, 188.
— de Tuscha, 347.
— de Yspania, miles, 18.
— Dorelli, preceptor de Catillia, 53, 60.
— Esppin, 62.
— Fabri, 44.
— Fradous, 186.
— Gaidis de Lania, 186.
— Gigantis, 160.
— Groissant, 183.
— Guionet, 60, 61.
— Marescalli, 54.
— Merlini, clericus. 33.
— Morini, 178, 181, 183, 184, 187, 188; — avunculus Johannis Morini, 184.
— Ogerii, 26.
— Johannes Radulphi, curatus de Lania, 164, 165, 166.
— Rosseas, 32.
— Solemondi, abbas de Gracia Dei, 155.
Johanninus Gogon, 30.
Johannis (Johannes), burgensis de Rupella, 155, 157, 158.
Jolen (Stephanus), 139.
Jollan (J.), 259.
Jollens (Johannes), 100, 120.
Jolly (Guillaume), s^r de Varzan, 240, 242, 245.
— (Jehan), s^{gr} des Salles, 236, 237, 240, 241, 242, 245, 247, 258.
Jordani (Petrus), 91.
Jordanus, 143.

Jordanus, archipresbyter Luciaci, 56.
— archipresbyter Sancti Savini, 60.
— prior de Vallibus, 348.
— Pichon, monachus Sancti Savini, 26.
Jornec, Jornet, parrochia, 18, 32, 36, 37, 48; *Journet*, c^{on} *de la Trimouille, Vienne.*
Joscelinus, filius Guillelmi Josserandi, 46.
Josiene, 128.
Joslain (Jehan), s^{gr} de la Mothe, 229, 230, 231, 235.
— (Pierre), s^{gr} de Bouvran, 229, 232, 235.
Joslé (A.), 380.
Josselinus, frater Josserandi de Podio, 18, 21, 22.
Josserandi (Guillelmus), 46, 47.
Josserandus, filius Guillelmi Josserandi, 46.
— de Podio, 18, 21, 22, 38.
Joubert (Catherine), 212, 213, 214, 222, 223.
Jouet, clerc, 377, 380.
Jucor, 122 ; *Juscorps*, c^{on} *de Prahecq, Deux-Sèvres.*
Judea (Regina), 82.
Juifve, 246.
Jusquil, 118.
Jussé (M^r et Mme de), 331.
Justinian (Jehan), 224.
Juvenis (Arnaudus), 118.
Juyne (de), 252.

K

Kingsmil (de), 261.
Knot (Thomas), 228.

Kothe (Philippe), 226, 227.

L

Labarte, Labaste. V. Baste (la).
Labourage, 214.
Labretonnière, 333.

Lacouture (Petrus de), 88.
Lacroix (le capitaine), 237.
Laforge (Willelmus de), 99.

Lagarde, 258.
Lagne (Clemens de la), 80, 182.
Lagort en Aunis, 366.
Lagreu, 116.
Lahoh, locus, 51.
Laibunt, 347.
Laided (Arveius), 139.
Laidet, 143, 145.
— (Aimericus), 119.
— Arnaut, 119.
— (Benedictus), 119.
— (Johannes), 118.
Lajarrie (prepositus de), 120.
— (W. de), 120 ; la Jarrie-Audouin, c^{on} de Loulay, Charente-Inférieure.
Lalande (Hugo de), 82, 133.
La Louhe (François), 212, 213, 214, 222, 223, 225.
Lamadnie (Walterus de), 120.
Lambert (Briçon), 107.
— (J.) 258.
— (Philippe), 254, 258.
— (Willelmus), 119.
Lamberti tomba, 351.
Lambertus, 88, 116.
Lancelot (Jehan), 229.
Landige (molendinum de), 93.
Landrée (Maria), 108.
Lange (Guillaume), 209.
Langlois, 203, 211.
Langotz (Petitus), 30.
Languedoc (le), 268, 270.
Languillier, 224, 238.
Lania, 164, 178 ; — (capellanus de), 164, 165, 166, 168, 186 ; — (prioratus Sancti Gerardi de), 161 ; — (priores de), 161, 162, 163, 167, 168 ; Lalaigne, c^{on} de Courçon, Charente-Inférieure.
— (Hugo de), miles, 161, 162.
Lansac (M^r de), 286.
Laollière, 92.
Laoul (Gaufridus), 186, 187.
Laporche (de), 82.
Laquarte, 87.
Lastus, Latus, parrochia, 29, 58 ; Latus , c^{on} de Montmorillon , Vienne.
Latouche, 380.
Laurencius (Johannes), 119.

Laurens (Jacques), 214, 215.
Laurière (François de), 223.
Lavardin (de), 328.
Lavecière (Marie de), 81.
Lavenant (Guillaume), 237.
Lavergne (Matheus de), 124.
Lebaron, 100.
Lebœuf (Jehan), 237, 245.
Lebrotier (Hilarius), 125.
Lecroc (Nicollas), 236.
Ledore (Ryou), 223, 225, 228.
Lefebvre (Laurens), 229.
Legai, 123.
Legarda, 79.
Legart, 95.
Legers (P.), 113.
Leguiranda, parrochia, 25 ; Ingrande, c^{on} du Blanc, Indre.
Leisignien (li), 113.
Lemovicensis episcopus, 41. V. Durandus.
Leodegarius, archiepiscopus Bituricensis, 348.
Lepage (Vincent), 248, 249, 250, 252.
Lepère (Ryou), 235.
Le Port, sommelier, 282.
Lequeray (Gabriel), 214, 215.
Lequien (Antoine), 216, 226, 227.
Lermenault, 371 ; l'Hermenault, Vendée.
Le Roux (O.), 373.
Le Roy (Guillaume), 240.
Lescatte (François), 199, 214, 215, 239.
— (Pierre), 221.
Lescuelier (Arnaudus), 81, 86.
Lespaut (Willelmus de), 127, 131.
Lestoubée (Olivier), 228, 233.
— (Thomas), 228, 233.
Lesuor (Willelmus) 114.
Le Tellier, 337, 338, 339, 341, 343.
Letruir (Willelmus), 121.
Le Tyes (Guillelmus), senescallus, Pictaviensis, 153, 155.
Leunia (W. de), 120.
Lexoviensis archidiaconus, 155.
Lezignen (Johannes), 100, 107.

Lezignen (Petrus), 99.
Lezigniaco (Gaufridus de), vicecomes Castri Ayraudi, 348; — dominus Volventi et Maraventi, 355.
— (Hugo de), 78.
Lhernoire (de), 199, 224, 227.
Liepars, 94.
Lilhec, parrochia, 24; *Liglet*, c^on de la *Trimouille*, *Vienne*.
Limoges, 336.
Limollac, Limolleau, 100, 101, 116.
Limozin (Giraudus), 115.
— (Helyas), 99.
Limozinus (Petrus). 101.
Lindois, 282 ; c^on de *Montembœuf*, *Charente*.
Lisbonne, 221, 226, 238, 246; *Portugal*.
Lisle, 123, 124, 127 ; *l'Ile*, c^ne d'*Availles-sur-Chizé*, c^on de *Brioux*, *Deux-Sèvres*.
Lison, 237.
Listenay (M^r de), 283.
Lobeau, Loubeau (Hugo de), 76, 77, 85, 97.
Lobleier (Gaufridus), 81. V. Obleier.
Lodinus, 75.
Lolaio (Nicholaus de), 120.
Lolaium, 84, 118, 119 ; — (prior de), 84 ; *Loulay*, *Charente-Inférieure*.
Lombardin (Augustin), 224.
Lombart (Johannes), 104.

Loménie (de), secrétaire d'État, 335.
Lomie, 91,
Londres, 236, 239, 244, 290, 291.
Lopin de Valle Dei, 31.
Lopès (Ruy), 238.
Loradin (Joffrei), prêtre, 362.
Lorgrate (de), 236.
Lorigière, 93.
Loripes, 118.
Lorraine (Christine de), grande duchesse de Toscane, 333.
— (Henri de), 297.
Loudunais (le), 342.
Louer (P. de), 129.
Louis VI, roi de France, 347.
— VIII, roi de France, 165, 188.
— IX, roi de France, 355.
— XI, roi de France, 370, 372, 373.
— XIV, roi de France, 337, 338, 339, 343.
Loya (Joffrey) de Pompeye, clerc, 364.
Lubec, 269; *Allemagne*.
Lucas (X.), 370.
Lucé (baronne de), 296.
Lucholière (Berthodus de), 77.
Luciaci archipresbyter, 32, 56.
Luisseles (Pascaut de), 104.
Luisselières, 111.
Lusscroles (Johannes de), 139.
Lussolières. 122, 144.
Luzignan, 202 ; *Lusignan*, *Vienne*.
Lyon, 284, 320.

M

Machec (Petrus), 186.
Macon (Petrus), 118.
— (W.) 118.
Madère, 216, 221 ; *île de l'Océan Atlantique*.
Madier (Jehan), 228.
Maenardi (P.), 61.
Maes de Buemont. 27.
Magnaco (Jocosus de), 37.

Magnien (Andreas), 99, 114.
— (Giraudus), 100.
— (Helygas), 100.
— (Johannes), 100.
— (Reginaldus), 100.
— (Willelmus), 100.
Maguelonne (l'évêque de), 366.
Mahé, 68.
Maiengoticr (Gaufridus), 88.

Maillec (Sibilla de), 23.
Mailli (Willelmus de), V. Mallec.
Mailliaco (Hardoinus de), seneschallus Pictaviensis, 161.
Maillou (Petrus), serviens, 169..
Mainardus (Petrus), 99, 106.
Mainart (Johannes), 119.
— (Petrus), 105.
— (Simon), 118.
— (Willelmus), 119.
Maindron, 377.
Maine (le marquis du), 323.
Mainers, 105.
— (Willelmus), 114.
Mainet, 118.
Maingoteri villa, 110.
Maiseran (Willelmus), 105.
Makignon (Constantinus), 100.
— (Stephanus), 100.
— (Willelmus), 100.
Malavalle (P. de), 138.
Malenutritus, 120.
Maler, Malet (Petrus), valetus, 40, 41.
Malet, closum, 37, 68.
— insula, 40, 55.
— (terra au), 58.
— (Gaufridus), 31, 55.
— (Guillemus), 33, 42, 49, 55, 60.
— (Johannes), 101, 114.
Malipètre (César), 224.
Mallec, Mallicum, 127, 138 ; *Maillé*, c^{ne} de *Villefollet*, c^{on} de *Brioux*, *Deux-Sèvres*.
— Malli, Mailli (Willelmus de), 77, 80, 81, 132, 135.
Mallet, closum, 37, 68.
Mallicum, 127. V. Mallec.
Mallinc, 91.
Malo Leone (Savaricus de), 163, 169, 172, 173, 178.
Mandosse (M^r de), 284.
Mandré (Willelmus), 104.
Manerit (Johannes), 100.
Mantoue, 302 ; *Italie*.
Manxore (la), 153 ; *Mansourah*, *Egypte*.
Maquigan (C.), 114.
— (Stephanus), 114.
Maraant (Petrus de), 117.
Maraanti area, 176 ; — dominus, 175, 177 ; *Marans*, *Char.-Infér*.

Marais (Guillaume), 245.
Maraventi (G. de Lezigniaco, dominus), 355.
Marbau, pratum, 31.
Marbault, 238, 250.
Marbos (Willelmus), 139.
Marbotine, 139.
Marçaus (Petrus), 79.
Marcer (Giraudus), 120.
Marche (la), 300, 334 ; la Haute-Marche, 336. V. Marchia.
Marcheant masuragium, 96.
— (Gibertus), 100.
— (Reginaldus), 100.
— (Simon), 100.
Marchia (comes de), 156, 157, 158, 159, 160, 174, 175, 179.
Marclemne, 83 ; Marclengne, 89 ; *Marclaine*, c^{no} de *Secondigné*, c^{on} de *Brioux*, *Deux-Sèvres*.
Mareant (feodum de), 77.
Marecheaus (Willelmus), 91.
Marenicum, 79, 109, 122 ; *Marigny*, c^{on} de *Beauvoir*, *Deux-Sèv*.
Marennes, 214, 235 ; *Charente-Inf*.
Marescalli (Johannes), 16, 54.
Margarita, uxor Heliæ Dochers, 52.
Margarite (Johannes), 99.
Margate, 262 ; *Margat*, c^{ne} de *Grunzay*, c^{on} de *Beauvoir*, *Deux-Sèvres*.
Margault (Mathias), 228.
Margot, soror Johannis Auchene, 26.
Mariscallus, 96.
Maroil (R.), 114.
— (Stephanus), 114.
Marsay (Etienne de), 274.
Martel (Jehan), 209.
Martin (feodum), 103.
— (Jocelinus), 99.
— de Martreulh, 63.
— de Mauvoir (Philippes), 253.
Martins (clabot aux). 40, 55.
— domus aux, 40, 55.
Martinus (Arnaudus), 79.
— (Petrus), 79, 91, 96.
— Bricon, 186.
Martreulh (Martin de), 63.
Maruel (Giraudus), 99.
— (Johannes), 98.

Maruel (Reginaldus), 99.
— (Stephanus), 99.
— (Willelmus), 99.
Marzault (Mathieu), 233, 234.
Masbocea, 32.
Masso (terra de), 31, 36, 53.
— (Nicholaus de), preceptor de Chantoan, 26.
Mastac (Johannes de), 125.
Mastat (Helias de), 120.
Matheus Chauveti, miles, 17, 25.
— de Rippis, 61.
— Hector, miles, 28, 62.
Mathieu du Rozet (François), 244.
Maubergeon (tour de), à Poitiers, 369.
Mauclaveau, 93.
— (Willelmus), 76.
Mauduit (Johannes), 89.
Maukins, 99.
Maulone, 366.
Maunereau, clerc, 380.
Maupaions (Focaudus), 79.
Maupertuis, 85.
Mauricius, episcopus Pictavensis, 348.
— de Nuavilla, 347.
Mauseaci dominus, 175.
Mauset (G. de), 114.
Mausiaco (Gaufridus de), 177, 182.
— (Guillelmus de), 177, 181, 182.
Mausiacum castrum, Mausec, 176, 180, 181, 183, 186, 188. — Mausiaci canonicus, 187; dominus, 174, 175, 176, 177, 178, 179, 180, 181, 182, 183, 184, 185, 186, 187, 188; — eleemosinaria, 175, 177; — prior Sancti Petri, 107; *Mauzé, Deux-Sèvres.*
Mausico (Constantinus de), 100.
Maus Petit (pratum au), 60.
Mauzé, V. Mausiacum.
Maximirel, 118.
Mayenne (le duc de), 323.
Maynardi (Guillelmus), 52.
Mazairey, lieutenant prévôt de la basoche, 376.
Meauce (Claude), s^{gr} d'Estambes, 237, 239, 244.
Médicis (le cardinal de), 321.

Medicus (Galterus), 115, 116.
— (Petrus), 101.
Meigné, V. Migné.
Meingot, Meingou (Guillelmus), 169, 172.
Meingotus de Metulo, 160.
Melles (G.), 114.
Melleis (les), 99.
Mellesac (Willelmus), 120.
Meminaut, 21, 69.
Memynaus (Petrus), de Villa Nova, 37.
Menard, clerc, 377, 380.
Menault de Quarrière, 245, 246, 247.
Mercator (Johannes), 114.
— (Simon), 114.
Merchier (François), 246.
Mercidieu (M^r de la), 277.
Mercier, 236.
— (Johannes), 84.
— (Laurencius), 118.
Mérichon (Jean), éc^{er}, s^{gr} d'Uré, 366, 370, 372, 373.
Merlini (Johannes), clericus, 33.
Méru (M^r de), 287.
Merveilha (Georgius), canonicus Beate Marie Montis Maurilii, 51.
Meschin (Constantinus), 99, 106, 113.
— (Hugo), 99, 107, 113.
— (Johannes), 101.
— (Mainardus), 98, 105, 114.
— (Willelmus), 98, 105, 113.
Meschinet (Jehan), 253, 258.
Mesleraye (le s^r de la), 225, 235, 239.
Mesmyn (Guillaume), 235, 237, 238, 239.
Messor (Arnaudus), 114.
— Giraudus), 120.
— (P.), 114.
Mestadier, clerc, 377, 380.
Mestiver (Aimmericus), 101.
— (Arnaudus), 101.
— (Constantinus), 101.
Metulo (prepositus de), 110 ; *Melle, Deux-Sèvres.*
— (Johannes de), 107.
— (Meingotus de), 160.
— (Willelmus de), 119.
Metz, 269, 270.

Meunier, trésorier de la basoche, 375.
Meurs (Jean), 225.
Michael (Johannes), 120.
— Pinart, 169.
Michaelis (Gaufridus), 186.
Michel (Hervé), 235.
— Franceie, 186.
Michenault (Pierre), 205, 209.
Migné, 369; c^{on} de Poitiers.
Milbourg en Zélande, 232.
Millecutum, Millescutum, 178,180, 182, 183, 184, 186, 188; Mille-Ecus, c^{ne} du Gué-d'Alleré, c^{on} de Courçon, Charente-Inférieure..
Millet, clerc, 380.
— (Symon), 246.
Milmanda (Zacharias de), 347.
Milo, eleemosinarius, 123.
Mineres (massum do), 23.
Minguet, maître des requêtes de la basoche, 376.
Mirmanda (feodum de), 350; Marmande, c^{ne} de Vellèche, c^{on} de Leigné-sur-Usseau, Vienne.
Mirmande (Galterus de la), 169, 171.
Mociron, Mocyron (molendinum de), 23, 50; — (nemus de), 69, 70; lieu auj. inconnu, près Vrassac, c^{ne} de Béthines, c^{on} de Saint-Savin Vienne.
Mocler (Clemens), 118.
— (Giraudus), 118.
Modin (porta), 85.
Moduer (Girarz), 114.
— (Johannes), 118.
Moinarenc feodum, 94.
Moiserons (Johannes), 99.
Moisnet (Joscelinus), 123.
Moisserones (li), 100.
Moisserun (Raemuns), 114.
— (Willelmus), 114.
Molière (forêt de), 373, 386; Vienne.
Mollesac (Willelmus), 119.
Monceau (Claude), 235.
— (Loïs), 235.
Monciau (Renondus), 171.
Moneeiers, 98.
Moneers (P.), 106.

Monier (P.), 141.
Monléon (Claude de), femme de Jean Chasteigner, 278, 279.
Monnault (Simon), 236.
Monneret, 101.
Monpelle (Thomas de), 243.
Montcornet, 284; c^{on} de Rozoy-sur-Serre, Aisne.
Monte Morelionis (Nicholaus de), 120.
Monte Oram (Paganus de), 347.
Monthorum terra, 40, 55.
Montis Maurilii archipresbyter, 20, 22, 24, 25, 27, 29, 30, 31, 32, 35, 36, 39, 41, 44, 46, 47, 48, 50, 51, 52, 54, 55, 59, 62, 63, 64, 65, 67; — capitulum beate Marie, 60; — custos sigilli regii, 26, 33; — domus Dei, 16-32, 35-41, 44-48, 67, 69, 71; priores, 30, 33, 42, 49, 52, 54, 55, 56, 57, 59, 60, 61, 62, 63, 64; — mensura, 15, 16, 17, 19, 20; Montmorillon, Vienne.
Montmorency (Anne de), connétable de France, 280, 284, 285, 287.
— (Madame de), 287.
Montoire (Johannes de), 188.
Montpensier (la douairière de), 324,
— (le duc de), 315, 316, 222, 323, 224, 329. V. Bourbon (François de).
Mor (villa), 19; Villemort, c^{on} de Saint-Savin, Vienne.
Morant (Willelmus), 139, 145.
Moreau (Pierre), 214, 215.
Morel (Gaufridus), 81.
Morgans (Jehan), 222, 228, 233, 234.
Moriant (W.), 143.
Moricelle (Maria), 108.
Moricet, 100.
Morini (Johannes), 178,180, 183, 184, 188.
Mornac, 213; c^{on} de Royan, Charente-Inférieure.
Mortiers (des), 199, 228.
Mosket (Johannes), 100.
Mosquovie (la), 246.

— 414 —

Mossole (Maria la), 84.
Mota (Galterus de), 100.
Motha de Wircon, 172.
Moton (Willelmus), 79.
Mougan (Guillaume), 235.
Mousset (Yvon), 235.
Mouy (de), 226.
Moynardeau (Jehan), 249.

Moynet (Jehan), 245, 246, 247, 248, 249. 250. 252, 253, 254.
Multum (Normandus), 347.
Muret (Marc-Antoine de), 304, 307.
Musca Jenicia, domus, 169.
Mynard, 228.

N

Naaus (Aimmericus), 128, 130.
— (Johannes), 129.
— (Petrus), 130.
Naintrey (le s^r de), 331.
Nantes, 201, 212, 213, 216, 247.
Nanteuil (M^r de), 281, 288.
Naples, 283.
Natalis (Johannes), 118.
— (Petrus), 159.
Navaille (M^r de), 282.
Navarre (le prince de), V. Henri.
— (la reine de), V. Jeanne.
— (le roi de), 322, 323.
Nazareth (M^r de), 320
Negrers (Petrus), 99.
Negrier (Gaufridus), 100.
Neigrier (Bernardus), 80, 126, 127, 133.
Nemus Commune. V. Boscus Communis.
Neufville (de), 315.
Nicholaus, filius dicti Lopin de Valle Dei, 31.
— prior domus Dei Montis Maurilii, 30.

Nicholaus, prior Sancti Petri de Mausiaco, 187.
— de Foresta, 42, 49.
— de Masso, preceptor de Chantoan, 26.
Nicolas (René), 214.
Niort (Reginaldus de), 99.
Niortum, 112 ; — castellum, 160, 168, 173.
Noaille (M^r de), 286.
Noble (Michel le), 245.
Noirmoutiers, 212 ; *Vendée*.
Normandus Multum, 347.
Normannie dux, 154.
Non (Guillaume), 252.
Noue (de la), 224.
Nova Villa, 117 ; *Villeneuve-la-Comtesse*, c^{on} *de Loulay, Charente-Inférieure*.
Nuavilla (Mauricius de), 347.
Nugret, 110.
Nycot (M^r), 296
Nyollay, 289.

O

Oblaer (Hylarius), 134.
Obleier (Aimmericus), 116.
— (Gaufridus), 87, 116.
Oblinquum, 19, 25, 40, 44, 52, 55, 56, 60, 62.

Oblinqui archipresbyter, 17 ; — mensura, 17, 18, 25, 28. *Le Blanc, Indre*
Odin (Gaufridus), 89.
Odo, abbas Sancti Dyonisii, 348.

— 415 —

Odo (Petrus), 79.
Odoninus, filius Stephani de Puteo, 50.
Oedelins (G.), 114.
Ogerii (Johannes), 26.
Ogier, 229.
— (David), 227.
— (Johannes), 104.
— (Willelmus), 118.
Oleron (île d'), 223; *Charente-Inférieure*.
Oliverot (Guillaume), 235.
Oliverius de Chaon, 176.
Olivicus (Gaufridus), 186.
Olonne, 204, 234, 238, 245, 247, 248, 249, 252, 254, 256, 257; *les Sables-d'Olonne, Vendée*.
Onaium, 110, 126. Prepositus de
Onaio, 110; *Aunay, Charente-Inférieure*.
Oratorium, 42.
Orléans, 235, 323, 383; — (le baillif d'), 224.
— (Léonor d'), 292, 293.
— (M^r d'), 286, 291.
Oroilles, prata, 61.
Orry (Nicollas), 227, 232.
Ortis (Petrus de), 118, 128, 130.
— (Petrus Arnaudus de), 119.
Osmo (Pierre), 243.
Osmont (Aimericus), 99.
Ossat (M^r d'), 309.
Ostenc (Constantinus), 141.
— (Petrus), 81, 86, 87.
Ostrer (Petrus), 82.
Ozré, fons, 53.

P

P. dominus de Usiau, 350.
Pacadoingnie (Stephanus), 79.
Pacaidoigne, 79.
Paché, 367; c^{ne} d'*Avanton*, c^{on} *de Neuville, Vienne*.
Pacifique (le Père), 299.
Paeressac (miles de), 17.
Paganus, frater Beloti de Claris Vallibus, 347.
— (Brice), 141.
— (Petrus), 75, 77.
— (Stephanus), 141.
— de Monte Oram, 347.
Paien, Paen, 95.
— (Constantinus), 94.
— (Giraudus), 100, 114.
Pairencais, 118.
Paillou, garde des sceaux de la Basoche, 374, 376.
Paleneaus, 98, 120.
— (Willelmus), 108.
Palepres, 130.
Paler (P.), 114.
Pallier (Petrus), 99.
Palma (Fernando de), 238.
Palustre, trésorier de France, 333.
Panerius, 82.
Panes, 104; *peut-être Epannes, c^{on} de Frontenay, Deux-Sèvres*.
Panetarius (Adam), 185.
Panoneaus (Hymbertus), 69, 70.
Paon de Cren (Hemericus), 186.
Papaile (Constantin), 141.
Papin (Johannes), 100, 103, 114.
— (Willelmus), 104, 130.
Papinot (Johannes), 118, 139.
Papinote (la), 143.
Papoz (bordaria aux), 56.
Paquetiaus (Petrus), 186.
Parc (le), 305; c^{ne} *de Mouchamps, c^{on} des Herbiers, Vendée*.
Parçai, 90, 93, 126. *Parsay, c^{ne} de Brieuil-sur-Chizé, c^{on} de Brioux, Deux-Sèvres*.
Parent (Raemondus), 31.
Paris, 287, 290, 294, 300, 308, 315, 320, 324, 325, 338, 339, 341, 342, 353, 354, 355, 356.
Parisis (Jehan), 223, 225, 228, 234.
Paronneau (Arnaudus), 119.
— (Constantinus), 118.
— (Willelmus), 118.

Parrau, 132.
Parthenay, 327; *Deux-Sèvres*.
Pascondier (Andreas), 101.
Paske, 99.
Passebrune (de), 259.
Patarinus, 119.
Patrision (Jehan), 252, 253.
Paubert (Pierre), 228.
Paulion, Paulium, Polians, Poulians, 168, 169, 171, 172, 173, 175, 176, 177, 185, 188; — hospitale, 178, 186, 188; *Pauléon*, c^{ne} *de Saint-Georges-du-Bois*, c^{on} *de Surgères, Charente-Inférieure*.
Pautonnier (Johannes), 99.
Pautrot (feodum de), 138.
Payneau, clerc, 377, 380.
Pays-Bas (les), 218.
Peillas (boscus aux), 56.
Peiroz (tenuta au), 45.
Pelebise, 92.
Peletier, 119.
— (Petrus), 116.
— (Willelmus), 128, 129, 130.
Peliçonnier de Fabris (Johannes), 89.
Pelletier, 207, 209, 224, 258.
Pelodeau, 98.
Pelokin (Petrus), 118.
Pemarc, 214, 215, 235; *Penmarch*, c^{on} *de Pont-l'Abbé, Finistère*.
Penas, médecin, 298.
Penc (Clemens), 246.
Penonella, Penovella (Johanna), 29, 64.
Penoneu (li), 39.
Pepins (Johannes), 100, 114.
Peraus, 137.
Perchin (Jehan), 226.
Peré (dominus de), 77.
Periere (Petrus), 99.
Pernouhan en Bretagne, 228, 233, 234.
Perochet, 224, 227.
Perochin, 130.
— (Guillaume), 226.
— (Jehan), 226.
Peronneau (Michel), 224.
Perriere (Willelmus), 100.
Perron, 130.

Perronelle, femme de Guillaume de la Foaut, 361.
Pesaro (le s^{er}), 260.
Pesquère (le marquis de), 284.
Pethavine (la), 99.
Petit (F.), 249.
— (Johannes), 99.
Petite-Pierre (le prince de la), 269, 270, 271.
Petitus Langotz, 30.
Petronilla, 26.
— uxor Peytavini de Masso, 65, 66.
— Archambaudio, 41.
— de Buemont, 32, 68.
— dicta Dulcia, uxor Andreæ de Pots, 25.
Petronnius, filius Geraldi Garemea, 37.
Petrus, filius Theobaldi Rabbaudi, 39.
— frater Aimerici, vicecomitis Castri Airaudi, 346.
— maritus Johanne la Grossa, 59.
— canonicus Sancti Petri de Mausiaco, 187.
— canonicus Sancti Severini juxta Chesiacum, 187.
— II, episcopus Pictavensis, 347.
— helemosinarius de Pinu, 118.
— prior de Lania, 162, 163.
— procurator de Sancta Gemma, 187.
— Achardus, 347.
— Archambaudio, 41.
— Auvergnatz, 31.
— Bertini, 153, 154, 155, 156, 157, 158, 159, 160.
— Broter, 60, 61.
— Burgensis, 178, 184.
— Chasteaus, 56.
— de Alemania, 153, 155, 156, 157, 160.
— de Courzain, 186.
— de la Brande, 171.
— Eschinars, 34, 43.
— Fradous, capellanus de Cren, 186.
— Gaignart, 182.
— Hugonis, 62.
— Machec, 186.

Petrus Maillou, serviens, 169.
— Malerseu Malet, valetus, 40, 41.
— Memynaus, de Villa nova, 37.
— Natalis, 159.
— Paqueteaus, 186.
— Poupart, 166, 167.
— Rabbaudi, 29.
— Ribaudi, 53.
— Terrapredam, 347.
— Textoris, 44.
— Tronelli, preceptor de Catillia, 37.
— Vigers de Jornet, 37.
Peugnet, 50.
Peuguion (Mademoiselle de), 327.
Peux (J. B. Bonnin, s^r du), 374.
Peyronetus Archambaudio, 40.
Peytavin de Masso, 53, 65, 66.
Peytavinus, 34. 43.
Philippus, archiepiscopus Bituricensis, 25, 44, 62.
— episcopus Pictavensis, 19, 23, 45.
Pible (Patris), 228.
Picard (Jean), trésorier de France, 333.
Picardie (la), 338.
Picassary (Jehan de), bourgeois de la Rochelle, 205.
Pichier (Willelmus), 83.
Pichon, vinea, 40, 55.
— (Jordanus), monachus Sancti Savini, 26.
Picmain (Jehan), 239.
Pictavensis (Petrus), 119, 120.
Pictavensis comes, 75, 76, 77, 78, 79, 80, 81, 82, 83, 84, 85, 86, 87, 89, 90, 91, 92, 93, 97, 101, 102, 109, 110, 111, 115, 116, 117, 121, 122, 123, 124, 125, 126, 127, 131, 132, 133, 135, 136, 144, 145, 146, 147, 158, 163.
— (comitatus), 76, 155.
— (comitissa), 123.
— (decanus), 51.
— (episcopus), 19, 21, 23, 39, 45. V. Poitiers.
— officialis, 28, 45, 57, 58.
— seneschallus, 153, 161, 163, 183.
Pictavinus de Masso, 36.

Piémont (le), 284, 287.
Pierrebrune (de), 259.
Pierriacq, 235.
Pii (le comte) de Savoie, 297.
Pin (Pierre du), 215, 216.
Pinaret (Andreas), 89.
Pinart (Michael), 169.
Pinchun (Gauffridus), 114.
Pinçon (Aimonet), 105.
— (Gaufridus), 108.
Pinçone (Augart), 106.
Pinçonneau, 98.
Pineau, 95.
— (Estienne), 206.
Pinel (Petrus), 118.
Pinu (elemosinarius de), 120.
Pinyot (Claude), s^r de la Marzelle, 225, 242, 243, 245.
Pip (Jean), 223, 225, 229, 234.
Pireus, 90.
Piscis (Constantinus), 139.
— (Hugo), 143.
Piscisculus, 119.
Place (Jehan de la), 215, 216.
Plainpied (M^r de), 312, 322.
Planc (pratum de), 139.
Plantis (v^{ve}), 243.
— (Hillairet), 242, 243.
Plassac, 314; c^{on} de Saint-Genis, Charente-Inférieure.
Plays Corau, 59; Plaincourault, c^{lle} de Mérigny, c^{on} du Blanc, Indre.
Plenuce, Plemus, 207, 214, 239.
Plomb (le), 215; c^{ne} de Lhoumeau, c^{on} de la Rochelle.
— (Pierre). 226.
Plumbata, 345; Vaux, c^{on} de Leigné-sur-Usseau, Vienne.
Poceure (P. de la), 82.
Podio (Josserandus de), 18, 21, 22, 38.
— Jocerandi (Jocelinus de), valetus, 18, 27, 48, 49.
Podium aux Gremanays, aux Germanays, 34, 43.
— Grivea, terra, 32.
— Rascaut, Pui Rascaut, 82.
Poignant (Thomas), 235.
Pois (de), médecin, 298.
Poitiers, 245, 292, 315, 316, 317, 318, 329, 333, 366, 373; — châ-

27

teau, 365, 371 ; — plan du mai, 386.
Poitiers (évêques de). V. Grammont (Gabriel de), Johannes, Mauricius, Petrus, Philippus.
Poitou (le), 323.
— (sénéchaussée de), 371, 372, 377, 378, 379, 381.
— (sénéchaux de), V. Chambon (Jean), Le Tyes, Maillaco (Hardoinus de), Roche (Jean de la). V. Pictavensis senescallus.
— (le haut), 337, 338, 339, 342.
Poivendre, 122.
Pol (Estienne), 229, 230, 232, 235.
— David, 223.
Poli (Jean), clerc, 362.
Polian (Hemericus de), curatus de Lania, 165, 166, 167.
Polybe, 306.
Ponpeye, 364 ; *Pompois*, c^{ne} *de Sainte-Verge*, c^{on} *de Thouars*, *Deux-Sèvres*.
Pons (J. de), 314.
— (le sire de), 223.
Ponti de Paluau pratum, 53.
Pontix, 110, 127.
Pontysara, 355 ; *Pontoise*, *Oise*.
Popea, brolium, 23.
Popes (tenuta au), 45.
Porcherat (Stephanus), 100.
— (Willelmus), 114.
Porchier (Petrus), 118.
Porret (Johannes), 96.
— (Willelmus), 96.
Port de Grenolle (feodum de), 138.
Porta (Bartholomeus), 15, 16. V. Barthelot.
Portau (hôtel du), 367 ; c^{ne} *de Migné*, c^{on} *de Poitiers*.
Porteau (Jehan), se^r de Saint-Fort, 227, 232.
Porteclia, Portecliec, Portheclias, Porthecliec, dominus Manseaci, 131, 132, 175, 176, 177, 178, 180, 181, 182, 184, 188.
Portugais (les), 208, 224.
Possemoignen (Willelmus), 99.
Possoz (Constantinus de), 90.
Potinea, mansus 22, 31 ; bordaria aux Potineas, 18, 32.

Poton (Antoine Raffin dit), 278, 280.
Pots (Andreas de), 25.
Poudin (Johannes), 96.
Poulblanc, 228, 233, 234.
Poulians, V. Paulion.
— (Clopinns de), 186.
Poupart (Petrus), 166, 167.
— Poyau (Yvon), 205.
Poygaz (li), locus, 176.
Poyne (Pierre), 244.
Poz (Giraudus), 145.
Pozins (Guillelmus), 165.
Pozon, 89.
Prahal, pratum, 57.
Praïc (Constantinus de), 91.
— (Stephanus de), 130.
Prata, villaginm, 16 ; *Pré*, c^{ne} *de Béthines*, c^{on} *de St-Savin*, *Vienne*.
Prato (Hugo de), 119.
— (Johannes de), 116.
Prattelino près Florence, 302.
Prepositus (Aimmericus), 87, 89, 91, 123.
— (Fulco), 115.
— (Galterus), 80.
— (Hugo), 117.
— (Johannes), 115, 117.
— (Petrus), 80.
— (Ribaut), 90.
Pressac, en Gascogne, 331 ; Geoffroy de la Chasseigne, seig^r de —, 331.
Pretel (Jehan), 226.
Preter (Jehan), 216, 217, 220.
Prevencher (Arnault de), 227.
Priçon (Johannes), 91.
Prieur (Vincent le), 225.
Prior (Johannes), 120.
— (Petrus), 92.
Priornatus (Willelmus), 120.
Provensal, 231, 235, 253.
Provereau (Willelmus), 100.
Prye (le cardinal de), 295.
Puimerdier, 91.
Puivyault, 224.
Pussay, Pussey, 252, 253.
Puteneau (Ernaudus), 81, 133.
Puteo (Andreas de), 99.
— (Stephanus de), valetus, 27, 35, 48, 50.

Puy (Claude du), femme de Louis Chasteigner, seig^r d'Abain, 291, 307.
— (Georges du), 280, 287.
— (Jean du), fils de Georges, 280, 287.

Puy de Breuil, 367.
Pyennes (le s^r de), 254.
Pyneau (Guillaume), 221.
— (Méry), 249.

Q

Qertoceaus (Jocelinus), 90.
Quatros (Johannes), 118.
Quimper-Corentin, 215; *Finistère*.

Quonne, Quonnes, territorium, 168, 169, 170, 171, 172.

R

Rabateau (Jean), président en la chambre des comptes, 364.
Rabbaudi (Petrus), 29.
— (Rampnulfus), miles, 17.
— (Theobaldus), 39.
— (Ymbertus), miles, 17, 19.
Rabeaus (Hugo), 119.
Radicquer (Matias), 217, 221, 226, 227.
Radulfus, frater Gaufridi de Dompnione, 61.
Radulphi (Guillelmus), prepositus, 164, 166 ; — de Lania, 178.
— (Hemericus), 164.
— (Johannes), capellanus de Lania, 164, 165, 166.
Radulphus de Exoduno, 52.
— de Faia, 348.
Raembot (Hugo), 119.
— (Reginaldus), 119.
— (Willelmus), 119.
Raemondus Parent, 31.
Raffin dit Poton (Antoine), 278, 280.
— (Jeanne), 274, 280.
Raffine, 79.
Rabolinus de Charon, domicellus, 57.

Raimont (Andreas), 100.
— (G.), 114.
— (Jocelinus), 100, 114.
— (Johannes), 100.
— (Petrus), 100.
Rainbaus, 122.
Rainebors (Theobaldus de), 118.
Rainer (P.), 137.
Rainerius, capicerius, 347.
Rainesbors, 118.
Raiole (Hugo), 144.
Ramaus (Gaufridus), 186.
Rambouillet (le cardinal de), 309, 313, 321.
Ramnulphus de Codreto, 68.
Rampnulfus de Boesseto, 32.
— Rabbaudi, 17.
Ranol (Hugo), 116.
— (Willelmus) 119.
Raol (Gaufridus), 108.
— (Johannes), 100, 114.
Raoleau, Raolleau, 98, 114.
Raphin, 135.
Rascaut, 82, 121.
Rateau (Loys), 253.
Ravard (Jehan), 251.
Raymond, 215.
Ré (île de), 209, 212, 215, 216, 253.

Ré (Saint-Martin de), 23 ! ; *Cha-rente-Inférieure.*
Reaulme (Raymond), 241.
Rebores (Willelmus), 120.
Rebreia (Hugo), 348.
Regina, 79.
Regnault (Jehan), 199.
Regnier (Edouard), 222.
Regratier (Robinus), 132.
Rehard (la Marie de), navire, 247.
Reinaldère (la), 145.
Reinodère (la), 143.
Reis (li), 101.
Renart (Enjobertus), 144.
Renaut (E.), 76.
— (Engerbertus), 76, 81, 123.
— (Johannes), 100, 101, 114.
— Willelmus), 100.
Renier (Guillelmin), 107.
— (Reginaldus), 80.
Renière (la), 105.
Rennes, 244.
Renolt (Jacques), 226.
Renondus Monciau, 171.
Ressignou, boscus, 61.
Reton (Loys), 245, 250, 252, 253.
Retus (Loys), 249.
Retz, ville maritime, 269.
Revestizon (la), 76, 102, 122, 144 ; la *Revétizon*, c^{on} *de Beauvoir, Deux-Sèvres.*
Reville, en Normandie, 222 ; c^{on} *de Quettehou, Manche.*
— (Cardin), 222.
Revironi, notarius, 16, 18, 62, 63.
Rex, 139.
— (Andreas), 116.
— (Berardus), 145.
— (Bernardus), 143.
— (Constantinus), 81.
— (Willelmus), 119.
— de Ciconia, 120.
Riault (Ollivier), 205.
Ribaudi (Petrus), 53.
Ribemont (Gaufridus), 81, 85, 134.
Ribes, 23, 38, 41, 44, 45, 67 ; *Ribbe*, c^{ne} *de Béthines*, c^{on} *de Saint-Savin, Vienne.*
Ribière, clerc, 377, 380.
Ricardus, rex Angliæ, V. Richardus.

Richard, 370.
Richardère (la), 143.
Richardi campus, 141.
Richardus, rex Angliæ, 95, 102, 153, 154, 156, 157.
— (W.), 141.
Richelieu (la duchesse de), 274.
Richemont (Sekinus de), 76, 90, 123, 124, 127, 131, 133.
Richer, 231.
Richier (Jehan), 205, 212, 213, 214, 222, 223, 225, 242, 243, 245.
Ridel (feodum), 91.
Rifer, fons, 31.
Rilec (Petrus de), 16.
Riparia, 119.
Ripis (lo pozeor de), 65.
Rippis (Mathèus de), 61.
Rivière (de la), 211, 239.
— (Georges de la), 227.
Robelin (Arnaudus), 145.
Robert (Costantinus), 138.
Robertus, frater Gaufridi Olivici, 186.
Robet (Petrus), 118.
Robin (Estienne), 240.
— (Johannes), 115.
Robinus Guionet, 60, 61.
Robouam, procureur général de la basoche, 375.
Rocha, 51, 54, 91, 135.
— (Hugo de), miles, 19, 21, 28, 57.
Roche (la), 137.
— (Jean de la), sénéchal de Poitou, 366.
Rochechouart (E. de), 274.
Rochecou, 235.
Rochefort, 104.
— (Aimericus de), 116.
— (Guido, dominus de), miles, 156, 158, 159.
Rochefoucault (le comte de la), 224, 238, 255.
— (Foulques de la), chev., 364.
Rochelle (la), Rupella, 157, 165, 201, 204, 205, 206, 207, 208, 209, 210, 211, 212, 213, 215, 216, 217, 222, 224, 227, 228, 229, 233, 236, 237, 238, 239,

241, 242, 246, 247, 248, 250, 251, 252, 256, 258, 265, 266, 268, 367, 372.
Roche-Posay (la), 288, 292 ; c^{on} de Pleumartin, Vienne.
— (M^r de la), 276, 279, 281, 282, 286, 288, 335, 341.
— (le marquis de la), 336, 337, 338, 339, 342.
Rochers (W.), 140.
Rochis (nemus de), 69.
Rocignho (nemus de), 57.
Rocquet (Jehan), 237, 245.
Roers, 128.
Rofflat, prioratus, 29. V. Rufflac.
Rogais (Thomas), 22.
Rogerus, 115.
Rohan (M^r de), 248.
— (René de), 305.
Rohard (Yves), 249, 252.
Rohart en Bretagne, 751 ; c^{ne} de Bouée, c^{on} de Savenay, Loire-Inférieure.
Roiers (Petrus), 108.
Roiete (la), 128, 129, 130.
Roirand (Jehanne), 278.
Rolandus Constancii, 178, 181, 183, 185.
Rolonier, 63.
Rome, 173, 288, 295, 297, 300, 303, 304, 307, 309, 311, 312, 320.
Roncool (M^r de), 285.
Roncterius, serviens, 164.
Ronquères, 284.
Roquert (Girardus), 119.
Rosa, uxor Guillelmi, domini de Boscobocelli, 65, 66.

Rosel (Guillelmus), 351.
Rosseas (Johannes), 32.
Rosseau, 145.
Rosselins, 98.
Rossellus (Petrus), 79.
Rossigno, Rossino, boscus, 46, 47, 57.
Rossignos (B.), 130.
Roucea (Colin Pilorget), 363.
— (Moricet), 363.
Rouchon, clerc, 380.
Rougnon, clerc, 377, 380.
Roulleau (Loys), 252.
Roussel (le capitaine), 254.
Rouzeau (Jacques) dit Mitrault, 246.
Royan (M. de), 234.
Rucellay (Horatio), 321.
Ruchaud, clerc, 377, 380.
Rufaut (Johannes), 95.
Rufflac, Ruflac, Rofflac, 16, 26, 29 ; c^{ne} d'Hains, c^{on} de la Trimouille, Vienne.
Ruffus (Constantinus), 93.
— (Gaufridus), 101.
— (Petrus), 93, 115.
Rulleau, Roulleau (Jehan), 234, 236, 239, 240, 241, 242, 243, 244.
Rullier (Estienne), 223.
Rupe (Hugo de), miles, 39, 45, 61, 67 ; — junior, 67, 68.
Rupella, 165. V. Rochelle (la).
Ruppe (feodum de), 96.
— (Petrus de), 99, 119.
Ruppeforti (Guido de), miles, 160. V. Rochefort.
Rye en Angleterre, 246.
Ryé (île de), 249 ; c^{on} de Saint-Gilles-sur-Vie, Vendée.

S

Sables-d'Olonne (les), 227, 233, 373 ; Vendée.
Sabolée (Constantia], 107.
— (Johanna), 108.
Sacquespée (Philippe), 252.
Saint-Denis, 294, 295, 335.
— (abbaye de), près Paris, 346,

349, 353, 354, 355, 356 ;
— (abbés de). V. Egidius, Odo,
Saint-Denis en Olleron, 254.
— en-Vaux, prieuré, 345-360 ; c^{ne} de Vaux, c^{on} de Leigné-sur-Usseau, Vienne.
Saint-Gelais (Madame de), 330.

Saint-Georges (le baron de), 274.
Saint-Germain-en-Laye, 286, 287, 300 ; *Seine-et-Oise.*
Saint-Gilles-sur-Vye, 249 ; *Vendée.*
Saint-Goart ou Saint-Gouard (M^r de), 309, 311, 312, 320, 321.
Saint-Jean de Bonneval (abbaye de), près Thouars, 276, 279, 361.
Saint-Jean de Luz, 212, 259 ; *Basses-Pyrénées.*
Saint-Ladre, à Thouars, 361.
Saint-Lezaire en Bretagne, 236.
Saint-Maixent, 200, 203, 211 ; *Deux-Sèvres.*
Saint-Maur, 297 ; *Saint-Maur-les-Fossés, près Paris.*
Saint-Michel (aumônerie de), près Thouars, 361, 362.
Saint-Omer, 290; *Pas-de-Calais.*
Saint-Ouen, procureur, 216, 221, 226, 236, 239, 241, 243, 244.
Saint-Ouen en Auleron, 252 ; *peut-être Saint-Trojan en l'île d'Oleron.*
Saint-Pol, 236.
Saint-Quentin, 286 ; *Aisne.*
Saint-Victor (Pierre de), 234, 236, 237, 240, 241, 242, 245.
Saint-Vincent (cap), 216 ; *Portugal.*
Saint-Vincent de la Barguière, 253.
Sainte-Catherine (le fort), 334.
Sainte-Marthe (de), trésorier de France, 333.
Saintes, 211, 222, 223, 244, 245 ; *Charente-Inférieure.*
Saleron, riparia, 20, 24, 25, 26, 27, 29, 35, 36, 37, 39, 45, 48, 50, 53, 56, 58, 70 ; *rivière, affluent de l'Anglin ;* — molendinum, 50; — villa, 57.
Sales (Balduinus de), 127.
Salle (Jehan de la), 209.
Salleau, 229, 256, 257.
Sallenove (Jehan de), 225, 230, 231.
Salles (Sarasdenus de), 116.
Sancti, Sancto, Sanctus :
— Aniano (Bochardus de), miles, 25.
— Bibiani moniales, 169.
— Christoforus, 108, 122, 140.

Sancta, Sanctæ, Sancti, Sancto, Sanctus : Gelagio (Aimericus de), 146.
— Gelazio (Constantinus de), 78.
— Gemma (Capellanus de), 186 ;
— (procurator de), 187 ; *peut-être Sainte-Gemme, c^{on} de Saint-Porchaire, Charente-Inférieure.*
— Georgio (Hemericus de), 173.
— Germano (Willelmus de), 75.
— Jacobi de Chisico elemosinaria, 123.
— Johannis castellanus, 162.
— Marcellus, 84, 122 ; prior S Marcelli, 84 ; *Saint-Martial-lès-Coivert, c^{on} de Loulay, Charente-Inférieure.*
— Martini terræ, 351.
— Maxencii prioratus, 51, 53, *Saint-Maixent-le-Petit c^{ne} d'Hains, c^{on} de la Trimouille, Vienne.*
— Petri nemus, 32, 46, 47.
— Radegundis terra, 351.
— Romani villa, 351, 352 ; *Saint-Romain-sur-Vienne, c^{on} de Leigné-sur-Usseau, Vienne.*
— Romanus, 79, 92, 122 ; *Saint-Romans-des-Champs, c^{on} de Prahecq, Deux-Sèvres.*
— Savini abbas, 30 ; — archipresbyteratus, 60 ; — mensura, 20, 22, 29, 58, 64 ; — monachi, 16, 26 ; — Ecclesia beate Marie apud Sanctum Savinum, 66 ; *Saint-Savin, Vienne.*
— Savino (Espinac de), valetus, 17.
— Secundignus, 92 ; *Secondigné, c^{on} de Brioux, Deux-Sèvres.*
— Severini abbas, 109, 110 ; — abbatia, 112 ; — canonicus, 187 ; — parrochia, 78 ; — villa, 109 ; *Saint-Séverin, c^{on} de Loulay, Charente-Inférieure.*
— Stephanus ad furnos 172 ; — de Cyconia, 143, 146 ; *Saint-Etienne-la-Cigogne, c^{on} de Beauvoir, Deux-Sèvres.*
— Xandro (Guillelmus de), 156.
— Xandrius, 168 ; *Saint-Xandre, c^{on} de la Rochelle.*
Sanctis (episcopus de), 184 ; *Saintes.*

Sanet (Reginaldus), 118.
Santoigno, 236.
Sapiens (Aimmericus), 87, 135.
— (P.), 135.
Sarneron (foresta de), 110, 112, 113, 123.
Sarpaut (Johannes), 87.
Sartons (Johannes), 93.
Saugeon, 232 ; *Saujon, Charente-Inférieure.*
Sauget, parrochia, 29, 58 ; *Saugé, c^{on} de Montmorillon, Vienne.*
Saumur, 245, 317; *Maine-et-Loire.*
Sauray (François de), dit de la Marque, 245, 247, 248, 249, 250, 252.
Savaricus, 159.
— dominus de Benaon, 179.
— de Malo Leone, 163, 169, 172, 173, 178, 180, 181, 182, 184, 185, 186, 188.
Savariense feodum, 134, 135, 136.
Savatier, clerc, 380.
Savoie (la), 284.
— (le duc de), 312.
Sazai (Hemericus de), 158.
Scail, V. Cail.
Scaliger, 306.
Scathe (Samuel), 209.
Schine en Angleterre, 246, 261.
Sebineaus (Stephanus), 99, 114.
Secheressa (Aymericus), 30, 63.
Secundigniacus, Secundignus, Secundignec, 79, 81, 88, 90, 92, 96, 97 ; *Secondigné, c^{on} de Brioux, Deux-Sèvres.*
Segnoret (Constantinus), 125.
Segnorier (Aimericus), 136.
Segoyni (Garinus), preceptor de Villa Marans, 35.
Segrestenarius, 84.
Segretain, clerc, 380.
Seguin (Hector), 254.
— (Jocelinus), 120.
Seguinus (Constantinus), 147.
Selenic, Selenicum, 76, 78; *Seligné, c^{on} de Brioux, Deux-Sèvres.*
Semiot (Petrus), 100.
Senèque, 306.
Senescallus, Senecallus (Willelmus), 84, 139.
Senet (Nicolas), 200.

Senigan (le comte et la comtesse), 283.
Senoncle (Willelmus de), 79.
Sens, 338, 339 ; *Yonne.*
Seovagns (Willelmus), 119.
Seovin (François), s^r de la Coustardière, 227, 228.
Serret (Johannes), 100.
Servant, entrepreneur, 386.
Seudre (la), 214; *affluent de l'Océan entre Marennes et la Tremblade.*
Sevret (Nicolas), 199.
Siaudin (Antoine), 253.
— (Vincent), 253.
Sibilla, 77.
— de Maillec, 23.
Sigon (terre de), 366; *c^{ne} de Migné, c^{on} de Poitiers.*
Simart (Johannes), 128, 129, 130.
Siquart, V. Ciquart.
Solemondi (Johannes), abbas de Gracia Dei, 155.
Solers (terra aux), 40, 55.
Solicel (Aimmericus), 100.
Sore (Jacques de), 199, 200, 201, 202, 204, 205, 209, 212, 216, 217, 218, 220, 221, 222, 223, 224, 225, 226, 227, 233, 234, 236, 237, 238, 239, 240, 241, 243, 244, 251, 256, 260, 261, 262, 264, 266, 267.
Soubize, 237 ; *c^{on} de Saint-Agnan-les-Marais, Charente-Inférieure.*
— (M^r de), 224, 238, 286.
Spedel (Haas), 232.
Spiedel (Sébastien), 234, 236, 239, 241.
Sponde, 211.
Stafarde (abbaye de la), 308, 312, 313 ; *près Saluces, en Piémont.*
Stephanus, 128, 130.
— (Willelmus), 120.
— archipresbyter, 347.
— prior Sancti Gerardi de Lauia, 161, 167.
— de Brucia, 24.
— de Puteo, valetus, 27, 35, 48, 50.
— Esppin, 62.
Stetin, 217, 221 ; *Prusse.*
Stevenot (Petrus), 88.

Stormans (Jacques), 226.
Strasbourg, 268.
Strozzi, maréchal de France, 283.
Suisses (les), 323.
Sulic (Floritus de), castellanus de Benaon, 164.
— (Guillelmus de), 167.
Surelli, 113, 145.
Surgeriis (prepositus de), 110; Surgières, 110; *Surgères, Charente-Inférieure.*

Sus (Arnault de), 209, 210.
Sustaine (Jehan), 209.
Sutor, 89.
— (Constantinus), 99.
— (Radulphus), 119.
— (Stephanus), 92.
— (Willelmus), 101.
Symon (Jacques), 215.
— Dafoullous, prior de Lania, 162.

T

Tabarit, 246.
Tacite, 306.
Tallefer, 125.
— (Johannes), 86.
— (Willelmus), 81, 86.
Tamise (la), 262.
Tanetum, Thanetum, 17, 19, 26, 31, 52, 53; *Thenet,* c^{ne} d'*Hains*, c^{on} *de la Trimouille, Vienne.*
Tardi, Tardit (Gaufridus), 30, 56, 58.
Tardif, 274.
Tardis (Bartholomeus), 40, 55.
Tardiu (Willelmus), 81, 86.
Tardive (Osanna), 125.
Taupin (Willelmus), 99.
Tebauda (Johanna), 139, 141.
Tebaudière (la), 122.
Tebaudus, Tebaut (Constantinus), 100.
— (Johannes), 100, 113, 114, 143, 146.
— (Petrus), 76, 77, 80, 81, 100, 124, 127, 137, 139, 145.
Teissière (Petronella), 125.
Templarii, 136.
Tepeaus (Andreas), 120.
Ternant seu Trenant, territorium, 351, 352.
Terrapredam (Petrus), 347.
Terrosin, mansus, 22.
Tersanes (Johanna de), 27.
Tesselin (li), 101.

Tessier (Stephanus), 116.
Texier, 234; — avocat général de la basoche, 376.
— (Pierre), 209.
Textor (Willelmus), 134.
Textoris (Petrus), 44.
Thalmond-sur-Jard, 243; *Talmond, Vendée.*
Thanet, Thanetum, Thenetz, villa, V. Tanetum.
Thebaut (C.), 113.
Theobaldi (Hugo), armiger, 158.
Theobaldus, miles, seneschallus regis Francie, 185.
— Darchet, 29.
— Rabbaudi, 39.
Théveneau, 246, 249, 252, 254.
Thibault (David), 241.
Thomas, clerc, 377, 380.
— Rogais, 22.
Thouars, 361; *Deux-Sèvres.*
— (Jean, vicomte de), 361, 362.
Thouslon (Robert), 228.
Tiercelin (Charles), 291.
Tiffailla, Tiffala, Tiffalec, Tiphale, Tiphalec, terra in parrochia de Aguiranda, 17, 18, 25, 28, 44, 62.
Tirebouc (Jehan), 209.
Tivoli, 320, 322; *Italie.*
Toarcio (Guido de), 154, 155.
Toarz (W. de), 148.

Tochelins (Johannes), 114.
Toonai (Willelmus), 99.
Torchebuef, 118.
Toreni, 122.
Torfolera (la), fons, 56.
Torgnic, 120 ; *Thorigny*, c^{on} de Beauvoir, *Deux-Sèvres*.
Tortron (Giraudus), 105.
— (Willelmus), 106.
Tortronis (Guillot), 99.
— (Reginaldus), 98, 106.
— (Willelmus), 99.
Toscane (le grand duc de), 302.
— (la grande duchesse de), 333.
Toschabelet, 90.
Toschellonis (Johannes), 101.
— (Willelmus), 101.
Toschelon 98.
Tosches (les), 122.
Tosene (de), abbé de Plainpied, 322.
Tosenon (Giraudus), 98.
Tosselin (P), 114.
— (Willelmus), 117. 118.
Tosserete (domus), 135.
Tou, 269, 270; *Toul, Meurthe.*
Touffou (château de), 276, 280 ; c^{ne} de *Bonnes*, c^{on} de *Saint-Julien-Lars, Vienne.*
— (M^r de), 287, 288, 289.
Toulouse (archevêque de), V. Foix (Paul de).
Tour (de la), V. Chastellier Pourtauld.
Tourbay, 230.

Tournaeur (Gaufridus le), 172.
Tourneur de Paulion (Gaufridus), 187.
Touteville (Marie de). 294.
Tranchet (Jehan), 238.
Trapier, 99.
Trapière (la), 115.
Trebihan en Bretagne, 252.
Treisasnons (feodum ad), 93.
Tremolheze foresta, 17.
Tremolia (mensura de), 19, 22, 24, 31, 61 ; *la Trimouille, Vienne.*
— (Gaufridus de), miles, 23.
Tremoliacensis via, 40, 55.
Trémouille (Georges de la), 233.
Tronelli (Petrus), preceptor de Catillia, 37.
Truaut (Constantinus), 108.
Truiaulx, 258.
Trumauld, 200, 249.
Trumault (Françoys), 204, 217, 229, 240, 244.
— (Mathurin), 204, 212, 238, 240, 244, 253, 254, 255.
Tuebo, 143.
— (Andreas), 139.
Turin, 298 ; *Piémont.*
Turre (Garnerius de), valetus, 16 ;
— miles, 32, 46.
Tusat, 51.
Tuscha, (Johannes de), 347.
Typhenea (Joffrey), prieur de l'aumônerie de Saint-Michel, près Thouars, 363.

U

Ulmus, juxta Chisicum, 131.
Uré (Jean Mérichon, seig^r d'), 366, 372.
Ursin (Fulvio), 306.

Usiau, 350 ; *Usseau c^{on} de Leigné-sur-Usseau, Vienne.*
Usseau, 106, 111. 122 ; c^{on} de *Mauzé, Deux-Sèvres.*

V

Vachers (Aimmericus), 119.
Vachette, villa, 15.
Val (Jacques du), 246.

Valée (Reginaldus de la), 96.
Vallan (Guillaume), 235.
Vallée, clerc, 377, 380.

Valle Loberonis (Ricardus de), 77.
Valles, 354; Vallensis, ecclesia, 346, 347 ; — villa, 346, 350 ; *Vaux*, c^{on} *de Leigné-sur-Usseau, Vienne.*
Vallis Dei, 31, 57 ; *la Vaudieu*, c^{ne} *de Saint-Hilaire*, c^{on} *du Blanc, Indre.*
— Secreta, 138.
Varecac (nemus de), 69 ; *Vrassac*, c^{ne} *de Béthines*, c^{on} *de Saint-Savin, Vienne.*
Varlet, gué, 63.
Vatel (Martial), 246.
— (Massiot), 250.
Vau (la) en Bretagne, 238.
Vegier (Renoldus), 118.
Veillechèze de la Mardière (de), 381.
Vellet (Johannes), 100.
Vellevotonne, 137.
Velote (Constantinus de), 75.
Vendôme, 325, 328 ; *Loir-et-Cher.*
— (François de), vidame de Chartres, 284.
Vendrenne (Nicollas), 221.
Venise, 224, 262, 264, 266.
Vénitiens (les), 224, 266.
Ventreaus (Constantinus), 98, 107.
Verdun, 269, 270 ; *Meuse.*
Vereres (feodum de), 137.
Vergna (la), 137.
Vergne (Iterus de la), 137.
Vergnicum, 79, 122 ; *Vergné*, c^{on} *de Loulay, Charente-Inférieure.*
Vergnon, 138.
Verguy (Mathieu), 224.
Verines (Johannes de), 102, 108, 113, 115.
Verret (Jehan), 215.
Veteri Villers (Willelmus de), 79.
Veylhes (fons aux), 37.
Viau (Aimmericus), 87.
— (Giraudus), 99.
— (Hugo), 98, 108, 113.
— (Johannes), 100.
— (Petrus), 98, 99, 100, 101, 104, 107, 113, 114.
— (Willelmus), 98, 100, 101, 108, 113.
Viel (Petrus), 79.

Vienario (Johannes de), senescallus de Castro Eraudi, 349.
Viennayo (Johannes de), serviens, 349.
Vienne (l'archevêque de), 366.
Vienne, 221 ; *Autriche.*
Vigean (le seig^r du), 201, 202, 204, 238, 256, 257, 286.
Vigenna, 350, 351 ; Vingenna, 347, 351, 352 ; *la Vienne.*
Vigers (Petrus) de Jornet, 37.
Vigier (Combaudus), 77, 80.
Vigneux (M^r de), 289.
Vilaret in bosco, 79, 95, 126 ; *Villiers-en-Bois*, c^{on} *de Brioux, Deux-Sèvres.*
Vilattes (Pierre de), 246, 249, 250, 252.
Vilers (furnum de), 351 ; *Villiers*, c^{ne} *de Saint-Romain*, c^{on} *de Leigné-sur-Usseau, Vienne.*
— 78, 79, 80, 84, 85, 123, 124, 127, 136, 144 ; — (prior de), 79, 138 ; *Villiers-sur-Chizé*, c^{on} *de Brioux, Deux-Sèvres.*
Villa Boiric, 126, 127, 132.
Villa Dei, 122 ; *la Villedieu*, c^{on} *d'Aunay, Charente-Inférieure.*
Villa Dessast, 131, 132 ; *Ville-des-Eaux*, c^{ne} *du Vert*, c^{on} *de Brioux, Deux-Sèvres.*
— (Gaufridus de), 131.
Villa Folet, 78, 83, 127, 138 ; — (priorissa de), 83 ; *Villefollet*, c^{on} *de Brioux, Deux-Sèvres.*
Villa Marans, domus Dei, 35 ; *Villemarin*, c^{ne} *de Mosnay*, c^{on} *d'Argenton, Indre.*
Villamor, 19, 26, 68, 69, 71 ; *Villemort*, c^{on} *de Saint-Savin, Vienne.*
Villa Nova, 29, 37, 39, 41, 52, 53, 64 ; *lieu auj. inconnu*, c^{ne} *de Béthines*, c^{on} *de Saint-Savin, Vienne.*
Villars (le comte de), 285.
— (le marquis de), 292.
Villasalem, monasterium, 38, 57. V. Villesalem.
Villebouche, 336.
Villechaude, 231.
Villemor, V. Villamor.

Villequier, 330.
Villesalem, Villasalem, monasterium, 32, 38, 44, 57 ; c^ne de Journet, c^on de la Trimouille, Vienne.
Vincens Garemea, 37.
Vineron (Johannes), 117.
Viridarium, in parrochia de Lilbec, 24 ; le Verger, c^ne de Liglet, c^on de la Trimouille, Vienne.
Virollet (Ancherius de), 135.
— (Helyas de), 135.

Virone (Aucherius de), 122, 123.
Vironio (Anselinus de), 76.
Vitalis (Aimericus), 134.
— (Stephanus), 118.
Vivonne (Arthus de), seig^r de Fors, 370.
— (Thomas de), chev^r, seig^r de Fors, 366.
Volventi (G. de Lezigniaco, dominus), 355.
Vymeure (Méry de), 246.

W

Wight (île de), 262 ; Angleterre.
Willelmus, V. Guillelmus.

Wulturni aqua, 112, 122 ; la Boutonne, affluent de la Charente.

X

Xaintonge (le sénéchal de), 222.
Xectonensis episcopus, 185 ; l'évêque de Saintes. V. Sanctis (episcopus de).

Y

Yguerande, 59 ; Ingrande, c^on du Blanc, Indre. V. Acuguiranda, Aguiranda.
Ymbertus Rabbaudi, 17, 19.
Yon (Jehan), 222, 223, 225, 228, 233, 234, 235, 245.

Ysembardus Bourmaudi, frater capellani de Lania, 186.
Yspania (Johannes de), miles, 18.
Yvonet (Michea), 363.

Z

Zacharias de Milmanda, 347.

TABLE DES MATIÈRES

CONTENUES DANS CE VOLUME.

		Pages
	Liste des membres de la Société des Archives historiques du Poitou.	v
I.	Cartulaire de la Chatille.	1
II.	État du domaine du comte de Poitou à Chizé (XIIIe siècle).	73
III.	Enquêtes faites en Aunis par ordre d'Alphonse, comte de Poitou (vers 1260).	149
IV.	Registre de l'amirauté de Guyenne au siége de la Rochelle (1569-1570).	191
V.	Lettres adressées à MM. Chasteigner d'Abain et de la Roche-Posay (1533-1661).	273
VI.	Miscellanées.	
1.	Documents concernant le prieuré de Saint-Denis en Vaux (1109-1232).	345

		Pages
II.	Documents concernant l'aumônerie de Saint-Michel de Thouars (1312 et 1316).	361
III.	Documents concernant la seigneurie d'Auzance, près Poitiers (1434-1472).	364
IV.	Documents concernant la basoche de Poitiers (1777-1790).	373
	Table générale des noms de personnes et de lieux.	387

www.ingramcontent.com/pod-product-compliance
Lightning Source LLC
Chambersburg PA
CBHW050907230426
43666CB00010B/2055